Wilhelm Gisi

Der Anteil der Eidgenossen an der europäischen Politik in den Jahren 1512-1516

Ein historischer Versuch

Wilhelm Gisi

Der Anteil der Eidgenossen an der europäischen Politik in den Jahren 1512-1516
Ein historischer Versuch

ISBN/EAN: 9783743616486

Hergestellt in Europa, USA, Kanada, Australien, Japan

Cover: Foto ©Suzi / pixelio.de

Weitere Bücher finden Sie auf **www.hansebooks.com**

Der

Antheil der Eidgenossen

an der europäischen Politik

in den Jahren 1512—1516.

Ein historischer Versuch

von

Dr. Wilhelm Gisi,

Lehrer an der Kantonsschule in St. Gallen.

Schaffhausen.

Verlag der Fr. Hurter'schen Buchhandlung.

1866.

Perchè pareva che havessero cominciato a reggersi non più come soldati mercenarij nè come pastori ma vigilando come in Repubblica bene ordinata e como huomini nutriti nell' administrazione degli stati.

Guicciardini.

Welch' ein Unterschied zwischen der Unschuld ihrer ersten Verbrüderungen, allein zur Vertheidigung und diesem Bund, einem selbstständigen Eintritt in die Mitte der Welthändel zur Behauptung eines fremden Landes, zwischen jener Nacht auf dem Rütli und diesen Tagen, wo alle Fürsten unserer Nationen um die Macht der Bauern buhlten! Es ist nicht allein den Menschen sondern auch den Staaten ein höchster Punkt der Macht und des Lebens gesetzt und niemals sind die Eidgenossen mächtiger gewesen als sie es in dieser Stunde waren.

Ranke.

Herrn Professor Dr. Pauli

in Tübingen,

seinem hochverehrten Lehrer

und

Herrn Nationalrath von Arx

in Olten,

seinem väterlichen Freunde

in dankbarer Hochachtung gewidmet

vom Verfasser.

Vorwort.

Die vorliegende Arbeit, ursprünglich die Dissertation, mit welcher ich am 15. März d. J. in Tübingen die philosophische Doctorwürde erlangte, hat sich zur Aufgabe gesetzt zu zeigen, auf welche Weise die Eidgenossen, als sie auf dem Höhepunkte ihrer Macht standen, entscheidend und bestimmend in die Welt-händel eingriffen und daher ebensowohl ihre militärischen Er-folge, als den Gang ihrer diplomatischen Verhandlungen mit den europäischen Mächten darzustellen.

Hienach bestimmt sich theils ihr Umfang theils ihr Ver-hältniß zu andern Darstellungen.

Sie beginnt nicht mit einem neuen rechtlichen Wendepunkt in der Geschichte der italienischen Kriege, denn die hl. Ligue wurde schon im October 1511 geschlossen, sondern mit einem factischen, dem selbstständigen Eintritt der Eidgenossen in die-selben, schließt aber mit dem ewigen Frieden mit Frankreich, womit zeitlich und ursachlich der Abschluß des Krieges von Cambray zusammenfiel.

Sie unterscheidet sich, wenn Kleines mit Großem sich ver-gleichen läßt, von den entsprechenden Abschnitten der Werke von Ranke, Havemann, Lanz u. A. dadurch, daß sie die Schwei-zer zum Mittelpunkt der Darstellung macht, von denen der schweizerischen Geschichtschreiber, daß sie mehr als diese die schweizerischen Dinge im Zusammenhange mit den europäischen behandelt, von fast Allen dadurch, daß sie auch das außer-ordentlich reiche, seit Glutz und Ranke erschienene historische Material in den Kreis der Betrachtung gezogen hat. Aus diesem ragt für die Kenntniß des Antheils der Eidgenossen an der europäischen Politik vor Allen Anshelm hervor, welcher

obwohl von den schweizerischen Schriftstellern seit Langem hand-
schriftlich benützt, doch auch seitdem er gedruckt vorliegt, außerhalb des deutschen Sprachgebiets noch nicht diejenige Anerkennung gefunden hat, welche ihm gebührt. Ohne Zweifel besitzt
er nicht den großartigen politischen Blick des Guicciardini, nicht
die glänzende Darstellungsgabe des Giovio, endlich nicht dasjenige Verständniß für die Fragen der hohen Politik wie
Zurita. Aber er ist genauer, weil urkundlicher als Guicciardini,
einfacher und wahrer als Giovio, unbefangener und unpar-
teiischer als Zurita. Alle übertrifft er durch den actenmäßigen
Charakter seiner Erzählung und durch die Wärme des patriotischen Gefühls, welches jener einen so großen Reiz verleiht;
er ist in gleichem Maaße wie jene für die Kunde der Geschichte
jener Zeit überhaupt wichtig und für die Kenntniß des Antheils
der Schweizer an derselben, welche aus Guicciardini nicht nur
sehr oft im Einzelnen, sondern bisweilen auch im Großen und
Ganzen unrichtig, aus Giovio, der für die eigentlich politischen
Verhandlungen wenig Sinn hat und aus Zurita, welchem die
Schweizer doch zu fern liegen, nur theilweise sich schöpfen läßt,
trotz einzelner Irrthümer geradezu unentbehrlich.

Ob ich meiner Aufgabe gerecht geworden bin, darüber
freilich muß ich das Urtheil Berufenen überlassen: doch werden
sie, hoffe ich, einiges, was sich in den vaterländischen Geschichts-
büchern nicht findet, anderes vielleicht in ein richtigeres Licht
gestellt finden. Sollten sie urtheilen, daß demjenigen Volke,
welches in dieser Zeit im Vordergrunde der europäischen Politik
stand, die richtige Stelle in der Geschichte dieser Jahre angewiesen sei, so wäre mein Zweck erfüllt. Immerhin aber möchte ich
um die bei jedem Erstlingsversuche angemessene Nachsicht bitten.

Paris, 1. August 1865.

Der Verfasser.

Inhaltsverzeichniß.

Einleitung.

Der Antheil der Schweizer an der europäischen Politik in den Jahren 1512—1516.

Erster Abschnitt.

Der Antheil der Schweizer an der europäischen Politik von der Schlacht von Ravenna bis zum Tode Ludwig's XII. (1512 — 1514).

Erstes Kapitel.

Zweites Kapitel.

Zweiter Abschnitt.

**Der Antheil der Schweizer an der europäischen Politik von
der Thronbesteigung Franz' I. bis zum ewigen Frieden mit
Frankreich (1515—1516).**

Anmerkungen.

Erster Abschnitt.

Zweiter Abschnitt.

Einleitung.

I. Ueberblick über die Geschichte der Jahre 1494—1512 bis zur Schlacht von Ravenna, insbesondere über die italienisch-französischen Kriege.

1. Bis zum Tode Karl's VIII. (1494—1498.)

Fünf Staaten ragten in Italien am Ausgang des fünf-
zehnten Jahrhunderts durch Macht hervor: Mailand, Venedig,
Florenz, der Kirchenstaat und Neapel. Genua durch innere
Parteiungen geschwächt und durch die Zerstörung seiner Han-
delsniederlagen im Orient schon von seiner frühern Machtstellung heruntergestiegen war den Sforzen in Mailand unterthan
und auch von den vielen übrigen Staaten, welche meist während der Kämpfe zwischen Ghibellinen und Guelfen von der
kaiserlichen und der päpstlichen Macht frei geworden, dann aber
in die Gewalt von Tyrannen gefallen waren, konnte sich keiner
mit jenen vergleichen.

In Mailand hatte nach dem Aussterben des Manns-
stamms der Visconti (1447) Franz Sforza, der berühmteste
Condottiere seiner Zeit sich zum Herrscher emporgeschwungen
und seine Herrschaft als Gemahl einer unächten Tochter des
letzten Visconti entgegen bessern Ansprüchen, welche das Haus
Orléans durch Abstammung von Valentine einer ächten Schwester desselben hatte, doch ohne je um die kaiserliche Investitur
anzuhalten, nicht nur behauptet, sondern auch über Genua aus-

gedehnt: ihm folgte nach dem frühen Tode seines ältern Sohnes Galeazzo Maria (1476) dessen Sohn der junge Johann
Galeazzo unter der Vormundschaft seines Oheims Ludovico,
zubenannt Moro, welcher fast als Selbstherrscher die Regierung führte und dessen sichtliches Streben darauf ging, sie durch
List oder durch Gewalt ganz in seine Hände zu bekommen.

In Florenz blühten die Medici, welche durch große
kaufmännische Thaten und eminente politische Klugheit und als
Führer des niedern Volkes emporgekommen an Einfluß und
Reichthum bald alle übrigen Geschlechter überragten und auf
demokratischer Grundlage eine Monarchie schufen. Cosimo hatte
ihnen ihren Glanz verliehen, nach ihm der weniger tüchtige
Pietro geherrscht und diesem war 1469 Lorenzo, der Präch-
tige gefolgt und hatte sich trotz der Verschwörung der Pazzi
behauptet. Er war der größte Medicäer.

Neapel, seit dem Sturze der Hohenstaufen und durch
die ungerechte Verleihung Urban's IV. das Besitzthum der Anjous, welches sie im Kampfe mit dem Hanse Arragon behaupteten, während dieses Sizilien eroberte, hatte Alfonso V. von
Arragon durch die Adoption Johanna's II. von Anjou oder
vielmehr durch sein tapferes Schwert gewonnen (1442) und
dort seinen natürlichen Sohn Ferdinand I. zum Herrscher
eingesetzt (1458), welchem es durch die Besiegung der Anjous
und der neapolitanischen Barone, durch List und Grausamkeit gelang, sich im Besitze seines Reichs zu erhalten. Er lebte noch;
doch er war betagt und sein rüstiger Sohn Alfonso stand
ihm zur Seite.

Der Kirchenstaat befand sich in einer Periode der Neu-
bildung: aus dem tiefsten Verfall während des Schisma's und
des Aufenthalts in Avignon erhob sich das Papstthum seit Ni-
colaus V. rasch wieder zu neuem Ansehen und erholte sich durch
die Politik der folgenden Päpste, zumal von Alexander VI. ab,
ihrer geistlichen Macht durch ihre weltliche eine feste Stütze zu
verleihen, was sie in der Folge theils durch Unterdrückung städ-
tischer Freiheiten theils durch Niederwerfung der großen Adels-

familien auch erreichten, von den Verlusten, die es in den
Kämpfen zwischen Ghibellinen und Guelfen erlitten hatte: Damals faß Innocens VIII. auf dem päpstlichen Stuhle, „ein
schwacher Mann, an dessen Hofe Geiz, Verkäuflichkeit und Lie-
derlichkeit gleichzeitig Eingang fanden" (Gervinus).

Nicht alle diese Staaten waren Anfangs unter sich befreundet: Innocens war gegen Ferdinand, Lorenzo gegen Ludovico gesinnt. Allein durch Ferdinand traten diese Beiden,
durch Lorenzo Innocens und Ferdinand in Freundschaft und
alle festigten sich unter einander durch verwandtschaftliche Bande.
Die Haupttriebfeder zu dieser Annäherung war die Besorgniß
vor der drohenden Macht Venedigs.

Faßt man seinen Reichthum, seine mächtige Flotte, sein
großes Territorium in der Terraferma, vorzüglich aber seinen
Handel und seine überseeischen Besitzungen in's Auge, so war
zur jener Zeit Venedig die größte Macht Italiens, ja eine der
größten Europa's: es stand damals auf seiner höchsten Höhe,
von welcher es freilich im Laufe der beiden folgenden Jahrzehnte herabsteigen sollte. Es war der Sitz einer gemäßigten
Aristokratie, die als das beste Muster der Staatsweisheit galt.

Mehr als jene verwandtschaftlichen Bande und persönlichen
Rücksichten hielt die Furcht vor der drohenden Macht Venedigs
und das Bewußtsein der Unrechtmäßigkeit der Stellung fast
ihrer Aller die Uebrigen zusammen: Sie schlossen 1480 den
Bund von Italien, welcher fünfundzwanzig Jahre dauern sollte,
die Herrschaft eines Jeden sicherte und dadurch den innern Frieden Italiens garantirte. Lorenzo's staatsmännischer Geist hatte
ihn vermittelt: doch seine Dauer schien an sein eigenes Leben
geknüpft.

Italien befand sich damals in einer Blütheperiode, von
welcher Guicciardini zu Anfang seines berühmten Geschichts-
worts eine so glänzende Schilderung entwirft: es war in Kün-
sten und Wissenschaften, in Handel und Industrie, in allen
Freuden und Genüssen des geselligen Lebens allen Ländern weit
voran und hatte sein Mittelalter längst hinter sich, als diese

noch in den beengenden Fesseln des ihrigen lagen. Allein mit der Blüthe war auch schon der Keim zum Verfall verbunden: Es fehlte dem Ganzen der sittliche Ernst, der ein Volk wahrhaft groß macht. Noch bestand der Name der Freiheit fort, aber er war ein leerer Schall, der belebende Geist längst verschwunden und an die Stelle eines hochherzigen Patriotismus, einer männlichen Entschlossenheit, einer edelmüthigen Aufopferungsfähigkeit für die allgemeinen Interessen waren kleinliche Selbstsucht, weibische Verzagtheit und niedrige Intrigue getreten. Die außerordentliche Zersplitterung des Landes in kleine Staaten und die Vielgestaltigkeit der politischen Verhältnisse erzeugten die verworfensten politischen Grundsätze, und gaben der Staatskunst und der Diplomatie, deren Entstehung in diese Zeit fällt, jenen Charakter, welchen man gewöhnlich in üblem Sinne Machiavellismus nennt, während jene demjenigen Werke, in welchem sie zuerst in ein wissenschaftliches System zusammengestellt wurden, lange Zeit keinen Tadel zuzogen.

„Es kam eine Zeit heran, wo alle die sieben Schaalen der Apokalypse ausgegossen und über dieses schöne Land ausgeschüttet werden sollten, eine Zeit des Schlachtens, des Hungers, des Bettelthums, der Schmach, der Knechtschaft, der Verzweiflung." (Macaulay).

Am 8. April 1492 starb Lorenzo. Schon rollte dumpf in der Ferne das gewaltige Unwetter, das sich Italien näherte: am 25. Juli schied auch Innocens VIII.

Jenem folgte nach Herrscherrecht sein Sohn Pietro, dem Vater, weder an politischer Klugheit noch an Willenskraft gleich: Diesem durch Bestechung Rodrigo Borgia aus Valenzia als Alexander VI., ein Mann, dessen hervorragende Fähigkeiten durch die ärgsten Laster verdunkelt wurden.

Pietro schloß sich nun sofort an die Arragonesen in Neapel an, die eben mit den Sforzen brachen: Isabella Alfonso's Tochter war mit Johann Galeazzo, dem rechtmäßigen Herrscher Mailands vermählt, während sie zusehen mußte, wie er ganz von seinem Oheim abhängig und dieser thatsächlich Herzog war, so daß auch seine Gemahlin Beatrix eine andere Enkelin Ferdinand's als Herzogin gelten mochte. Dieser Schimpf reizte Alfonso und es kam, als alle Vorstellungen fruchtlos waren, zum Bruch zwischen den beiden Häusern. Dagegen führten Furcht vor der Verbindung Pietro's mit den Arragonesen und eigener Haß gegen diese den Papst zu Ludovico hin und die Vermählung Lucrezia Borgia's mit Johann Sforza, Herrn von Pesaro festigte ihren Bund: ja es gelang Ludovico selbst Venedig zu sich hinüberzuziehen und die drei schlossen im April 1493 zusammen ein Schutzbündniß. Allein bald wußte Ferdinand durch eine Doppelheirath zwischen beiden Familien und durch die Aussöhnung der Orsini's mit dem Papste diesen für sich zu gewinnen. So stand Ludovico, da auch Venedig sich zurückzog, allein da, und in seiner Angst griff er jetzt zu einem Mittel, das nicht nur die Ruhe und die Freiheit Italiens vernichtete, sondern auch ihn selbst zu Grunde richtete: er forderte Karl VIII. von Frankreich auf, sich Neapel's zu bemächtigen.

Karl VIII. war 1483 seinem Vater Ludwig XI. gefolgt, dessen Politik er fortzuführen suchte: durch seine Vermählung mit Anna von Bretagne, (1491) die ursprünglich mit dem römischen König Maximilian I. verlobt auf ihrer Reise nach Deutschland ihm durch die Franzosen entführt worden war, während Karl anfänglich Maximilian's Tochter Margaretha von Oesterreich bestimmt war, war er Herr über ganz Frankreich und durch seine Versöhnung mit Ludwig von Orléans auch im Innern seines Landes Herr geworden. Durch die Beerbung Karls von Anjou und Maine, des Erben Renés von Anjou hatte sich Ludwig XI. unläugbare Rechte auf Neapel erworben, welche jetzt Karl VIII. geltend machen wollte. Er entschloß sich eine Expedition gegen Neapel zu unternehmen, wozu ihn außer seinen Ansprüchen die Aufforderungen Ludovico's und früher auch Alexanders VI., der Angiovinen in Neapel und des Cardinals Julian delle Rovere bestimmten, von Allen aber sein eigenes jugendliches Gemüth hinriß, das für großartige Pläne schwärmte und für diese jetzt um so mehr Nahrung fand, als

mit dem Besitze Neapels Ansprüche auf das Königreich Jeru=
salem verbunden waren und sich dadurch leicht Anknüpfungs=
punkte mit den Türken zu bieten schienen, deren Macht eben
damals in drohender Größe dastand und ging voll Begierde auf
Ludovico's Vorschläge ein. Mit den Schweizern hatte er 1484
das Bündniß Ludwigs XI. vom 6. September 1477 erneuert
und sich dadurch der Söldnerdienste des kriegerischsten Volkes
jener Zeit versichert. So schloß er denn, nachdem er durch die
Verträge von Etaples (13. Dec. 1492) mit Heinrich VII. von
England, dem er sich zur Zahlung von 745,000 Kronen in
jährlichen Raten von 50,000 Kronen verpflichtete, von Barcel=
lona (19. Jan. 1493) mit Ferdinand dem Katholischen von
Arragon, welchem er das Ludwig XI. verpfändete Roussillon
ohne Rückerstattung des Pfandschillings wieder abtrat, und von
Senlis (23. Mai 1493) mit Maximilian I., welchem er Mar=
garethens Brautgabe Artois Charolais Burgund gegen Aner=
kennung der Lehenspflicht zurückgab, sich gesichert hatte, mit
Ludovico ein Bündniß und begann seine Rüstungen. Zugleich
verband sich aber dieser durch die Vermählung seiner Nichte
Blanca Maria auch mit Maximilian, der am 22. August 1493
seinem Vater Friedrich III. folgte und erhielt von ihm bald,
doch einstweilen insgeheim, die Belehnung mit Mailand.

Bald starb Ferdinand von Neapel, (25. Januar 1494)
auf dessen Klugheit bisher noch Alle gehofft und der selbst durch
demüthigende Mittel die drohende Gefahr abzuwenden gesucht
hatte. Venedig nahm eine zuwartende Stellung ein. In Flo=
renz war die Bürgerschaft für Frankreich gestimmt, während
Pietro zu den Arragonesen hielt. Alexander war mit Alfonso
verbunden. Ferrara und Mantua hielten zu Sforza, Lucca
Siena Bologna zu Alfonso. So standen sich der Norden und
der Süden von Italien in ihrer Politik gegenüber.

Im August 1494 eröffnete Alfonso den Krieg gegen Lu=
dovico: Sein Sohn der jüngere Ferdinand sollte mit der Land=
macht in Mailand einfallen, sein Bruder Frederigo mit der
Flotte Genua einnehmen. Beides mißlang. Am 8. Sept. rückte

Karl mit seinem Heere, bei welchem 5000 Schweizer standen, über die Gebirge nach Italien vor und nahm seinen Weg durch die Lombardei. In Pavia sah er den todtkranken ihm so nahe verwandten Johann Galeazzo, ohne sich doch seiner anzunehmen. Er starb am 21. October, vielleicht an Gift und vom Senate ließ sich jetzt Ludovico zum Herzog von Mailand erklären.

In Florenz waren Adel und Volk des unthätigen und willkürlichen Regiments Pietro's müde und ein Theil seiner Familie selbst wider ihn gesinnt. Die Erbitterung der Bürger zwang ihn mit Karl Frieden zu schließen; dadurch war ganz Toscana für diesen gewonnen: überall wurde er mit Jubel begrüßt. Pietro mußte vor dem Hasse des Volkes fliehen. Girolamo Savonarola, der schon früher, doch ohne Erfolg, in Florenz als Bußprediger aufgetreten war, dann nach Lorenzo's Tode zurückgekehrt feuriger für Verbesserung der Sitten und Einführung einer demokratischen Verfassung gesprochen hatte, erhob jetzt seine Stimme lauter für eine populäre Verfassung, welche auch wirklich bald eingeführt wurde, mit Anlehnung an Frankreich und für eine Reform der Kirche, zu welcher er Karl Maximilian und Ferdinand aufforderte. Pisa ergab sich Karl aus Haß gegen Florenz, unter dessen drückender Herrschaft es sich befand. Am 19. November zog er in Florenz ein und trat mit der Republik in einen ewigen Bund. Das neapolitanische Heer zog sich unaufhaltsam zurück. Am 31. December hielt er seinen Einzug in Rom, schloß mit dem Papst Frieden und erhielt von ihm die Belehnung mit Neapel. In San Germano wollte Ferdinand, dem Alfonso II. am 23. Januar 1495 die Herrschaft abgetreten hatte, sich den Franzosen entgegenstellen: aber seine Truppen zogen sich zurück; in Capua ging's nicht besser. In Neapel brach eine Empörung aus. Die Bürgerschaft öffnete Karl die Thore und am 21. Februar zog er in sein altes Erbe ein. Ferdinand und die königliche Familie flohen nach Spanien. Allein diese raschen Erfolge Karls VIII., welcher wie in einem Triumphzuge binnen wenig Wochen ganz Italien durchzogen hatte und in wenigen Tagen Herr über

Neapel geworden war, schienen das Gleichgewicht der europäischen Staaten zu gefährden und riefen die Besorgnisse der übrigen Fürsten wach. Ludovico, der jetzt unbestritten Herzog in Mailand war und der durch den Sturz der Medici und die Vertreibung der Arragonesen seinen Zweck erfüllt sah und mit ihm Venedig, welches einen großen Theil der Besitzungen der Visconti an sich gerissen hatte, begannen zu fürchten, Karl möchte sich nun gegen sie wenden und die Ansprüche des Hauses Orléans auf Mailand geltend machen. Maximilian, schon wegen der Treulosigkeit Karls VIII. bei jenen Heirathen gegen ihn erbittert, war voll Furcht, er möchte ihm die Kaiserkrone vorweg nehmen. Ferdinand von Arragon endlich war wegen Siziliens für sich selbst besorgt und brach nun, wohl in der Hoffnung Neapel für sich selbst zu gewinnen, widerrechtlich seinen Vertrag mit Karl. Sie alle und mit ihnen der Papst schlossen am 31. März 1495 einen Bund zur Erhaltung der Ruhe Italiens, ja Europa's mit Garantie ihres jetzigen Besitzstandes.

Die dadurch drohende Gefahr zwang Karl Neapel, wo mittlerweile eine Reaction eingetreten war und die Stimmung der Bevölkerung sich wieder dem alten Herrscherhause zuwandte, zu verlassen. Nachdem er sich am 20. Mai hatte krönen lassen, ließ er Gilbert von Montpensier als Vicekönig mit einem Theile seiner Truppen zurück und zog mit den übrigen über Rom, von wo der Papst vor ihm wich, nach Siena und Pisa. Kurz zuvor war Ludwig von Orléans nach Novarra vorgerückt und hatte dasselbe eingenommen: an vielen Orten wurde er als Herzog begrüßt. Vor Novarra sammelte sich ein Theil des liguistischen Heer's, ein anderer zu Fornuovo. Karl zog über die Apenninen: nach vergeblichen Friedensverhandlungen kam es zu Fornuovo am 6. Juli zur Schlacht, in welcher Karl einen glänzenden Sieg erfocht.

Während des Rückzugs der Franzosen aus Neapel hatte Ferdinand der Katholische den „großen Feldherrn" Gonsalvo da Cordova mit einem Heere dorthin geschickt. Zwar unterlag er den Franzosen bei Seminara: allein die Stimmung des Volkes war diesen abgeneigt. Neapel erklärte sich zuerst für Ferdinand II., ihm folgten viele andere Städte und vertrieben die Franzosen. Zugleich sandten die Venetianer ihre Stradioten nach Apulien. Am 5. Oct. zog Ferdinand wieder in Neapel ein.

Inzwischen hatte sich Ludwig trotz der größten Noth in Novarra, vor welchem die Liguisten lagen, gehalten; Karl war in Asti. Auf beiden Seiten war man zum Frieden geneigt, welcher denn auch trotz der Abneigung Ludwigs, der mit Hilfe der Schweizer seine Ansprüche auf Mailand geltend machen und den Krieg fortsetzen wollte, und trotz der Ankunft neuer schweizerischer Schaaren am 9. October zu Vercelli zu Stande kam. Durch denselben mußte Ludovico Genua von Karl zu Lehen nehmen, ihn gegen alle Feinde unterstützen und ihm freien Durchzug durch sein Land bewilligen, wofür er im Besitze Mailands, mit welchem ihn der Kaiser bald darauf belehnte, verblieb und Karl die Ansprüche Ludwigs auf dasselbe nicht zu fördern sich verpflichtete. Am 22. October kehrte Karl zur allgemeinen Freude Italiens nach Frankreich zurück.

Ludovico betrachtete den Frieden nur als einen vorübergehenden Nothbehelf. Mit Venedig gedachte er, um Florenz von der französischen Allianz abzubringen, Pisa, welches nachdem die Franzosen alle festen Plätze in Toscana geräumt hatten, den Kampf gegen Florenz allein und mit Glück fortsetzte, Beistand zu leisten und in Florenz die Medici wieder einzuführen. In Apulien stritt Frederigo gegen die Franzosen, in den Abruzzen und in Calabrien wurde das alte Herrscherhaus stets mächtiger. Gonsalvo wußte sein Ansehen auf's Neue zu heben. Mit Venedig schloß Ferdinand von Arragon einen Bund zur völligen Vertreibung der Franzosen. Mit neuem Eifer dachte jetzt Karl an eine zweite Unternehmung gegen Italien und schon trafen Ludovico und Venedig ihre Vorsichtsmaßregeln. Allein er erlahmte bald wieder: Am 20. Juli 1496 mußte sich der ausgehungerte Montpensier zu Atella ergeben. Am 9. October starb Ferdinand II. und Frederigo, sein Oheim bestieg den Thron. Mit dem Falle von Gaëta und Tarant war das Königreich ganz für Karl verloren.

Zwar hatten ein Versuch Maximilian's Livorno einzunehmen, um sich dann Florenz' bemächtigen zu können und ein Anschlag der Medici, dasselbe mit Hilfe der Liguisten wieder zu gewinnen, keinen Erfolg. Doch bald war der Sieg der Liga, welche durch den Beitritt Heinrichs VII. von England am 18. Juli 1496 den Charakter einer europäischen Coalition angenommen und durch die Vermählung Philipps von Burgund, des Sohnes Maximilians und Marias mit Juana, der Tochter Ferdinands und Isabellens und des spanischen Thronerben Juan mit Margaretha von Oesterreich zur spanisch-österreichischen und durch die Verlobung Arthur's des Prinzen von Wales mit Catharina, einer andern Tochter Ferdinands und Isabellens zur spanisch-englischen Verwandtschaft geführt hatte, auch hier entschieden.

Am 7. April 1498 starb Karl VIII. und am 23. Mai erlitt Savonarola, dessen politisches Streben es stets gewesen war, das demokratische Florenz an Frankreich zu ketten, der aber endlich der vereinten Opposition Alexanders VI. und einer feindlichen Partei in Florenz selbst, der Arrabiaten, erlag, den Feuertod.

2. Von der Thronbesteigung Ludwigs XII. bis zur Liga von Cambray 1498—1508.

Karl VIII. folgte Ludwig XII., der in mannigfachen Schicksalen den Ernst und die Wechselfälle des Lebens kennen gelernt und in ihnen geistige Selbstständigkeit erlangt hatte und eben damals in den schönsten Jahren männlicher Reife stand. Sofort bei seiner Thronbesteigung nannte er sich König von Neapel und Herzog von Mailand. Doch vor Allem sorgte er für die innere Ruhe seines Landes, dessen Justiz, Finanzen, Militärwesen er einer gründlichen Reform unterwarf, bei welcher George d'Amboise, Erzbischof von Rouen, sein erster Minister ihm treu zur Seite ging. Erst jetzt richtete er seinen Blick

nach Außen. Hier kam ihm vor Allem zu Statten, daß die
Liga, welche noch 1496 zu einem freilich erfolglosen Angriff
auf Frankreich selbst geführt hatte, zerfiel. Zwar unternahm
Maximilian I. bald nach Ludwigs Thronbesteigung einen drei=
fachen Einfall in Frankreich: allein derselbe hatte keinen Erfolg.
Heinrich erneuerte am 14. Juli mit Ludwig den Vertrag von
Etaples, Philipp am 2. August den Frieden von Senlis und
Ferdinand schloß mit ihm am 5. August zu Marcoussis Frie=
den. Ja es gelang Ludwig selbst den Papst und Venedig für
sich zu gewinnen. Jener sprach am 17. December auf Lud=
wig's Wunsch, der sich mit Karls VIII. Wittwe zu vermählen
wünschte, um Bretagne der französischen Krone einzuverleiben,
dessen Scheidung von Jeanne de Valois, Ludwigs XI. Tochter,
aus, die er nur gezwungen geheirathet hatte und die ihm keine
Kinder gebar. Dafür ernannte Ludwig dessen Sohn Cesare
Borgia, der den geistlichen Stand verließ und eine weltliche
Herrschaft zu gründen suchte, zum Herzog von Valentinois und
gab ihm eine Gemahlin aus königlichem Blute, Charlotte
d'Albret. Mit Venedig, das über Ludovico wegen Pisa's er=
bittert, ihm seine Unterstützung bei der Eroberung Mailands
anbot, schloß er am 9. Februar 1499 einen Bund, durch wel=
chen er ihm im Fall der Eroberung Cremona und die Ghiarra
d'Abba zusicherte.

Umsonst hatte Ludovico sich mit dem Papste wieder zu
einigen, umsonst Ferdinand zwischen ihm und Venedig zu ver=
mitteln gesucht. Doch er hielt sich noch nicht für gefährdet:
er baute auf seine Klugheit, auf die Hilfe schweizerischer und
deutscher Truppen, vor Allem aber auf Maximilian, der Lud=
wig wegen Burgunds und weil er den Herzog von Geldern
beschützte, den er selbst als einen Rebellen angriff, im eigenen
Lande bekämpfen wollte, zugleich aber auch an die Herstellung
der Reichsrechte in Italien und an einen Angriff auf Venedig
dachte. War er mit ihm schon durch Verwandtschaft verbunden,
so war er es also noch mehr durch die gemeinsame Ge=
fahr und er sollte es in noch höherm Maaße durch die Ver=

mählung mit deſſen Tochter Margaretha werden. Gegen Venedig ſich zu ſchützen, trat er mit den Türken in Verbindung.
Zugleich dachte er mit Maximilian und Ferdinand an die Ab-
ſetzung Alexanders VI. und an eine Reform des Papſtthums.

Den Ausſchlag für den Erfolg dieſer beiden Coalitionen
gab nun, daß Maximilian mit den Schweizern in Krieg gerieth,
wodurch für Ludwig die Gefahr eines Angriffs im eigenen
Lande verſchwand, für Ludovico die Hoffnung auf Unterſtützung
durch die Schweizer und Maximilian im Falle einer Unternehmung Ludwigs wider ihn vernichtet wurde.

Maximilian, der den großartigen Gedanken hegte, die nationale Einigung Deutſchlands und zwar nicht in föderativer
Form, ſondern in derjenigen eines einheitlichen Geſammtſtaates
zu verſuchen und auf dem Reichstage zu Worms die Durchführung deſſelben begann, wollte auch die Eidgenoſſen, deren ungebrochene Volkskraft er kannte und deren er ſich gegen ſeine
Feinde bedienen wollte, wieder an's Reich bringen. Schon
früher hatte er ſie, wiewohl vergeblich, aufgefordert, dem ſchwäbiſchen Bunde beizutreten. Nach dem Reichstage zu Worms
hatte er ſie zur Anerkennung des dort beſchloſſenen Landfriedens,
des neugegründeten Reichskammergerichts und zur Bezahlung der
Türkenſteuer ermahnt, worauf die thatſächliche Antwort die Erneuerung des Bündniſſes mit Karl VIII. im April 1496 war.
Dies und die trotzige Abweiſung der Forderung des Papſtes,
innert fünfzehn Tagen daſſelbe aufzugeben unter Androhung des
Kirchenbannes, wobei ſie gegen den Papſt die höhere Autorität
einer Kirchenverſammlung geltend machten, hatten Papſt und
König noch mehr gegen ſie gereizt, während ihnen Karl ſeine
Vermittlung und im Falle eines Kriegs ſeine thatkräftige Unterſtützung verſprach. Die fortwährenden Citationen des Reichskammergerichts und die erneute Forderung des Beitritts zum
ſchwäbiſchen Bund erbitterten die Eidgenoſſen, der Umſtand, daß
in ſeiner Fehde mit Ludwig 1498 dieſem viele Schweizer gegen
ihn zuzogen, und der Verſuch des in die Reichsacht gefallenen
und von ihnen beſchützten Grafen Jörg von Sargans, den könig-

lichen Rath Gossenbrot aufzuheben, erbitterten Maximilian voll=
lends und als eine eidgenössische Gesandtschaft zu ihm nach den
Niederlanden ging, eröffneten seine Räthe in Tyrol im Januar
1499 den Krieg mit einem Einfalle in Graubünden, welches
1497 mit den Eidgenossen in Vereinigung getreten war. Da=
durch ging für Maximilian die Aussicht verloren, für den Bund
zwischen sich und Ludovico gegen Ludwig und Venedig in den
Eidgenossen ein neues Glied zu gewinnen. Ludovico, der nun
ganz auf sich selbst angewiesen war, suchte umsonst zu vermit=
teln. Ludwig dagegen, der auch mit deutschen Reichsfürsten
gegen Maximilian in Verbindung trat, sah mit Vergnügen diese
Streitigkeiten und schloß mit den Eidgenossen, von denen zwar
einige kurz zuvor mit Ludovico in ein Bündniß getreten waren,
am 21. März 1499 einen Bund auf zehn Jahre, durch welchen
er jedem Ort eine jährliche Pension von 2000 Livres, sowie
die Erhaltung von je zwei Studenten an der Pariser Univer=
sität, in Kriegszeiten Hilfe oder vierteljährlich 20,000 Gulden,
für den gegenwärtigen Krieg schweres Geschütz mit Bedienung,
endlich noch Zollbefreiungen bewilligte, wofür die Eidgenossen
ihm gestatteten, wenn er ihre Hilfe verlangen würde, eine An=
zahl Bewaffneter, die ihnen schicklich und möglich sei, um be=
stimmten Sold (4½ Glb. monatlich) in seinen Kosten anzu=
werben, wofern sie nicht selbst in Krieg verwickelt seien und
während dieses Krieges die Ihrigen nicht gegen den König die=
nen zu lassen versprachen, beide Theile endlich nicht ohne gegen=
seitigen Vorbehalt Frieden oder Waffenstillstand zu schließen
gelobten. Der Krieg nahm inzwischen einen für die Schweizer
günstigen Verlauf. Die Treffen im Hard, im Bruderholz, bei
Frastenz, im Schwaderloch, auf der Malserhaide, zu Dornach,
waren ebensoviele Siege der Eidgenossen. Daneben her gingen
wiederholte Züge in's Hegau und in's Wallgau.

Noch vor der Beendigung ihres Kriegs war der Kampf
um Mailand schon entschieden. Im Juli rückte Gianjacobo
Trivulzio mit einem französischen Heere, bei welchem 5000
Schweizer standen, in Mailand ein. Auch die venetianischen

und die päpstlichen Truppen rückten vor. Jetzt war Ludovico rathlos. Dem Trivulzio ergab sich Schloß auf Schloß: selbst seine Vertrauten fielen von ihm ab. Am 1. September floh er nach Deutschland und am 6. October zog Ludwig XII. in sein altes Erbe ein.

Allein noch gab Ludovico seine Sache nicht verloren: nicht zum geringsten Theile durch seine Vermittlung kam der Friede von Basel (22. Sept. 1499) zwischen den Eidgenossen und Maximilian zu Stande, welcher freilich jenen keinen andern Gewinn brachte, als die Erwerbung des Landgerichts im Thurgau, dessen Abschluß aber für sie deßhalb vortheilhaft war, weil verschiedene Umstände eine für sie glückliche Fortsetzung des Kriegs unmöglich gemacht hätten. Durch den Schwabenkrieg war die Lostrennung der Eidgenossen vom Reiche, welche durch die Exemption vom Matricularanschlag und von der Reichsgerichtsbarkeit auf dem Reichstage zu Constanz 1507 weiter geführt wurde, entschieden: eine unmittelbare Folge desselben die Aufnahme Basels und Schaffhausens in den Bund (1501).

Zwar verboten die Eidgenossen nach Beendigung beider Kriege das Reislaufen zu Ludovico, welcher ihnen ihre alten Privilegien in Mailand zu bewilligen gezögert und im Laufe des Kriegs den Kaiser unterstützt hatte und weil sie sich der, freilich zu spät gekommenen, französischen Hilfe erinnerten. Allein der ungünstige Erfolg einer Gesandtschaft, welche sie zur Beglückwünschung wegen seines Siegs an Ludwig geschickt hatten und die schlechte Behandlung und Bezahlung der für den mailändischen Krieg angeworbenen Knechte machten viele Frankreich abgeneigt. So gewann denn Ludovico durch die Vermittlung seines Gesandten Galeazzo Visconti und reichliche Geldspenden besonders auf Berns Befürwortung wieder einen großen Anhang. Mit 8000 Schweizern und vielen Landsknechten kehrte er nach Mailand zurück, wo die Stimmung des Volkes sich wieder zu seinen Gunsten gewandt hatte: ihre Ankunft war der Sieg und bald war er wieder im Besitze seines ganzen Landes. Allein auch Ludwig warb jetzt in der Schweiz Truppen: 10,000

Knechte strömten ihm nach Mailand zu und das neue Reislaufen zu Ludovico war verboten. Dieser stand mit seinem
Heere zu Novarra: das französische rückte heran. Schweizer
standen gegen Schweizer in den Waffen. Die Tagherren er-
ließen, einen Bruderkrieg zu verhüten, einen Abschied und sandten
Boten zur Vermittlung: im Falle daß diese nicht möglich sei,
wurden beide Theile heimzukehren oder auf eine Seite zu ziehen
gemahnt. Die Schweizer im französischen Heere deuteten den
Abschied der Bünde wegen zu ihren Gunsten. Das französische
Geld lockte viele zum Uebertritt. Umsonst waren Ludovico's
große Versprechungen an Geld und Ländern. Die Uebrigen
erklärten, nicht gegen ihre Brüder kämpfen zu wollen und unterhandelten ohne Sforza's Wissen mit den Franzosen. Sie
erhielten freien Abzug für Alle, außer Sforza und einigen Adeligen und führten diesen verborgen mit sich, um ihn zu retten.
Einer aber, Turmann aus Uri, verrieth ihn um schnödes Geld
am 10. April 1500, ein ewiger Schandfleck in der vaterländischen Geschichte, obwohl die feindselige Polemik besonders äl-
terer Geschichtschreiber, welche die That eines Einzelnen der
ganzen Nation aufbürden wollen, entschieden zurückgewiesen werden muß. Mit seinem Bruder Ascanio ward Ludovico gefangen
nach Frankreich geführt, wo er im Schlosse von Loches 1510
starb. Jetzt nahm Ludwig neuerdings Besitz von Mailand.

Ludwig war es nun vor Allem darum zu thun, von Maximilian die Investitur für Mailand zu erhalten: zugleich gab
er aber auch seinen Plan auf Wiedergewinnung Neapels nicht
auf. Im September 1500 schloß er mit Ferdinand ohne Vor-
wissen Frederigo's einen Vertrag, durch welchen er die Terra
di Lavoro mit Neapel und die Abruzzen als Königreich, Ferdinand das Uebrige als Herzogthum erhielt, und bald nahmen
sie durch Waffengewalt Neapel in Besitz, mit welchem sie der
Papst im Juni 1501 belehnte, während Frederigo, der nicht
mächtig genug war sein Reich mit den Waffen zu behaupten,
nach Frankreich ging, wo er von Ludwig das Herzogthum Anjou
erhielt. Zur Versöhnung mit Maximilian diente Ludwig die

Vermittlung Ferdinands und Philipps und das Project einer Vermählung Karl's, des Sohnes Philipps mit Ludwigs Tochter Claudia: im October 1501 schlossen sie zu Trient einen Vertrag, durch welchen jene Vermählung festgesetzt und Ludwig die Investitur mit Mailand zugesagt wurde, welches dereinst auf Karl und Claudia übergehen sollte, Ludwig dagegen Förderung bei verschiedenen Successionen und Unterstützung für einen Römerzug und einen Türkenkrieg versprach, welcher aber, wie er auch von Ludwigs Seite nicht ernst gemeint war, sondern nur zur Beseitigung naher Gefahren geschlossen wurde, in wesentlichen Punkten nicht zur Ausführung kam.

Allein schon im Juli 1502 kam es in Neapel wegen der Unbestimmtheit der Gränzen zwischen den Franzosen unter Nemours und den Spaniern unter Gonsalvo wieder zum Kriege, mit entschiedenem Vortheile der Franzosen. Zwar schlossen Ludwig und Ferdinand durch Vermittlung Philipps am 5. April 1503 zu Lyon einen neuen Vertrag, durch welchen sie ihre Rechte auf Neapel an Karl und Claudia abtraten, welche die Titel als König, Königin von Neapel führen sollten, während es bis zu ihrer wirklichen Vermählung bei dem frühern Theilungsvertrag sein Bewenden haben sollte; allein da Philipp seine Vollmachten überschritten hatte und Gonsalvo im April über die Franzosen zu Terranuova und Carignola zwei glänzende Siege errang, so erkannte Ferdinand denselben nicht an und es begann sich das Project einer Coalition zur Vertreibung der Franzosen aus ganz Italien zu bilden, welches freilich der Tod Alexanders VI. (17. August 1503) unterbrach, welches aber in der Folge Julius II., der am 31. October dem am 22. September gewählten aber bald darauf gestorbenen Pius III. folgte, mit aller Energie weiter betrieb. Am 28. December erfocht Gonsalvo einen großen Sieg über die Franzosen am Gariglian und zu Anfang des Jahres 1504 war ganz Neapel in den Händen Spaniens. Am 31. März schloß Ludwig mit Ferdinand und Isabellen einen dreijährigen Waffenstillstand.

Zu gleicher Zeit wie diese Dinge in Neapel vorgingen, führte Cesare Borgia mit Unterstützung seines Vaters und Ludwigs seinen berüchtigten Eroberungskrieg in der Romagna, in welchen die Gesandtschaft des florentinischen Secretärs und die schimpfliche Ermordung Vitellozzo's und Oliverotto's fällt. Im Januar 1503 war die Macht der römischen Barone gebrochen und der Papst Herr über die ganze Romagna, während Alfonso von Ferrara sich durch die Vermählung mit Lucrezia Borgia sicher stellte.

Auch mit den Schweizern lag Ludwig zur nämlichen Zeit in Streit: die Nichtanerkennung von Soldansprüchen von der Eroberung Mailands her und die Nichtbewilligung der Forderung Uris um Stadt und Grafschaft Bellenz, welche die Länder, im Solde des Königs ausgezogen 1500 auf den Wunsch der Bevölkerung neuerdings in Besitz genommen hatten, führten zu zwei Kriegszügen gegen die Franzosen nach Oberitalien, worauf endlich Ludwig durch den Vertrag von Arona (10. April 1503) in die Abtretung derselben an die Urkantone willigte.

Da nun Ferdinand sich hartnäckig weigerte, den Vertrag von Lyon anzuerkennen, so schlossen Ludwig, der die Belehnung mit Mailand noch nicht erhalten hatte, Maximilian und Philipp am 22. September 1504 zu Blois drei Verträge, von denen der erste eine Erweiterung desjenigen von Trient, der zweite eine Ergänzung dessen von Lyon war, der dritte endlich einen Bund Ludwigs und Maximilians gegen Venedig enthielt, gegen welches sich sofort nach der französischen Occupation Mailand's der Haß aller übrigen Mächte gerichtet und das durch die noch von Ludovico angerufenen Türken vor Kurzem harte Verluste erlitten hatte. Dem letztern trat auch Julius II. bei, der bald nach seiner Wahl sich Cesare Borgia's erledigt und einen großen Theil des Kirchenstaats erobert hatte, um von den Venetianern Ravenna und die während der Sedisvacanz von ihnen eroberten Gebiete des Kirchenstaates, Rimini und Faenza zurück zu gewinnen. Am 6. April 1505 erhielt Ludwig zu Hagenau die Investitur.

Alle diese Verträge waren für Maximilian, dessen Macht in diesen Tagen durch die Demüthigung des Pfalzgrafen in der Schlacht von Regensburg am 12. Sept. 1504 ihren Höhepunkt erreichte und der jetzt an die Gründung einer Universalmonarchie dachte und sich lebhaft mit dem Plan für einen Kreuzzug gegen die Türken beschäftigte, außerordentlich günstig, während Ludwig alles dem Project einer Vermählung seiner Tochter mit dem Erben Oesterreichs und Spaniens opferte, das besonders von seiner Gemahlin eifrig gepflegt wurde, welche um Alles eine Vermählung ihrer Tochter mit Franz von Angoulème dem präsumptiven Thronfolger aus Haß gegen dessen Mutter, die intrigante Louise von Savoyen, verhindern wollte.

Allein bald nahmen die Dinge eine andere Wendung: der Tod Isabellen's der Katholischen (25. Nov. 1504) vollendete den Bruch zwischen Spanien und Oesterreich und führte Spanien und Frankreich zusammen: durch denselben sah sich Ferdinand im Besitze Castilien's, über das sie ihm zwar die Regentschaft übertragen hatte, bis ihr Enkel das zwanzigste Jahr vollendet hätte, gefährdet, da die Stimmung des Volks Philipp von Burgund günstig war, der sich sofort zur Ueberfahrt nach Spanien rüstete und er selbst außerhalb der französisch-österreichischen Allianz stand. So schloß denn auch er am 12. October 1505 mit Ludwig zu Blois einen Bund, wodurch er Germaine de Foix, Ludwigs Nichte zur Gemahlin nahm, welche von diesem seine Ansprüche auf Neapel als Mitgift erhielt, die jedoch bei kinderloser Ehe wieder auf ihn zurückfallen sollten, sich zur Zahlung einer Million Goldgulden an Ludwig verpflichtete und alle Angiovinen in Neapel in ihre Güter wieder einzusetzen versprach. Zugleich nahm aber der Bund Ludwigs mit dem österreichischen Hause ein Ende: auf die dringenden Wünsche seines Volkes und die Vorstellungen seiner Stände hob Ludwig, den kurz zuvor eine Krankheit dem Tode nahe gebracht hatte, im Interesse Frankreichs den Vermählungstractat von Blois auf und verlobte im Mai 1506 seine Tochter mit Franz von Angoulème.

Zwar hatte die Unternehmung Philipps, welcher nach einem kurzen Aufenthalte bei Heinrich VII., mit welchem er einen Bundes-, einen Handels- und einen Heirathsvertrag für seine Schwester Margaretha mit jenem schloß, am 28. April in Castilien landete, einen glücklichen Erfolg; am 27. Juni mußte Ferdinand ihm, der schon den Königstitel trug, die Verwaltung Castiliens abtreten: allein durch seinen Tod (16. Sept. 1506) wurde Ferdinand in ganz Spanien Herr.

Jetzt wurde Italien wieder Mittelpunkt der europäischen Politik und Julius II. begann sich an der Führung derselben zu betheiligen. Zwei Pläne vor Allem bewegten seine Seele: die Wiedergewinnung des ganzen Gebiets des Kirchenstaats und die Vertreibung der Franzosen aus Italien, zu welcher ihn neben seiner nationalen Gesinnung vornehmlich die keineswegs unbegründete Besorgniß bestimmte, Ludwig beabsichtige ihn zu entsetzen und den Cardinal d'Amboise auf den päpstlichen Stuhl zu erheben. Der Aufstand Genua's, welches 1506 von Frankreich abfiel, war großentheils sein Werk: zwar rückte Ludwig bald mit einem großen Heere, welches Größeres als die Unterwerfung Genua's beabsichtigte, in Italien ein und eroberte durch die Schweizer, welche ihm trotz der Abmahnung Maximilians zahlreich zugeströmt waren, Genua wieder und festigte durch eine Zusammenkunft mit Ferdinand, der nach Neapel gekommen war, von wo er bei seiner Rückkehr Gonsalvo aus Mißtrauen gegen ihn mit sich nahm, zu Savona (28. Juni 1507), wo auch eine Unternehmung gegen Venedig besprochen wurde, seine freundschaftlichen Beziehungen mit diesem.

Allein dieß reizte Julius noch mehr. Er rief den Schutz des Kaisers an. Dieser selbst aber beabsichtigte einen Krieg gegen Ludwig XII., der die Verträge von Blois auf so treulose Weise gebrochen hatte und doch jetzt Bestätigung der Investitur für Claudia und ihren künftigen Gemahl und Fortdauer der Verträge von Blois, auch ohne die Heirath verlangte, in Mailand; auch gegen Venedig hatte er feindliche Absichten. Mit beiden Unternehmungen gedachte er seinen Römerzug zur Ge-

winnung der Kaiserkrone zu verbinden. Vor Allem beschäftigte
ihn aber das Project einer Kirchenreform, welche im Laufe
dieser Jahre schon oft von verschiedenen Seiten angeregt wor=
den war; selbst eine Vereinigung der päpstlichen mit der kaiser=
lichen Würde in seiner Person lag in seiner Absicht. Auf dem
großen Reichstage zu Constanz im Mai 1507 machte er die
Fürsten dringend auf die Nothwendigkeit aufmerksam, die Würde
des deutschen Reichs in Italien zu wahren und erlangte von
ihnen Gelder und Truppen: auch schweizerische Gesandte fanden
sich auf demselben ein, welche die Geneigtheit ihrer Nation aus=
brückten, zum Römerzug beizutragen, wofür sie 6000 Mann
anboten. Hier war es auch, wo Maximilian den Bischof von
Sitten, Matthäus Schinner, kennen lernte, welcher in der Folge
ein so wichtiges Mittelglied zwischen den Eidgenossen und den
auswärtigen Mächten wurde.

Umsonst suchte aber Maximilian Venedig zu gewinnen; es
verweigerte ihm den Durchzug durch seine Staaten, wenn er
mit einem Heere komme. Dessenungeachtet brach er im Ja=
nuar 1508 mit zahlreichen Truppen auf, legte sich in Trient
den Titel eines römischen Kaisers bei, welchen der Papst be=
stätigte, unternahm aber nichts als einige Einfälle in's vene=
tianische Gebiet und kehrte schon im Februar, da es ihm an
Geld gebrach und die Tagsatzung die schweizerischen Truppen
zurückberief, weil sie dieselben nicht gegen Ludwig kämpfen lassen
wollte, ohne Erfolg nach Innsbruck zurück, während ein an=
deres deutsches Heer, das in Cadora einrückte, von den Vene=
tianern schweren Schaden erlitt. Am 20. April schloß er mit
Venedig einen dreijährigen Waffenstillstand. Zu gleicher Zeit
erlitt er auch in den Niederlanden durch Karl von Geldern
große Verluste.

Nunmehr besiegte der Schmerz über seine Verluste in
Italien und den Niederlanden seine Feindschaft gegen Ludwig,
während der Abschluß jenes Waffenstillstandes diesen gegen Ve=
nedig erbitterte und der Wunsch, den alten Gebietsumfang Mai=
land's wieder zu gewinnen, ihn für einen Krieg gegen jenes

geneigt machte. Durch die Vermittelung Margarethens von
Oesterreich und des Cardinals d'Amboise schlossen sie am 10.
December 1508 zu Cambray zwei Verträge, deren erster die
Streitfragen zwischen Maximilian und Ludwig erledigte, ins=
besondere die Gültigkeit der Verträge von Blois und Hagenau
auch ohne die damals pactirte Heirath aussprach, der zweite
geheim gehaltene die europäischen Fragen regelte, insbesondere
eine Offensivallianz wider Venedig enthielt, nach welcher Lud=
wig am 1. April 1509 den Krieg gegen Venedig eröffnen, der
Papst den Bannfluch gegen dasselbe schleudern und den Kaiser,
der mit der Republik im Waffenstillstande war, um Beistand
bitten, dieser binnen 40 Tagen Folge leisten sollte. Dem Papst
waren Ravenna, Cervia, Faenza, Rimini, Imola und Cesena;
Ludwig Brescia, Crema, Bergamo, Cremona und Ghiarra
d'Adda; dem Kaiser Verona, Padua, Treviso, Vicenza und Ro=
veredo; Ferdinand endlich Trani, Brindisi, Otranto und Gal=
lipoli zugesagt. Zugleich ward zwischen Karl von Geldern und
Maximilian Waffenruhe mit Beibehaltung des Status quo fest=
gesetzt, die Feindseligkeiten Ludwigs XII. gegen das Königreich
Navarra auf ein Jahr für suspendirt erklärt, die Ansprüche
Maximilians und seines Enkels auf die Verwaltung Castiliens
während der Dauer der Liga sistirt. Heinrich VII., der durch
den Vertrag von Calais (22. Februar 1508) welcher die Ver=
lobung seiner jüngern Tochter Maria mit Karl von Burgund
festsetzte, in nähere Beziehungen zu Maximilian getreten war,
Savoyen, Ferrara und Mantua ward der Beitritt offen ge=
lassen. Ferdinand trat bald, Julius dagegen, der seiner na=
tionalen Politik treu bleiben wollte, erst im März 1509 bei,
nachdem seine Versuche, Venedig zu gütlicher Ueberlassung des
ihm durch den Vertrag Zugesagten zu bestimmen erfolglos ge=
wesen waren und die Eidgenossen sein Ansuchen um Hilfstrup=
pen, welches er im Mai erneuerte, abgelehnt hatten, weil sie
aus Besorgniß, die Liga von Cambray möchte überhaupt gegen
alle freien Gemeinwesen gerichtet sein, vor Allem ihr eigenes
Land schützen zu müssen glaubten; daher sie auch auf die Bitte

der Venetianer, welche am 16. April Girolamo Savorgnano
als Gesandten zu ihnen schickten, um Abschluß eines Bundes
trotz ihrer Geneigtheit und ihrer Sympathieen für den Schwester=
staat nicht eingehen konnten, besonders da schon 6000 Krieger
zu den französischen Truppen geeilt waren.

3. Von der Liga von Cambray bis zur Schlacht von Ravenna 1509—1512.

Am 15. April 1509 erklärte Ludwig Venedig den Krieg:
der Papst sprach den Bann gegen dasselbe aus. Am 8. Mai
erschien Ludwig selbst an der Abda und besiegte am 14. das
venetianische Heer unter Petigliano und Alviano bei Agnadello
(Vaila). Sofort ergaben sich jetzt Bergamo, Brescia, Crema,
Cremona und Peschiera den Franzosen: in weniger als vier=
zehn Tagen hatten sie alle diejenigen Gebiete, welche ihnen
durch die Liga zugesprochen waren, in ihrem Besitz. Auch die
übrigen Liguisten, besonders der Papst Alfonso von Ferrara
und Gonzaga von Mantua griffen ein und eroberten ihren An=
theil. Die deutschen Truppen erschienen am Gardasee und in
Friaul und drangen bis Vicenza vor. Ueber all dies herrschte
in Venedig die größte Bestürzung. Noch andere Schicksals=
schläge trafen die Stadt. Sie ließ jetzt Alles fallen, gab Pa=
dua und Treviso freiwillig auf und richtete ihre Politik darauf,
die Liguisten unter sich selbst zu entzweien und wo möglich
Ludwig, mit dem sie nicht in Friedensverhandlungen treten
mochte, zu isoliren. Und bald gestaltete sich ihre Lage wieder
günstiger. Nie zeigte sich die Opferfreudigkeit ihrer Bürger
glänzender. Bald gewann sie Padua und Treviso wieder. Nach
langem Zögern erschien endlich auch Maximilian, welcher am
13. Juni zu Trient Amboise für Ludwig die Belehnung mit
Mailand ertheilte. Ludwig kehrte nach Frankreich zurück. Doch
unterstützte sein Heer Maximilian in der Eroberung der ihm
versprochenen Gebiete. Allein seine Belagerung Paduas hatte
keinen Erfolg und bald kehrte er selbst nach Innsbruck zurück.

Jetzt schien doch dem Papst das Uebergewicht Frankreichs gefährlich zu werden. Er erkannte, daß er seinen nationalen Plan, Italien von der Fremdherrschaft zu befreien, ohne Venedigs Mitwirkung nicht durchführen könne. Auch Ferdinand, von der Signoria völlig befriedigt, war zum Frieden geneigt. Beide hatten schon während des Verlaufs des Kriegs zu Gunsten Venedigs intriguirt. Die öffentliche Meinung Italiens stellte sich entschieden auf Seiten der Venetianer. Es bereitete sich eine neue Coalition vor, die sich besonders auf die Schweizer und auf Heinrich VIII., der am 22. April 1509 seinem Vater gefolgt war, stützen sollte. Ludwig dagegen hielt hartnäckig an seinem Plane, Venedig zu vernichten, fest und Maximilian hielt trotz der Anerbietungen Venedigs und der Vorstellungen Julius' und Ferdinand's treu zu ihm. Julius begann den Umschwung in seiner Politik durch einen Angriff auf Alfonso von Ferrara, seinen bisherigen Verbündeten und Ludwigs treuen Freund. Um eine selbstständige Politik verfolgen zu können, suchte er vor Allem ein Bündniß mit den Eidgenossen, welches am 28. März 1510 durch Vermittlung Schinners zu Stande kam. Die Eidgenossen übernahmen durch dasselbe den Schutz der Kirche und des Papstes, verpflichteten sich ihm auf seine Forderung, außer wenn sie selbst in Krieg verwickelt wären, gegen jeden Feind 6000 streitbare Krieger zu stellen, welche sie jedoch im Fall eines eigenen Kriegs zurückrufen dürften und während der Dauer des Bundes mit keinem Gegner des Papstes sich zu verbinden oder ihm sonst Truppen zukommen zu lassen. Dieser dagegen verpflichtete sich keinen Bund mit fremden Mächten einzugehen, ohne sie vorzubehalten, sie gegen ihre Feinde mit geistlichen Waffen zu unterstützen, jedem der XII Orte eine jährliche Pension von 1000 Gulden zu gewähren, jedem Fußknecht einen monatlichen Sold von sechs Franken auszurichten, der sogleich beim Auszug der Knechte beginnen und mindestens drei Monate dauern solle, wozu noch ein halber Monatsold für den Heimzug von Mailand aus kam. Die Art der Bezahlung der Sölde zu bestimmen, behielt sich Julius selbst vor, der auch

Ueberzählige nicht zu besolden brauchte. Die Dauer des Bundes ward auf fünf Jahre festgesetzt.

Bald darauf begehrte er von ihnen Hülfe unter dem Vorwande, mit derselben Ferrara zu bekriegen, in Wahrheit aber um sie gegen die Franzosen in's Feld zu stellen. Trotz der heftigen Abmahnungen Ludwigs und des Kaisers stiegen im August 1510 6000 Eidgenossen' über die Alpen und drangen über die Tresa nach Chiasso vor. Doch französisches Geld, Mangel an Lebensmitteln, vor Allem aber ein Befehl der Tagsatzung, der des Papstes wahre Absicht durchschaute, bewogen sie zum Rückzug zum großen Aerger Julius', der darüber ein heftiges Breve an sie erließ und sich auch durch eine eidgenössische Gesandtschaft nicht beschwichtigen ließ. Auch die Unternehmung des päpstlichen Heers gegen Ferrara hatte keinen Erfolg, während Venedig, da die französischen Streitkräfte in Mittelitalien beschäftigt waren, immer weiter um sich griff und fast sein ganzes Gebiet, mit Ausnahme Verona's, inwieweit es in kaiserliche Hände gefallen war, zurückeroberte.

Ebensosehr wie durch seinen Angriff auf Ferrara reizte der Papst Ludwig durch seine Unterstützung der anti-französischen Partei in Genua und er entschloß sich jetzt ihn selbst zu bekämpfen, wozu ihn die im September 1510 zu Tours versammelten Prälaten seines Reichs ermächtigten. Um Ferrara von allen Seiten anzugreifen, begab sich Julius mit seinem Heere, das inzwischen Reggio und Modena genommen hatte, welches letztere er dem Kaiser überließ, nach Bologna, wohin ihm der französische Feldherr Chaumont folgte, ohne indeß die Stadt gewinnen zu können, während das päpstliche Heer im Januar 1511 nach langer Belagerung Mirandola nahm.

Nachdem Ludwig und Maximilian, welcher nicht auf die glänzenden Anerbietungen des Papstes, an die Spitze einer Coalition gegen Frankreich zu treten, eingegangen war, am 17. November 1510 zu Blois die Verträge von Cambray erneuert hatten, weil Einer des Andern gegen den Papst und Venedig bedurfte, gelang es zwar Ferdinand, einen Friedenscongreß zu

Mantua im März 1511 zu Stande zu bringen. Allein waren auch die Venetianer nicht ungeneigt, auf die Forderungen des Kaisers einzugehen, so wollte doch Julius denen Ludwig's hinsichtlich Ferrara's nicht entsprechen. So kam es denn zur Ausführung eines Projects, welches schon lange zwischen Ludwig und Maximilian verhandelt worden war. In Uebereinstimmung mit Beiden beriefen am 6. Mai fünf Cardinäle, die sich vom Papste lossagten, ein allgemeines Concil auf den 1. September und zwar mit Zustimmung der Florentiner nach Pisa, das diese nach langem Kampfe 1510 wieder gewonnen hatten, weil der Papst seiner Pflicht und seinem Versprechen zuwider dies unterlassen habe, während doch die Kirche an alten und neuen Uebeln leide und einer Verbesserung an Haupt und Gliedern dringend bedürfe und Maßregeln gegen die Ketzer und die Ungläubigen erforderlich seien. Allein am 18. Juli berief nun Julius ebenfalls ein Concil und zwar auf den 19. April 1512 nach dem Lateran und bedrohte zugleich die schismatischen Cardinäle mit der Absetzung. Mittlerweile hatte der Krieg fortgedauert. Bologna ging im Mai durch eine Empörung der Bürger dem Papste verloren und kehrte unter die Herrschaft der Bentivogli zurück; zugleich erlitt Venedig in der Lombardei und im Friaul schwere Verluste: Alles bis auf Padua und Treviso ging wieder verloren.

Um nun gegen die drohende Uebermacht Ludwigs ein Gegengewicht zu haben, schloß Julius, dessen zerrütteter Gesundheitszustand Maximilian mit neuen Hoffnungen erfüllt hatte, sich die Tiara aufsetzen zu können, die freilich durch dessen Genesung scheiterten, mit Ferdinand und Venedig im October 1511 die heilige Ligue, welche den Zweck hatte, die Einheit der Kirche und die Integrität des Kirchenstaats zu wahren, insbesondere diesem Bologna und Ferrara wieder zu gewinnen. Die Liguisten gelobten Jeden der sich der Ausführung dieses Vorhabens entgegensetzen würde, zu bekämpfen und gaben dem spanischen Vicekönig in Neapel Don Raymon da Carbona den Oberbefehl über das Bundesheer, zu welchem der Papst 600 Schwerbewaffnete, Venedig 800 Schwerbewaffnete, 1000 leichte Reiter und 8000 Mann Infanterie, Ferdinand 1200 Schwerbewaffnete, 1000 leichte Reiter und 10,000 Mann Infanterie stellen sollten. Dazu machten sich der Papst und Venedig noch zu einer monat- lichen Zahlung von je 20,000 Ducaten an das spanische Heer während der Dauer des Kriegs verbindlich. Heinrich VIII. trat der Ligue zwar nicht bei, schloß aber mit Ferdinand am 20. December einen Separatvertrag für einen Angriff auf Frank- reich selbst. Beide setzten eine gemeinsame Unternehmung gegen Guyenne auf den nächsten April, für welche Heinrich 6000 Mann Infanterie, Ferdinand 500 Schwerbewaffnete, 1500 leichte Reiter und 4000 Mann Infanterie stellen sollten und zugleich einen Seekrieg fest.

Am 24. October erklärte Julius die fünf Carbinäle für abgesetzt und sprach das Interdict über Florenz aus. Am 4. November wurde zu Pisa das Concil, jedoch unter sehr geringer Theilnahme, da nicht einmal ein kaiserlicher Abgeordneter er- schien, unter dem Vorsitze des Cardinals Bernard Carvajal de St. Croix eröffnet: doch mußte es wegen der Abneigung der Bürgerschaft bald nach Mailand verlegt werden.

Jetzt gedachten Ludwig und Maximilian, obwohl der Papst nach dem Abschluß der hl. Ligua mit Beiden in Unterhand= lungen getreten war, den Krieg mit größerer Energie zu führen.

An der Spitze des französischen Heers stand Ludwigs Neffe, Geston de Foix, ein jugendlicher Held, welchen er mit seiner jüngern Tochter Renée zu verloben und dem er Neapel, auf das er neuerdings seinen Blick richtete, zu übertragen beab= sichtigte.

Die Eidgenossen begannen den Krieg: schon längst gegen Ludwig erbittert, welcher 1509 ein Separatbündniß mit Grau= bünden geschlossen, Landsknechte in seinen Dienst genommen und sie auch auf andere Weise beleidigt hatte, daher sie den 1509 ausgelaufenen Bund mit ihm trotz seines öftern Ansuchens nicht erneuerten, waren sie es jetzt in besonders hohem Maaße, weil zwei eidgenössische Läuferboten, der eine von Schwyz der

andere von Freiburg, zu Lugano von den Franzosen getödtet
worden waren. Trotz der Vermittlungsversuche des Kaisers,
der mailändischen Regierung und der Bündner, trotz der Ab=
neigung der übrigen Orte und der schlechten Jahrzeit wollten
die Schwyzer, um die beleidigte Volksehre zu rächen, Krieg und
der Papst nährte durch Schinner, der von seinem Gegner Jörg
uf der Flüe aus Wallis vertrieben, vor Kurzem zum Cardinal
erhoben worden war, diese Stimmung. Da konnten auch die
Uebrigen nicht anders. Im November zogen 10,000 Krieger
über die Gebirge und rückten plündernd und raubend nach Mai=
land vor und näherten sich der Abda, in der Absicht, sich mit
den Venetianern zu vereinigen. Allein als sie von diesen keine
Kunde erhielten, kehrten sie ohne auf das Anerbieten des königs=
lichen Statthalters in Mailand, ihnen einen Monatssold zu
bezahlen, einzugehen, unter sich selbst uneinig schon im December
wieder in ihre Heimath zurück.
    Jetzt rückte der spanische Vicekönig nach Norden und be=
lagerte Bologna. Allein Gaston entsetzte es, schlug das vene=
tianische Heer unter Giampaolo Baglione bei Isola della Scala,
eroberte am 18. Februar das kurz zuvor von den Venetianern
wieder genommene Brescia zurück. Dann rückte er in die Ro=
magna vor, wo Cardona stand, der um jeden Preis eine Schlacht
zu vermeiden wünschte und wandte sich dann vor Ravenna. Am
9. April ließ er es stürmen, aber ohne Erfolg, am 10. erschien
das liguistische Heer zum Entsatz, und am 11. kam es zu der
berühmten Schlacht, in welcher er der erst dreiundzwanzigjährige
Gaston einen glänzenden Sieg errang, aber ihn mit seinem
Leben bezahlte. Die Liguisten flohen aus einander.

II. Quellen und Literatur.

1. Neu veröffentlichte Quellen.*)

Rosmini, Dell' istoria di G. G. Trivulzio, detto il
Magno libri XV. Milano 1815. Vol. 2: Documenti inediti.

Martinengo, Della congiura de' Bresciani per sott-
rarre la patria alla Francese dominazione bei Rosmini,
Dell' istoria di Milano. Milano 1820. Vol. 4. p. 267—369.

Albèri, Relazioni degli ambasciatori Veneti al senato
di Firenze 1839 ff. Daraus:

Sommario della relazione di Roma di Marino Georgi.
Serie II. Bd. 3. S. 41 ff.

Prato Storia di Milano dall' anno 1499 sino al 1519.

Burigozzo, Cronica Milanese dall 1500 al 1544.

beide hg. von Cesare Cantù im Archivio storico italiano
Appendice. Vol. 3. Firenze 1843.

---

*) Anm. Die folgende Zusammenstellung beabsichtigt alle diejenigen
Quellen für die Geschichte der Jahre 1512—1516, welche seit Glutz'
Schweizer Geschichte (1816) und Ranke, Zur Kritik einiger neuerer Geschichtschreiber (1824) neu veröffentlicht wurden, zu nennen, wobei ebensowohl diejenigen, welche nur für die Geschichte der nächst vorhergehenden
oder der nächstfolgenden Zeit wichtig sind, also die Chroniken des Cagnola
und des Malipiero, die Depeschen des Foscari und des Quirini, Chmel's
Urkunden u. s. w. zur Geschichte Maximilian's I., Lanz, Staatspapiere,
die Publicationen Champollion — Figeacs u. A. als diejenigen, welche zwar
für die Geschichte der bezeichneten Jahre aber nicht für die schweizerische
Werth haben, wie die Briefe des Savorgnano u. A. ausgeschlossen sind.
Leider kann ich, da ich dieselben nur zusammenstellte, wie der Zufall sie
mich finden ließ, nicht sagen, ob das Verzeichniß vollständig sei. Doch
glaube ich es. Die Briefe des Girolamo Morone (in den Miscellanea da
storia italiana) habe ich nicht in dasselbe aufgenommen, weil ich, da sie
mir trotz vielseitiger Nachfrage nicht erhältlich waren, nicht weiß, ob dieselben nach dem oben angegebenen Zwecke in dasselbe gehören.

Documenti inediti risguardanti Giuliáno de' Medici e il Pontefice Leone X. Hg. von Tommaſo Gar im Archivio App. Vol. 1. (1842).

Nro. 2 zwei Briefe des Biſchofs von Tricarica an ben Carbinal Giulio be' Mebici vom 9. unb 25. April 1515.

Vettori, sommario della storia d'Italia dal 1511 al 1527. Hg. von Alfreb von Reumont im Archivio App. Vol. 6. (1848).

Gheri, Lettere di Monsignore Goro — Pistoiese governatore di Piacenza nel 1515 a Giuliano, Giulio e Lorenzo de' Medici ed altri. Hg. von Bernarbo Pallaſtreſli mit Anm. von Luciano Scarabelli. Ebenbaf.

Barbaro Storia Veneta dal 1512 al 1515. Hg. von Tommaſo Gar im Archivio Vol. VII, 2. (1849).

Grumello Cronica di Antonio — Pavese dal 1463 al 1527. Hg. von Joſeph Müſler, Milano 1856. (Raccolta di Cronisti e documenti storici Lombardi inediti. Vol. 1).

Porto Lettere storiche di Luigi da — Vicentino dall' anno 1509 al 1528. Mit Anm. hg. von Bartoſlomeo Breſſan. Firenze 1857.

Guicciardini, Opere inedite di Fr. — illustrate da Giuseppe Canestrini e pubblicate per cura dei conti Piero e Luigi Guicciardini. Firenze 1857. Vol. 1.: Discorsi politici.

Muralti, Fr. J. U. D. Patricii Comensis Annalia. Hg. von P. A. Donini. Milano 1861.

Davilla, Cronaca de Anton Francesco — dal 1511 al 1516. Hg. von Giuſeppe Bonara. Parmae 1862 in Monum. histor. Placent. III. 2.

Cérésole, La République de Venise et les Suisses. Venise 1864.

Vellay, Chroniques abregées bei Chroniques de Jean d'Anton publiées pour la première fois en entier par Paul Jacob. Tome 4. Paris 1835.

Correspondance de l'empereur Maximilian I. et de

Marguerite d'Autriche publiée par M. Le Glay. 2 Tomes. Paris 1839.

Papier d'état du Cardinal de Granvelle publiés par M. Weiss. Paris 1841. Tome 1. 3n ber Collection de docum. inédits. I. Sér.

Négociations diplomatiques entre la France et l'Autriche, publiées par M. Le Glay. 2 Tomes. Paris 1845. Ebenbaf.

Lanz, Correfponbenz Kaifer Karls V. Leipzig 1844. Bb. 1.

Lanz, Actenftücke unb Briefe zur Gefchichte Kaifer Karls V. Wien 1853. 3n Monum. Habsburg. II. 1.

Herberftein Selbftbiographie von 1486—1553.

Cuspinianus 3ohannes, Tagebuch von 1502—1527, beibe in Fontes rerum Austriacarum I. 1. Wien 1855.

Ellis, Original letters illustrative of English history. Vol. 1.

State papers, published under the authority of Her Majesty's commission. Vol. 6. London 1849.

Rawdon — Brown Four years at the Court of Henry VIII. Selection of dispatches written by the Venetian ambassador Sebastiano Giustiniani. London 1854.

Brewer, Letters and Papers, foreign and domestic of the Reign of Henry VIII. 1. 2. London 1862. 1864.

Padilla, Cronica de Felipe I. llamado el Hermoso. 3n Coleccion de documentos ineditos para la historia de España. Tomo 8. Madrid 1846.

Anshelm Valerius genannt Rüb, Bernerchronif. Hg. von Stierlin unb Wyß. Bern 1823. ff. Bbc. 4. 5.

Schweichharb, Lubwig. Von bem Strht zu Marian. Mitgeth. von Wyß im Schweiz. Gefch.=Forfcher. 5. Bern 1824.

Tfchubi, Fortfetzung in Helvetia u. f. w. Hg. von Balthafar. N. F. 2. Zürich 1828.

Eblibach, Gerolb, Chronif. Hg. von 3ohann Martin Ufterj. Zürich 1847.

Campbell, Ulrich, Rhätifche Gefchichte. Aus bem Lateinifchen von C. von Mohr, in Th. von Mohr, Archiv für die Geschichte der Republik Graubünden. 2. Chur 1855.

Tfchudi, Schlachtbericht von Novarra. Hg. von J. Vogel im Archiv für Schweiz. Gesch. 12. Zürich 1858.

Briefe von Cardinal Bambridge und Galeazzo Visconti an Heinrich VIII. Mitgeth. von Bachofen und Stehlin. Ebendaf.

2. Verzeichniß der Ausgaben der benutzten Quellen.

Arluni, De bello Veneto in Graevii Thesaur. antiqu. et hist. Ital. V. 4 Lugd. Bat. 1722.

Bayard, Les gestes ensemble la vie du preulx chevalier. In Archives curieuses de l'hist. de France, publ. par Cimber I. 2. Paris 1835.

Bayard, La très joyeuse, plaisante et récréative histoire composée par le loyal serviteur des faiz, gestes, triumphes et prouesses du bon chevalier sans paour et sans reprouche le gentil seigneur de Bayard, dont humaines louenges sont espandues par toute la chrestienté bei Petitot, Collection des mémoires rélat. à l'histoire de France. Paris 1824. ff. I. Sér. Tomes 15. 16.

Belcarii, Rerum Gallicarum commentarii ab a. 1461 ad a. 1580. Lugd. 1625.

Bellay, Mémoires de Messire Martin du — Seigneur de Langey, contenant le discours de plusieurs choses advenues au Royaume de France depuis l'an 1513 jusqu'au trépas du Roi François I en .1447 bei Petitot. Tomes 17—19.

Bembi P. Cardinalis Rerum venetarum historiae libri XII. Luteliae 1551.

Bembi Epistolae omnes quotquot exstant s. a. s. l.

Budaei Gulielmi, De asse et partibus ejus libri VI. Lugduni 1550.

Bullarium diplomat. et privileg. S.S. Rom. Pontif. Tom. V. Aug. Taur. 1860.

Bullingers Chronik. M. S.

Carpesani Commentaria suorum temporum libris X. comprehensa ab a. 1470 ad a. 1536 bei Martene et Durand, Vet. Script. et Mon. Coll. Ampl. Tom. V. Parisiis 1739.

Dumont Corps universel diplomatique du droit des gens IV. 1. Amsterd. 1726.

Ferroni Arn. Burdigal. De rebus gestis Gallorum libri IX. Lutetiae 1555.

Fleuranges Histoire des choses memorables avenues en France, en Italie et en Allemagne du regne des Rois Louis XII et François I depuis l'an 1503 jusqu'en 1521 par Robert de la Mark, Seigneur de — et de Sédan et Maréchal de France bei Petitot T. 16.

François I Lettre à la Duchesse d'Angoulème sur la bataille de Marignan bei Petitot T. 17.

Folietae Uberti historiae Genuensium libri XII. Genuae 1585.

Fugger=Birken, Spiegel der Ehren des höchstlöblichsten Hauses Oesterreich. Nürnb. 1668.

Guicciardini, La historia d'Italia. Venet. 1671. 2 Voll.

Herbert Lord E. The life and reign of King Henry the eigth. London 1683.

Heuteri Ponti, Rerum austriacarum libri XV. Laonii 1649.

Jovii Pauli Novocomensis Episcopi Nucerini historiae sui temporis. Lugd. 1561. Vol. 1.

Jovii Elogia virorum bellica virtute illustrium. Basileae 1696.

Jovii vitae illustrium virorum. Basileae 1688. Aus Tom. 1. vitae Alfonsi, Gonsalvi, Pescarii aus Tom. 2. vita Leonis X.

Justiniani Rerum Venetarum ab u. c. ad a 1575 historia. Argent. 1611.

Louis XII. Lettres du Roi — et du Cardinal d'Amboise. 4 Tomes. Brusselles 1712.

Louise de Savoie Journal bei Petitot. T. 16.

Luenig, Codex Italiae diplomaticus. Francof. et Lips. 1725. 2 Vol.

Machiavelli, Lettere familiari in beſſen Opere. Italia 1814. Vol. 8.

Mariana, Historia general de España. Tomo 2. Madrid s. a.

Mezeray, Histoire de France. Nouv. Edit. Paris 1685. Tome 2.

Mocenigi Andreae, bellum Cameracense. Venetiis 1525.

Muratori, Annali d'Italia. Milano 1744—49. Vol. 10.

Paruta, Historia Vinitiana. In Venezia 1703.

Petri Martyri Angleri, Opus epistolarum. Parisiis 1670.

Raynaldi, Annales ecclesiastici. Tom. 20. Colon. Agripp. 1691.

Ripamonti, Historia urbis Mediolanensis bei Graevius II 1.

Roo, Annales rerum ab austriacae gentis Principibus gestarum Oenip. 1592.

Sadoleti Cardin., Epistolae Leonis X Clementis VII Pauli III nomine scriptae. Romae 1759.

Schobeler, Rerum Helveticorum historia etc. M. S.

Sentinati, Senatus populique Genuensis rerum gestarum historia. Antw. 1579.

Simleri Josiae, De republica Helvetiorum. Tiguri 1608.

Stettler, Gründliche Beſchreibung Nüchtländiſcher Geſchichten. Bern 1626. Bb. 2.

Stumpff, Gemeiner loblicher Eydgnoßenſchaft Chronik. Zürich 1586.

Tremouille, Le Panegyric du chevallier sans reproche — bei Petitot. T. 16.

Trithemii Joh., Annales Hirsaugienses. Monast. St. Galli 1691. Tom. 2.

Virgilii Polydori Urbinatis, historiae Angliae libri XXVIII Lugd. Bat. 1651.

Zurita, Historia del rey Don Hernando el Catholico. Çaragoça 1680. Tomo 2.

Zwinglii Huldrici, De gestis inter Gallos et Helvetios ad Ravennam, Papiam aliisque locis, conventu apud Thermas Helveticas anno 1512 bei Freher, Rerum Germ. Script. Argent 1717. Tom. 3.

3. Literatur.

Ranke, Geschichten der romanischen und germanischen Völker von 1494—1535. 1. Bd. Berlin 1824.

Lanz, Geschichtliche Einleitung zur zweiten Abtheilung der Monum. Habsb. Wien 1857.

Havemann, Geschichte der ital.-franzöf. Kriege von 1494 bis 1515. 2. Bd. Götting. 1835.

(Dubos), Histoire de la ligue faite à Cambray. La Haye 1710.

Glutz-Blotzheim, Geschichte der Eidgenossen. Zürich 1816.

Meyer von Knonau L., Handbuch der Gesch. der schweiz. Eidgen. Zürich 1826. 1. Bd.

Zurlauben, Histoire militaire des Suisses au service de la France. Paris 1751.

May, Histoire militaire de la Suisse et des Suisses. Tom. 4. Lausanne 1786.

Zellweger, Geschichte der diplomatischen Verhältnisse der Schweiz mit Frankreich von 1698 bis 1784. St. Gallen 1840.

Bluntschli, Geschichte des schweizerischen Bundesrechts. Zürich 1846.

Faßbind, Geschichte des Kantons Schwyz. Schwyz 1831. 3. Bd.

Tillier, Geschichte des eidgen. Freistaats Bern. Bern 1838. 3. Bd.

Bluntschli, Geschichte der Republik Zürich. Zürich 1847. 2. Bd.

Zellweger, Geschichte des appenzellischen Volkes. 3. Ausg. St. Gallen 1850. Bde. 2. 3.

Fuchs, die mailändischen Feldzüge der Schweizer. 2. Bd. St. Gallen 1812.

(v. Rodt) Auszug aus Burkhards von Erlach, des bernischen Feldhauptmanns Berichten und Rechnungen den Papierzug 1512 betreffend. (Schweiz. Gesch.=Forscher I. Bern 1812.)

von Rodt, Biograph. Notizen über Albrecht von Stein. (Ebendas. V u. VI 1824. f.)

von Muralt, Der Kampf Franz I. und der Eidgenossen in Mailand und die Entscheidung zu Marignano (Hottinger und Escher, Archiv für Schweiz.=Gesch. I. Zürich 1823.)

(von Wyß), die Geschenke Papst Julius II. an die Eidgenossen. Zürich 1859.

Hibber, Die Schweizer in Italien und der bernische Feldhauptmann A. v. Stein. Bern 1860.

Garnier, Histoire de France. Paris 1772. Tom. 22. 23.

Martin, Histoire de France. Paris 1841. Tomes 8. 9.

Varillas, Histoire de Louis XII. Paris 1688. Tome 3.

Varillas, Histoire de François I. Paris 1685. Tome 1.

Gaillard, Histoire de François I. Paris 1760. Tome 1.

Sismondi, Histoire des republiques Italiennes. Deutsch Zürich 1824. Bd. 14.

Verri, Storia di Milano. Milano 1824. Vol. 3.

Daru, Histoire de la Republique de Venise. Paris 1829. Tome 3.

Romanin, Storia documentata di Venezia. Tomo 5. Venezia 1856.

Roscoe, The life and Pontificate of Leo the tenth 4 Voll. Heidelb. 1828.

Häberlin, Geſchichte Deutſchland's. In Allgem. Welt= geſch. Neue Hiſtoria 9. .10. Halle 1771.

Ranke, Deutſche Geſchichte im Zeitalter der Reformation. Bd. 1. Berlin 1835.

Rossoew St. Hilaire, Histoire d'Espagne. Tome 6. Paris 1852.

Prescott, History of the reign of Ferdinand and Isabella the catholic. Paris 1842.

Hume, The history of England. London 1822. Vol. 3.

Rapin de Thoiras, Histoire d'Angleterre. Tome 6. A la Haye 1749.

Lingard A history of England. Vol. 6. London 1823.

Der Antheil der Schweizer an der europäischen Politik in den Jahren 1512—1516.

Erster Abschnitt.

Der Antheil der Schweizer an der europäischen Politik von der Schlacht von Ravenna bis zum Tode Ludwig's XII. (1512—1514).

Erstes Kapitel.

Die erste Eroberung Mailand's durch die Schweizer.

[1]Die Schlacht von Ravenna brachte bei den Besiegten und bei dem Sieger fast denselben Eindruck hervor.

Die Venetianer, welche alle Vermittlungsversuche Trivulzios hartnäckig abgewiesen, aber doch unter dem Eindrucke der Eroberung Brescia's durch Gaston de Foix auf das Drängen des Papstes und durch die thatkräftige Verwendung Ferdinands und der Eidgenossen am 6. April 1512 mit Maximilian einen zehnmonatlichen Waffenstillstand geschlossen hatten, durch welchen sie sich zur Zahlung von 40,000 Ducaten an denselben verpflichteten[2] und bereit waren, selbst Frieden mit ihm zu schließen, waren auf's Aeußerste bestürzt, so daß der spanische Gesandte sie nur mit Mühe von dem Gedanken abbringen konnte, sich mit Ludwig auszusöhnen, wofür ihnen Trivulzio jetzt neuerdings Vorschläge machte.[3]

Ferdinand zitterte für seine Besitzungen in Italien und die Besorgniß sie zu verlieren beherrschte ihn so sehr, daß er dem

„großen Feldherrn" troß seines Mißtrauens gegen ihn die Weisung ertheilte, sich zur Uebernahme des Commando's über ein
sogleich auszuhebendes Heer bereit zu halten, weil er wohl
wußte, daß er der einzige Mann der im Stande sei, die französischen Waffen aufzuhalten und das Schicksal der Liga wieder
günstiger zu gestalten. Schon dachten die neapolitanischen Barone, längst dem arragonesischen Hause abgeneigt und den Anjous ergeben, an Empörung und nichts schien unmittelbar nach
der Schlacht das französische Heer zu hindern, nach Neapel
vorzudringen. ⁴

In Rom war man durch die Kunde, welche Ottavio Fregoso am 13. April zuerst überbrachte, erschüttert. Die Cardinäle forderten Julius auf, einen Frieden mit Ludwig, der für
ihn nur ehrenvoll sein könne, anzunehmen, da er sich durch sein
edles Streben Italien von den Fremden zu befreien, genug
Ruhm erworben, aber der Wille Gottes sich ihm abgeneigt gezeigt habe. Dazu drängte die Besorgniß das feindliche Heer
möchte nach Rom vorrücken, was um so gefährlicher war, als
es wahrscheinlich schien, daß die römischen Barone, welche eine
Unternehmung gegen den Papst vorbereiteten und sein eigener
Reffe Francesco Maria delle Rovere, Herzog von Urbino, unzufrieden darüber daß er ihm das Gonfalonierat der Kirche
genommen, sich mit demselben vereinigen würden. Dagegen
ermahnten ihn der spanische und der venetianische Gesandte,
den Krieg fortzusetzen, weil das französische Heer durch die Uneinigkeit seiner Führer geschwächt nicht in die Romagna vorrücken werde, während die spanische Infanterie größtentheils
gerettet sei und man die Schweizer nur zu rufen brauche, damit
sie in die Lombardei herniederstiegen; ein Friede könne zudem
nicht ehrenvoll für ihn sein, da die schismatischen Cardinäle
den König gegen ihn aufreizen würden. Sie forderten ihn
auf, in seinem alten Starkmuth zu verharren und eher nach
Venedig oder nach Neapel zu fliehen, als sich zu Friedensverhandlungen herbeizulassen. Julius war unschlüssig: er mochte
fürchten in beiden Fällen von der Willkür zweier eigenmächtiger

Fürsten, Ludwig's oder Ferdinand's abhängig zu sein; den Cardinälen zu willfahren erklärt er zwar durch Vermittlung der
Florentiner Frieden mit Frankreich schließen zu wollen, wenn
er nur Bologna zurück erhalte; allein er zögerte doch so, daß
Jene leicht sahen, daß dies nicht ernst gemeint war. Zugleich
traf er Vorkehrungen zur Flucht.⁵ Aus seiner Niedergeschla-
genheit riß ihn Giulio de' Medici, Ritter von Rhodus, der
spätere Clemens VII., welchen sein Vetter, der bei Ravenna
gefangene Cardinal Giovanni de' Medici, Legat von Bologna
(Leo X.) unter dem Vorwande seiner Familie Nachrichten über
seine Gefangenschaft zu bringen, an ihn geschickt hatte. Er
stellte ihm die großen Verluste der Franzosen, die Uneinigkeit
ihrer Führer, ihre Ungewißheit über die Befehle des Königs
dar und theilte ihm das Gerücht von einem Aufbruche der
Schweizer mit. Diese Kunde verlieh Julius neuen Muth; er
freute sich jetzt wohl über die Schlacht, welche mehr eine Niederlage als ein Sieg für die Franzosen sei.⁶ Noch mehr aber
ermuthigte ihn der Umstand, daß der Herzog von Urbino, welchen er darauf in seine frühere Würde wieder einsetzte, ihm 200
Hommes d'armes und 4000 Mann Infanterie zur Verfügung
stellte. Zugleich vernahm er, die Schweizer hätten der französischen Gesandtschaft das Erscheinen auf einem Tage, wo sie
sich über die Hilfeleistung für ihn berathen wollten, verboten.⁷

Schon vor der Schlacht von Ravenna hatte Ludwig durch
die Vermittlung der Bischöfe von Gran und Nantes dem Papste
Friedensvorschläge gemacht. Julius sollte Bologna zurück erhalten, jedoch den Bentivogli ihre Güter nicht nehmen; Alfonso
von Ferrara ihm seine Eroberungen in der Romagna zurück
geben, seine Oberherrlichkeit anerkennen und ihm einen jährlichen Census entrichten, auch die streitigen Salzbergwerke zu
Comacchio nicht mehr in Betrieb setzen, dagegen vom Papste
in seine Güter und Würden wieder eingesetzt werden; das schismatische Concil sollte aufhören und die Cardinäle ihre Würde
wieder erhalten. Sie zeigen, zu wie vielen Concessionen Ludwig
bereit war, indem er Alfonso seinen treuesten Bundesgenossen

fallen laſſen, und Bologna, das Bollwerk Mailand's dem Papſte zurückerſtatten wollte. [8]

Nun unterzeichnete zwar Julius am 20. April ein von ihm ſelbſt und von den Cardinälen entworfenes Friedensproject, verſprach es annehmen zu wollen, wenn der König es beſtätige und gab auch dem Cardinal del Finale und dem Biſchof von Tivoli, die beide in Frankreich waren, Auftrag, mit ihm zu verhandeln; allein er verband ſich doch zu nichts, da er ihnen keine Vollmacht zu einem Friedensabſchluß ertheilte. Er war in ſeinem Innern entſchieden, ſeinen nationalen Plan, Italien von der Fremdherrſchaft zu befreien, durchzuführen und dies er= klärte er auch ſofort nach jenem Acte dem ſpaniſchen und dem venetianiſchen Geſandten. [9] Allein ſeine Ausſichten wurden noch günſtiger. La Palice, der nach Gaſton's Tode den Oberbefehl über das franzöſiſche Heer übernommen hatte, zog ſich, weil er einen Einfall der Eidgenoſſen in Mailand fürchtete, nach Ober= italien zurück und ließ nur einen Theil ſeines Heers in der Romagna; dadurch aber fielen die römiſchen Barone, die bisher von Frankreich Subſidien erhalten hatten, vor Allen die Co= lonna's und die Orſini's zum Papſte ab. [10]

Ludwig XII. war auch nach dem Siege von Ravenna zum Frieden mit dem Papſte geneigt. Zwar hatte er im erſten Siegestaumel La Palice Befehl ertheilt, ſofort nach Rom vor= zudringen; allein die Rückſicht auf ſeine großen Verluſte in demſelben, auf die Wünſche ſeines Volkes, welches des Krieges müde war und ſich nach Ausſöhnung mit dem Papſte ſehnte, erneuerten die frühere Stimmung in ihm, noch mehr aber ſeine gefährliche Lage nach Außen. Zwar gab ihm der Kaiſer die Verſicherung, er werde den in ſeinem Namen mit Benedig ge= ſchloſſenen Waffenſtillſtand, welchen ſein Geſandter am königl= lichen Hofe damit motivirte, daß ſein Herr allein mit Benedig hätte Krieg führen müſſen, nicht ratificiren. Allein er konnte weder auf einen Alliirten, deſſen Politik es zu ſein ſchien, ſich unbeſonnen in einen Krieg zu ſtürzen und dann ſofort mit dem Gegner wieder in Friedensverhandlungen zu treten, und der nach

seiner eigenen Aeußerung sich der vielen Beleidigungen Ludwigs
zu gut erinnerte, um je sein treuer Freund werden zu können,
bauen, noch von einem Kaiser, der stets geldarm immer auf
die Bewilligungen seiner Fürsten recurriren mußte, bedeutende
Unterstützung erwarten. So bediente er sich denn seiner nur,
um durch ihn mit dem Papste und mit Venedig sich auszusöhnen. [11] Gefährlicher als Maximilian's Waffenstillstand war für
Ludwig, daß Heinrich VIII., welcher bisher seinen Bund mit
Ferdinand vor ihm geheim gehalten hatte, um noch einmal die
nach dem Vertrage von Etaples schuldigen Gelder beziehen zu
können, jetzt offen als sein Gegner hervortrat. Im Februar
hatte ihm das Parlament die nöthigen Gelder bewilligt und er
darauf seine Rüstungen für einen Seekrieg und für die Unternehmung wider Guyenne begonnen und jetzt erklärte er ihm
durch einen Herold den Krieg, weil er seinen Bund mit ihm
nur unter der Bedingung geschlossen hatte, daß er den Papst
und Ferdinand nicht bekriege. [12] Diese Gefahr war aber dadurch noch gesteigert, daß zur nämlichen Zeit die Schweizer einen
Einfall in Mailand vorbereiteten, so daß er sich zweier Feinde
zugleich, des einen im eigenen des andern im fremden Lande
erwehren mußte.

So vernahm er denn mit Vergnügen, daß Julius die Vermittlung der Florentiner verlangt habe; er erneuerte seine Friedensvorschläge und sandte den Präsidenten von Grénoble mit
ausgedehnten Vollmachten zum Friedensabschlusse nach Florenz,
gab aber zugleich La Palice den Befehl, um den Papst zu
schrecken, nach Parma zurückzukehren und dabei auszustreuen,
seine Bewegungen seien gegen den Kirchenstaat gerichtet. Obwohl er nun bald erkannte, daß es dem Papste mit seinem
Friedensprojecte nicht Ernst gewesen war, erklärte er sich doch
zur Annahme desselben bereit und sandte den Secretär des Bischofs von Tivoli mit der Bitte an ihn, entweder seinen beiden
Abgeordneten Vollmacht zum Abschluß zu ertheilen oder mit
dem Präsidenten von Grénoble selbst den Frieden zu schließen. [13]
Allein mittlerweile hatte sich die Lage des Papstes noch

günstiger gestaltet. Ferdinand hatte ihm durch die Versicherung, daß er Gonsalvo mit einem Heere nach Italien schicken werde Muth gemacht, Heinrich hatte Cardinal Bambridge Erzbischof von York mit der Vollmacht zu ihm gesandt, in seinem Namen dem Concil vom Lateran beizutreten. Maximilian, von jenen beiden vielleicht durch die Aussicht auf Mailand und Burgund gewonnen, entfernte sich mehr und mehr von seinem alten Alliirten. [14]

So eröffnete denn Julius, obwohl das Concil zu Mailand ihn am 21. April in Gemäßheit der Concilienbeschlüsse von Basel und Constanz für suspendirt erklärte, weil er einer frühern Aufforderung desselben vor ihm zu erscheinen, nicht Folge geleistet hatte, [15] am 3. Mai, da die Schlacht von Ravenna die früher angesetzte Eröffnung desselben am 19. April unmöglich gemacht hatte, das Concil vom Lateran, zu welchem sich fünfzehn Cardinäle und dreiundachzig Bischöfe eingefunden hatten und welches sogleich für das allein wahre und generelle erklärt wurde. [16] Bald darauf verwarf er, nachdem er mittlerweile sichere Kunde von dem Aufbruch der Schweizer erhalten hatte, in einer Sitzung des Consistoriums Ludwigs Friedensvorschläge. Er hatte selbst ein Monitorium gegen diesen bereit, in welchem er ihn mit dem Banne bedrohte, wenn er den Cardinal de' Medici nicht freigebe, welches aber auf die bringenden Vorstellungen der Cardinäle nicht veröffentlicht wurde. [17]

Jetzt traten die Eidgenossen zum ersten Mal selbstständig und bestimmend in die Verhältnisse von Italien ein.

Bald nach dem erfolglosen Winter=Feldzuge des vorigen Jahres hatten sich die Franzosen besonders die mailändische Regierung aus Furcht diesem wieder zu nähern gesucht und auf das bringende Ansuchen der letztern, welches durch ein Schreiben des Conciliabulums unterstützt wurde, war am 21. Januar für eine französische Gesandtschaft Geleit auf einen Tag nach Zürich am 8. Februar, welcher jedoch auf die Bitte der Gesandtschaft auf den 7. März verschoben wurde, Geleit bewilligt worden unter der Bedingung, daß sie sich "geleitlich und ge=

bührlich verhalte und mit voller Gewalt ohne weitern Verzug
der Sache erscheine," am nämlichen Tage aber auch in Abschied
genommen worden, daß jeder Bote in die nächste Versammlung
Vollmacht bringen solle, einen Auszug zu bereden, wenn mit
den Franzosen nichts beschlossen würde. [18]

Am 7. März erschienen die französischen Gesandten, der
Graf von Dünois, der Baillif von Amiens und der Präsident
von Burgund vor der Tagsatzung, wo die Stimmung für einen
Frieden mit Frankreich nicht eben ungünstig war. Zwar standen
ihre Anerbietungen, welche sie zudem nicht aus Schuldigkeit,
sondern bloß durch die Gnade des Königs zu machen erklärten,
in keinem Verhältnisse zu den Forderungen der Schweizer. [19]
Doch wurde zu weiterer Berathung ein Tag auf den 18. April
festgesetzt und sie ermahnt, auf demselben zu erscheinen.

Die Eidgenossen waren entschlossen, wenn sie sich mit Frank=
reich nicht einigen könnten, einen Feldzug wider Mailand zu
unternehmen und darüber suchten sie sich mit den übrigen Mächten
in's Einverständniß zu setzen.

Schon längst waren sie mit Venedig in freundschaftlichen
Beziehungen gestanden und auch der Krieg von Cambray hatte
die Sympathieen der beiden Schwesterrepubliken für einander
nicht unterdrücken können. Jetzt sandte sie eine Gesandtschaft
dorthin, theils um mit dem Senat über einen Krieg und über
rückständige Pensionen zu verhandeln und zwischen ihm und dem
Kaiser zu vermitteln, theils um mit Cardinal Schinner die vom
Chiafferzug datirenden Ansprachen an den Papst zu bereinigen
und sich durch ihn mit diesem wieder in Beziehungen zu setzen.
Doch entsprach der Erfolg der Gesandtschaft ihren Erwartungen
nicht völlig. Sie hatten gehofft, Julius werde endlich ihre
Forderungen in Betreff jener Sölde, um welche sie schon früher,
wiewohl vergeblich, durch Gesandte mit ihm verhandelt hatten,
erfüllen. Er war nun zwar zur Bezahlung der schuldigen Pen=
sionen, nicht aber jener Ansprachen bereit, da er sich auch jetzt
darauf stützte, daß sie damals ihre durch den Bund mit ihm
übernommenen Verpflichtungen nicht erfüllt hätten und jener

Feldzug ihm nicht nur keinen Nutzen gebracht, sondern selbst
den Verlust Bologna's verursacht habe. Doch versprach er die
Dienste, welche sie ihm in Zukunft redlich leisten würden, reich=
lich zu belohnen und Schinner wies den Gesandten auch zwei
päpstliche Geschenke, ein goldenes Schwert und einen köstlich
gestickten Hut vor, welche er ihnen in diesem Falle geben würde,
während Julius sie andrerseits auf die Kunde vom Eintreffen
der französischen Gesandtschaft mit dem Banne bedrohte, wenn
sie mit Ludwig in Vereinigung treten würden. Dagegen wurden
die freundschaftlichen Beziehungen zur Signoria, welche den Ge=
sandten schon auf ihrer Reise mannigfache Beweise ihrer Auf=
merksamkeit gegeben und sie bei ihrer Ankunft in Venedig am
21. März auf's Herzlichste empfangen hatte und während ihres
Aufenthaltes, welcher bis zum 5. April dauerte, auf's Ehren=
vollste behandelte, gefestigt. Auch hatte die Gesandtschaft Ge=
legenheit sich über die Stimmung der fremden Mächte in Kennt=
niß zu setzen. Der Doge drückte ihr sein Vertrauen auf die
Eidgenossen aus, mit denen er bald in nähere Verbindung zu
treten hoffe und der spanische Gesandte Graf von Cariati kün=
digte ihnen das baldige Eintreffen einer spanischen Botschaft
zur Besprechung eines Bundes mit Ferdinand an.[20]

Auch mit Kaiser Maximilian, der eben damals einen Reichs=
tag zu Trier hielt, bei dessen Eröffnung er sogleich den versam=
melten Fürsten angezeigt hatte, daß er sein früheres Bündniß
mit Ludwig gegen Venedig aufgegeben habe, weil dieser stets
nur für sich gesorgt und den Herzog von Geldern gegen ihn
unterstützt habe, gegen welchen er jetzt Hülfe verlangte,[21] traten
die Eidgenossen in Verbindung. Sie sandten den Freiherrn von
Hohensax zur Berathung an ihn und hatten um so mehr Hoff=
nung auf einen günstigen Entscheid, als die Erneuerung der im
October 1477 zwischen Erzherzog Sigmund und den Eidge=
nossen geschlossenen Erbeinigung, um welche Maximilian schon
längst für sich und Erzherzog Karl wegen der von Sigmund
an ihn gefallenen Länder und wegen der Grafschaft Burgund
angehalten hatte und welche denn auch am 6. Januar 1511

von der Mehrzahl der Orte beschlossen worden war, am 21. Januar 1512 endlich von allen Orten angenommen worden war. Durch dieselbe versprachen beide Theile ihren gegenseitigen Angehörigen freien Eintritt, Kauf und Verkauf in den in diesem Vertrage begriffenen Länder, gelobten weder selbst Feindselig= keiten gegen einander zu unternehmen, noch auch solches ihren Angehörigen zu gestatten und diese wenn sie in Dienst der Feinde des einen Paciscenten träten, zurückzurufen, eine Bestimmung welche auch auf die in der Erbeinigung nicht inbegriffenen Länder Maximilians und Karls ausgedehnt wurde. Für Streitigkeiten zwischen beiden Parteien und deren Zugehörigen ward ein Rechts= gang vor die Bischöfe von Basel oder Constanz festgesetzt. Außerdem ward bestimmt, daß kein Theil Angehörige des An= dern zu Bürgern oder Bundesgenossen annehmen sollte, außer wenn sie sich in seinem Lande niederließen, daß auch die vier seit der Erbeinigung mit Sigmund aufgenommenen Orte sowie Gotteshaus und Stadt St. Gallen und das Land Appenzell in diesen Vertrag aufgenommen werden sollten, endlich kein Theil mit andern Staaten ohne Vorbehalt dieses Vertrags in Ver= einigung treten dürfte. Beide Paciscenten sagten einander für den Fall eines Kriegs Hilfe in und mit den inbegriffenen Län= dern zu; der Kaiser verpflichtete sich für seinen minderjährigen Enkel außerdem jährlich den Eidgenossen 2000 Rh. Fl. zu ent= richten. Alle übrigen Artikel der frühern Erbeinigung sollten fortdauern, den Angehörigen beider Theile alle Schmähworte verboten werden, endlich der Inhalt dieses Vertrags, dessen Dauer auf ewige Zeiten festgesetzt ward, alle zehn Jahre den beiderseitigen Angehörigen von Neuem in Erinnerung gebracht werden. [22]

Auch an Ludwig XII. wurde jetzt neuerdings eine Gesandt= schaft geschickt, welche ihn an die Dienste erinnerte, welche die Eidgenossen Frankreich erwiesen hatten und ihn um Fortdauer der seit dem Ausgang des Bundes nicht mehr bezahlten Jahr= gelder bat, aber einen abschlägigen Bescheid erhielt. [23]

Am 19. April fand endlich zu Zürich die früher festgesetzte

große Tagsatzung statt. Allein die französischen Gesandten erschienen nicht mehr auf derselben. Durch die Kunde von Ravenna übermüthig gemacht, hatten sie wider den Rath der Stadt
Bern ohne länger um den Frieden anzuhalten „ungnadet
still und tratzlich" die Schweiz verlassen²⁴ und dadurch den
lautesten Unwillen hervorgerufen. Die Erbitterung gegen Ludwig, deren Ursprung ohne Zweifel in den Ereignissen zu suchen
ist, welche dem Frieden von Arona vorhergingen, welche er aber
durch die Bevorzugung der Landsknechte, durch mannigfache nicht
undeutliche Zeichen von Verachtung wegen ihrer Armuth und
niedrigen Geburt, durch Aufwiegelung von Söldnern ohne Erlaubniß der Obrigkeit, besonders aber durch den Kampf mit
dem Papste genährt hatte, erreichte jetzt ihren Höhepunkt und
erleichterte den Tagherren einen Beschluß und dies um so mehr
als durch die neuerliche Wendung in der Politik des Kaisers
die kaiserliche und die päpstliche Partei jetzt einig gingen.

Durch seine Gesandten Freiherr Christoph von Limburg,
Hans von Landau, Freiherr Hans Jakob von Mörsburg und
Befort und Dr. Johannes Storch, welche der Freiherr von
Hohensax begleitete, sprach Maximilian die Geneigtheit aus, als
römischer Kaiser zwischen Julius und Ludwig zu vermitteln,
wozu er auch „gemeiner Eydgnoßschaft als eines tapfern und
trefflichen Glids des heiligen Rychs der Christenheit und
tütscher Nation" merklich bedürfe und zur Beilegung ihres
Streits die Schweizer diesen Sommer über in seinem Solde zu
halten und verlangte, sie möchten Gesandte zu gemeinsamer
Berathung an den Reichstag abordnen, mit welchen dann auch
über die Bezahlung alter Ansprachen Rücksprache genommen
werden könne.²⁵

Der päpstliche Gesandte, Ennius Philonardus Bischof von
Veroli, welcher nebenbei durch die Ertheilung von Ablaß thätig
war, suchte durch die Schilderung des traurigen Zustandes der
von Ludwig unterbrückten Kirche auf die Gemüther der Tagherren zu wirken und bat um eilige Hilfe und Schinner unterstützte dieses Ansuchen brieflich, während Ulrich von Hohensax

im Namen des Papstes mittheilte, 20,000 Gulden seien für sie zu einer Unternehmung nach Mailand bereit.[26]

So wurde denn trotz der Abneigung einiger Orte besonders Berns ein Heereszug nach der Lombardei, nach jeden Ortes Ehre und Vermögen beschlossen und zugleich verabredet, es sollte, damit die Knechte, welche ihren Unterhalt auf dem Marsche selbst bezahlen mußten, bei ihrem Auszuge hinlänglich mit Geld versehen seien, jeder Ort seine Befehlshaber mit den nöthigen Summen versehen, um das Benöthigte den Knechten vorschußweise bis auf die erste päpstliche Zahlung auf Rechnung ihres Soldes liefern zu können.[27]

Von diesem Anschlag setzten die Eidgenossen den Kaiser sofort in Kenntniß, begehrten in Kraft der Erbeinigung von ihm Zurückberufung der Landsknechte aus dem französischen Heer, freien Durchzug und Geleit durch seine Länder, Lieferung von Lebensmitteln gegen Bezahlung auf dem Marsche und schickten eine Botschaft bestehend aus Marx Röust Bürgermeister von Zürich, Ulrich Hungen von Schwyz und Peter von Offenburg von Basel nach Trier ab, welche vom Kaiser auf's Beste empfangen wurde und Ende Mai mit der Gewähr ihrer Forderungen zurückkehrte. Maximilian versprach außerdem, wenn der rechtmäßige Fürst in's Herzogthum Mailand eingesetzt würde, ihn dahin zu vermögen, den Eidgenossen binnen drei Jahren 300,000 Ducaten und eine jährliche Pension von 40—50,000 Ducaten zu bezahlen und sie selbst mit 4—5000 Pferden von Tyrol aus bei ihrem Unternehmen zu unterstützen und forderte sie auf, mit Julius und Ferdinand in eine nähere Vereinigung zu treten.[28]

Am 29. April wurde der frühere Beschluß bestätigt und zugleich verabredet, daß die Krieger sich um den 6. Mai in Chur sammeln sollten.

Es waren zwei Motive, welche die Eidgenossen bestimmten, mit dem mächtigsten Fürsten jener Zeit, der erst noch vor wenig Tagen einen glänzenden Sieg erfochten hatte und Herr über Italien zu sein schien, in Kampf zu treten: zunächst die eigene Erbitterung gegen ihn, welche er durch die Kränkung ihres menschlichen sowohl als ihres schweizerischen Ehrgefühls wach gerufen hatte und welche Guicciardini mit so beredten Worten schildert: sie wollten ebensowohl seine Anmaßung zurückweisen und ihm zeigen, „daß das Geld nur dem diene, der auch das Eisen besitze" als der Welt den Vorzug der schweizerischen Waffen vor denen der Landsknechte beweisen. [29] Ebenso stark war aber der religiöse Impuls: „sie sehen, schrieb Zwingli an Vadian, den traurigen Zustand der Kirche Gottes, der Mutter der Christgläubigen und halten es für schlimm und gefährlich, wenn jeder Tyrann ungestraft nach seiner Raubgier die gemeinschaftliche Mutter der Christgläubigen anfallen dürfte." [30] Sie hielten sich durch ihren Bund mit dem Papste für verpflichtet, durch seine Bitte um Hilfe für berufen, Ludwig in Italien zu bekämpfen.

Schon am 8. April hatte die muthwillige Jugend auf eigene Faust hin einen Kriegszug nach Italien verabredet und sich am 17. April zu Airolo zu sammeln beschlossen. Die Tagsatzung verbot dies und leitete den allgemeinen Eifer und Unwillen durch ihren Beschluß in die rechte Bahn: [31] statt eines eilig und unbesonnen angefangenen und übel geleiteten Feldzugs, der vielleicht denselben Ausgang genommen hätte, wie die beiden frühern bereitete sie durch kluge Vorsicht eine Unternehmung vor, die in sich selbst die Garantie für einen glücklichen Erfolg trug.

In sechs Tagen war das Heer ausgehoben und um den 6. Mai begannen sich die Contingente der verschiedenen Kantone in Chur zu sammeln und wurden dort gemustert. Es waren ihrer so viele, daß Hohensax, welcher nicht mehr als 20,000 Gulden hatte, nicht alle gehörig besolden konnte. Jeder Knecht, Auszüger wie Freiwillige erhielt einen Gulden auf seinen Monatsold. Allein ihr Haß gegen Frankreich war so groß, daß sie wider ihre Gewohnheit sich damit begnügten und in der Folge geduldig alle Strapatzen des Marsches ertrugen. Jetzt kündigten die Graubündner Ludwig ihren Bund auf, weil sie

mit den Eidgenossen ältere Bünde hätten und dann zog das
Heer, bei welchem auch Meister Zwingli als Feldprediger der
Glarner stand, über Churwalden, Bergün und den Albulapaß
nach Zutz und Zernetz in's Münsterthal und dann, da es vom
Kaiser Paß erhalten hatte,[32] über Glurns und Schlanders
durch das Vintschgau der Etsch entlang nach Trient, wo es am
20. Mai eintraf[33] und von zwei venetianischen Abgeordneten, die
zur Begrüßung und Anbietung von Lebensmitteln abgeschickt
worden waren und vom Bischof, der mittheilte, daß auch der
Kaiser bald kräftig eingreifen werde, freundlich empfangen wurde.
Hier wählten sie ihre Anführer: zum obersten Feldherrn Ulrich
von Hohensax, zum obersten Hauptmann Jakob Stapfer von
Zürich, zum obersten Schützenmeister Hans Heyd von Lanthen
von Freiburg, zum obersten Provosen Stoffel Schmid von Win-
terthur und dann ward beschlossen, die nächste Straße zum Heere
des Papstes und der Venetianer einzuschlagen.[34]

Am 23. Mai verließ das Heer Trient und zog von zwei
edeln Brescianern begleitet in drei wohlgeordneten Haufen von
je 6000 Mann, das Vordertreffen unter Jakob von Herterstein
von Luzern und Amman Püntiner von Uri, das Centrum unter
Jakob Stapfer von Zürich und Caspar Treiller von Bern, die
Nachhut unter Benedict von Weingarten von Bern und Rudolf von Salis aus Graubünden, während die zahlreichen Freiwilligen unter Ludwig von Erlach und Rudolf Nägeli von Bern
vorausmarschirten, der Etsch entlang über Roveredo und Ala
und kam nach einem viertägigen Marsche nach Verona, wo
Abends zuvor auf Anhalten Rudolf's von Anhalt die französischen Landsknechte abgezogen waren. Sie wurden von den
Bürgern, die der Franzosen müde waren, herzlich aufgenommen,
ihnen die Schlüssel der Stadt übergeben und das kaiserliche
Geschütz angeboten. Hier vereinigten sich endlich alle schweizerischen Contingente.[35] Ueber die Ankunft der Eidgenossen
waren die meisten italienischen Fürsten und Städte froh; auch
hatten sie sich auf ihrem Marsche stets der Sympathieen der
Bevölkerung erfreut und waren überall mit Lebensmitteln wohl

verſehen worden. Allein da die Truppen bisher erſt einen Gulden auf ihren Monatſold erhalten hatten, ſo machte ſich doch bald Mangel fühlbar und Hohenſax und Stapfer wandten ſich in einem Schreiben um Unterſtützung an Venedig. Am 27. Mai traf auch Schinner in Verona ein. Der Papſt hatte ihm in der Meinung, es würden nur 6000 Mann kommen,[36] nur 20,000 Ducaten für ſie gegeben, von denen jetzt jeder Krieger einen Ducaten erhielt; für das Uebrige ſollten ſie alle Städte und Schlöſſer, die ſie erobern würden, zum Pfande nehmen. Er überreichte ihnen auch als „ritterlichen und treuen Verfechtern und Hütern der heiligen Kirche und des Papſtes" die Geſchenke, die er ihren Geſandten in Venedig gezeigt hatte,[37] ermahnte ſie zur Tapferkeit, bat ſie dem von den Franzoſen ausgeſtreuten Gerüchte, als ob der Papſt mit Ludwig einen Bund beriethe, nicht zu glauben und beklagte ſich, daß Bern und Solothurn einer franzöſiſchen Geſandtſchaft neuerdings Geleit gegeben hätten, eine Kunde, welche nicht weniger im Heere als in der Schweiz ſelbſt lauten Unwillen hervorrief.[38] Bald trafen auch zwei venetianiſche Geſandte Niccolo Bernardo und Leonardo Mocenigo ein, welche neue Gelder brachten und dadurch die Eidgenoſſen zufrieden ſtellten.[39]

Die Abſicht der Liguiſten war jetzt alle vier Heere, das ſchweizeriſche, venetianiſche, päpſtliche und ſpaniſche in einem La= ger zu verſammeln und in einem Kriegsrathe, welchen Schinner und die eidgenöſſiſchen Hauptleute mit dem venetianiſchen und dem ſpaniſchen Geſandten hielten, ward beſchloſſen, zunächſt das ſchweizeriſche und das venetianiſche Heer zu vereinigen und die Franzoſen über den Mincio zurückzudrängen, um ſich da= durch den Weg zur Verbindung mit dem päpſtlichen und dem ſpaniſchen zu ſichern.[40]

Die Venetianer, mit welchen die Eidgenoſſen ſofort bei ihrer Ankunft in Verona in Verbindung getreten waren, ſtan= den, unter dem Commando Giampaolo Baglione's, welchem Criſtoforo Moro und Paolo Capello als Provveditoren beige= geben waren, in deſſen Nähe; ſie zählten 400 Hommes d'armes,

800 leichte Reiter und 6000 Mann Infanterie[41] und waren mit Artillerie und Kriegsgeräth besonders zum Ueberbrücken der Flüsse auf's Trefflichste versehen. Das päpstliche Heer, welches aus 600 Hommes d'armes und 7000 Mann Infanterie bestand, stand unter dem Befehl des Herzogs von Urbino in der Romagna. Auch der spanische Vicekönig traf seine Vorbereitungen; am 27. Mai verließ er Neapel, um an der Vertreibung der Franzosen aus Italien Theil zu nehmen.[42]

So verließen denn die Eidgenossen am 30. Mai — es war am Pfingstfest — Verona und rückten nach Villafranca, wo sie sich am 1. Juni mit den Venetianern vereinigten.[43]

Das französische Heer, welches nach der Schlacht von Ravenna unter dem Oberbefehl La Palice' fast die ganze Romagna erobert hatte, war durch diese Unternehmung der Schweizer bestürzt. Schon bei der ersten Kunde vom Project derselben war La Palice auf die Mahnung des königlichen Schatzmeisters Jacques de Silly, welcher sofort nach der Schlacht einen Theil der Truppen entlassen hatte, zum Schutze Mailands zurückgekehrt und hatte nur 300 Reisige, 200 leichte Reiter und 6000 Mann Infanterie unter dem Commando des Cardinals von San Severino als Abgeordneten des Conciliabulums in der Romagna zurückgelassen, um die noch nicht eroberten festen Plätze einzunehmen und diesem immer weitere Anerkennung zu verschaffen. Ludwig selbst hatte inzwischen wegen der Drohungen Heinrichs einen Theil seiner Truppen zurückberufen, dagegen diese Verminderung durch die Erneuerung seines Bundes mit Florenz, das 400 Schwerbewaffnete zu seinem Heere stellen mußte und durch Zurückberufung seiner bei den kaiserlichen stehenden Truppen einigermaaßen ersetzt: das französische Heer mochte noch etwa 1300 Hommes d'armes, von denen aber 300 in Parma standen und 10,000 Mann Infanterie zählen; aber Silly weigerte sich, neue Truppen anzuwerben.[44] Um sich den Schweizern entgegenzustellen, war La Palice, nachdem er Mailand wo Trivulzio zurückblieb befestigt hatte, in die Gegend zwischen Brescia und Verona gezogen und lagerte sich während

jene zu Verona waren, zu Castiglione delle Stiviere und zu
Valleggio in der Nähe von Peschiera, ungewiß ob sie gerade
zur Vereinigung mit dem päpstlichen und dem spanischen Heere
nach Ferrara vorrücken oder sich sogleich gegen ihn wenden
und Mailand occupiren würden. Hier berief er die Truppen,
die in der Romagna standen, zu sich, so daß diese bald ganz
entblößt war und Cesena, Rimini und Ravenna unter die Ober-
herrschaft des Papstes zurückkehrten und Bologna, wohin La
Palice die 300 Hommes d'armes zu Parma den Bentivogli zu
Hilfe schickte, von dem päpstlichen Heere unter dem Herzog von
Urbino schwer bedroht wurde. [45]

Am 2. Juni zog das vereinigte schweizerisch-venetianische
Heer vor Valleggio an den Mincio. Die Franzosen hielten
nicht Stand: nach kurzer Beschießung durch die Venetianer und
nach Abwerfung der Brücke zogen sie ab. Sofort ergaben sich
Asola, Peschiera und die übrigen Städte am Gardasee den Venetianern. Wahrscheinlich wäre das Heer nun zur Vereinigung
mit den übrigen liguistischen Truppen nach Ferrara vorgerückt.
Allein ein von den venetianischen Strabioten aufgefangener und
Schinner übergebener Brief des La Palice an Silly zeigte die
Noth der Franzosen und die Schwierigkeit Mailand zu halten
und so entschlossen sie sich denn die Franzosen zu verfolgen. [46]

La Palice erkannte das Mißliche seiner Lage: es vereinigten
sich viele Umstände, um dieselbe zu einer verzweifelten zu machen. Vor Allem war ihm der Geiz Silly's hinderlich, den er
jedoch soweit überwinden konnte, daß er italienischen Condot-
tieren Befehl gab, 6000 italienische Knechte anzuwerben.
Dazu kam die Unzufriedenheit der Führer, welche nicht gern
unter seinen Befehlen standen. Viele Edelleute waren des Kriegs
müde und wollten nach Frankreich zurückkehren. Die gemeinen
Soldaten fürchteten den Bann des Papstes: schon in Mailand
waren sie haufenweise zu dem Cardinal von Medici geströmt,
um sich von ihm, dem der Papst hiezu Vollmacht ertheilt hatte,
die Absolution dafür, daß sie bei Ravenna gegen den heiligen
Vater gekämpft hatten, ertheilen zu lassen. Zudem war man

in Mailand der französischen Herrschaft müde. Die Sanseve-
rinen (Ghibellinen) von den Trivulzen (Guelfen) bisher dar-
niedergehalten, regten sich wieder. Aussichten aber aus Frankreich Verstärkungen zu erhalten hatte er keine, da eben damals
die Engländer in Gnipiscoa landeten und mit den Spaniern
eine Unternehmung gegen Guyenne vorbereiteten, während die
englische Flotte die französischen Küsten beunruhigte.[47] Unter
diesen Umständen beschloß La Palice die festen Plätze im Mailändischen zu behaupten: er concentrirte einen Theil seiner
Truppen in die Städte Bergamo, Crema, Cremona, Brescia
und Legnago und lagerte sich mit der Hauptmacht, 600 Reisigen,
2000 französischen und 4000 deutschen Fußknechten in deren
Centrum zu Pontevico am Oglio. Allein jetzt traf ihn ein
neuer entscheidender Schlag. Am 4. Juni traf bei seinem Heere
ein kaiserlicher Befehl an die Landsknechte ein, das französische
Heer zu verlassen. Am 5. hielten sie bei den Schweizern um
Geleit an und zogen, da es meistens erbländische Truppen waren, bis auf etwa 1500, an deren Spitze Graf Emicho von
Leiningen und Hans von Brandeck standen, ab.[48]

Mittlerweile hatte das schweizerisch-venetianische Heer den
Mincio überschritten und war durch das Gebiet von Mantua,
dessen Markgraf ihm freien Durchzug gestattete, an den Oglio
gegenüber Pontevico gezogen. La Palice der Hoffnung be-
raubt, das Herzogthum halten zu können, hielt nicht Stand.
Er begnügte sich die Brücke abzuwerfen und zog am 5. Juni
über Cremona nach dem festen Pizzighetone, wohin er die 300
Reisigen in Bologna berief, während die Eidgenossen zu gleicher Zeit über den Oglio nach San Martino vorrückten, von
wo sie Gesandte mit der Forderung zur Uebergabe in das
nahe Cremona schickten. Die Besatzung zog sich in die Citadelle zurück und die Stadt ergab sich am 8. Juni zum großen
Aerger der Venetianer, welche auf sie als ein altes Besitzthum,
das der Papst ihnen bei Abschluß der Ligue neuerdings zugesagt hatte, Anspruch erhoben, nach dem Willen der Schweizer
zu Handen der Ligue, worauf Schinner mit dem Bischof von

Lodi Ottaviano Sforza seinen feierlichen Einzug hielt. [49] Sie mußte 40,000 Ducaten Brandschatzung bezahlen. Wenige Tage darauf ergab sich Bergamo, von wo La Palice die Besatzung an sich gezogen hatte, den Venetianern. Carvaggio, Soncino und die übrigen Städte an der Abba wurden im Namen der Ligue in Besitz genommen. [50]

Jetzt verließ La Palice auch Pizzighetone und überschritt die Abba, in der Hoffnung in Verbindung mit den italienischen Söldnern, welche er zu werben gedachte, den Feinden den Uebergang streitig zu machen. Allein Mangel an Geld und die Saumseligkeit Silly's hatten die Werbungen verhindert. Bereits befand sich das ganze Herzogthum in Aufregung. Ueberall, zumal auf dem Lande, erhob sich die Bevölkerung gegen die Franzosen. Aus Mailand flohen am 10. Juni Trivulzio, Silly und viele andere Häupter der französischen Partei; auch die Häupter des Conciliabulums, welche schon längst ein Gegenstand der Verachtung und des Hasses für die Bürgerschaft sich nicht mehr sicher fühlten und Giovanni de' Medici mit sich führten, der ihnen auf dieser Flucht entkam.[51] Die Besatzung zog sich in das feste Schloß zurück. Trivulzio hatte, um wenigstens dem Papst und dem Kaiser die Stadt nicht in die Hände fallen zu lassen, die Einwohner für ein freies Gemeinwesen mit Anlehnung an die militärische Macht der Schweizer zu begeistern gesucht, aber keine Sympathieen gefunden: es fehlte an Gemeingeist und patriotischem Sinn und die Fortschritte des liguistischen Heeres machten jeden Aufschwung unmöglich. So stellte er denn eine Erklärung aus, daß die Franzosen freiwillig die Stadt verließen und entband diese ihrer Pflichten gegen Ludwig. [52]

La Palice zog sich jetzt, da Mailand ihn nicht aufnehmen wollte, über San Angelo nach Pavia zurück, wo er sich zu setzen beschloß. Dorthin berief er auch Trivulzio und Silly; aber sie riethen ihm wegen seiner geringen Infanterie die Stadt fallen zu lassen. Das schweizerisch = venetianische Heer folgte

ihm, überschritt am 12. Juni die Abba, nahm Lodi in Ueber=
gabe auf und kam am 14. vor Pavia. [53]

Sofort begannen die Venetianer die Stadt zu beschießen.
Die Eidgenossen übersetzten den Tessin und schlossen sie auch
von der Südseite ein. La Palice erkannte, daß er die Stadt
nicht zu halten vermöge; doch wollte er wenigstens das Castell
dem König retten und befahl am folgenden Tage der Cavallerie
abzuziehen. Schon waren hundert Schweizer, denen die Ge=
schützbewachung anvertraut war, auf die Einladung der Bürger,
welche bereits mit Schinner über die Uebergabe unterhandelten,
ohne Wissen der Uebrigen in die Stadt gedrungen. Sie kamen
mit den Feinden in's Gefecht, wobei sie jedoch von der Ueber=
macht schweren Schaden erlitten. Bald rückten, durch den Lärm
aufmerksam gemacht, auch die übrigen Schaaren nach und jetzt
entspann sich in den Straßen der Stadt ein hitziger Kampf, in
welchem die schweizerische Tapferkeit besonders in Einzelkämpfen
sich bewährte, französischerseits Bayard sich auszeichnete. Endlich
entschloß sich La Palice zum Rückzug. Er führte die Cavallerie
über eine steinerne Brücke über den Tessin. Die Landsknechte
bildeten die Nachhut und kämpften längs der Stadt helden=
müthig mit den Eidgenossen. Glücklich gelangte jene über den
Fluß. Die Landsknechte zogen über eine hölzerne Brücke, welche
über den Gravelone, einen Arm des Tessin, führte. Allein
bevor Alle am jenseitigen Ufer waren, brach sie unter der Last
der Geschütze und der Pferde zusammen. Viele ertranken, Viele
fielen unter den Streichen der Gegner, Andere stürzten sich selbst
in ihr Schwert. Die Sieger machten eine reiche Beute: die
Venetianer erfreute besonders die Wiedergewinnung ihres bei
Ravenna verlorenen Geschützes. Die Bürgerschaft, welche sie
freudig begrüßte, bezahlte ihnen einen Monatsold; dafür ver=
schonten sie dieselbe vor der Plünderung. Vor der Stadt be=
zogen sie ein Lager und blieben vierzehn Tage dort. [54]

Mit seinen geretteten Truppen kam La Palice glücklich
über den Po, welchen Trivulzio bei Valenza hatte überbrücken
lassen, nach Novarra, Alessandria und Asti, doch nicht ohne

großen Verluſt, da viele bei der eiligen Flucht ertranken oder von den erbitterten Landleuten ihrer Rache geopfert wurden. In vierzehn Tagen war er jenſeits des Montcenis. Eine große Zahl franzöſiſch Geſinnter folgte ihm.[55]

In Mailand erhob ſich bald nach dem Abzug der Häupter der franzöſiſchen Partei ein Aufruhr gegen die dort anſäßigen Franzoſen und die franzöſiſch Geſinnten, beſonders gegen den Adel, alle Greuel wurden verübt; eine zu gleicher Zeit wüthende Peſt vermehrte die Verwirrung. Am 15. Juni gingen Geſandte zu Schinner nach Pavia, der ſchon vorher die Aufforderung zur Uebergabe an die Stadt gerichtet hatte und übergaben dieſelbe. Sie mußte 60,000 Ducaten Brandſchatzung bezahlen. Darauf wurden 1000 Eidgenoſſen unter dem Commando Rudolf Nägelis von Bern und Erni Jordens von Unterwalden zur Wiederherſtellung der Ruhe nach Mailand beordert. Allein ſie nahmen ſelbſt Theil am Aufruhr und thaten dem Ruhm der ſchweizeriſchen Waffen durch die Zerſtörung des Grabmals des Helden von Ravenna Eintrag. Am 20. Juni kam im Auftrag des Papſtes Ottaviano Sforza, Biſchof von Lodi, ein natürlicher Sohn Galeazzo Maria's und übernahm in Gemeinſchaft mit dem kaiſerlichen Geſandten Andrea de Burgo die Verwaltung des Herzogthums für Maßimiliano Sforza.[56]

Bald nahmen die Verhältniſſe Oberitaliens eine andere Geſtalt ein. Schon vor der Einnahme Pavia's hatten ſich Parma und Piacenza, welche bisher zum Herzogthum gehört hatten, dem Papſte ergeben, der ſie als zum Exarchat von Ravenna gehörig, unter welchem er alle Länder rechts vom Po befaßte, weil ſie bis 1272 der Kirche unterworfen geweſen ſeien, in Beſitz nahm und aus dem nämlichen Grunde auch Aſti für ſich forderte. Auch die Romagna kehrte jetzt ganz unter ſeine Oberherrlichkeit zurück. Bologna wurde vom Herzog von Urbino beſetzt und die Bentivogli entflohen für immer. Selbſt Reggio, Alfonſo von Ferrara zugehörig, ergab ſich ihm. Doch entließ jener, der nicht nur die von Alfonſo eroberten Gebiete des Kirchenſtaats zurückerobert, ſondern auch Cento, Breſcello,

Carpi und Finale genommen hatte nach dem Willen Schinner's, der die Besitznahme Parma's und Piacenza's,[57] sowie Reggio's durch den Papst nicht gerne sah, jetzt seine Truppen.

Auch Genua ging den Franzosen verloren; sofort nach den glücklichen Erfolgen des schweizerischen Heeres waren Giovanni und Pietro Fregoso zu Schinner geeilt, ihn um Einsetzung in die Dogenwürde ihrer Vaterstadt zu bitten: er gab keinem den Vorzug, sondern ertheilte Beiden Vollmachten zur Besitzergreifung; die Bürgerschaft entschied sich, nachdem mittlerweile die französische Besatzung sich in die Citadelle zurückgezogen hatte, für Giovanni, bisher Condottiere der Venetianer, welcher am 29. Juni zum Dogen ausgerufen wurde. Die Stadt mußte Schinner zur Besoldung der Schweizer 120,000 Ducaten bezahlen, wurde aber dafür von den Liguisten als unabhängige Republik anerkannt.[58]

Alfonso von Ferrara, des Papstes heftiger Feind und siegreicher Gegner, der am glücklichen Ausgang der Schlacht von Ravenna großen Antheil hatte, hielt es nach solchen Erfolgen der Liga für besser, sich mit dem Papste zu versöhnen und kam am 4. Juli nach Rom, um sich vom Banne befreien zu lassen. Schon damals machte ihm Julius den Vorschlag einer Abtretung Ferrara's gegen Asti; er wurde zwar absolvirt, allein trotz des erhaltenen freien Geleits nicht von Rom fortgelassen, bis ihn die Colonnas befreiten.[59]

Um auch die im Westen des Herzogthums gelegenen Städte, Alessandria, Tortona, Asti für die Ligue zu gewinnen, verließ Schinner mit dem Heere, nachdem eine aus Unzufriedenheit wegen schlechter Bezahlung entstandene Empörung der Truppen durch die Entschlossenheit der Führer unterdrückt und die zwei verfallenen Sölde bezahlt worden waren, Anfangs Juli Pavia und bezog vor Alessandria ein festes Lager: sie mußten alle Brandschatzungen bezahlen und der Liga schwören.[60] Zu gleicher Zeit nahm der Markgraf von Montferrat Novarra für diese ein.

Die Eidgenossen hatten im Verlaufe dieses Kriegs für fremde Zwecke im Kampfe mit der größten Macht des dama-

ligen Europa's Mailand erobert und jetzt mußten sie zusehen,
wie andere Staaten sich in den Besitz ihrer Errungenschaften
setzen wollten. Nicht nur hatte Julius schon Parma und Piacenza vom Verbande des Herzogthums losgerissen: auch Venedig erhob jetzt Ansprüche auf verschiedene Gebietstheile, welche
es nach langjährigem Besitz durch den Krieg von Cambray
wieder verloren hatte; ja schon machten sich Bestrebungen be-
merkbar, welche dem Kaiser, der doch an der Eroberung des
Herzogthums keinen directen Antheil genommen hatte, als ober=
stem Lehensherr dasselbe zuwenden wollten. So griffen denn
auch sie, die man am liebsten mit Geld abgefunden hätte, nach
Land, wozu sie in richtiger Voraussicht schon früh ein Befehl
der Tagsatzung ermächtigt hatte.[61] Sie hielten sich umsomehr
für berechtigt, gewisse Gebietstheile für sich in Besitz zu nehmen
als sie derselben zur Sicherung ihrer Landesgrenzen und ihres
Handels nach Oberitalien bedurften und theilweise alt herge-
brachte Rechte auf dieselben besaßen.

Auf die Kunde von der Gefangennehmung eidgenössischer
Läufer, welche nach der Einnahme Pavia's in die Heimath geschickt worden waren, durch die Franzosen auf dem Luganersee
war Ulrich von Hohensax mit einer tapfern Schaar von Pavia
aus nach Como gezogen, das sich bereits gegen die Franzosen
erhoben hatte und hatte den Gouverneur Johann von Baißet=
Grüe gefangen genommen, der sich mit 10,000 Kronen los-
lösen mußte, während zu gleicher Zeit auch die Schloßbesatzung
von Bellenz unter Arnold von Winkelried einen Ausfall machte
und die gefangenen Eidgenossen befreite. Gleichzeitig mit dieser
Expedition hatten die drei Urkantone einen Zug über den Gotthard unternommen. Domo d'Ossola übergaben ihnen die Fran=
zosen gegen die Zusage freien Abzugs. Dann nahmen sie die
Landschaften Eschenthal, Val di Blegno, Mendrisio, Balerna,
Locarno und Lugano in Besitz, welche, doch ohne die erste, nebst
den schon früher eroberten Landschaften Bellenz, Livinen und
Riviera in der Folge theils von den III Orten allein theils
von allen XII Orten zusammen regiert wurden und in ihrer

Vereinigung seit 1803 den Kanton Tessin bilden, die einzige materielle dauernde Errungenschaft, welche die Eidgenossen aus den italienischen Kriegen gezogen haben. Die Bündner nahmen für sich Veltlin, Chiavenna und Bormio, auf die sie schon seit länger als einem Jahrhundert die Ansprüche des Bisthums Chur geltend gemacht hatten und die drei Pieven am Comersee, Sovico, Domaso, Gravedone, in deren Besitz sie sich bis 1797 erhielten. Dadurch war das ganze Gebirge vom Monterosa bis zum Wormserjoch mit allen Pässen, um welche die Nationen so oft gestritten, in den Händen der Eidgenossen und ihrer Zugewandten und sie dadurch gegen alle Angriffe von Süden her geschützt. Doch erregten diese eigenen Eroberungen bald unter ihnen selbst Zwietracht und Neid und bei den fremden Herrscher Verdacht und die Versuche, die noch in den Händen der Franzosen befindlichen Schlösser zu Lugano und Locarno einzunehmen, hatten keinen Erfolg. [62] Zu gleicher Zeit nahmen die Städte Bern, Freiburg, Solothurn und Luzern die Grafschaft Neuenburg, Solothurn für sich allein die Grafschaft Thierstein in Besitz, weil ihre Eigenthümer wider ihr Bürgerrecht dem König von Frankreich gegen sie Hilfe leisteten: doch wurden ihnen beide in der Folge zurückerstattet. [63]

So befand sich jetzt fast das ganze Herzogthum in den Händen der Schweizer: einzig Brescia, Crema und Legnago, sowie die Schlösser zu Cremona, Mailand, Genua, Novarra, Lugano, Locarno und Trezzo waren noch im Besitz der Franzosen. Es wurde im Namen der hl. Ligue in Besitz genommen und verwaltet. Schinner als päpstlicher Legat leitete Alles; und hier hatte dieser außerordentliche Mann, welcher zwar zum großen Theile die Großmachtsstellung der Schweizer veranlaßte und förderte, aber auf der andern Seite ihrer innern Wohlfahrt schwere Wunden schlug, reiche Gelegenheit sein Herrschertalent zur Geltung zu bringen. [64] Alle Steuern floßen in die Hände der Schweizer, welche diesen Krieg in einer eigenthümlich combinirten Stellung theils selbstständig, theils auf Grundlage ihres Bundes mit dem Papste, theils im Dienste der Ligue

geführt hatten. Allein daß ihrer bei den vielen Huldigungen
nicht gedacht wurde, worüber sich auch die Tagsatzung beklagte,
erregte ihren Unwillen und sie nöthigten Schinner eine am
24. Juli ausgefertigte und von ihm, Hohensax und Stapfer
besiegelte Urkunde ab, daß durch die Huldigungen für die hl. Ligue den Forderungen der Eidgenossen an Ludwig und Mailand
keineswegs präjudizirt werden solle, daß er sich vielmehr bemühen werde, beim neuen Fürsten die Bezahlung ihrer Ansprä=
chen zu erlangen, da das Herzogthum allein durch sie behauptet
werden müsse. [65]

Weil von Ludwig, welcher in seinem eigenen Lande von
äußern Feinden gedrängt ward, keine Unternehmung gegen Mailand zu besorgen war, und die Mannszucht unter den Truppen
abnahm, so wurden diese am 22. Juli von Schinner entlassen;
sie ließen 6000 Mann unter Nägeli und Jorden als Besatzung
zurück und zogen dann mit reicher Beute und von Schinner
mit den von den Franzosen bei Ravenna gewonnenen Fahnen
beschenkt in die Heimath, wo sie mit außerordentlichem Jubel
empfangen wurden, während zur Eroberung der noch in fran=
zösischen Händen befindlichen Städte und Schlösser und zur
Sicherung der noch unbefestigten Verwaltung gleichzeitig neue
Truppen in die Lombardei kamen, mit denen Schinner Vercelli
belagerte, das sich ihnen am 30. Juli ergab und 50,000 Gulden
Brandschatzung bezahlen mußte und welche sich darauf zur Be=
lagerung Crema's und des Schlosses zu Mailand wandten. [66]

Schinner durch den glücklichen Erfolg dieses Feldzugs kühn
gemacht richtete seinen Blick noch auf weitere Unternehmungen.
Er gedachte auch den Herzog von Savoien und den Markgrafen
von Saluzzo, welche Ludwig im Verlaufe dieses Kriegs Hilfe
geleistet hatten, zu bekriegen, was ihm jedoch auf das Anrufen
der beiden Fürsten besonders durch die Verwendung der drei
Städte Bern, Freiburg und Solothurn untersagt wurde. Selbst
gegen Venedig hatte er feindselige Absichten, welches sich doch
während dieses Feldzugs so freundeidgenössisch benommen und

mit den Schweizern alle Gefahren getheilt hatte, was auch die
Tagsatzung durch ein Dankschreiben vom 12. Juli anerkannte.
Zwei florentinische Compagnieen, welche bei den Franzosen ge=
standen aber von Schinner und Baglione Geleitbriefe zur Rück=
kehr nach Toscana erhalten hatten, waren von den Venetianern,
sie sagten mit Zustimmung Schinner's, niedergemacht und ge=
plündert worden. Da diese sich aber weigerten auf Schinners
Forderung die gemachte Beute den Schweizern herauszugeben,
so ließ er als einmal Gesandte aus dem venetianischen Lager
zur Berathung in's schweizerische nach Alessandria kamen, die=
selben gefangen nehmen und gab sie nicht eher frei, bis sie
6000 Ducaten wegen der Plünderung der Florentiner zu be=
zahlen versprachen. Hatte nun schon diese Willkür das vene=
tianische Heer in Aufregung gebracht, welche die Provveditoren
nur mit Mühe beschwichtigen konnten, so geschah dies noch in
höherm Maaße als Schinner neue Geldforderungen an sie rich=
tete und unter dem Vorwande sämmtliche Truppen gegen Sa=
luzzo und Savoien zu führen, das Heer bei sich behielt und
ihm geradezu verbot, Brescia und Crema, ihre alten Be=
sitzungen, welche ihnen Julius bei Abschluß der hl. Ligue neuer=
dings zugesagt hatte, zu belagern, wie er denn auch durch Zer=
störung aller Schiffe in der Umgegend seinen Abzug unmöglich
zu machen suchte, wohl in der Absicht dadurch dem Kaiser Zeit
zu lassen, die beiden Städte selbst zu gewinnen. Allein Baglione
zog mit dem Heere und dem Geschütze, das er durch List weg=
genommen hatte, heimlich fort und überschritt bei Piacenza den
Po, um sich zur Belagerung Brescia's und Crema's zu wenden.

Schinner hinderte zwar, wohl nach dem Willen des Papstes,
seinen Abzug nicht, was ihm leicht gewesen wäre; aber er un=
tersagte ihm anfänglich die Belagerung Brescia's und gab auch
in der Folge seine feindseligen Absichten gegen Venedig nicht auf,
so daß es des Ansehens der Tagsatzung, welche auf die Klage
des Dogen über die Plünderung ihres Gebiets bei Crema durch
mailändische Truppen ihm alle Feindseligkeiten verbot, bedurfte,
um Venedig vor ihm zu schützen.[67]

Mit dem Ausgang dieses Feldzugs schien die Befreiung
Italiens von der Fremdherrschaft begonnen: die französische
Armee, welche am 11. April noch siegreich an den Ufern der
Abria lagerte und keinen Feind mehr im Felde sich gegenüber
hatte, war am 28. Juni desselben Jahrs jenseits der Alpen,
ohne eine Schlacht geliefert, ja fast ohne eine Stadt verthei-
digt zu haben und so hatte Ludwig XII. nicht nur das Herzogthum, welches er mit so viel Ruhm erobert und mit so viel
Sorge sich erhalten hatte, sondern auch die Grafschaft Asti, das
alte Besitzthum seines Hauses, verloren. Italien war von der
Herrschaft der Franzosen, deren Ehrgeiz und Herrschsucht es seit
achtzehn Jahren in Norden und Süden zum Schauplatz der blu-
tigsten Kriege, zum Kampfplatz so vieler Nationen, zum Spiel-
ball der europäischen Politik gemacht hatte, frei und die Hoffnungen der Patrioten mochten sich jetzt regen, daß jetzt eine
neue Periode der Selbstständigkeit für dasselbe beginnen werde.
Diesen Erfolg verdankte man der Tapferkeit der Eidgenossen,
ihnen waren daher auch die Sympathieen ganz Italiens zuge-
wandt; sie wurden das Volk Gottes, welches an den Feinden
der Braut des Gekreuzigten Rache genommen, die Befreier Italiens genannt, welches ihnen ebensoviel schuldig sei, wie das
befreite Griechenland dem Titus Quintius.[68]

Darf man also den Erfolg dieses Feldzugs für die Ver-
größerung der Macht und des Ansehens[69] der Schweizer nicht
gering anschlagen, so war er doch im Vergleich mit ihren frühern Kriegen nicht eben bedeutend. Im Verlauf ihrer ganzen
bisherigen Geschichte hatten sie stets die Uebermacht besiegt;
bei dieser Unternehmung waren die Franzosen ihnen numerisch
entschieden nicht gewachsen und was noch mehr ist, sie wurden
in ihrem Widerstande durch Ereignisse gehindert, an denen sie
keine Schuld trugen; auch konnten sie selbst „sich nicht rühmen,
im Donner des Geschützes stundenlange den Tod vor Augen
gehabt oder höchst gefährliche Abenteuer bestanden zu haben;
im Gegentheile fehlte ihnen die Gelegenheit sich auszuzeichnen.‟
(Glutz.)

Immerhin aber war die Vertreibung der Franzosen aus Italien ein großer Erfolg für die Liga und damit ihr Zweck erreicht. Maximilian und Ferdinand freilich mochten durch diesen Ausgang sich nicht befriedigt fühlen, da Mailand nicht in ihre, sondern in fremde Hände gefallen war. Um so glücklicher aber war derselbe für den Papst, der nach so vielen Anstrengungen und Niederlagen endlich sein Ziel Italien von der Herrschaft der Franzosen befreit zu sehen, erreicht hatte, ein Resultat, welches er nicht Ferdinand sondern den Schweizern verdankte, die er nicht zu fürchten brauchte. Sein Muth hob sich: er sprach über Ludwig den Bann aus, unterwarf ihn und alle seine Anhänger den kirchlichen Strafen und gab sein Reich der Willkür eines Jeden, der es erobern wolle, Preis. Ueber Lyon, das die Väter der Kirchenversammlung aufgenommen hatte, verhängte er das Interdict und verordnete, daß die vier jährlich dort gehaltenen Messen in Zukunft nach Genf verlegt werden sollten.[70] Schon nannte er sich den Befreier Italiens und richtete seinen Sinn auf weitere Pläne: auch der Herrschaft der Spanier wollte er in Italien ein Ende machen. Er beging die Feier der Vertreibung der Franzosen auf's Festlichste[71] und zollte den Eidgenossen eine glänzende Anerkennung. Im geheimen Consistorium der Cardinäle hatte er ihnen am 5. Juli den Titel: „Beschützer der Freiheit der Kirche" ertheilt und durch Schinner ihnen in seinem und der römischen Kirche Namen zwei Panner, dazu den einzelnen Orten und den Zugewandten noch besondere Panner, deren Bild und Farbe sie selbst bestimmen konnten, geschenkt,[72] einigen zudem noch kirchliche Vergünstigungen bewilligt, während Schinner's Verdienste durch die Verleihung der Grafschaft Vigevano, welche früher Trivulzio gehörte und des Bisthum's Novarra belohnt wurden.[73]

Diese Auszeichnung der Eidgenossen durch den Papst und die Begabung derselben mit jenem Hute und Schwerte, welche ihren Werth vorzüglich in ihrer symbolischen Bedeutung hatten, indem sie auf die staatliche Selbstständigkeit der Schweiz und zugleich auf die Pflicht der Anwendung ihrer kriegerischen Macht zum Schutze der Kirche hinweisen sollten, war um so wichtiger als in ihr die Anerkennung der seit dem Baselerfrieden durchgedrungenen aber formell noch nicht anerkannten Souveränetät der Schweizer Eidgenossenschaft durch den höchsten Würdenträger auf Erden lag. [74]

Zweites Kapitel.

Diplomatische Verhandlungen bis zur Wiedereroberung Mailand's durch Ludwig XII.

Für den Augenblick konnte Ludwig nicht daran denken, Mailand wieder zu erobern, denn zur nämlichen Zeit, wo er in Italien von der Ligue bekämpft wurde, bedrohte ihn dieselbe mit einem Angriff im eigenen Lande. Schon am 8. Juni waren auf englischen und spanischen Schiffen 6000 Engländer unter Thomas Gray, Marquis von Dorset in Guipuscoa gelandet, um sich dort mit dem spanischen Heere zu vereinigen und gemeinschaftlich Guyenne zu erobern, während die englische Flotte unter Edward Howard zwischen England und Spanien kreuzte. Allein jenes war zu Lande nur möglich, wenn das Heer seinen Weg durch das Königreich Navarra nehmen konnte. Dort herrschte damals der schwache Jean d'Alibret, der es von seiner Gemahlin Katharina de Foix erhalten und früher mit Ludwig XII. verfeindet, welcher die Erbansprüche seines Neffen Gaston de Foix auf dasselbe unterstützte, nach dessen Tode sich mit ihm ausgesöhnt hatte. Ferdinand forderte nun von Jean freien Durchzug durch sein Land und als Gewähr seiner Neutralität Auslieferung der festen Plätze. Darauf konnte jener nicht eingehen; er schloß am 12. Juli mit Ludwig XII. ein Schutz- und Trutzbündniß, worauf Ferdinand sein Heer unter dem Herzog von Alba in Navarra einrücken ließ, der am 25. Juli Pampeluna einnahm und bald das ganze Land mit Ausnahme weniger fester Plätze in seinen Händen hatte, während Jean nach Béarn floh und das englische Heer, das sich zum Marsche nach Bayonne bereit gemacht hatte, müßig zu

Fuenterabia lag und umsonst gegen die Eroberung Navarra's protestirte. Allein Alba begnügte sich nicht mit seinen Eroberungen am Fuße der Pyrenäen; er drang auch in Basse Navarra ein und eroberte St. Jean Pied de Porc und forderte Dorset auf, mit seinem Heere dorthin zu kommen, um dann gemeinsam Guyenne zu erobern. Dieser aber wollte nicht von seinem ursprünglichen Plane abweichen und zog, zumal da seine Truppen meuterisch waren, ohne Wissen Heinrich's im November ab, ohne etwas erreicht zu haben, während Alba gegen ein französisches Heer, das endlich heranrückte, allein des Winters wegen schon im December wieder zurückkehrte, das Königreich Navarra behauptete.[1] Damit war Ferdinands Zweck erreicht, aber auch Ludwig von der Gefahr eines Angriffs im eigenen Lande befreit. Und auch in Italien nahmen die Verhältnisse eine Wendung, welche für diesen nicht ungünstig war.

Mit der Vertreibung der Franzosen aus Italien änderten sich die Interessen der Liguisten. Ihre Erfolge hatten alle ihre Erwartungen, zum Theil auch ihre Wünsche übertroffen. Jetzt suchte, da sie das Uebergewicht Frankreichs nicht mehr zu fürchten brauchten, jeder seine Sonderinteressen zur Geltung zu bringen, welche aber vielfach mit denen der Andern collidirten.

Venedig, welchem beim Abschluß des heiligen Bundes die Rückerstattung alles im Kriege von Cambray Verlornen versprochen worden war und das doch hatte zusehen müssen, wie jüngst Cremona im Namen der Ligue in Besitz genommen worden war, wünschte Brescia und Crema zurückzuerhalten, zu deren Eroberung es sein Heer gesandt hatte und der Papst unterstützte es hierin. Allein auch Maximilian wünschte diese beiden Städte; und zudem wollte er den Venetianern noch alles dasjenige entreißen, was ihm durch die Liga von Cambray zugesprochen worden war; ihn unterstützte Ferdinand.[2] Ebenso waren Julius und Venedig einig gegen Ferdinand, indem sie dem spanischen Vicekönig die Bezahlung der monatlichen Subsidie von 40,000 Ducaten, auf welche jener gemäß dem Bundesvertrage Anspruch erhob, verweigerten, weil sie dieselbe nur so lange bewilligt hätten, bis Italien von der Herrschaft der Franzosen frei sei, an deren Vertreibung er keinen Antheil habe, in Wirklichkeit aber weil sie jenem durch diese Weigerung das Vorrücken nach Mailand, wo er dann eigenmächtig herrschen würde, unmöglich machen wollten.[3] Dann wollte Maximilian Parma und Piacenza weil zu Mailand gehörig wieder mit diesem vereinigen, während auch der Papst sie weil zum Exarchat von Ravenna gehörig beanspruchte, sei es um durch sie den Kirchenstaat zu vergrößern, sei es um sie seinem Neffen dem Herzog von Urbino zu überlassen oder sie als Mitgift seiner Nichte zu geben, die er mit Massimiliano Sforza zu vermählen gedachte.[4] Endlich hatte Julius feindselige Absichten gegen Alfonso von Ferrara, welchem er die Grafschaft Asti überlassen, dagegen sein Herzogthum ent= reißen wollte, um es mit Modena seinem Neffen zu schenken, wie er denn schon Reggio genommen und Schinner aufgefordert hatte, mit dem schweizerischen Heere gegen Ferrara zu ziehen, was frei= lich nicht mehr hatte geschehen können, da jenes bald darauf Italien verließ. Hierin standen ihm aber Ferdinand, der Al= fonso als seinen Verwandten nicht schädigen lassen wollte und schon wegen seiner Gefangenschaft gegen den Papst aufgebracht war und Maximilian, weil er durch die deutlich ausgesprochene Absicht des Papstes allmählig alle fremden Herrscher aus Ita= lien zu vertreiben, wozu er sich vor Allem der Eidgenossen be= dienen wollte, gegen ihn erbittert war, obwohl dieser ihm für die Bewilligung Ferrara's seine Unterstützung mit geistlichen und weltlichen Waffen wider Frankreich zusagte, im Wege.[5]

Die Hauptfrage aller Berathungen aber war die, wer für= derhin in Mailand herrschen sollte, auf deren Entscheidung nach den thatsächlichen Verhältnissen der Papst und die Schweizer, nach rechtlichen der Kaiser als oberster Lehensherr das meiste Anrecht hatten. Jene wünschten Massimiliano Sforza, den Sohn Ludovico Moro's, welcher mit seinem jüngern Bruder Fran= cesco am kaiserlichen und am niederländischen Hofe erzogen worden war, als Herzog, der Papst aus einem nationalen Motiv, weil er Mailand nicht in die Hand eines fremden Herrschers fallen laſſen wollte, vielleicht auch aus Dankbarkeit gegen das ſforziſche Geſchlecht, welchem ſein Oheim Sixtus IV. die Tiara verdankte,⁶ die Schweizer aus Gründen des Rechts ſowohl wie ihres eigenen Vortheils, um unter einem ſchwachen Herrſcher ſelbſt Herren des Landes bleiben zu können und weil es in ihrem Intereſſe lag, daß dieſes für ihren Handel und für ihre kriegeriſchen Tendenzen ſo wichtige Land -nicht in den Beſitz eines großen und mächtigen Fürſten gelangte.⁷ Auch Venedig war für Maſſimiliano geneigt, weil es am eheſten unter einem ſo ſchwachen Fürſten ſeine Macht in Oberitalien ausdehnen konnte.⁸ Auf Veranſtaltung des Papſtes, mit welchem die Eid-genoſſen in dieſer Frage völlig einiggingen, hatte daher der Biſchof von Lodi im Namen Maſſimiliano Sforza's als deſſen Statt-halter die Regierung des Herzogthums übernommen, während zur Wahrung ihrer Rechte der Kaiſer Andrea de Burgo als Com-miſſär, die Schweizer im Auguſt Geſandte dorthin ſchickten. Eine Verſammlung von 900 Bürgern ſprach ſich für Maſſimiliano aus und am 18. Juli ſandte die Bürgerſchaft eine Geſandtſchaft an den Kaiſer nach Köln, wohin er den Reichstag von Trier ver-legt hatte, um ihn um Maſſimiliano's Einſetzung zu bitten, der ſich bei ihm in Köln, wo er ſelbſt mit den Geſandten zu-ſammentraf, befand und der in Mailand auf's Freudigſte ge-wünſcht und erwartet wurde. Maximilian, wohl auch durch die Fürſprache der weitſichtigern Margaretha beſtimmt, machte ihm günſtige Hoffnungen. Maſſimiliano verreiſte ſofort und traf am 14. Auguſt in Innsbruck ein, wo vor ihm ſchon drei mailändiſche Abgeordnete angelangt waren, welche ihn im Namen der Stadt begrüßten und ihrer Ergebenheitverſicherten.⁹ Allein Maximilian und Ferdinand, welcher wohl ſchon beim Ab-ſchluß der hl. Ligue den Gewinn Mailand's für einen ſeiner Enkel im Auge gehabt hatte und eben deßhalb durch den Aus-gang des Krieges ſich nicht befriedigt fühlen mochte, hatten ganz andere Pläne, mit denen ſie freilich erſt in der Folge offener hervortraten: ſie gedachten in Mailand einen ihrer Enkel, beſonders Karl von Burgund zum Herzog einzuſetzen.¹⁰

So war es also ein buntes Gewebe von Bestrebungen, welches die Glieder der Ligue trennte und ihre Auflösung herbeizuführen drohte. Die natürlichen Verbündeten waren offenbar sowohl nach ihren Interessen, als nach der Richtung ihrer Politik der Papst und Venedig auf der einen, der Kaiser und Ferdinand auf der andern Seite. Zu jenen mußten durch ihren Bund mit dem Papste und durch die Gemeinsamkeit ihrer Interessen hinsichtlich der Entscheidung über den Besitz Mailands die Eidgenossen, zu diesen durch dynastisches Interesse Heinrich VIII. hinneigen.

Zur Berathung der italienischen, insbesondere der mailändischen Frage ward nun, nachdem zwei Projecte zu einer Theilung Mailand's, die vom Papst und vom Kaiser, jedoch in verschiedenem Sinne, ausgegangen waren, wieder aufgegeben worden zu sein scheinen,[11] ein Congreß nach Mantua festgesetzt und der Kaiser schickte Matthäus Lang Bischof von Gurk, seinen tüchtigsten Rath und Diplomaten als Abgeordneten für denselben nach Italien. Zugleich erwartete aber auch der Papst, welcher in diesen Tagen mit erneutem Eifer den Plan betrieb, sich Ferrara's zu bemächtigen, wozu sich jetzt nach der Vertreibung der Franzosen die schönste Gelegenheit zu bieten schien und für denselben besonders Maximilian zu gewinnen suchte, auf's Sehnlichste dessen Ankunft. Allein Lang durchschaute seine Absicht und machte seinen Besuch in Rom von gewissen Garantieen gegen Venedig abhängig, auf welche jener wirklich einging.[12] Ferdinand, der in der Folge durch den glücklichen Erfolg des schweizerischen Feldzugs beruhigt, Gonsalvo seine Rüstungen einstellen ließ, ergriff ein wirksameres Mittel, um sich in Mailand das seiner Macht geziemende Ansehen zu erwerben und zugleich seine Absicht auf den Erwerb desselben durchzusetzen. Er ertheilte seinem Vicekönig, der schon am 27. Mai mit seinem Heere Neapel verlassen hatte, um an der Vertreibung der Franzosen Theil zu nehmen, aber auf den Befehl des Papstes, der seinen Widerspruch gegen die Besitzergreifung Parma's und Piacenza's fürchtete und überhaupt das Schicksal des Herzog-

thums ohne seine Einwirkung entscheiden wollte, in Aversa Halt
gemacht hatte, neuerdings Befehl, nach Norden vorzudringen
und in Verbindung mit den kaiserlichen Truppen die noch in
Händen der Franzosen befindlichen festen Plätze einzunehmen,
um dadurch den Papst und Venedig zu zwingen, die in der
hl. Ligue stipulirten monatlichen Subsidien zu bezahlen, mit der
Weisung sich nicht an die Gegenbefehle Julius' zu halten. Dies
konnte dieser, dessen Plan es war, wie früher Ludwig, so jetzt
Ferdinand aus Spanien zu verdrängen, nicht zugeben. Er baute
dafür auf die Schweizer. Auf sein Drängen weigerten sie sich
die bei Ravenna von den Franzosen eroberten spanischen Geschütze, die sie jenen abgewonnen hatten, zurückzugeben und
schickten dem Vicekönig durch Boten die Meldung entgegen, sie
sähen keine Ursache, warum er in die Lombardei vorrücke: weder
der Papst noch Venedig habe ihn gerufen; die Franzosen seien
vertrieben; die noch in ihren Händen befindlichen festen Plätze
einzunehmen seien sie selbst im Stande: beharre er auf seinem
Vorhaben, so würden sie dies als eine Feindseligkeit gegen sich
selbst auffassen. In Uebereinstimmung mit dem Kaiser hätten
sie die Einsetzung Massimiliano's in Mailand beschlossen: setze
er dem Hindernisse entgegen, so würden sie ihm mit den Waffen
in der Hand entgegentreten. Trotz dieser Drohungen und trotz
der Versuche des Papsts ihm den Durchzug durch sein Gebiet
streitig zu machen, rückte Cardona Ende Juli nach Modena vor,
wo er sich festsetzte. [13]

Am 12. August trat der Congreß zu Mantua zusammen:
außer Lang fanden sich auf demselben Cardona, der venetianische, der spanische und der päpstliche Gesandte, Giuliano de'
Medici, Abgeordnete von Florenz und Mailand und wenn man
dem Zeugniß des Vettori vertrauen kann, welches freilich durch
kein anderes gleichzeitiges bestätigt wird, auch Boten der schweizerischen Orte ein. [14] Hier wurde vor Allem in Berücksichtigung
der dringenden Forderung des Papstes und der Schweizer die
Einsetzung Massimiliano Sforza's in sein väterliches Erbe beschlossen und Lang beauftragt, die nähern Bestimmungen hin-

sichtlich der Feier derselben zu treffen. [15] Ueber die Differenzen zwischen dem Kaiser und Venedig ward, obwohl Lang dazu geneigt war, nach dem Willen des venetianischen Gesandten keine Entscheidung getroffen, sondern dieselbe wie auch diejenige über Ferrara auf eine Conferenz in Rom verschoben. [16] Dagegen ward die Beseitigung des popularen Regiments in Florenz, an dessen Spitze seit 1502 als Gonfaloniere Pietro Soderini stand und die Zurückführung der Medici entschieden. In geheimer Verhandlung verlangte Lang von Cardona, er sollte sich mit dem päpstlichen und dem schweizerischen Heere vereinigen, Brescia und Crema erobern und die Venetianer ganz von der Terraferma verdrängen. Er war dazu geneigt; allein da es ihm gänzlich an Geld zur Unterhaltung eines so großen Heeres mangelte, so ging er auf das Anerbieten Julius' und der Medici ein, jene Veränderung in Florenz mit Waffengewalt durchzusetzen, wofür die Letztern ihm sein Heer zwei Monate lang zu besolden versprachen. [17] So hatte für die Freiheit von Florenz die letzte Stunde geschlagen; es mußte seine Neutralität büßen, da es weder Ludwig thatkräftig unterstützt, noch auch den Aufforderungen Julius', von dem Bunde mit Ludwig abzulassen Folge geleistet hatte, welcher, zudem noch dadurch gegen die Stadt erbittert, weil sie Ludwig Pisa als Ort des Concils bewilligt hatte und von Giovanni de' Medici in dieser feindseligen Stimmung bestärkt sich entschloß, sie mit Gewalt von Frankreich abzuziehen, obwohl es ihr leicht gewesen wäre, dieses Schicksal abzuwenden, wenn sie auf das Anerbieten des Kaisers sie gegen die Zahlung von 40,000 Ducaten zu schützen, eingegangen wäre. [18]

So verabredeten denn Lang und Cardona, daß dieser sofort seine Unternehmung wider Florenz in's Werk setzen, jener mittlerweile in die Lombardei gehen und sich mit Schinner, der sich eben damals mit der Belagerung des Schlosses zu Novarra beschäftigte, über die Maaßregeln hinsichtlich Mailands besprechen und durch seine Vermittlung mit den Schweizern in Unterhandlungen über den Abschluß eines Bündnisses treten sollten.

Hernach gedachte Lang Massimiliano Sforza in Mailand einzusetzen. [19]

Sofort rückte nun Carbona mit seinem Heere von Modena
vor Florenz, welches nach dem furchtbaren Mordtage in Prato
und nachdem eine Verschwörung den Gonfaloniere gezwungen
hatte, am 1. September seine Würde niederzulegen und zu
fliehen, für die Liga gewonnen war: Die Medici wurden in
ihre Güter und Rechte wieder eingesetzt und die Verfassung von
1494 wieder eingeführt. Die Stadt mußte Maximilian 40,000,
dem Vicekönig 100,000 Ducaten bezahlen. [20]

Lang aber führte weder das Project einer Conferenz mit
Schinner aus, da dieser es ihm selbst widerrieth, noch that er
auch Schritte Massimiliano Sforza in die herzogliche Würde
einzusetzen. Denn mittlerweile hatte Maximilian einen entscheidenden Entschluß gefaßt. Weil seine Differenzen mit Venedig unlösbar schienen, beabsichtigte er Ferdinand und Ludwig
auszusöhnen, was er durch eine Vermählung zwischen ihrem
Enkel Karl mit Ludwig's jüngerer Tochter Renée, auf welche
Mailand und Asti übergehen sollten, sowie durch die Garantie
Genua's für Ferdinand zu erreichen glaubte. Er selbst hoffte
dabei Geldern zu gewinnen. Durch Lorenzo Campeggio, welcher
bei ihm in Köln war, setzte er auch den Papst von diesem Projecte in Kenntniß, Ludwig suchte er durch die Drohung des
Beitritts zur Ligue einzuschüchtern und eben um ihn zur Eile
zu nöthigen, hatte er Massimiliano Sforza so eilig nach Innsbruck abgehen lassen. [21] Zwar gab Maximilian, wohl durch die
Vorstellungen Ferdinand's bewogen, der ihn auf die geringen
Garantieen eines solchen Vertrags und die daraus entstehenden
Conflicte mit Heinrich hinwies, diesen Plan wieder auf, an
welchem Ludwig hartnäckig festhielt und für welchen er Maximilian durch neue Versprechungen zu gewinnen suchte. [22] Allein
er beschäftigte sich doch jetzt ernstlicher als je mit dem Gedanken,
Mailand, auch ohne eine solche Heirath, für Karl zu erwerben
und eben dieß war der Grund, daß jetzt Sforza's Einsetzung
bis auf Weiteres verschoben wurde. [23] Und hier traf er mit

den Wünschen Ferdinand's zusammen: Das dynastische Interesse
war es, was sie jetzt wieder verband und Beide mochten sich
für umsomehr berechtigt halten, Mailand für einen ihrer Enkel
zu gewinnen, als Maximilian oberster Lehensherr über dasselbe
war und Ferdinand selbst durch seinen Großvater Alfonso V.
Anrechte auf dasselbe hatte. Dafür suchten sie vor Allem in
richtiger Würdigung der thatsächlichen Machtverhältnisse die
Unterstützung der Schweizer.

Diese standen jetzt auf einem vorher nie erreichten Höhepunkte ihrer Macht; sie hatten sich durch die siegreiche Vertreibung der Franzosen solchen Ruhm und solches Ansehen erworben, daß „von ihnen jeder Sieg abzuhängen schien" (Mocenigo),
daß alle fremden Mächte um ihre Gunst buhlten und ihre Gesandten an die schweizerische Tagsatzung wie an den Hof eines
mächtigen Fürsten schickten. Solche fanden fast stätig am 11.
August, am 6., 21., 28. und 30. September zu Baden im
Aargau statt, welches durch die Anwesenheit der Tagherren und
so vieler fremder Gesandter mit ihrem Gefolge, welche freilich
auf das Volk einen nachtheiligen Einfluß ausübte, eine schweizerische Residenz zu sein schien. Auf denselben fanden sich Abgeordnete des Papsts, des Kaisers, insgeheim auch Ludwigs
und was vorher in der Schweiz nie erhört worden war, auch
Ferdinands, dann Venedigs und Mailands, Carls von Savoien, Renées von Lothringen und Philiberta's von Orange ein.[24]

Der päpstliche Nuntius Bischof Jacobus Staffileus er-
stattete am 6. September neuerdings den Dank des heiligen
Vaters, forderte sie auf, den Werbungen Ludwigs, welche
durch die Herzoge von Savoien und Lothringen vermittelt wurden, nicht zu hören, sondern in ihrer guten Gesinnung gegen
die Kirche und den Papst zu verharren, verlangte Hilfe
wider Alfonso von Ferrara, drückte ihnen seine Zustimmung zur Einsetzung Massimiliano Sforza's aus, so jedoch, daß Parma und Piacenza vom Verbande des Herzogthums losgetrennt und der Kirche einverleibt würden, wofür er
vielleicht den neuen Herzog mit Asti und Vercelli entschädigen

werbe, widrigenfalls er ihnen keinen Bund mit demselben gestatten würde und forderte sie schließlich auf zu weiterer Besprechung eine Gesandtschaft an den Papst zu schicken. Die
Eidgenossen versicherten dafür den Nuntius ihrer Ergebenheit
gegen den Papst, welchen sie im Falle eines Friedens mit ihren
Feinden jedenfalls vorbehalten würden, die Hilfe gegen Ferrara
lehnten sie ab; wegen der Einsetzung Sforza's erklärten sie sich
mit ihm einverstanden, doch baten sie ihn wegen Parma's und
Piacenza's Rücksicht zu nehmen und erklärten sich zur Abordnung einer Gesandtschaft an den heiligen Vater bereit. [25]

Wichtiger waren die Verhandlungen der eidgenössischen
Räthe mit den kaiserlichen Gesandten, dem Freiherrn von Limburg, den Rittern Hans von Landau, Ulrich von Habsburg,
Ulrich von Blumeneck und Dr. Johannes Storch und dem
spanischen Botschafter, einem Johanniter Ritter. Sie wünschten, die Eidgenossen möchten der hl. Ligue beitreten, da dann auch
der Kaiser und Heinrich von England sich dieser anschließen
würden, so daß dadurch Mailand beruhigt und Ludwig zum
Frieden genöthigt würde und sich mit dem Papste um eine
Aussöhnung zwischen dem Kaiser und Venedig bemühen, im
Falle, daß diese nicht zu Stande kommen sollte aber mit Venedig in keinen Bund treten und auch den Werbungen Ludwig's
kein Gehör geben. [26] Ihre weitern Berathungen erstreckten
sich vornehmlich auf zwei Punkte: einmal auf das Project eines
Einfalls in Burgund, welcher besonders vom Kaiser betrieben,
der auf dem Reichstage zu Köln Hilfe wider Geldern erlangt
hatte, von Ludwig sehr befürchtet wurde, der bereits Vorsichtsmaaßregeln dafür getroffen hatte. Maximilian schlug den Eidgenossen eine Eroberung Burgunds zu gleichen Theilen vor,
wobei er sich aber das Einlösungsrecht ihres Theils vorbehielt. [27] Dann auf die Dinge in Mailand. Zwar stellte auch
zu Anfang der Tagsatzung der Kaiser noch die ungestüme Forderung, Mailand sei eine Kammer des Reichs und die Entscheidung über die Einsetzung eines Fürsten könne nur vom
Kaiser ausgehen, welche freilich von den Schweizern derb zu-

rückgewiesen wurde; aber schon am 6. September bewilligten
seine Gesandten, da sie den Ernst der Eidgenossen sahen, die
Einsetzung Massimiliano's doch noch nicht als Herzogs, sondern erst als Gouverneurs bis auf eine Entscheidung am nächsten Reichstag. Länger aber hielt der spanische Gesandte an
diesem Projecte fest. Auf dem nämlichen Tage suchte er sie
für die Einsetzung Karls zu bestimmen, welche im Willen aller
Liguisten liege und bot ihnen dafür 300,000 Ducaten als Entschädigung für ihre Kosten und 50,000 jährliche Pension und
wenn sie dem hl. Bunde beitreten wollten, auch Jahrgelder
an. [28]

Die Eidgenossen lehnten den Beitritt zur Ligue ab, weil
sie bereits mit dem Papste und dem Kaiser besondere Bünde
hätten, welche sie treu zu halten Willens seien. Dagegen
sprachen sie ihre Geneigtheit aus, zwischen Venedig und Maximilian zu vermitteln, ja selbst an der Herstellung eines allgemeinen Friedens zu arbeiten, immerhin aber nicht ohne Wissen der Liguisten und mit Vorbehalt der ältern Bünde einen
Separatfrieden zu schließen. Einen Angriff auf Burgund lehnten
sie, obwohl schon am 5. Juli im ersten Siegestaumel die Städte
Bern, Freiburg, Solothurn, Luzern und Basel auf einem
Tage zu Solothurn dieses Project berathen und der Entscheidung der Tagsatzung unterbreitet hatten, ab, weil ein
großer Theil ihrer Truppen in Mailand beschäftigt und dieses
noch nicht beruhigt sei. Hinsichtlich der mailändischen Frage
hielten die Eidgenossen an ihrem Vorhaben Massimiliano Sforza
zum Herzog zu machen, fest und schlugen die Anerbietungen
des spanischen Gesandten um so eher aus, als zu gleicher Zeit
ihnen die kaiserlichen Gesandten die Zustimmung des Kaisers zu
dessen Einsetzung aussprachen. [29]

Eben so wichtig waren die Verhandlungen der Eidgenossen
mit Venedig, welches eben damals, ohnehin mit dem Kaiser
verfeindet, fürchten mußte, auch Brescia und Crema zu verlieren. In seiner Bedrängniß wandte sich der Doge in einem
Schreiben an die Eidgenossen und bat sie, ihn nicht zu ver-

laſſen. Zugleich ſandte er einen ausgezeichneten als Diplomaten
bereits vortheilhaft bewährten Mann Gian Pietro Stella als
Geſandten zu ihnen, der ihnen in Berückſichtigung der gemeinſchaftlichen Eroberung Mailands auch die gemeinſchaftliche Behauptung und Beherrſchung des Herzogthums und zum Schutze
deſſelben und in Berückſichtigung daß ſie zwei republikaniſche
Gemeinweſen ſeien, welche von allen Herrſchern gehaßt würden,
auf die kein Verlaß ſei, ein Separatbündniß vorſchlug. Ebenſo
ſehr wie die Gemeinſamkeit des letzten Feldzugs beſtimmten
überhaupt die Sympathieen für einen Staat, welcher mit dem
ihrigen ſo viele Aehnlichkeit und auf weſentlich gleichen Grundlagen ruhte, die Eidgenoſſen zur Freundſchaft mit Venedig;
ebenſoſehr aber auch ihr eigenes Intereſſe. Waren ſie gleich
nur rohe Alpenſöhne, ſo hatten ſie doch einen richtigen, ich
möchte ſagen inſtinctiven Blick in den Gang der damaligen
europäiſchen Politik und je rechtlicher ſie ſelbſt dachten, deſto
mehr mußte ſie die Treuloſigkeit der damaligen Herrſcher em-
pören und auch durch die größten Schmeicheleien und die blen-
dendſten Verſprechungen ließen ſie ſich nicht irre machen. Schon
beim Abſchluſſe der Liga von Cambray hatten ſie die Beſorgniß geäußert, man möchte ſie gegen Venedig in's Feld ſtellen,
um ſich dann, wenn nur erſt dieſes freie Gemeinweſen erlegen
ſei, gegen ſie ſelbſt zu wenden und dieſe Beſorgniß kehrte im
Verlaufe dieſes Zeitraums öfter wieder.[30]

Gleichwohl konnten ſie auf die Vorſchläge Venedig's nicht
eingehen: einer gemeinſchaftlichen Beherrſchung des Herzogthums
ſtand der Umſtand entgegen, daß ſie ſich bereits für Sforza
ausgeſprochen hatten, dem Abſchluß eines Bündniſſes, daß ſie
ſelbſt mit Maximilian ſchon verbündet waren, der mit jenem in
thatſächlicher Fehde ſtand. Zwar kam in der Folge endlich am
16. November der Entwurf eines Bündniſſes auf fünf Jahre
mit der Republik zu Stande, durch welches die Eidgenoſſen jener
im Falle der Anrufung Söldner bewilligten, dieſe ihnen ihren
Beiſtand zum Schutze Mailands und jedem Ort eine jährliche

Penſion von 1000 Gulden zuſagte; allein daſſelbe trat infolge
der nächſten Ereigniſſe nicht in Kraft. [31]

Dagegen kam, nachdem mittlerweile bei dem entſchiedenen
Willen des Papſtes und der Eidgenoſſen auch Ferdinand und
Maximilian ſich für die Einſetzung Maſſimiliano's ausgeſprochen
hatten, zwiſchen dieſem und den Eidgenoſſen durch die Vermittlung der kaiſerlichen und der mailändiſchen Räthe ein Vertrag
und eine ewige Vereinigung zu Stande, welche am 8. September entworfen, am 28. September von den Eidgenoſſen und
am 3. October von der mailändiſchen Regierung und der Stadt
Mailand unterzeichnet wurde. Durch dieſelbe erhielten die
Schweizer für die Eroberung des Herzogthums zum Voraus
vor den Fürſten die Summe von 150,000 Ducaten, in jährlichen Raten von 25,000 Ducaten; der neue Herzog verpflichtete ſich, um dadurch um ſo feſter mit ihnen verbunden zu ſein,
außerdem zu einer jährlichen Penſion von 40,000 Ducaten.
Die Herrſchaften Lugano, Locarno und Domo d'Oſſola blieben
ihr Eigenthum; nach Inhalt alter Capitel ward ihnen auch
fürderhin Zollfreiheit bis an den Graben von Mailand zuge-
ſichert. Die Eidgenoſſen übernahmen den Schutz des Herzogs
auf deſſen Anrufung und in deſſem Solde, ſo daß der Monats-
ſold jedes Kriegers 4½ Fl. Rh. betragen, der Hauptmann dagegen 10, Lieutenant und Venner je 6 Sölde erhalten und
außerdem auf je 100 Sölde noch 10 Ueberſölde ausgerichtet
werden ſollten, der Herzog aber nur die geforderte Truppenzahl
zu beſolden verpflichtet war. Doch wurden ſie dieſer Hilfe ent-
bunden, wenn ſie ſelbſt in Krieg verwickelt ſeien, in welchem
Fall ihnen der Herzog mit 500 Schwerbewaffneten und leichten
Reitern in ſeinen Koſten beiſtehen mußte. [32]

Auch mit Savoien, deſſen Herzog ſeine Neutralität wahren
wollte, aber doch fürchtete bei der eigenthümlichen Lage ſeines
Landes von der franzöſiſchen Macht oder von einem mächtigen
italieniſchen Staate erdrückt zu werden und ſchon zu Anfang
Juli Geſandte an ſie geſchickt hatte, ward am 21. September
trotz der Abmahnung des Biſchofs von Lodi ein Bund auf 25

Jahre geschlossen, durch welchen sich der Herzog zu einer Hilfeleistung von 600 Reitern an die Eidgenossen im Fall eines
Kriegs und zur Zahlung einer jährlichen Pension von 200 Rh. Fl.
an jeden Ort verpflichtete, diese ihn mit 6000 Mann in seinem
Solde zu unterstützen versprachen. [33]

Ohne Zweifel gehören diese Tage, an welchen die Eidgenossen über das Schicksal eines der schönsten Staaten in dem
gebildetsten Lande des damaligen Europa entschieden und ihre
Freundschaft der Preis war, um den die größten Herrscher
jener Zeit buhlten, zu den glänzendsten der vaterländischen Geschichte; allein in ihnen selbst lag schon der Keim zum spätern
Verfall und eine geheimnißvolle Vorbedeutung bezeichnete den jähen
Fall, welcher bald auf die rasch fast im Taumel erreichte Höhe
folgen sollte. Als die Boten der eidgenössischen Orte den Bundesvertrag mit Massimiliano besiegeln wollten, hörten sie wie
von Geisterhänden drei Schläge auf dem Tische, an welchem
sie saßen: sie staunten, aber sie siegelten. Viele hatten eine
Ahnung vom bevorstehenden Zorne des Himmels, welcher die
Eidgenossen strafen wolle, daß sie die fromme Einfachheit der
Väter verlassen und in stolzer Selbstüberhebung an den Händeln der europäischen Politik Theil genommen hätten und bei
der Kunde von den drei schweren Unglücksfällen in den spätern
italienischen Kriegen erinnerte man sich wieder jener geheimniß-
vollen Schläge, welche dieselbe vorgedeutet zu haben schienen. [34]
„Poetischer und bedeutungsvoller hätte der Wendepunkt in unserer Geschichte nicht ausgesprochen werden können, als durch
jene Geisterwarnung" (Gelzer).

Mochte nun auch durch den Beschluß der Eidgenossen eine
jener Fragen entschieden sein, welche die Auflösung der Ligue
herbeizuführen drohten, so dauerte doch der Kampf der Interessen hinsichtlich der andern fort. Um auch sie zu lösen, war
der Bischof von Gurk im November nach Rom gekommen, wo
er vom Papste, welchem es außerordentlich daran gelegen war,
sich ihn günstig zu stimmen, mit der größten Auszeichnung behandelt wurde und sogleich wurden nun die italienischen Dinge

besprochen. Ludwig selbst hatte durch kluge Politik den Knoten
in diesem bunten Gewirr von Fäden noch enger geknüpft und
die Zwietracht Maximilian's und Venedig's selbst zu nähren
gewußt. Auf seinen Befehl hatte die französische Besatzung in
Brescia dieses nicht den Venetianern, welche es schon geraume
Zeit belagerten, sondern dem spanischen Vicekönig, welcher nach
seiner Unternehmung wider Florenz vor dasselbe gezogen war,
übergeben, wie auch schon früher am 9. September Crema nicht
den es belagernden 4000 Schweizern, sondern den Venetianern
und Legnago nicht diesen, sondern dem Bischof von Gurk sich
ergeben hatten.[35] Zwar hatte jetzt dieser seine Forderungen
an Venedig dahin modifizirt, daß es zwar Padua, Treviso,
Brescia, Bergamo und Crema behalten könnte, dagegen Vincenza herausgeben und auf alle in des Kaisers Besitz befindlichen Gebiete seine Ansprüche aufgeben, für jene ihm aber für
einmal 250,000 Ducaten und jährlich 30,000 Ducaten Lehenzins bezahlen sollte. Allein Venedig, welches sich auf die Garantieen bei Abschluß der hl. Ligue und auf seine für diese ge-
brachten Opfer berief, wollte auf diese Forderungen nicht eingehen, da es ihm schwer fiel, für Gebiete die es so lange als
Eigenthum besessen hatte, einen Lehenzins zu bezahlen und
Vincenza, das ihm zur Verbindung seines Territoriums in der
Terraferma unentbehrlich war, herauszugeben. Umsonst versuchte der Papst, der ihm die nöthigen Summen vorzustrecken
sich erbot, Bitten und Drohungen: Venedig war nur zur Bezahlung einer jährlichen Summe auf des Kaisers Lebzeiten bereit. Andere Streitpunkte bestanden zwischen dem Papst und
Spanien. Jener verlangte, der spanische Vicekönig sollte die
Protection Toscana's, Siena's, Lucca's u. s. w., welche er an
Neapel fesseln wollte, als den Reichsrechten nachtheilig und für
die Kirche gefährlich, aufgeben; davon wollte aber der spanische
Gesandte nichts wissen und auch auf die Forderung des Papstes,
welcher einsah, daß er, da ihm die Eidgenossen die Unterstützung
hiefür verweigert, nur mit Hilfe der Spanier Ferrara erobern
könne, ihm gegen dieses beizustehen, war er nur unter der Be-

bingung einzugehen bereit, daß jener und Venedig dem spanischen
Heere die schuldigen monatlichen Subsidien bezahlten.[36] An
der Forderung Parma's und Piacenza's hielt der Papst hartnäckig fest, während der spanische Gesandte und der Bischof
von Gurk ebenso nachdrücklich die Einverleibung derselben in's
Herzogthum verlangten, weil dieses sonst zu schwach sei und
jener in der hl. Ligue nur Ferrara und Bologna gefordert
habe. Dagegen waren jetzt Alle über die Einsetzung Massimiliano Sforza's einig, Maximilian, welcher auch die Investitur
und die Verleihung eines juristischen Besitztitels verschob, wohl
weil die Unfähigkeit des Fürsten die Regierung seinen Com-
missären in die Hand gab, Ferdinand, weil er den Papst, dessen
feindselige Absichten gegen sich er kannte, beschwichtigen wollte
und zugleich einsah, daß die Regierung eines seiner Enkel wegen
der Unpopularität dieses Projects und wegen der Abneigung
der Schweizer nicht haltbar wäre.[37]

Trotz der Vermittlungsversuche des Papstes, welcher abgesehen von seinen nationalen Gesinnungen auch deßwegen für
Venedig gestimmt war, weil er mit seiner Hilfe, die es ihm in
vollstem Maaße zugesagt hatte, Ferrara zu gewinnen hoffte,
kam zwischen dem Kaiser und Venedig keine Einigung zu Stande.
So brachte denn Julius, welchem vor Allem daran gelegen
war, das Lateranconcil durch den Kaiser anerkannt zu sehen,
seine nationalen Motive seiner kirchlichen Stellung und seinen
dynastischen Plänen zum Opfer und entschied sich trotz der Vorstellungen des venetianischen Gesandten und so ungern er auch
mit der Signoria brach, um sie nicht zu einem Bunde mit
Ludwig XII. zu zwingen, für Maximilian. Am 18. November
schloß er mit ihm durch Lang's Vermittlung einen Bund, durch
welchen sich der Kaiser, wie denn auch der Reichstag beschlossen
hatte, die Kirche und den Papst wider das pisanische Concil zu
schützen, für das Concil vom Lateran erklärte, sich anheischig
machte, keinem Untergebenen oder Feinde der Kirche beizustehen
und Reggio und Modena dem Papst überließ, der ihm dafür
Unterstützung wider Venedig in der Wiedergewinnung der ihm

durch die Liga von Cambray zugesprochenen Gebiete mit geist=
lichen und weltlichen Waffen und Unterstützung wider Geldern
mit geistlichen versprach und einen Zehnten auf den deutschen
Klerus mit Zustimmung der Kurfürsten verhieß. Kein Theil
sollte ohne Consens des andern in einen andern Bund treten,
der Papst insbesondere nicht, bis der Kaiser die ihm garan=
tirten Territorien zurückerobert hätte, Brescia sofort in kaiser=
liche Hände kommen. [38]

Dadurch sahen sich die schweizerischen Gesandten, welche am
20. November in Rom eintrafen, wo sie mit außerordentlichem
Glanze aufgenommen und vom Papste am 24. in Anwesenheit
der höchsten Würdenträger und der fremden Gesandten em=
pfangen wurden,[39] in ihrer Hoffnung etwas zur Herstellung des
allgemeinen Friedens beitragen zu können, getäuscht; denn schon
am 25. November ward in der Kirche Santa Maria del po=
polo der Bund des Kaisers und des Papstes wider Venedig
öffentlich verkündigt, worauf der Bischof von Gurk in der dritten
Sitzung des Lateranconcils den Beitritt des Kaisers zu diesem
und die Ungültigkeit aller Erlasse und Bestimmungen, die er
früher zu Gunsten des pisanischen getroffen hatte, erklärte. [40]
Um so erfreulicher war es ihnen daher, daß Julius, der sein
gewaltsames Vorgehen gegen Venedig auf die Kunde, daß dieses
mit Ludwig in Friedensverhandlungen stehe, um so mehr be=
reuen mochte, als zu gleicher Zeit das Conciliabulum sich mit
dem Gedanken einer neuen Papstwahl beschäftigte, in einer ge=
heimen Conferenz am 26. November sie selbst aufforderte, einige
von ihnen nach Venedig abzuordnen, um den letzten Versuch zu
machen, die Signoria umzustimmen. Auf ihre Forderung be=
willigte Lang Aufschub der Feindseligkeiten auf einen Monat
und sie schickten darauf Hans von Erlach, des Raths von Bern
und Peter Falk Bürgermeister von Freiburg an den Senat,
welche der Bischof Jacobus Staffileus als päpstlicher Gesandter
begleitete. Am 24. December langten sie in Venedig an; doch
entsprach ihr Erfolg ihren Erwartungen nicht. Der Doge be=
klagte sich, daß nachdem die Signoria für die hl. Ligue so viele

Opfer gebracht, ihr jetzt ein solcher Lohn werde und daß der
Papst und Lang absichtlich den Bund vor Ankunft der eidgenössischen Gesandtschaft abgeschlossen hätten und ertheilte ihnen
am 7. Januar den entschiedenen Bescheid, daß der Senat trotz
seiner Geneigtheit mit dem Kaiser Frieden zu schließen, auf
dessen Vorschläge nicht eingehen könne. Uebrigens drückte er
ihnen sein besonderes Vertrauen auf die Freundschaft der Eidgenossen aus. [41]

Ebenso unbefriedigend war der Erfolg der Gesandtschaft
an den Papst hinsichtlich der Forderungen der Eidgenossen selbst.
Er wies nicht nur ihr Verlangen um Einverleibung Parma's
und Piacenza's in's Herzogthum ab, indem er seine Rechtstitel
auf dieselben den drei Doctoren, die sich bei der Gesandtschaft
befanden, nachwies, worauf diese die Forderung fallen ließ,
sondern trat auch auf ihr Begehren um Bezahlung der vom
Chiasserzug her schuldigen Sölde und um Befreiung ihrer Pfar-
ren und Pfründen von Curtisanen und päpstlichen Moyaten
außer den Kantonen gegenüber, die sich auf's Herkommen stützen
konnten, nicht ein. Im Uebrigen empfahl er ihnen die Wohl-
farth der Kirche und sprach ihnen die feste Hoffnung aus, im
Bunde mit den Eidgenossen Mailand gegen alle feindlichen Angriffe behaupten zu können. [42] Auch mit dem Bischof von Gurk
trafen die eidgenössischen Boten in Rom zusammen. Er versuchte sie für den Beitritt zur heiligen Ligue zu bestimmen und
ermahnte sie, sich der Venetianer nicht anzunehmen, einen Feldzug wider Frankreich auszuführen und mit Ferdinand in einen
Bund zu treten. [43]

Inzwischen nahte die Feier der Einsetzung Massimiliano's,
welcher nach einem langen Aufenthalte in Innsbruck nach Verona und von da am 16. November nach Cremona gekommen
war, heran. Die Eidgenossen wurden zu derselben durch den
Bischof von Lodi eingeladen und die Tagsatzung zu Baden beschloß am 29. November eine Gesandtschaft zur Feier abzuordnen, [44] welche sich am 2. December in Uri versammelte und in
Begleitung des eidgenössischen Feldherrn Ulrich von Hohensax

am 10. in Mailand anlangte, wo sie mit großen Ehren empfangen wurde. Doch verzögerte sich durch das lange Verweilen
des Bischofs von Gurk in Florenz die Feier und nur dem Zu-
reden des Vicekönig's und Sforza's selbst, welcher sie bei einem
heimlichen Besuche, den er ihnen abstattete, nachdem sie seine
Aufforderung zu ihm in die Nähe der Hauptstadt zu kommen
abgelehnt hatten, beschwichtigte, gelang es, die schweizerischen
Boten zum Bleiben zu vermögen. Doch vor der Einsetzung
kam es noch zu einem heftigen Streite zwischen diesen und
Lang, als kaiserlichem Statthalter, wer den jungen Fürsten in
Mailand einzuführen und in die herzogliche Würde einzusetzen
habe. Die ernste Einwendung des Freiherrn von Hohensax
„wenn Sforza sich weigere, seine Herrschaft aus eidgenössischen
Händen zu empfangen, die sie ihm erobert und wozu eine an-
sehnliche Gesandtschaft eigens hergekommen sei, so würde die
Bundesacte von Baden durchstrichen und die eidgenössischen
Truppen aus Mailand zurückgezogen“, entschied ihn zu Gunsten
der Eidgenossen. [45] Am 29. December hielt der neue Herzog
seinen Einzug in Mailand. Schinner als päpstlicher Legat
und Lang als kaiserlicher Statthalter, der Vicekönig und der
Bischof von Lodi, die eidgenössischen Boten, sowie viele ita-
lienische Herren geleiteten ihn. Unter dem Hauptthore der
Stadt empfingen ihn Hohensax, Bürgermeister Schmid von
Zürich, Landammann Püntiner von Uri und Landammann
Schwarzmurer von Zug, welchen die Behörden der Stadt deren
Schlüssel überreicht hatten, um ihm die Herrschaft über das
Herzogthum zu übergeben. Schwarzmurer, „ein wohlgestalter
vieler Sprachen kundiger Mann“, begrüßte den Herzog mit einer
lateinischen Anrede im Namen der Eidgenossen und Schmid
reichte ihm auf einer silbernen Schüssel die Schlüssel der Stadt
und damit die höchste Gewalt über das Herzogthum dar. [46]
Massimiliano dankte den Eidgenossen „seinen lieben Vä-
tern“, erkannte an, daß er ihnen die Einsetzung in sein väterliches Erbe zu verdanken habe und empfahl sich ihrem Schutze.
Er wurde von der Bürgerschaft, welche sich nach so langer

Fremdherrschaft wieder nach einem eigenen Herrscher sehnte und
glaubte, er werde seinem Vater und Großvater ähnlich werden,
mit außerordentlicher Freude empfangen. Leider sollten in der
Folge diese Hoffnungen nicht in Erfüllung gehen. Vielen schien
es eine böse Vorbedeutung, daß gerade am festlichen Tage des
Eintritts durch das französische Geschütz, welches mit Wuth aus
dem Schloffe abgefeuert wurde, der Herzog in Lebensgefahr
kam. Auf seinen Wunsch blieben die eidgenössischen Gesandten
zur Ordnung seiner Angelegenheiten noch einige Tage bei ihm;
er wünschte die Rückerstattung Parma's und Piacenza's, Velt=
lin's und Cläven's, bat um Besiegelung des Bundesvertrags
und um getreue Erfüllung der durch denselben übernommenen
Verpflichtungen und warnte sie mit Schinner auf die Kunde
von französischen Friedenswerbungen in der Schweiz, solchen
Gehör zu geben. Am 5. Januar verließen sie Mailand, wäh=
rend Schinner, Lang und Andrea de Burgo zur Einrichtung
des Staates, welche durch die um diese Zeit erfolgte Uebergabe
der Schlösser von Trezzo und Novarra einen günstigen Anfang
zu nehmen schien, beim Herzog blieben. [47]

Mochte nun so auch Mailand Sforza's thatsächliches Eigen=
thum sein, so gab doch Ludwig XII. seine Gedanken auf dessen
Wiedergewinnung nicht auf. Bereits hatte er wieder Verbin=
dungen mit dem Kaiser und mit Venedig angeknüpft. Am
meisten aber war es ihm daran gelegen, mit den Schweizern
sich zu versöhnen, weil er des glücklichen Erfolgs seiner Unter=
nehmung gewiß war, sofern er nur sie nicht zu Feinden hatte
und weil er mußte, daß größtentheils von ihnen der Sieg ab=
hänge, deren Waffen überall gefürchtet waren und „die sich
nicht mehr wie Söldner leiten ließen, sondern wachsam waren,
wie in einem gut eingerichteten Gemeinwesen und wie Männer,
die in der Regierung der Staaten aufgewachsen waren". (Guic=
ciardini.) Hoffnung auf das Gelingen seiner Unterhandlung
hatte er deshalb, weil noch nicht alle Kantone den Bundesbrief
mit Mailand besiegelt hatten.

Schon die savoiischen Gesandten, welche im Juli zur Re=

gociirung eines Bündnisses in die Schweiz gekommen waren, hatten
sich um die Ertheilung von Geleit für eine französische Gesandtschaft
bemüht und Trivulzio in ähnlichem Sinne bei der Republik
Graubünden, deren Bürger er als Graf von Misox war, sich
verwandt, doch ohne Erfolg, wenn auch freilich auf der großen
Tagsatzung zu Baden französische Agenten im Gefolge der savoiischen oder lothringischen Botschaft zugegen sein mochten.
Die Stimmung konnte unter dem noch frischen Eindruck der
glänzenden Erfolge des schweizerischen Heers in Italien und
bei der Anwesenheit so vieler fremder Gesandten, die alle voll
Vertrauen auf die liguistische Gesinnung der Eidgenossen hofften,
für Frankreich nicht günstig sein. Größern Erfolg hatten die
Bemühungen Philibertas von Luxemburg, der Wittwe Jo-
hanns IV. von Châlon-Arlay, Fürsten von Oranien, welche,
mit Bern sehr befreundet, einen Höfling Simon von Corbeson
in die Schweiz schickte, der durch die Verheißung der Schlösser
zu Lugano und Locarno, obschon einige Orte auch vorherige
Uebergabe derer zu Mailand und Cremona forderten, am 23. December für eine französische Gesandtschaft, nämlich Louis de
la Tremouille, Fürst von Talmont und Gouverneur von Burgund, Claude de Seyssel, Bischof von Marseille, Humbert de
Villeneuve, Präsident von Burgund, Gauthier Tinteville, Baillif
von Troyes und Ritter Johann von Baißet-Grüe, Geleit auf
einen Tag zu Luzern am 13. Januar unter der Bedingung erlangte, daß die beiden Schlösser zuvor übergeben und das gewonnene Gut zurückerstattet, auch von der Gesandtschaft keine
Söldner aufgewiegelt werden sollten, worüber Corbeson eine
besondere Urkunde ausstellte, die von La Tremouille besiegelt
wurde. [48] Und weder die Abmahnung des Papstes, welcher in
einem Breve vom 10. Januar an die durch ihr Bündniß mit
ihm übernommenen Pflichten und an die Verleihung des Titels:
Beschirmer der Freiheit der Kirche, dessen sie sich durch Eingehen auf die französischen Friedensvorschläge unwürdig machen
würden, erinnerte, noch die Bitten Sforza's, der auf den 13. Januar seinen Vetter Johann Maria Sforza, Erzbischof von

Genua und Ritter Franzesco Stampa als Gesandte schickte, um den französischen Friedenswerbungen entgegenzuwirken, vermochten den einmal gefaßten Beschluß rückgängig zu machen. [49]

Nachdem am 1. Februar 1513 die Schlösser übergeben worden waren, erschienen zum großen Leidwesen der päpstlichen und der kaiserlichen Partei am 11. Februar die französischen Gesandten zu Luzern und versprachen sich dem gegebenen Geleit gemäß betragen zu wollen. Sie wurden von der Bevölkerung mit entschiedenem Unwillen aufgenommen, welchen das ungeziemende Benehmen einzelner Mitglieder des Gefolges noch vermehrte, so daß die Obrigkeit, welche den Verkehr mit den Gesandten Jedermann nachdrücklich verbot, sie vor der Wuth derselben schützen mußte und La Tremouille von Anfang an jede Hoffnung verlor. Schon vor ihnen war Trivulzio unter dem Anschein von Privatangelegenheiten nach Luzern gekommen, wo er mit der seinen Verdiensten schuldigen Hochachtung aufgenommen wurde, was in ihm günstige Hoffnungen erweckte, die sich freilich verminderten, als er die Gesandten auf's Strengste bewacht und sich den Verkehr mit denselben verboten und durch die Bestimmung, daß er auf der entgegengesetzten Seite der Stadt wohnen müßte, abgeschnitten sah. Seinen Umtrieben ist es wohl großentheils zuzuschreiben, daß einige Orte einer Aussöhnung mit Frankreich nicht abgeneigt waren und Luzern, das ihm sein Bürgerrecht ertheilt zu haben scheint, den Bundesvertrag mit Sforza noch nicht unterzeichnete. Stampa, dessen Herr den Wunsch auf Festnehmung und Auslieferung Trivulzio's als mailändischen Unterthans äußerte, wandte Alles an, um denselben entgegenzuwirken. Die französischen Gesandten erschienen am 18. Februar vor der Tagsatzung. Sie rechtfertigten vorerst durch ihren Sprecher, den Bischof von Marseille, den König von dem Vorwurfe, als ob er je den Eidgenossen Grund zur Unzufriedenheit und zum Kriege habe geben wollen und gegen den Papst seine Pflichten nicht erfüllt habe, da er vielmehr stets Freundschaft mit ihnen zu halten und alle Streitigkeiten beizulegen gesucht und den Papst nur gezwungen und

ungern bekriegt habe und warnten die Eidgenossen vor ihren
jetzigen Freunden, welche es nicht ehrlich mit ihnen meinen und
heimlich, ohne sie vorzubehalten, Bündnisse schließen. Sie be=
theuerten des Königs redliche Absichten und seine Achtung, für
welche ihnen die Zusammensetzung der Gesandtschaft selbst als
Beweis dienen möge. Nicht alle Orte waren hinsichtlich eines
Friedens mit Ludwig gleich gesinnt: die Urkantone, sowie Zürich
und Basel, waren einem solchen entschieden abgeneigt; die
Stände Bern, Luzern, Freiburg und Solothurn dagegen den
französischen Bestechungsversuchen nicht unzugänglich. Doch stellte
die Mehrheit am 25. Februar für einen Frieden mit Frankreich
die Forderung, der König solle seinen Ansprüchen auf Mailand
und Asti entsagen, alle Plätze, die sich noch in seinen Händen
befinden, den Eidgenossen übergeben, sich verpflichten ohne Willen
der Obrigkeit keine schweizerischen Söldner zu werben und nach
Friedensschluß sofort die Ansprecher zu befriedigen, wobei sie
den heiligen Stuhl und das römische Reich vorbehielt. Damit
standen nun freilich die Vorschläge der französischen Gesandten,
welche bloß Bezahlung der Ansprachen und ein Geschenk von
120,000 Franken an die XII Orte und von 6000 Franken
an die Zugewandten boten und weit entfernt, für Ludwig auf
Mailand und Asti verzichten zu wollen, vielmehr um die Er=
laubniß nachsuchten, die Schlösser, die noch französisches Eigen=
thum, mit Lebensmitteln versehen zu dürfen, in keinem Ver=
hältniß. Doch wurde über die Forderung der Tagsatzung weiter
berathen.[50]

Die ersten Schritte zu einer Wiederannäherung Ludwig's
an den Kaiser scheinen von dessen Gemahlin Anna ausgegangen
zu sein, welche nachdem sie sich schon früher eifrig um dieselbe
bemüht hatte, zur Zeit als der Bischof von Gurk in Rom
war, einen geheimen Agenten zu ihm schickte. Lang führte die
Verhandlung eifrig weiter und schlug Ludwig eine Vermählung
Karl's mit Renée vor, auf welche Mailand, wenn er es zurück=
erobert übergehen und auf welche er auch seine Rechte auf
Neapel übertragen sollte, wofür er Unterstützung des Kaisers

wider Venedig und Abtretung Cremona's und der Ghiarra
d'Abba nach der Eroberung des Herzogthums, sowie als Garantie die sofortige Uebergabe Renée's in die Hände des Kaisers
forderte. Ludwig ging begierig auf dieses Project ein und
suchte den Kaiser durch die Garantie Brescia's, Crema's und
Bergamo's noch mehr für dasselbe einzunehmen. [51]

Die übertriebenen Forderungen des Kaisers und der Bund
desselben mit dem Papste hatten die Erbitterung Venedig's
wider die übrigen Ligisten und den Kaiser, welche schon durch
die Besitznahme Cremona's und anderer Städte zu Handen der
Liga geweckt, Brescia's durch Cardona und Legnago's durch
Lang genährt worden war, auf die Spitze getrieben und schienen
jede Ausgleichung unmöglich zu machen. Die Signoria näherte
sich Ludwig, welcher schon vorher durch die Vermittlung des
bei Brescia gefangenen Andrea Gritti und Trivulzio's mit ihr
in Verhandlung getreten war und that ihm am 18. December
ihre Neigung zu einem Frieden und Bunde mit ihm kund, wenn
ihr der Status quo von 1499 garantirt würde. Allein diese
Annäherung rief gleicher Weise die Besorgnisse des Papstes
und Ferdinand's wach. Eben deßwegen hatte jener die schweizerischen Boten nach Venedig geschickt. Aus Furcht vor der
Excommunication näherte sich hinwieder Venedig dem Papste.
Der Doge ließ seinen Gesandten am Lateranconcil Theil nehmen und zog seine Truppen in's Gebiet von Padua zurück.
Ferdinand ließ sein Heer das venetianische Gebiet räumen und
sich in's Herzogthum zurückziehen; auf seinen Rath ließ der
Kaiser von der Forderung Vincenza's ab und Ferdinand hoffte
ihn durch die Aussicht auf eine große Entschädigungssumme,
mit welcher er eine Unternehmung wider Burgund ausführen
könnte, selbst zur Abtretung Verona's, welches Venedig, durch
dieses Entgegenkommen kühn gemacht jetzt forderte, zu vermögen. Der Bischof von Gurk verlängerte im Januar den Waffenstillstand mit Venedig bis zum 16. März und Venedig machte
jetzt dem Kaiser selbst den Vorschlag zu einer Ueberlassung Mai-

lands für Karl, wobei es für sich den Status quo von 1499 vorbehielt. [52]

So bildete sich also ein buntes Gewirr von Fäden und Verwickelungen, von Bestrebungen und Gegenbestrebungen, welches freilich nicht lange bestehen konnte, sondern zu einer Entscheidung drängen mußte. Jede der drei Mächte, Maximilian, Ludwig und Venedig, welche zugleich alle unter sich verfeindet waren, verhandelte mit den beiden andern, Ludwig dazu mit den Schweizern über einen Frieden, Maximilian durch Margarethe schon längst mit Heinrich über eine gemeinsame Unternehmung wider Frankreich. [53] Ferdinand, um jeden Preis eine Aussöhnung zwischen Venedig und Ludwig zu verhindern bemüht, stand zugleich in verdächtigen Beziehungen zu diesem, weil er die Herrschaft der Schweizer in Mailand, das er in seine Hand bringen wollte, um dadurch die Hegemonie in Italien zu erhalten, nicht dulden konnte. Mit unerschütterlicher Ruhe und Würde handelte der Papst: noch immer war die Befreiung Italiens von der Fremdherrschaft der Zielpunkt seines Strebens und er schien seiner Erreichung nie näher gekommen als gerade jetzt; um die Franzosen von demselben fern zu halten, suchte er um Alles eine Aussöhnung Ludwig's mit den Schweizern und Venedig zu verhindern; er näherte sich diesem wieder, um dadurch das Opfer, das er durch seinen Bund mit dem Kaiser seinen nationalen Gesinnungen gebracht hatte, gut zu machen, was durch Vermittlungsversuche zwischen Beiden erreichbar schien. Nie aber war wohl sein Wunsch, auch Ferdinand aus Italien zu verdrängen, glühender als eben jetzt und nie seine Aussichten dafür günstiger; sein Bund mit den Schweizern, welchen die feindseligen Absichten Ferdinand's nicht unbekannt sein konnten und sicherlich der Aufenthalt des spanischen Heers im Herzogthum nicht nur verdächtig war, sondern auch als ein Eingriff in ihre Rechte erschien, sollte ihm ermöglichen, daher er vor Allem ein Bündniß derselben mit Ferdinand zu hintertreiben suchte. [54] Am ehrenhaftesten aber war die Politik der Eidgenossen. Zu eben derselben Zeit, als der Papst mit

Venedig brach, als Maximilian mit Ludwig über die Ueberlassung Mailand's verhandelte und Venedig mit dem Kaiser,
als Ferdinand mit Ludwig in Unterhandlungen trat, welche den
nämlichen Zweck verfolgt zu haben scheinen, hielten sie uner-
schütterlich an ihrer Verpflichtung, den von ihnen eingesetzten
Herzog im Besitze seiner Herrschaft zu erhalten, fest und der
Verzicht auf Mailand war die conditio sine qua non eines
Friedens mit Ludwig, welchen sie schließen durften, ohne frühere
Verbindlichkeiten zu verletzen.

Dies war die Lage der Verhältnisse als der Tod des
Papstes einen Umschwung in der europäischen Politik herbeiführte. Er starb am 21. Februar, an einem Fieber,[55] die Venetianer sagen,[56] aus Schmerz über die Annäherung Venedigs
an Ludwig. Er hatte alle Vermittlungsversuche Anna's zurückgewiesen und vielmehr auch Heinrich, welchem er den Titel des
Allerchristlichsten Königs zu übertragen gedachte, neuerdings zum
Kampfe aufgerufen; er verharrte bis zu seinem Tode in seinem
unversöhnlichen Hasse gegen Ludwig, der ihn selbst in den letzten
Augenblicken seines Lebens noch beschäftigte. Die glücklichen
Ereignisse der letzten Zeit hatten seinen Muth gekräftigt und
ihn mit neuen weitreichenden Plänen erfüllt. Mit neuem Eifer
dachte er an die Eroberung Ferrara's; für seinen Neffen, den
Herzog von Urbino, hatte er vom Kaiser Siena erworben, mit
welchem er auch in Unterhandlungen über die Abtretung Modena's stand. In Genua wollte er mit Zustimmung der Familie der Fregosi statt des bisherigen Dogen Giovanni dessen
Bruder Ottaviano einsetzen. Auch mit Schinner hatte er sich
überworfen, der sich im Herzogthum jährliche Einkünfte bis auf
30,000 Ducaten verschafft hatte; er hatte ihm den Titel eines
päpstlichen Legaten genommen und ihn nach Rom zur Verant-
wortung gerufen. Auch mit den Medici, welche sich ganz an
Spanien anschlossen, war er unzufrieden und gedachte sie durch
die Schweizer wieder aus Florenz zu vertreiben. Vor Allem
aber war die Befreiung Neapel's von der spanischen Herrschaft
und dadurch Italiens von der spanischen Hegemonie der Ziel-

punkt seines Strebens; noch hatte er nicht alle seine Pläne erreicht, aber schon nannte er sich den Befreier Italiens. In all diesen weitreichenden Bestrebungen ereilte ihn der Tod: er fühlte ihn herannahen und berief noch eine Sitzung des Concils, an welcher er freilich nicht mehr Theil nehmen konnte; doch ließ er dasselbe seine Bulle gegen die Erwerbung der Tiara durch Simonie bestätigen, erklärte die Wahl seines Nachfolgers als dem Cardinalcollegium, nicht dem Concil zustehend und die schismatischen Cardinäle, denen er verzieh, davon ausgeschlossen und ließ das Collegium seinem Neffen den Besitz Pesaro's und des Vicariats der Kirche bestätigen. [57]

Mit ihm schied ein großartiger Charakter von der Welt. Vor Allem bewundernswerth waren die Festigkeit und die Ausdauer, mit welchen er seine Zwecke verfolgte, ohne sich durch Unfälle beugen oder durch zeitweilige Hindernisse aufhalten zu lassen. Viele seiner Pläne gingen in's Ungeheuerliche und man kann sich keinen größern Gegensatz zu der stillen Würde und Ruhe der Kirche denken, als dieses stürmisch bewegte Gemüth, welches in leidenschaftlicher Erregung mit glühender Liebe umfing, was einmal seine Zuneigung geweckt, mit unversöhnlichem Hasse verfolgte, was seinen Unwillen gereizt hatte. All sein Streben war auf zwei Zwecke gerichtet, einen nationalen, die Befreiung Italiens von der Fremdherrschaft, und einen hierarchischen, die Wiedergewinnung des Kirchenstaates in seinem frühern Umfange, mit welchem er den dynastischen der Machtvergrößerung seiner Familie verband. Beide hatte er wenigstens zum Theil erreicht und durch jenen ist er der Sympathieen würdig, welche ihm die Italiener schon zu seiner Zeit entgegenbrachten und welche sie ihm bis auf den heutigen Tag bewahrt haben. Die Eidgenossen gedachte er zu Wächtern der Freiheit Italiens zu machen: er erkannte in ihnen ein freies kriegerisches auf seine Stimme hörendes Volk von ungebrochener Kraft, für das er die größte Achtung faßte und er verdiente das Vertrauen, mit welchem sie ihm trotz seiner oft bewiesenen Schroffheit entgegenkamen. Anders freilich muß das Urtheil über sein Wirken in seiner kirchlichen Stellung lauten: Zwar läßt sich von ihm nicht sagen, daß er den päpstlichen Stuhl durch irgend ein Laster befleckt habe; allein seine auf die Herrschaft angelegte Natur hatte keinen Sinn für die Förderung der religiösen Interessen und für die Befriedigung der religiösen Bedürfnisse: er verfolgte das schismatische Concil nicht im Interesse der Kirche, sondern weil er seine eigene Stellung durch dasselbe gefährdet sah und berief dasjenige vom Lateran nur als ein Gegengewicht gegen jenes. Hätte er seine geistige Kraft, zur Reform der Kirche angewandt, so hätte er eine Spaltung verhüten können: so aber schadete er ihr, indem wie seines zweiten Vorgängers Sittenlosigkeit, so seine Herrschsucht und Verwicklung in weltliche Interessen das Bedürfniß für jene noch vergrößerte.[58]

Sein Tod war ein schwerer Schlag für Maximilian,[59] ein großer Gewinn für Ludwig und Ferdinand: allein die Wahl seines Nachfolgers vernichtete die Besorgnisse des Erstern und die Hoffnungen Ludwig's. Am achtzehnten Tage nach Julius' Tode, am siebenten der Wahlverhandlungen (11. März) wurde Giovanni de' Medici zum Papste gewählt, welcher sich den Namen Leo X. beilegte: seine Wahl war das Werk der jüngern Cardinäle, welche so gewaltthätige Päpste wie Alexander VI. und Julius II. fürchteten und der Nationalen, vorzüglich der anti-französischen Partei, welche von einem schon durch seine Hausmacht hoch gestellten Papste vieles für Italien hofften; sie war eine große Errungenschaft für das spanisch-österreichische Haus, insonderheit für Ferdinand, welcher sie unter die drei glücklichsten Ereignisse seines Lebens zählte und wurde in ganz Italien mit außerordentlicher Freude begrüßt, nicht nur weil man von dem neuen Papste, dem Sproß eines so glänzenden Geschlechts große Erwartungen hegte und hoffte, er werde die Politik seines Vorgängers fortsetzen, sondern auch weil er durch seine kluge Freigebigkeit, seine Güte, sein Interesse für Künste und Wissenschaften und seinen reinen Wandel beliebt und seine Wahl auf rechtmäßige Weise zu Stande gekommen war.[60]

Es ließ sich voraussehen, daß Leo X. theils aus persönlichen Motiven, da Karl VIII. und Ludwig XII. seine Familie
aus Florenz vertrieben und davon fern gehalten, Ferdinand sie
zurückgeführt hatte, theils aus nationaler Gesinnung die Politik Julius' II. fortführen würde und dies erklärte er denn
auch sofort. Auch den Eidgenossen, an welche schon am 22. Februar die Cardinäle ein Schreiben mit der Aufforderung im
Bunde mit dem päpstlichen Stuhle zu verharren, erlassen hatten,
gab er dies in einem Breve vom 11. März, durch das Versprechen, an dem Bündnisse Julius' mit ihnen festzuhalten und
indem er dessen Warnung, nicht auf die Werbungen „der Feinde
der Kirche" zu hören erneuerte, deutlich zu erkennen.⁶¹ Doch
suchte er diese Gesinnung mit dem Wunsche nach einem allgemeinen Frieden zu verhüllen.⁶²

Bald begann sich jetzt das bunte Chaos von Verwickelungen
und Verhandlungen, in welchem bei Julius' Tode die europäische
Politik sich befunden hatte, zu lösen und aufzuklären und aus
dem nebelhaften Grunde traten bestimmte Gruppen mit bestimmten Tendenzen hervor.

Ludwig XII. hatte inzwischen über das Project einer verwandtschaftlichen Verbindung mit dem spanisch-habsburgischen
Hause weiter verhandelt; die Königin besonders und der Cardinal von Sanseverino hatten sich für dasselbe ausgesprochen,
während Trivulzio, Robertet und andere hervorragende Räthe
des Königs einer Allianz mit Venedig den Vorzug gaben und
schon war ein französischer Gesandter zu weitern Schritten zum
Bischof von Gurk abgeschickt worden, als die entschieden fest-
gehaltene Forderung des Kaisers, Renée sofort in seine Hände
zu geben und die ebenso entschiedene Ablehnung derselben durch
die Königin den Unterhandlungen ein Ende machte,⁶³ welche aber
Ludwig, der seine Aussöhnung mit Venedig inzwischen nicht
aus den Augen verloren hatte, einen vortrefflichen Anlaß boten,
den Senat zum Eingehen auf seine Forderungen zu zwingen.
Die Wahl Leo's X. zwang ihn vollends sich an Venedig zu
halten, besonders da auch seine Verhandlungen mit den Eidge-

nossen keinen für ihn günstigen Erfolg voraussehen ließen, während die Weigerung des Kaisers, Verona aufzugeben und die
Wahl Leo's, welcher zwar mit der Republik befreundet, doch
seinen Beziehungen zu Ferdinand den Vorzug geben zu müssen
schien, den Senat zur Allianz mit Frankreich hinführen mußten,
selbst wenn er seine anfängliche Forderung um Cremona und
Ghiarra d'Abba nicht durchsetzen konnte. Am 23. März schloß
Ludwig mit Andrea Gritti ein Schutz= und Trutzbündniß zur
Eroberung Mailands: Venedig mußte sich zwar mit dem Status
quo vor 1499 begnügen; aber ein geheimer Zusatzartikel garantirte ihm dafür Mantua. Dem Papste ward der Beitritt
offen gelassen. Gritti und der bei Agnadel gefangene Alviano
erhielten die Freiheit. 64

Bei den Eidgenossen dagegen nahmen die Verhandlungen
Ludwigs keinen günstigen Ausgang. Nach langen Berathungen
erneuerte nämlich die Tagsatzung am 1. April ihre früheren Forderungen und beauftragte die Gesandten dieselben dem König
zu überbringen. Dies übernahm La Tremouille und versprach
ihnen den Bescheid des Königs mitzutheilen. Es ließ sich aber
natürlich voraussehen, daß der König nicht auf dieselben ein=
gehen würde. Die übrigen Gesandten blieben in der Schweiz
und suchten theils durch Geld und Versprechungen die Forde=
rungen zu ermäßigen, theils da sich voraussehen ließ, daß die
Schweizer dem König bei seiner Unternehmung wider Mailand,
für die er bereits rüstete, entgegentreten würden und da sie
von der Obrigkeit keine Truppen erhalten konnten, schweizerische
Söldner ohne Wissen dieser aufzuwiegeln, um dann die Politik
des Jahres 1500 erneuern zu können. Und es gelang ihnen
wirklich in Betreff Asti's, das in dem Bund mit Sforza nicht
eingeschlossen war, weil dasselbe ein altes Erbthum des Königs
sei, zur Erleichterung des Friedensschlusses eine Milderung zu
erlangen. 65 Doch auch mit dieser Modification waren die Forderungen der Schweizer für den König nicht annehmbar und
so verließen denn die Gesandten am 24. April die Schweiz,
wo es ihnen wenigstens gelungen war, insgeheim eine große

Zahl Söldner anzuwerben, von denen in der Folge trotz der Abmahnung der Obrigkeit, welche die Absicht jener erkannte, etwa 2000 unter der Anführung Hans Rudolf Hetzel's Vogt's zu Erlach zu gleicher Zeit als der erste schweizerische Auszug zum Schutze Mailands ausrückte, dem König zuströmten, der sie freilich ihrer geringen Zahl wegen nicht gegen ihre Eidgenossen stellen konnte, sondern in der Picardie wider die Engländer verwandte. [66]

Zu gleicher Zeit erhob sich aber gegen Ludwig von einer andern Seite eine neue Gefahr.

Schon längst hatte Maximilian, welcher bisher noch nicht offen mit Ludwig gebrochen hatte, durch Margarethe mit Heinrich VIII., welcher ebenfalls der hl. Ligue nicht beigetreten, sondern nur durch einen Separatvertrag mit Ferdinand Frankreich gegenüber in eine feindliche Stellung getreten war und mit Ferdinand über eine gemeinsame Unternehmung wider Frankreich verhandelt und am 5. April kam jetzt zwischen ihnen zu Mecheln eine Liga zu Stande, durch welche, da ihr auch Leo X. beitreten sollte, die hl. Ligue vom 4. October 1511 zu einer europäischen Coalition erweitert werden sollte und welche unter dem Vorwande des Schutzes der Kirche die Zurückeroberung aller derjenigen Gebiete, welche Ludwig von Maximilian oder Heinrich in Besitz hatte, beabsichtigte, wofür ein vierfacher Angriff von England, Spanien, Deutschland und der Provence oder Dauphinée aus durch den Papst, der auch mit geistlichen Waffen unterstützen sollte, festgesetzt wurde. [67] Aber die Liga war so großartig angelegt, daß ihre unmittelbare Folge die Vernichtung der Macht Frankreichs und damit die Hegemonie, ja fast die ausschließliche Herrschaft der drei Häuser Oesterreich England und Spanien, welche durch Verwandtschaft so nahe mit einander verbunden waren und deren ganze Machtfülle einst auf Karl von Burgund übergehen zu müssen schien und eine Universalmonarchie, wie sie den großartigen Plänen Kaiser Maximilian's längst nahe gelegen hatte, sein mußte.

Es war ein Glück für Europa und für die Schweiz ins=

besondere, daß die Liga nicht in ihrem ganzen Umfang zu Stande
kam und auch in dem beschränkten Maaße, wie sie zur Aus=
führung gedieh, keinen Erfolg hatte. Zwar trat ihr der spa=
nische Gesandte für Ferdinand bei: allein er desavouirte ihn.
Denn schon vor Julius II. Tode hatte er unter dem Vorwande,
der Papst und Venedig hätten ihre durch die hl. Ligue ihm
gegenüber übernommenen Verpflichtungen nicht erfüllt, sondern
nur an ihre eigene Machtvergrößerung gedacht und bei der
Hartnäckigkeit der gegenseitigen Forderungen dieselbe aufgelöst,
in Wahrheit aber weil er überhaupt einem Kriege mit Ludwig
außerhalb seines Landes abgeneigt war und Navarra pacificiren
und zugleich vor Ludwig sichern wollte, vor Allem aber weil
ihm die Erfolge der Schweizer im Feldzuge des vorigen Jahrs
unangenehm waren und ihre große Macht in Italien und ihre
nahe Verbindung mit dem Papste in ihm Besorgnisse für Neapel
weckten und er zugleich ihren Verhandlungen mit Ludwig miß=
traute, wie 1497 und 1503 mit Ludwig einen einjährigen
Waffenstillstand mit Ausschluß Italiens geschlossen, welcher frei=
lich erst am 1. April publicirt wurde und in welchem auch
Maximilian und Heinrich, Schottland und Geldern inbegriffen
waren, während ihm gerade zu derselben Zeit Heinrich neue
Versprechungen machte und zur Eröffnung des Kriegs bereit
war. [68]

Auch der Papst trat der Liga nicht bei, weil er die Gefahr,
die in der Vernichtung der Macht Frankreichs und in der He=
gemonie der drei Häuser für die Kirche lag, erkennen mochte.
Doch lehnte er die Bitte Ludwigs, welchem vor Allem an einer
Versöhnung mit dem Papste gelegen war, ihn an der Wieder=
gewinnung seines Herzogthums nicht zu hindern, wofür er ihm
versprach im Falle des Siegs nicht über Mailand hinaus vor=
zudringen und zu jeder Zeit auf sein Verlangen Frieden zu
schließen, ab, hielt ihn mit allgemeinen Versicherungen hin und
bat ihn seinen Plan fallen zu lassen. [69] Er war entschlossen
die nationale Politik seines Vorgängers fortzusetzen, doch mit
andern Mitteln als dieser: er gedachte vor Allem die nationalen

Kräfte Italiens zu einigen und durch sie und mit Hilfe der
Schweizer Italien gegen fremde Angriffe zu schützen und begann seine politische Thätigkeit mit einem Schritte, welchen er
im Verlaufe derselben öfters wiederholte: er bot Venedig, von
dessen Allianz mit Ludwig er noch keine sichere Kunde hatte,
einen Bund mit sich, Mailand, Florenz und den Eidgenossen
an.[70] Allein am 18. April theilte ihm der Gesandte der Republik die venetianisch-französische Allianz mit und jetzt setzte Leo
seine ganze Hoffnung auf die Eidgenossen. Er sandte den
Bischof von Veroli zu ihnen, bat um treues Verhalten beim
Bunde mit der Kirche und erklärte sich, um sie noch mehr an
sich zu fesseln, auch zur Bezahlung der vom Reiszug gegen
Ferrara herrührenden, von Julius II. nie anerkannten Ansprachen bereit, wofür er ihnen 25,000 Rh. Fl. anbot. Sie nahmen das Anerbieten an und versprachen den mit Julius geschlossenen Bund auf die bestimmten Jahre treu und unverändert
zu halten.[71]

Waren die Eidgenossen also durch ihren Bund mit dem
Papste, der die Basis für den Feldzug des vorigen Jahrs gewesen war, zur Vertheidigung der Kirche, durch den mit Sforza
zur Vertheidigung Mailands verpflichtet und bereit, Ludwig in
Italien zu bekämpfen, wenn er eine Unternehmung wider Mailand versuchen würde, so versuchte jetzt Maximilian sie auch
für einen Angriff auf Frankreich selbst zu gewinnen und dadurch das Project, welches die Liga von Mecheln enthielt, zu
erweitern: er machte ihnen den Vorschlag entweder ihm 6000
Söldner zu einem Zuge gegen Geldern zu bewilligen oder
aber selbst einen Heerzug wider Ludwig in die Dauphinée oder
Burgund zu unternehmen, für welchen er 16,000 Gulden und
einen reisigen Zeug und Geschütz anbot und auch Heinrich zur
Unterstützung zu bestimmen und in eigener Person mitzuziehen
versprach.[72] Allein die Eidgenossen lehnten diese Forderung
ab; denn sie drückten nähere Sorgen: Ludwig rüstete sich zur
Zurückeroberung Mailands.

Drittes Kapitel.

Ludwig XII. zögerte, nachdem er durch seinen Bund mit Venedig sich zu neuen Unternehmungen gekräftigt und zugleich durch seinen Waffenstillstand mit Ferdinand die Gefahr beseitigt hatte, von Spanien aus im eigenen Lande angegriffen zu werden, nicht, seinen Plan wider Mailand auszuführen, wozu ihn vor Allem die Rücksicht auf den bevorstehenden Krieg mit Heinrich, da er seine Unternehmung in Italien vollenden wollte, bevor jener seinen Angriff beginnen könnte, die Furcht durch lange Zögerung auch die Schlösser von Mailand und Cremona und die Lanterna von Genua zu verlieren und die Mahnungen der Venetianer bestimmten. Umsonst stellten ihm seine Räthe vor, daß er durch diese Expedition die Ruhe und Sicherheit seines Landes gefährde: Die Vorliebe für einen Staat, auf welchen er nicht nur aus Gründen des Erbrechts Anspruch, sondern den er auch schon zweimal erobert und zwölf Jahre in ruhigem Besitz gehalten hatte, ließ ihn die Gefahr übersehen, in welche der Wegzug seines Heeres Frankreich versetzte.[1]

Und in Italien waren die Verhältnisse für ihn in der That günstig. Mailand sehnte sich nach der Rückkehr der Franzosen und die anfängliche Freude über die Befreiung von der Fremdherrschaft hatte sich in die entschiedenste Abneigung gegen die jetzige Herrschaft verwandelt. Weder die Hoffnung in Zukunft einen von Außen unabhängigen Staat bilden zu können, noch die Erwartungen von Massimiliano's persönlichem Auftreten hatten sich erfüllt. Wohl war er dem Namen nach sou-

verän; aber sein Land befand sich in einer schimpflichern Ab=
hängigkeit als unter der französischen Herrschaft; es war zu
gleicher Zeit drei Herren unterthan, den Schweizern, welche
sich seine Befreiung und den Schutz, zu welchem sie verpflichtet
waren, mit schwerem Gelde bezahlen ließen, dem Kaiser, welcher
thatsächlich durch seine Commissäre das Land beherrschte und
nicht weniger forderte und Ferdinand, dessen Heer im Herzog=
thum lagerte und durch seine Erpressungen den allgemeinen
Unwillen wachrief. Sforza aber fehlte es an Kraft und Muth
selbstständig die Regierung zu führen oder wenigstens sich ent=
schieden an einen seiner Protectoren anzuschließen. Seine Herr=
schaft beruhte auf dem guten Willen der Schweizer, deren neu=
liche Berathungen mit den Franzosen, so günstig sie auch für
ihn sein mochten, doch gezeigt hatten, wie schwach ihre Grund=
lagen waren. Auch die Hoffnung den alten Gebietsumfang
des Staates wieder hergestellt zu sehen, hatte sich nicht ver=
wirklicht: Die Graubündner behielten Veltlin und Cläven, der
Papst Parma und Piacenza, obschon Sforza sie wiederholt zu=
rückforderte. Brescia und Verona befanden sich in kaiserlichen
Händen, Bergamo und Crema waren im Besitz der Venetianer
und immer noch waren die Schlösser zu Mailand und Cremona
von den Franzosen besetzt. Zwar hatte der spanische Vicekönig
während der Sedisvacanz Parma und Piacenza dem Herzog=
thum einverleibt[2]; aber schon machte Leo seine Ansprüche auf
sie geltend und es schien nicht, daß Sforza sie ihm gegenüber
werde behaupten können. Dieser selbst war seiner Stellung
keineswegs gewachsen und am wenigsten zu einer Zeit, wo die
Fortdauer seines Regiments für die Diplomatie stets noch eine
offene Frage war und zugleich von Frankreich her sich eine
neue Gefahr wider ihn erhob. Die Unwürdigkeit seines Be=
nehmens, seine Verschwendung und Vergnügungssucht, seine
Gleichgültigkeit gegen die Regierungsgeschäfte raubten ihm die
Achtung und die Liebe seiner Unterthanen und die schlechte
Verwaltung, insonderheit der Justiz, die Einführung neuer drü=
ckender Steuern, welche unter der französischen Herrschaft

unbekannt, jetzt nöthig waren, um die Geldforderungen der Schweizer, des Kaisers und Ferdinands zu befriedigen, erregten die
allgemeine Mißstimmung. Schon bald nach seiner Einsetzung
hatte sich die französische Partei wieder geregt; sie vergrößerte
sich täglich und Trivulzio war auch in der Schweiz und in
Frankreich nicht unthätig: er blieb mit den Häuptern derselben
in Verbindung und wandte Alles an, um die herrschende Mißstimmung zu nähren. [3]

Schon im März hatte Ludwig, als er noch mit den Schweizern in Unterhandlungen stand, in der Dauphinée und in
Burgund ein Heer gesammelt, über welches er den Oberbefehl,
den Karl von Bourbon abgelehnt hatte, Louis de la Tremouille
übertrug, welchem er Trivulzio und Robert de la Mark, Souverän
von Sédan beigesellte. [4] Es zählte 1200 Lanzen, 4—5000
Mann französischer Infanterie und 6000 Landsknechte, [5] welche
Ludwig dem Befehl des Kaisers zum Trotz mitten durch
das Reich zum Theil aus Böhmen und Schwaben, zum Theil
aus Niederdeutschland zuzogen und führte eine vortreffliche
Artillerie mit sich. Es näherte sich um die Mitte des April
den Gebirgen, welche Frankreich von Italien trennen; ein zwei-
tes Corps von 5000 Landsknechten, welche unter Tavannes
und Brandeck aus Guyenne herbeieilten, sollte sich mit ihm
vereinigen.

Sforza war auf die Hilfe des Papstes, der Schweizer und
des spanischen Vicekönigs angewiesen. Jenen gewann er durch
die Restitution Parma's und Piacenza's und durch seinen Beitritt zum Concil vom Lateran. [6] Am 4. April verlangte sein
Gesandter in der Schweiz, nachdem er schon während des Winters wiederholt auf Ludwig's Rüstungen aufmerksam gemacht
hatte, von der Tagsatzung 3000 Mann Hilfstruppen. Sie ermahnte ihn, aufrecht und beständig bei ihr zu verharren und
seiner Pflicht nachzukommen und beschloß am 20. April aus
Besorgniß, die verlangte Hilfe möchte zu gering sein, 4000 Mann
in die Lombardei zu schicken, welche um den 4. Mai nach Bellenz vorrücken sollten, um sich dort zu sammeln und nach

Bezahlung eines Monatssoldes dem Herzog zuzuziehen. [7] Auch auf den Vicekönig hoffte er, welcher mit einem Theil seiner Truppen an der Trebbia stand, während ein Anderer unter dem Markgrafen von Pescara in Alessandria und Tortona lag. Allein er war unentschlossen, indem er bald Hilfe zu leisten und neue Truppen anzuwerben versprach, bald aus Furcht vor der französischen Uebermacht, wegen Mangels an Geld und weil er von Ferdinand einen Rückzugsbefehl hatte, nach Neapel zurückkehren zu wollen erklärte und sein Heer, welches 1200 Hommes d'armes und 8000 Mann Infanterie zählte, an der Trebbia sammelte, während zu gleicher Zeit der spanische Gesandte dem Papste die Versicherung gab, Ferdinand werde, sobald er den Krieg beginne, Ludwig in Frankreich angreifen, was er thun dürfe, ohne den Waffenstillstand mit jenem zu brechen. [8] Der Kaiser versprach ebenfalls Hilfe zu schicken und zu gleicher Zeit einen Angriff auf Burgund zu unternehmen. Die Absicht war, das schweizerische, das spanische und das päpstliche Heer zu vereinigen und den Franzosen den Uebergang über die Pässe streitig zu machen. Allein sie wurde dadurch vereitelt, daß Cardona jetzt plötzlich sich für den Rückzug nach Neapel entschied. [9]

Schon befand sich das ganze Herzogthum in Bewegung: Ueberall regten sich die Guelfen. In Mailand fand schon bei der ersten Kunde von der Ungeneigtheit des Vicekönigs eine Erhebung zu Gunsten der Franzosen statt. Sacromoro Visconti, der die Aufgabe hatte, das Schloß zu Mailand zu belagern, verließ die Fahne des Herzogs, verproviantirte dasselbe und zog dann während der Herzog nach Novarra floh, mit einer Schaar mailändischer Reiter dem französischen Heere entgegen. Dieses hatte inzwischen die savoiischen Gebirge überschritten und befand sich in Asti, während eine Vorhut unter Camillo Trivulzio, dem Sohne des Marschalls und Fleuranges am 12. Mai Alessandria in Besitz nahm. Jetzt änderte Cardona seinen frühern Entschluß wieder: Die Drohung des Kaisers, mit Heinrich und den Schweizern eine besondere Liga zu schließen und sich mit Ludwig zu versöhnen, die Ermahnungen des Papstes, welcher durch Sforza's Gesandten Girolamo Morone und Schinner ganz für Sforza gesinnt jetzt thätiger eingriff, dem Heere Gelder schickte, seine Truppen mit demselben zu vereinigen versprach und Morone mit Geld in die Schweiz schickte[10] und neue Hilfstruppen begehrte, endlich die Kunde vom Heranrücken des schweizerischen Heers, vielleicht auch ein Befehl Ferdinands selbst hatten ihn umgestimmt. Er sandte Sforza, der am 13. Mai gegen Alessandria vorrückte, in der Hoffnung dasselbe noch vor der französischen Occupation besetzen zu können und den Schweizern, welche um den 14. sich in Novarra sammelten, wo sie vom Grafen von Arona gemustert wurden, 500 Reisige und 1500 Mann Infanterie unter Prosper Colonna entgegen, welcher sie bei Tortona traf und sie aufforderte, sich mit Cardona an der Trebbia zu vereinigen. Stolz und trotzig lehnten die Schweizer dies ab[11] und stießen vielmehr bei Sala in der Nähe von Alessandria zu Sforza und beschlossen nun die Franzosen aus Alessandria und Asti wieder zu verdrängen. Auch der Vicekönig machte jetzt Miene vorzurücken; er gedachte sich mit den päpstlichen Truppen zu Cremona und dann mit den Schweizern bei Sala zu vereinigen.[12]

Bald nach dem Einmarsch der Franzosen in die Lombardei war auch das venetianische Heer, welches 1200 Reisige, 500 leichte Reiter und 8000 Mann Infanterie zählte und bei welchem auch Theodor Trivulzio stand, während Andrea Gritti das französische Heer begleitete, unter dem Commando Alviano's, welcher sich über die Niederlage bei Agnadel vor dem Senat gerechtfertigt und am 15. Mai, gerade am Jahrestag derselben zum Oberfeldherrn ernannt worden war, vorgerückt und belagerte Verona, freilich ohne Erfolg, weil es von kaiserlichen Truppen entsetzt wurde; wider den Willen des Senats, der es für gefährlich hielt, vor größern Erfolgen des französischen Heers den Mincio zu überschreiten und die Belagerung Brescia's und Verona's lieber gesehen hätte, drang er dann über die Etsch vor, nahm Peschiera, Valleggio, Martinengo, Pizzighetone, und in der Folge (31. Mai) durch Renzo be Ceri auch Brescia und lagerte sich um den 24. Mai in der Nähe von Cremona, das schon vorher die französischen Fahnen aufgepflanzt hatte, bei Cava, um dem spanischen und dem päpstlichen Heer den Uebergang über den Po und die Vereinigung mit den Schweizern unmöglich zu machen. Auch Soncino, Lodi und die ganze Ghiarra d'Abba gingen jetzt zu den Franzosen über, während zu gleicher Zeit die Besatzung von Verona das Gebiet der Republik verwüstete. [13]

Bald verlor auch Genua seine Selbstständigkeit wieder: Dort landete eine französische Flotte mit einem Heere unter dem Bastard von Savoyen; die Stadt, durch innere Parteiungen, die Fregosi auf der einen, die Aburni und Fieschi auf der andern Seite, zerrissen, leistete keinen Widerstand. Gian Fregoso, der noch kein Jahr die Würde des Dogen bekleidete, floh und an seine Stelle ward am 25. Mai Antoniotto Aburno von der französischen Partei gewählt. [14]

So befand sich bereits der größte Theil des Herzogthums in den Händen der Franzosen, ohne daß eine Entscheidung durch die Waffen erfolgte. Alviano stand bei Cremona, Cardona bei Piacenza, jeder bestrebt, dem andern die Verbindung mit dem befreundeten Heere unmöglich zu machen, La Tremouille in Alessandria. Die Eidgenossen lagen in dessen Nähe bei Sala und erwarteten die Ankunft Cardona's, um mit ihm vereint jenen wieder zu verdrängen. Allein unerwartet zog er jetzt, weil die päpstlichen Truppen nicht heranrückten und auch keine Gelder vom Papste eintrafen, im Einverständniß mit den Franzosen auf dem Wege nach Neapel zurück. Auf diese Kunde brach sofort, am 28. Mai, in Mailand, wohin Trivulzio schon einige Tage zuvor die Aufforderung zur Uebergabe hatte ergehen lassen, nachdem das Vorrücken des eidgenössischen Heeres und der veränderte Entschluß des Vicekönigs die frühere Erhebung wieder beschwichtigt hatten, offene Empörung aus: Die Stadt ging mit Jubel zu den Franzosen über und schickte eine Gesandtschaft an Sforza, um sich wegen dieses Schrittes zu entschuldigen. Mit Mühe entrann der kaiserliche Commissär den Aufrührern. Bald traf eine französische Besatzung ein. Dem Beispiel der Hauptstadt folgten die übrigen Städte des Landes, wozu auch das von den Franzosen ausgestreute Gerücht, daß auch ihnen Schweizer zu Hilfe kämen, beitragen mochte. [15] Como und Novarra allein blieben dem Herzog treu. Zwar rückte der Vicekönig auf die Ermahnungen des Papstes jetzt wieder an den Po vor und lagerte sich bei Piacenza, von wo er neuerdings den Schweizern Vorschläge zu einer Vereinigung machte. Allein sie gingen nach so vielen Beweisen von Treulosigkeit nicht auf dieselben ein, sondern zogen, da sie allein nicht stark genug waren, den Franzosen und den Venetianern zugleich zu widerstehen, auf die Mahnung des Herzogs und um leichter mit den Ihrigen sich vereinigen zu können, über den Po nach Vigevano und von da am 30. Mai nach Novarra. [16] La Tremouille ließ in Alessandria eine Besatzung zurück und folgte wider den Rath Trivulzio's und Gritti's, zuerst die Spanier zurückzudrängen und dann mit den Venetianern vereinigt die Eidgenossen zu bekämpfen, diesen nach Novarra, um sich dort mit dem zweiten Corps zu verbinden und dann um so eher die Stadt einnehmen zu können. [17]

Auch für die Schweizer war Hilfe im Anzug: am 17. Mai hatte die Tagsatzung zu Zürich auf die Kunde von dem Einzug und der Macht des französischen Heeres die Zusendung von 8000 neuen Knechten beschlossen, zu welchen der Kaiser 1000 Pferde und seine Artillerie stellen und monatlich 16,000 Gulden bezahlen sollte, welch' Letzteres er bewilligte. Am 25. Mai brachen sie auf: am 30. verlangte Morone zu Zürich fernere 4—5000 Krieger, indem der Papst 8000, der Vicekönig 3000, die Uebrigen Sforza besolden wolle. Am 6. Juni beschloß die Tagsatzung zu Baden einen neuen Auszug von 6000 Mann und zugleich einen Einfall in die Dauphinée, welche beide jedoch in der Folge, nachdem inzwischen die Kunde von der Entscheidung zu Novarra eingetroffen war, unterblieben. Das zweite Corps rückte auf drei verschiedenen Wegen in die Combarbei ein: Luzern und die Urkantone zogen über den Gotthard und vereinigten sich in Arona, wo bald auch Zug und einige Zugewandte eintrafen. Bern, Freiburg, Solothurn und Biel, Basel und Wallis kamen über den Simplon und verbanden sich mit jenen zwischen Arona und Novarra. Hier warteten sie zwei Tage auf die Ankunft der östlichen Orte, welche über den Vogel heranrückten. [18]

Am 3. Juni langte nach einem viertägigen Marsche das französische Heer vor Novarra an. Durch ihre bisherigen raschen Erfolge und das furchtsame Benehmen Cardona's übermüthig gemacht, hofften die französischen Feldherrn leicht über ihre Feinde Herr werden zu können. Muth verlieh ihnen besonders, daß sie an der nämlichen Stelle den nämlichen Feinden gegenüberstanden, wie vor dreizehn Jahren, dieselben französischen Feldherrn den Hauptleuten der schweizerischen Orte. Damals waren sie siegreich und Ludovico Moro ward ihr Gefangener. Aber dieselbe Erwägung drängte sich auch Massimiliano auf, dessen einziger Verlaß, da die Spanier ihn so schimpflich verlassen und auch der Papst seine Truppen nicht geschickt hatte, auf die Schweizer war, welche ihm Treue schworen und ihm versprachen ihm seinen Staat zu behaupten oder mit ihm zu sterben und welche er durch neue Geldversprechungen jetzt noch mehr an sich zu binden suchte. Stolz schrieb La Tremouille dem Könige, er werde am nämlichen Orte den Sohn zum Gefangenen machen wo den Vater. Trivulzio schrieb in ähnlichem Sinne an seine Freunde in Mailand und rühmte sich schon „die Schweizer zu haben, wie man geschmolzenes Blei in einem Löffel habe.“ Und darauf mochten sie um so eher vertrauen, als die Feinde wenig zahlreich und nicht mit dem Nöthigen ausgerüstet, ja selbst französische Umtriebe bei ihnen thätig waren. [19]

Am 4. Juni begannen die Franzosen, deren vortreffliches Geschütz Lafayette leitete, die Beschießung und führten sie vom frühen Morgen bis Nachmittags mit solcher Kraft fort, daß sie eine Bresche von zwanzig Klaftern in die Mauer schoßen und sie auch an andern Stellen durchbrachen. Die Eidgenossen, von denen Einige Novarra verlassen und sich nach Arona zurückziehen wollten, was aber am Widerstand der Mehrzahl scheiterte, hielten von dem wackern Konrad Engelhard von Zürich befehligt, den Angriff tapfer aus und brachten zugleich mit ihrem Geschütze, das sie im vorigen Jahre von ihnen gewonnen hatten, den Feinden großen Schaden bei. Die Landsknechte erneuerten mit ihnen in bittern Worten ihren alten Groll. Die Eidgenossen wiesen ihren Hohn mit der Aufforderung zum Sturme zurück; an die feindlichen Führer sandten sie einen Herold mit der Aufforderung dem unnützen Pulververbrauch ein Ende zu machen und boten ihnen die Schlacht an. Tag und Nacht ließen sie die Thore offen, stellten die niedergeschossenen Mauern wieder her und lehnten alle Anerbietungen der italienischen Hauptleute durch ihre Soldaten Befestigungen aufführen zu lassen mit Spott ab. Den Feinden zum Hohn verdeckten sie die offenen Thore und Mauerlücken mit Betttüchern. Hin und wieder machten sie auch Ausfälle auf die Feinde, bei deren einem sie ein Geschütz eroberten. Die Aufforderung des Trivulzio sich zu ergeben und die nicht undeutliche Ermahnung, Sforza auszuliefern, wiesen sie mit Entrüstung zurück. [20]

Die Franzosen unternahmen keinen Sturm, theils aus Furcht vor zu großem Verlust, theils weil sie Kunde vom Herannahen des schweizerischen Hilfscorps hatten. Im Kriegsrath drang, während La Mark und La Tremouille dieses im offenen Felde angreifen wollten, die Ansicht Trivulzio's durch, welcher es für besser hielt, dem Ungestüm der Schweizer Langsamkeit entgegenzusetzen, ihnen die Zufuhr abzuschneiden und eine Schlacht zu verweigern, um sie dadurch zur Uebergabe zu zwingen. La Tremouille hob am 5. Juni Mittags die Belagerung auf und zog sich, um nicht beim Heranrücken des schweizerischen Hilfscorps zwischen zwei Feuer zu kommen, nach Trecate einem zwei italienische Meilen von Novarra gelegenen Städtchen zurück, wobei er von dem schweizerischen Geschütze schweren Schaden erlitt, während bis gegen Nacht ein Corps zurückblieb, um zu beobachten, ob die Schweizer herausbrechen wollten. Doch lagerte sich das Heer nach dem Willen Trivulzio's, der hier große Besitzungen hatte und das Städtchen schonen wollte, nicht in Trecate selbst, sondern auf freiem Felde in einem Terrain, das weder für die französische Reiterei zur Vertheidigung noch für die Eidgenossen zum Angriff, aber zum Lagern günstig war. Von Novarra bis zum französischen Lager erstreckte sich längs eines Canals, Mora genannt, welchen Ludovico Moro aus der Sesia abgeleitet hatte und der sich selbst wieder in eine Menge Arme und Gräben theilte, welche von Gebüsch bekränzt waren, in einer weiten Ebene ein Gehölz, welches den Schweizern bei einem Angriff Schutz gewähren konnte. Hier gedachten sie fest überzeugt, diese würden auf sie in dieser guten Verschanzung keinen Angriff unternehmen, die 5000 Landsknechte zu erwarten, die aus Guyenne heranrückten.[21]

Die Schweizer erwarteten sehnlich die Ankunft ihrer Bundesbrüder: nachdem diese zwei Tage vergeblich auf die östlichen Schweizer gewartet hatten, rückten sie gegen Novarra vor und gaben ihren Eidgenossen durch das Anzünden eines Hauses ihre Ankunft zu erkennen. Unbemerkt langten sie Abends 10 Uhr in Novarra an, wo sie mit Jubel empfangen wurden. Die Hauptleute versammelten sich zur Berathung. Viele wollten erst die Ankunft der östlichen Orte abwarten, da die Feinde sowohl an Zahl als auch besonders durch die Cavallerie und das Geschütz ihnen überlegen waren. Allein die Kenntniß, daß auch diese Verstärkung erwarteten und die feurigen Worte Graf's von Zürich und Jakob Mutti's von Uri bestimmten die Führer zum Angriff, welcher indeß wegen der Ermüdung der Neuangekommenen schließlich erst auf den Morgen festgesetzt wurde und welchem eine Vorbedeutung einen günstigen Ausgang zu verheißen schien. Die Nacht wurde voll Freude und Lustbarkeit zugebracht: ein Trinkgelage und ein wilder Kriegstanz erhitzten noch die kampfbegierigen Gemüther; erst gegen Morgen hörte der Lärm auf. Die Feinde waren getäuscht; sie glaubten nicht an die Möglichkeit eines Angriffs.[22]

Frühmorgens am 6. Juni zogen die Eidgenossen mit dem
Herzog und einer kleinen Schaar mailändischer Reiter voll
Kampfeslust ohne Geschrei, aber ordnungslos „wie die hitzigen
Bienen" durch die Thore und die Mauerlücken der Stadt, im
Ganzen etwa 10,000 Mann stark.[23] Voran eilten die freien
Knechte, welche durch das Gehölz geborgen bis an die feind=
lichen Vorposten vordrangen und dieselben überrumpelten. Dieser
Umstand begünstigte die Franzosen. Sie waren sorglos und
nicht auf den Kampf vorbereitet; sie hatten auch den künstlichen
Park Robert de la Mark's noch nicht aufgestellt. Doch bald
gerieth das Lager in Bewegung. Kaum war der erste Schreck
vorbei, als Trivulzio und La Tremouille auch schon ihr Heer,
welches 1100 Lanzen und 11,000 Mann Infanterie zählte[24]
in Schlachtordnung stellten und das Geschütz gegen die heran=
rückenden Feinde abbrennen ließen. La Tremouille übernahm
das Commando des rechten, La Mark des linken Flügels, Tri=
vulzio des Centrums. Dadurch sahen sich die Eidgenossen in
ihrer Hoffnung, die Franzosen in ihrem Lager überfallen und
mit ihnen fertig werden zu können, ehe sie sich dessen recht
versehen könnten, enttäuscht und hatten statt eines überraschten
und ordnungslosen ein überlegenes und kunstmäßig geordnetes
Heer vor sich. Eben stieg die Sonne auf: ihre ersten Strah=
len glänzten in den Rüstungen der feindlichen Ritter wieder:
es schien ihnen wie ein Berg von lauter blankem Stahl. Sie
theilten ihr Heer in drei Haufen; der eine sollte das feindliche
Centrum angreifen, während zwei Seitencorps den Auftrag
hatten, den Feinden in die Seiten und in den Rücken zu fallen.
Darauf warfen sie sich zur Erde und verrichteten ihr Gebet.
Hans Keller von Bülach, gemeiner Spieße Hauptmann, er=
mahnte die Krieger, sie sollten den Helden der Vorzeit gleich
streiten, dem Vaterlande Ehre bringen, erlittenen Schimpf rä=
chen und die züchtigen, die als Feinde der Kirche und Verüber
der Ungerechtigkeit abermals nach Italien gekommen seien, um
den mit den Eidgenossen verbündeten Herzog um sein vä=
terliches Erbe zu bringen, die Siegestrophäen der Schweizer

niederzustürzen und Verwirrung und Verderben über Italien zu bringen.

Zuerst kam das eine Seitencorps der Eidgenossen, bei welchem die Hauptleute von Schwyz, Basel, Unterwalden, Jakob Mutti von Uri, Nikolaus Konrad von Solothurn und der Herzog mit seinen Reitern standen und welches acht Geschütze bei sich hatte, in's Gefecht: um der feindlichen Artillerie zu entgehen, wandte es sich in einem weiten Bogen nach rechts jenseits der Mora und wollte von hier aus den Feinden in den Rücken fallen. Allein diese dies bemerkend, richteten sofort einen Theil ihres Geschützes wider dasselbe und zugleich drangen die auf dem linken Flügel aufgestellten leichten Reiter auf beiden Seiten der Mora vor und suchten ihm den Uebergang über dieselbe streitig zu machen. Dadurch erlitten die Eidgenossen schweren Verlust: sie büßten drei Geschütze ein und viele Knechte, mit ihnen der Herzog flohen nach Mailand zurück. Doch gelang es ihnen endlich die leichten Reiter zu werfen. Mittlerweile hatte sich der Gewalthaufe auf einem weitern Wege, so daß er von der feindlichen Artillerie weniger mitgenommen wurde, auf der Seite gegen Trecate hin gegen den rechten Flügel der Feinde gewandt und griff die Landsknechte, die hinter einem Graben standen, auf beiden Seiten von Reisigen umgeben, an, in der richtigen Ansicht, der Sieg sei für sie entschieden, wenn sie nur erst jene, die Hauptstärke des feindlichen Heers, durch einen Keil durchbrochen hätten. Allein La Tremouille erkannte ihre Absicht, richtete das Geschütz nach dieser Seite und ließ zugleich die Schwerbewaffneten vorrücken; zudem vereitelten die Gebüsche und die vollen Wassergräben einen raschen Erfolg und die Tapferkeit der Landsknechte wehrte einen Sturm nach dem andern ab. Allein furchtlos rückten die Eidgenossen vor; sie schaarten sich enger zusammen, warfen die Reiterei zurück, überschritten den Graben und kamen jetzt mit den Landsknechten in's Handgemenge. Hier begann ein furchtbarer Kampf; auf beiden Seiten derselbe Haß, dieselbe Rachgier. Jene dachten an Dornach und Pavia: sie wollten ihre frühern Niederlagen rächen und endlich einmal über ihre Gegner Herr werden. Die Eidgenossen reizte alter Haß und der Umstand, daß die Landsknechte gegen sie kämpften, obwohl doch der Kaiser mit ihnen verbündet war. Lange war hier der Kampf unentschieden: die Deutschen wehrten sich mit verzweifeltem Muthe, die Reisigen durchbrachen die schweizerische Schlachtordnung und das Geschütz lichtete ihre Reihen furchtbar. Vierhundert Schweizer wurden von ihrem Corps abgelöst; sie wandten sich gegen die schwarzen Banden des Fleuranges. Vor dem dichten Pulverdampfe konnten sich die Schaaren gar nicht mehr erkennen und die drei schweizerischen Schlachthaufen hatten keine Kunde von einander. Nicht mehr mit Streitäxten und Hellebarden, mit Dolchen und Beimessern wurde gefochten. Die schweizerischen Hauptleute erfüllten ihre Pflicht musterhaft. Jetzt traf bei den französischen Feldherrn die Kunde ein, daß im Rücken des Heers Alles in Auflösung begriffen sei und das Lager geplündert werde: es war der erste schweizerische Haufe, welcher durch Mutti's Tod nicht geschreckt über die Mora vorgedrungen war und die feindliche Reiterei zurückgedrängt hatte und jetzt das Heer vom Rücken angriff. Inzwischen war auch der dritte Haufe herangerückt und hatte sich dem Centrum der Feinde genähert; indem er die List gebrauchte, einige Krieger im Gehölz aufzustellen und so die Feinde, welche ihr Geschütz jetzt gegen diese richteten, täuschte, war er querein und lange unbemerkt vorgedrungen und der Pfeilregen der gascognischen Bogenschützen vermochte nicht ihn zurückzuhalten. Er gab den Ausschlag: Sein Anprall war so hart, daß die französische und baskische Infanterie sich sofort zur Flucht wandte; er benützte den entscheidenden Augenblick und nahm das Geschütz, das er jetzt gegen die Feinde selbst richtete. Jetzt hielt die Cavallerie nicht mehr Stand; sie sah die Landsknechte in schwerem Kampfe, das Lager geplündert, das Geschütz verloren. Umsonst waren die Ermahnungen der Führer: sie suchte ihr Heil in regelloser Flucht. So concentrirte sich die Schlacht auf dem rechten Flügel, wo die Landsknechte standen und wogte noch einige Zeit

hin und her mit öfterem Siegen und Unterliegen der beiden
Theile. Allein als sie von der Cavallerie keine Unterstützung
erhielten, als sie schon mehrere Fahnen verloren, das Geschütz
genommen, eine große Menge getödtet, Fleuranges einen ihrer
besten Führer gefallen sahen, hielten auch sie nicht mehr Stand.
Umsonst versuchten sie sich in der Folge wieder zu sammeln:
das Geschütz machte ihre Anstrengungen zu Nichte, indem es
ihre Reihen durchbrach und Alles ergab sich jetzt einer wirren
Flucht. Robert de la Mark rettete die Ehre der Ritter: als
schon Alles in Auflösung begriffen war, stürzte er sich mit
100 Lanzen mitten in die Feinde, um seine beiden Söhne Ja=
mets und Fleuranges zu suchen und der Sporn der Vaterliebe
ließ sie ihn finden, er brachte sie glücklich in Sicherheit.[25]

Der Kampf hatte zwei Stunden[26] gedauert. Die Sieger
verfolgten, weil sie keine Reiterei hatten und ermüdet waren,
die Feinde nicht weit; doch überließen sie sich auch nicht einer
ordnungslosen Plünderung, weil sie fürchteten, dieselben möchten
durch die List der Führer oder eigenes Ehrgefühl bestimmt zu=
rückkehren und den Kampf erneuern. Aber ihre Flucht war so
eilig und unaufhaltsam, daß alle Aufforderungen Trivulzio's
zum Stillestehen erfolglos waren. Sie hätten alle erschlagen
werden können, wenn die Eidgenossen nur zweihundert Reiter
gehabt hätten. So aber wurden jetzt auf ihrer ungeordneten
Flucht noch Viele von den Bauern getödtet, die es nach Beute
gelüstete. Die Sieger dankten auf dem Schlachtfelde Gott für
den errungenen Sieg und bestatteten dann ihre Gefallenen.
Sie zählten deren 1500[27] darunter Jakob Mutti von Uri und
Benedict von Weingarten von Bern; ebensoviele hatten sie
Verwundete. Von den Franzosen bedeckten 8000 die Wahl=
statt, unter ihnen Coriolan Trivulzio und Louis de Beaumont.[28]
Die Eidgenossen gewannen eine außerordentlich reiche Beute.
Fast alles Geschütz, Wagen, Pferde, Fahnen, Munition, viele
Kostbarkeiten und baares Geld und der künstliche Park des
Herrn von Sédan fielen in ihre Hände.[29] Voll Rührung stat=
tete ihnen der Herzog seinen Dank ab, die um den Preis ihres

Blutes ihm seine Herrschaft gerettet hatten. Am nämlichen
Tage kehrten sie nach Novarra zurück und bald verbreitete sich
die Kunde des Siegs. Viele zogen ihn in Anbetracht der
Großartigkeit des Vorhabens, der offenbaren Todesverachtung,
des stolzen Kampfesmuthes und des glücklichen Erfolgs allen
vor, von denen wir bei Griechen und Römern lesen. [30]

Noch an demselben Tage trafen einige der durch Graubünden gezogenen Schweizer beim Heere ein, die Hauptmacht
langte aber erst Tags darauf an. Anfangs hatte sie der Bischof von Como hingehalten, dann angeschwollene Gewässer
ihren Marsch verzögert, endlich falsche Nachrichten von einer
Niederlage sie erreicht, aber ihren Marsch nicht aufzuhalten
vermocht. Alle waren äußerst betrübt, daß sie nicht mit ihren
Brüdern am Kampfe hatten Theil nehmen können, vor Allen
Ulrich von Hohensax. [31]

Jetzt ergab sich den Eidgenossen das ganze Herzogthum
wieder: zuerst die Hauptstadt selbst, welche nachdem sie schon
bei der Kunde von der Entschlossenheit der Schweizer, Massimiliano zu retten, sich diesem wieder genähert hatte und jetzt
ihre Treulosigkeit mit einer großen Summe Geldes und dem
Tode einiger Häupter bezahlen mußte, dann alle übrigen Städte,
welchen die Schweizer ebenfalls Brandschatzungen auferlegten. [32]

Das französische Heer floh von jäher Furcht ergriffen un-
aufhaltsam nach Vercelli und dann nach Susa, wo das zweite
Corps zu ihm stieß. Allein wider den Rath Trivulzio's hielt
La Tremouille auch hier nicht Stand, sondern zog, weil Frank-
reich selbst von äußern Feinden gefährdet war, über den Mont-
Cenis. [33]

Die Eidgenossen dagegen, welche jetzt 16,000 Mann stark
waren, folgten, weil sie von der Vereinigung der beiden französischen Corps eine Rückkehr in die Lombardei fürchteten, den
Feinden und auch Cardona gedachte sich jetzt wieder mit ihnen
zu verbinden und trat in Verhandlungen mit ihnen, um sie
durch Geldanerbietungen zu bestimmen, jenen den Rückweg bei
Susa abzuschneiden und sie noch einmal anzugreifen; doch da

sie ihre eilige Flucht über die Gebirge vernahmen, so begnügten
sie sich, auch die im Westen des Herzogthums gelegenen Städte,
Tortona, Asti und Alessandria zurückzuerobern und von den
umliegenden Staaten, welche die Franzosen wider sie unterstützt
hatten, Geldsummen zu erpressen. Am 10. Juni zogen sie mit
dem erbeuteten Geschütz und spanischer Reiterei unter Prosper
Colonna vor Vercelli, dann nach Ivrea, wo eine französische
Besatzung mit schwerem Verlust entkam, vor San Germano,
das weil es Widerstand leistete, grausam mitgenommen wurde
und nach Asti, wo die ganze Bürgerschaft geflohen war, welche
gegen die Bezahlung von 100,000 Ducaten zurückkehren durfte
und geschont wurde. Der Herzog von Savoien mußte 50,000,
der Markgraf von Saluzzo 130,000 Kronen, der Markgraf
von Montferrat 100,000 Ducaten bezahlen, um die Rache der
Eidgenossen abzuwenden. Am 30. Juni zog das Heer von Asti
nach Alessandria. Mit Mühe konnte der Markgraf von Mont=
ferrat, in dessen Gebiet zwei eidgenössische Boten getödtet
wurden, Feindseligkeiten entgehen. [34]

Auch in Genua brachte der Sieg der Eidgenossen einen
Umschwung hervor: bald nach demselben hatten sich Ottaviano
und Giovanni Fregoso beim spanischen Vicekönig um die Do=
genwürde ihrer Vaterstadt beworben; mit Zustimmung des
Papstes gab er Ottaviano den Vorzug, der ihm dafür 80,000
Ducaten bezahlen mußte und schickte den Markgrafen von Pes=
cara mit 3000 Mann Infanterie nach Genua. Die Aburni
widerstanden nicht und Ottaviano ward am 17. Juni mit
großem Jubel des Volks zum Dogen gewählt. So hatte die
Stadt im Laufe eines Jahrs dreimal die Herrschaft gewechselt.
Die Eidgenossen freilich waren mit dieser Entscheidung durch
den Vicekönig, welcher ohne die Gefahren der Schlacht zu thei=
len doch an den Errungenschaften derselben participiren wollte,
keineswegs einverstanden und gaben den Anerbietungen der
Aburni geneigtes Gehör: doch unternahmen sie in der nächsten
Zeit wenigstens, wohl auf die Ermahnung Leo's nichts Feind=
seliges wider die Stadt. [35]

Gisi, Geschichte.   8

Weil von Frankreich jetzt für Mailand keine Gefahr mehr
drohte, weil die Mannszucht unter den Truppen sich zu lockern
begann und Nachrichten von unruhigen Bewegungen in der
Heimath eintrafen, ließ das eidgenössische Heer, welchem sich
der Herzog zur Zahlung von vier Sölden verpflichtete, im
Herzogthum eine Besatzung und kehrte um die Mitte des Juli
in die Heimath zurück. Von überall her erhielten die Eidgenossen nach solchen Erfolgen Beglückwünschungen: der Papst
und der Kaiser insbesondere säumten nicht, ihnen ihre Freude
über den glücklichen Ausgang eines Feldzugs zu bezeugen, in
welchem sie doch selbst ihre Verpflichtungen so schlecht erfüllt
hatten. Es ist ein schöner Vorzug der Schweizer, daß sie auch
in den Tagen des höchsten Ruhms und der größten Erfolge
nie schwindlig wurden und nie der realen Verhältnisse vergaßen; auch jetzt ließen sie sich weder blenden noch täuschen:
sie wußten, daß was sie erreicht hatten und was sie vermochten
ihr eigenes Werk war, das sie der Gnade Gottes und der
Stärke ihres Arms verdankten und daß eine Niederlage durch
die Franzosen trotz der Abneigung gegen diese allgemeine Freude
verursacht und vielleicht eine Coalition gegen sie selbst hervorgerufen haben würde. Sie bauten weder auf den Papst noch
auf den Kaiser, sondern auf ihre eigene Kraft und den vaterländischen Sinn der Einzelnen, welche allen Angriffen zuwider
ihnen die Freiheit erhalten hatten.[36]

Bei der Kunde von dem Sieg bei Novarra hatte sich
Alviano nach Pontevico zurückgezogen, Legnago genommen, dann
die Etsch überschritten und sich zu San Giovanni bei Verona
gelagert, ohne indeß diese wichtige Festung weder durch Verrath
noch durch Gewalt in seine Hände zu bekommen. Cardona
folgte ihm. Bergamo, Brescia und die Terra di Peschiera
ergaben sich ihm für den Kaiser. Zu San Martino vereinigte
er sich mit den kaiserlichen Truppen, eroberte Legnago wieder,
nahm auch die Polesine di Rovigo in Besitz und lagerte sich
dann zu Montagnana, während Alviano sich zurückzog. So
waren die Venetianer in der Terraferma jetzt fast allein auf

Padua und Treviso beschränkt, die sie sich aber um jeden Preis erhalten wollten. [37]

Nach solchen Erfolgen that nun Leo X. Schritte zur Versöhnung und zur Herstellung des kirchlichen und des weltlichen Friedens: damit gingen Hand in Hand seine nationale Politik und seine dynastischen Tendenzen.

Er näherte sich vor Allem Ludwig, wohl weil er am wirksamsten mit seiner Hilfe diese durchführen konnte, zugleich aber auch weil er durch die allgemeine Anerkennung des Lateranconcils der kirchlichen Spaltung ein Ende machen wollte und gab ihm die Versicherung, er habe die Eidgenossen bei ihrem Unternehmen wider ihn nicht unterstützt, sondern nur durch Bezahlung von Ansprachen sich alter Verbindlichkeiten gegen sie erledigt und er kenne keinen höheren Wunsch, als den der gemeinsame Vater aller Christen zu sein. Auch Ludwig sehnte sich nach der Aussöhnung mit der Kirche und mit dem Papste, nicht nur weil sein Volk und seine Gemahlin, die nach dem Tode des Cardinals d'Amboise einen beherrschenden Einfluß auf ihn gewonnen hatte, dies wünschten, sondern hauptsächlich weil er nur durch Vereinigung in kirchlichen Dingen auch in politischen den Papst zum Bundesgenossen zu haben hoffen konnte. Dafür bot er ihm für seinen Bruder Giuliano eine Verbindung mit seinem Hause an und sandte zugleich den Bischof von Marseille zu ihm, um sich über die Aufhebung der kirchlichen Spaltung zu berathen. Am 27. Juni setzte der Papst die schismatischen Cardinäle, welche auf die Kunde von Julius' Tode sofort nach Italien gekommen waren, um sich in Pisa zu einer Papstwahl zu vereinigen, aber zu Livorno aufgehalten und in ehrenvoller Gefangenschaft gehalten worden waren, da sie jetzt alle Acte des Lateranconcils anerkannten, in ihre Würden wieder ein und gab ihnen die Freiheit, aber einstweilen ihre Pfründen nicht zurück. Dem gallicanischen Klerus gestattete er bis zum December die Unterwerfung unter das Concil. [38]

Auf der andern Seite aber näherte sich Leo auch Venedig

und suchte eine Aussöhnung desselben mit dem Kaiser zu Stande
zu bringen, was ihm um so eher möglich schien, als dieser eine
Unternehmung wider Burgund betrieb und jenes zur Wiedergewinnung seiner Besitzungen nicht auf französische Hilfe hoffen
konnte und zu erschöpft war, um allein den Krieg fortzuführen.
Allein da der Senat hartnäckig Vincenza und Verona verlangte,
scheiterte der Versuch und Leo selbst wandte sich von Venedig
ab und schickte dem Kaiser Hilfstruppen wider dasselbe. [39]

Auch bei den Eidgenossen waren die Verhältnisse für die
Friedensbestrebungen des Papstes nicht günstig. ·

Viertes Kapitel.

Die Unternehmung der Schweizer wider Frankreich.

Der glückliche Erfolg des Feldzugs nach Italien hatte den Ruhm und die Macht der Eidgenossen auf's Neue erhöht; allein eben jetzt schien innere Zwietracht dieselbe zu Nichte zu machen.

Schon längst hatte sich unter dem Landvolke eine allgemeine Mißstimmung geltend gemacht, welche ihren Grund theils im Mangel an Arbeitskräften für die ländlichen Beschäftigungen theils in der richtigen Einsicht hatte, daß die Feldzüge in fremdem Solde und Lande der Schweiz keinen wahren Gewinn brachten, da das Gold, welches die fremden Herrscher in ihr verausgabten, größtentheils nur den Herren in den Städten zu Gute kam, welche dann über das Schicksal der Krieger entschieden; damit war ein allgemeines Sehnen nach größerer Freiheit, nach Aufhebung der Leibeigenschaft und vieler bäuerlicher Lasten, überhaupt eine Reaction gegen den Druck von Oben und das Verlangen nach Theilnahme an der obersten Leitung der Angelegenheiten verbunden.

Die Werbungen der französischen Gesandten im März und die Unternehmung Hetzel's hatten die feindselige Stimmung gegen die französischen Pensionärs und die Abneigung gegen den fremden Kriegsdienst überhaupt genährt, die verfrühte Kunde einer Niederlage bei Novarra brachte die Mißstimmung zum Ausbruch: in den aristokratischen Kantonen Bern, Luzern, Solothurn entstanden unruhige Auftritte unter dem Landvolk. Die Bewegung hatte zwar keine feste Organisation, dagegen bestand eine Verbindung zwischen den verschiedenen Gegenden und ihre Gewalt beruhte in der Hartnäckigkeit der Forderungen und in den Ausschreitungen, von denen sie begleitet waren; sie führte besonders im Kanton Bern zu Gewaltthätigkeiten gegen einzelne Mitglieder des städtischen Regiments, vornehmlich gegen solche, die der Verbindung mit fremden Herrschern verdächtig waren und konnte durch die Bestrafung einiger besonders Compromittirter, sowie durch theilweise Abhilfe der Beschwerden nur einstweilen beruhigt, nicht dauernd unterdrückt werden. [1]

Der allgemeine Haß gegen Frankreich mußte zu einer neuen Unternehmung führen, welche zugleich, wie Bern schon früh erkannte, wenn sie von der Obrigkeit ausging das beste Mittel war, um den Zorn des Landmanns zu beruhigen. Und dazu schienen auch die Verhältnisse günstig: Die eidgenössischen Waffen hatten sich auf's Neue ausgezeichnet; ein großer Theil der französischen Heeresmacht war vernichtet; im Burgund selbst entstanden unruhige Bewegungen. Zugleich war auch die Coalition zwischen Heinrich und Maximilian in Wirksamkeit getreten und das französische Heer im Norden beschäftigt. So schien denn die Gelegenheit passend, von Frankreich einen vortheilhaften Frieden zu erzwingen, welchen die Einsichtsvollern schon längst in richtiger Erkenntniß der Nachtheile, welche dem Vaterlande durch die auswärtigen Kriege und die stäte Abwesenheit der kräftigen Jugend erwachsen mußten, für das Beste gehalten hatten.

Heinrich und Maximilian hatten sofort nach dem Abschluß der Liga von Mecheln ihre Rüstungen begonnen: Heinrich unterstützte den Kaiser durch Subsidiengelder; dieser hatte auch von den Reichsfürsten Gelder erhalten; er bot den Adel in der Grafschaft Burgund auf, nahm deutsche Reiter und Herzog Ulrich von Württemberg in Sold; durch Margarethe ließ er, obwohl sie 1512 für Karl mit Ludwig einen Neutralitätsvertrag auf drei Jahre geschlossen hatte, in den Niederlanden werben und Schiffe zur Ueberfahrt des englischen Heeres rüsten. Auch Ludwig hatte seine Rüstungen getroffen, allein weil ein Theil seiner Truppen in Italien beschäftigt war und sein Waffenstillstand mit Ferdinand ihn über die Gefahr eines Angriffs von Spanien aus beruhigte, nicht mit demjenigen Eifer, welchen die Größe der gegnerischen Unternehmung erforderte; zugleich war er neuerdings mit Jakob IV. von Schottland in Verbindung getreten, welcher obwohl Heinrichs Schwager den alten französenfreundlichen Traditionen der schottischen Politik getreu einen Einfall in England vorbereitete. [2]

Schon im April hatte die englische Flotte unter Edward Howard die englischen Häfen verlassen, um sich mit der französischen auf dem offenen Meere zu messen. Im Mai war auch das englische Heer unter dem Earl of Shrewsbury und Lord Herbert ausgerückt und belagerte seit dem 17. Juni Terouenne. Zu Anfang August traf Heinrich selbst bei ihm ein.

Um dieser Unternehmung einen günstigen Erfolg zu sichern, wandte sich der Kaiser, ohne sich durch das Mißlingen seiner bisherigen Werbungen um einen Kriegszug wider Burgund abschrecken zu lassen, jetzt neuerdings an die Eidgenossen, welche schon am 6. Juni zu einer Zeit, wo sie mit einem zahlreichen Heere, das sie noch zu verstärken im Begriffe standen, Ludwig in Italien bekämpften, ihn zugleich für sich selbst in seinem eigenen Lande anzugreifen beschlossen und am 27. Juni wieder darüber berathschlagt hatten und ließ seinen Gesandten Dr. Wilhelm von Reichenbach mit ihnen über einen solchen Heereszug in Berathung treten. Am 1. August beschlossen sie 16,000 Mann nach Burgund zu schicken unter der Bedingung, daß der Kaiser den vom italienischen Kriege noch ausstehenden Monatssold von 16,000 Gulden bezahle und denselben auch fürderhin entrichte und einen wohlgerüsteten reisigen Zeug und Geschütz stelle, was er bewilligte. Am 12. August wurde der frühere Beschluß bekräftigt und verabredet, daß die Truppen, denen außer den weißen Kreuzen noch weiße Schlüssel zum Zeichen gegeben wurden, sich am 27. August vor Besançon versammeln sollten. Den Hauptleuten, Vennern und Räthen ward Vollmacht ertheilt, einen ehrlichen Frieden anzunehmen, während

Bern zum Voraus Vorbehalt des Papstes, des Kaisers und
Sforzas, sowie vorherige Anfrage bei den Behörden verlangte,
den kaiserlichen Räthen und Hauptleuten der Aufenthalt im
Hauptquartier gestattet. Um Unordnungen zu verhüten, da sich
voraussehen ließ, daß bei dem allgemeinen Hasse gegen Frankreich eine große Zahl freier Knechte sich anschließen würde,
wurde verordnet, daß diese nicht unter eigenen Fahnen, sondern
unter denjenigen ihrer Orte mitziehen sollten und das über-
mäßige Trinken und Spielen verboten. Neuerdings ward auch,
doch ohne Erfolg ein gemeinsamer Beschluß zur Abschaffung
der Pensionen verlangt.³

Es scheint nicht, daß die Eidgenossen bei ihrem Beschlusse
zugleich eine Erweiterung ihrer Macht im Westen im Auge
gehabt und eine Eroberungspolitik beabsichtigt haben; und auch
daß sie dem Kaiser Burgund hätten helfen erobern wollen, ist
nicht wahrscheinlich, obgleich zwei, freilich unlautere Quellen,
Guicciardini und Henterus berichten, jener habe ihnen dafür
einen Theil Burgunds zum Pfande versprochen. Der Zweck
der Unternehmung war vielmehr der, Frankreich zu einem für
sie günstigen Frieden und insonderheit zum Verzicht auf Mailand zu zwingen; auch stand sie in durchaus keinem causalen
Zusammenhang mit dem Kriege im Norden Frankreich's wie
sie auch ganz unabhängig von der Liga von Mecheln beschlossen
wurde. Immerhin aber konnte sie als eine Diversion jenen
und damit indirect auch dessen Zweck, die Restitution der im
Besitze Ludwig's befindlichen Gebiete, die eigentlich Heinrich und
dem Kaiser gehörten, fördern.

Die eidgenössischen Truppen, welche ihren Weg theils über
Basel, theils durch den Jura nahmen und durch die Zuvor-
kommenheit der Fürstin von Oranien mit Lebensmitteln versehen wurden, begannen sich um die festgesetzte Zeit bei Besançon, das ihnen zwar keinen Einlaß gewährte, aber Lebens-
mittel lieferte, zu versammeln. Bern traf schon am 24. August
dort ein und bald rückten auch die Contingente von Freiburg
und Solothurn, Basel und Schaffhausen nach. Am 28. erschien

Herzog Ulrich von Württemberg und mit ihm die Herren von Bergy und Fürstenberg, mit 1000 Reisigen und dem versprochenen kaiserlichen Geschütz. Bern, Freiburg und Solothurn ließen, des Wartens müde, Bevollmächtigte zum Kriegsrath zurück und zogen vorwärts. Bald trafen auch die Truppen der übrigen Kantone ein und am 28. beschloß der Kriegsrath, an welchem im Namen des Kaisers, Dr. von Reichenbach und der Graf von Zorn Theil nahmen, den nächsten Weg über die Saone nach Dijon einzuschlagen. So rückte denn das Heer, welches, da fast ebensoviele Freiwillige wie Verordnete mitzogen, wohl 30,000 Mann zählte[4], vorwärts. Die vorausgezogenen drei Städte, Basel und Schaffhausen bildeten mit Biel und Rottweil die Vorhut, welcher das kaiserliche Geschütz folgte. Das Centrum bestand aus den Contingenten von Zürich, Appenzell, St. Gallen, Baden, Thurgau und Graubünden; darauf kam der Troß. In der Nachhut zogen die Waldstätte, Zug, Glarus und Wallis, die Reisigen des Kaisers waren theils der Vorhut theils der Nachhut beigegeben. Die Heeresordnung wechselte täglich. Obwohl das Heer nirgends Widerstand fand, ging es doch auf gewaltthätige Weise vor, viele Städte und Schlösser: Mirbeau, Fontaine Française, Sansoine u. a. erlitten schweren Schaden, selbst der Kirchen und des Allerheiligsten ward nicht geschont; doch hielt es sich dabei nicht lange auf, sondern rückte gerade vor Dijon.[5]

In Dijon befehligte als Gouverneur von Burgund La Tremouille: in Eile hatte er die Trümmer seines Heers etwa 6000 Mann zusammengerafft, die Stadt bestmöglichst befestigt und die Umgegend verwüstet; einen Theil seiner Truppen verlegte er in die Städte Beaune und Auxonne und in das Schloß von Tallart, um den Feinden die Zufuhr aus der Franche Comté abzuschneiden und sie zugleich durch das Geschütz zu belästigen. Zugleich sandte er seine Reisigen voraus, um mit den Feinden zu scharmützeln.[6]

Am 7. September traf das eidgenössische Heer vor Dijon ein; in schöner Ordnung zog es an den Mauern der Stadt vorbei und vertheilte sich dann um vier Lager zu schlagen. Gegen Abend umritten der kaiserliche Büchsenmeister Wilhelm Herter von Herteneck, „der Sohn dessen, der bei Murten ober= ster Befehlshaber war und am heißen Tage zu Nancy der Eidgenossen Fußvolk siegreich befehligte", (Heyd) und die Haupt= leute von Zürich die Mauern der Stadt, um eine passende Stelle zur Aufstellung des Geschützes zu suchen; sie fanden eine solche hinter einer alten sichern Schanze in der Nähe der Stadtmauer einem Thurme gegenüber, aus welchem die Fran= zosen heftig schossen. In der Nacht ward das Geschütz auf= gepflanzt und am 8. frühmorgens begann der Geschützmeister die Beschießung und führte dieselbe mit solcher Kraft fort, daß binnen zwei Tagen ein großer Theil der Mauer und des Thurmes zerstört war und nur noch ein Sturm nöthig schien, um sich der Stadt zu bemächtigen, wozu Ulrich schon Anstalten traf. [7]

In dieser gefährlichen Lage hielt La Tremouille es für vortheilhafter, mit den Belagerern einen Vergleich zu schließen und dadurch Frankreich von dieser Seite zu retten, als die Stadt zerstören und dadurch die Feinde noch weiter vordringen zu lassen, was um so gefährlicher gewesen wäre, als das eng= lische Heer unter der tüchtigen und bewährten Führung des Kaisers, welcher seine eigene Unternehmung für dies Jahr fallen ließ und jetzt in Heinrich's Sold trat, ein französisches Heer, welches unter den Herzogen von Alençon und Longueville zum Entsatze Terouennes heranrückte, in der Bataille des Esperons am 18. August bei Guinegate geschlagen und am 22. Terouenne eingenommen hatte. [8] Auch konnte er nicht hoffen, Dijon, das einer langen Belagerung zu widerstehen nicht fest genug war und dessen Bürger alle Widerstandskraft verloren hatten, zu behaupten. So schickte er denn einen Boten an den König, um ihn um Verhaltungsmaßregeln und um Hilfe zu bitten und ordnete zugleich zu den Eidgenossen, von denen er mit Einigen seit seiner Gesandtschaftsreise befreundet war, einige seiner Offiziere ab, welche durch die italienischen Kriege mit

ben eibgenöffifchen Hauptleuten befannt fein mochten. Sie
ließen ihr Geld auf fie wirfen, erinnerten fie an die Vortheile,
welche fie aus ihrem Bunde mit Frankreich gezogen hatten und
an die Gemeinfamfeit der frühern Kriege in Italien und ftellten
ihnen vor, wie es unmöglich im Intereffe der fchweizerifchen
Unabhängigfeit liegen könne, daß Frankreich dem Kaifer erliege,
vor welchem fie Niemand fchütze, wenn jenes bezwungen fei.
Diefe Vorftellungen befiegten den frühern Entfchluß der Eid=
genoffen: Ungefcheut gingen Einige aus ihrem Lager in die
Stadt und fuchten auch auf ihre Miteidgenoffen durch Ver=
fprechungen und Vorftellungen einzuwirfen, fo daß endlich die=
jenigen, welche feft bei dem einmal gefaßten Plane verharren
wollten, fchweigen mußten. [9]

Ohne Zuziehung der faiferlichen Räthe und Führer ward
mit den Franzofen, welche fich bereit zeigten, unter günftigen
Bedingungen Frieden zu fchließen, über einen folchen berathen
und trotz ihrer Warnungen und Gegenvorftellungen fam am
13. September, unter dem Widerfpruch befonders Bafels und
Schaffhaufens ein Vertrag zu Stande, der folgende Beftim=
mungen enthielt: 1. Der König foll mit dem Papft Frieden
fchließen und ihm, falls er noch Befitzungen deffelben in feinen
Händen hat, diefelben zurückgeben. 2. Die Eidgenoffen be=
halten die Erbeinigung vor und nehmen in den Vertrag alle
faiferlichen und habsburgifchen Länder, welche an Frankreich
ftoßen, infonderheit Burgund, fowie den Herzog von Württem=
berg und alle die welche fie bei diefem Zuge unterftützten auf,
deren etwaige Befitzungen in Frankreich nicht gefchädigt werden
follen. 3. Ludwig verzichtet zu Handen der Eidgenoffen
auf das Herzogthum Mailand, Cremona und Afti, räumt fo=
fort die Schlöffer zu Mailand und Cremona, deren Befatzungen
freien Abzug erhalten, während das Gefchütz in denfelben ver=
bleibt. 4. Er verpflichtet fich ohne die Erlaubniß aller oder
des Mehrtheils der Orte keine fchweizerifchen Söldner in Dienft
zu nehmen. 5. Er entrichtet den Eidgenoffen für den Zug
400,000 Kronen, wovon die eine Hälfte binnen vierzehn Tagen,

die andere auf nächste Martini, beide in Zürich zu erlegen sind. 6. Dem Herzog von Württemberg bezahlt er an seine Kosten 8000, den Reisigen u. s. w. insgesammt 2000 Kronen. 7. Die Ansprecher mögen gerichtliche Schritte wider den König thun. 8. Die Eidgenossen behalten den Papst und das Reich, der König den Papst und beide alle ihre sonstigen Verbündeten vor. [10]

Darauf zogen die Eidgenossen, welchen La Tremouille 20,000 Thaler baar bezahlte und für die Bezahlung des Uebrigen, seinen Neffen den Herrn von Mezières und den Baillif von Dijon, Herrn von Rochefort, sowie vier Bürger der Stadt als Geißeln stellte, zum großen Mißvergnügen der kaiserlichen Räthe, so eilig, daß die Franzosen leicht das kaiserliche Geschütz hätten wegnehmen können, ohne das Herzogthum weiter zu beschädigen, in die Heimath zurück, wo die Berner am 20. September eintrafen. [11]

Auf diese Weise endete ein Feldzug, welcher von den Eidgenossen mit einer Heeresmacht unternommen, wie sie sie zum Zwecke eines Angriffs bisher noch nie außer die Gränzen ihres Landes geschickt hatten und in Verbindung mit dem englischen Kriege die Macht Ludwig's hätte erschüttern und ihn zur Restitution Gueyenne's an Heinrich, Burgunds an den Kaiser und zu größern Opfern und sicherern Garantieen auch an die Eidgenossen hätte zwingen können, da es nicht unwahrscheinlich war, daß diese, wenn sie nur erst Dijon genommen, ohne Widerstand zu finden, nach Paris vorgedrungen wären und dann Heinrich die Somme überschritten und sich mit ihnen verbunden hätte, was für Ludwig um so gefährlicher gewesen wäre, als er dieser colossalen Heeresmacht nur geringe Truppenkräfte entgegenzustellen hatte.

Die Motive, welche die Schweizer bestimmten, eine andere Politik einzuschlagen, sind deutlich erkennbar und lassen sich nicht mißbilligen. Mögen auch unreine Triebfedern, vor Allem Bestechung durch französisches Geld dabei thätig gewesen sein und mag man auch die Rücksichtslosigkeit gegen den Kaiser, in

deffen Solde fie zwar nicht geftanden, der fie aber doch, freilich zur Beförderung feiner eigenen Abfichten, thatkräftig unter-
ftützt hatte, tadeln, fo erfcheint doch, da die Eidgenoffen bei
diefem Zuge durchaus keine Eroberungspolitik beabfichtigten,
der Entfchluß, fich mit Frankreich zu verföhnen, als ein Beweis
politifcher Klugheit: er war eine richtige Confequenz ihrer bisherigen auswärtigen Politik fich unabhängig zwifchen die zwei
bedeutendften Mächte jener Zeit, „welche feit einem Jahrhundert Erbfeinde, in allen Richtungen ihres Trachtens und Strebens rivalifirten" (Lanz) unabhängig zu ftellen, und ging aus
der Einficht hervor, daß eine Schwächung Frankreichs unmöglich im Intereffe ihrer Selbftftändigkeit liegen und gerade das
Project einer gemeinfamen Bekämpfung Ludwigs ihnen keinen
der Erwerbung Gueyenne's und Burgund's, die doch größtentheils der Erfolg ihrer Waffen gewefen wäre, entfprechenden
Gewinn bringen könne. Die Vorftellungen der franzöfifchen
Offiziere mochten die alte Antipathie gegen das habsburgifche
Haus auf's Neue geweckt und zugleich die Nichterfüllung ihrer
Verfprechungen die Eidgenoffen gegen Maximilian und Heinrich
gereizt, vielleicht auch der Umftand, daß Heinrich nach der Einnahme Teronennes gerade hier an den wahren Gränzen feines
Reichs umkehrte und fich gegen Tournay wandte, fie mißtrauifch
gemacht haben.[12] Tadelnswerth erfcheint nur, daß fie den Worten
und Verfprechungen La Tremouille's zu großes Vertrauen
fchenkten und ohne fichere Garantieen einen Vertrag annahmen,
„deffen Beftimmungen für Ludwig fo ungünftig lauteten, daß
bei einiger höherer politifcher Einficht die Ueberlegung der realen
Verhältniffe deffen innere Unwahrheit aufgedeckt hätte" (Blunt-
fchli), von dem fich vorausfehen ließ, daß Ludwig ihn nimmer
halten werde und der zugleich Bedingungen enthielt, welche zu
bewilligen La Tremouille keine Vollmacht haben konnte. Ohne
Zweifel war es diefem in richtiger Würdigung der Größe der
Gefahr, vor der er Frankreich rettete, wirklich Ernft mit der
völligen Erfüllung der Verpflichtungen, die derfelbe Ludwig
auferlegte. Gegen die Anficht einiger Schriftfteller, als ob er

nur der Schweizer auf die leichteste Art habe los werden wollen,
schon zum Voraus gewillt, jene keineswegs zu erfüllen, und
zum Voraus überzeugt, daß der König nicht auf sie eingehen
werde, spricht nicht nur die Thatsache, daß er jene hinlänglich
kannte, um im Falle der Nichterfüllung einen neuen Einfall
vorauszusehen, sondern auch sein Schreiben darüber an den Kö=
nig [13] und der Umstand, daß er am 13. September der bur=
gundischen Finanzbehörde die Erhebung eines Zwangsanleihens
zur Deckung eines Theils der stipulirten Summe anbefahl.
Auch Ludwig selbst war nicht sofort für Nichtanerkennung des
Vertrags entschieden und auch den Gedanken, La Tremouille
vor ein Pairsgericht zu stellen und dasselbe über die Verbind=
lichkeit des Friedens entscheiden zu lassen, gab er wohl in ge=
rechter Würdigung des von ihm seiner Krone geleisteten Dienstes,
über dessen Bedeutung Alle einig sind, [14] wieder auf. Die
Entfernung der Gefahr durch den Abzug der Eidgenossen mochte
ihn wieder ermuthigen und so erkannte er denn den Vertrag
vom 13. September nicht an, war aber um eine neue Unter=
nehmung jener zu verhüten zu Geldzahlungen, wenn auch nicht
in dem durch denselben bestimmten Maaße bereit; um aber
zugleich eine solche minder gefährlich zu machen, befestigte er
auf La Tremouille's Rath Dijon und schickte zugleich Karl
von Bourbon mit starken Truppenkräften nach Burgund. [15]

Dieser günstige Ausgang des schweizerischen Feldzugs be=
freite aber Ludwig auch von englischer Seite vor weitern Ge=
fahren. Zwar war Jakob von Schottland, welcher am 22. August
in Northumberland eingefallen war und Norham genommen
hatte, am 9. September bei Flowden geschlagen und getödtet
worden. Allein Heinrich VIII., der über den Abzug der Schwei=
zer und über Maximilian, welcher ihn aus unbekannten Gründen,
wahrscheinlich weil er nicht auch Tournay wie Terouenne von
ihm erhalten konnte, verlassen hatte und nicht für die gemein=
samen Interessen die Lasten allein tragen wollte, beschloß am
24. September seinen Feldzug, der ihm, da auch seine Flotte
keine Erfolge errungen hatte, weiter keinen Gewinn brachte als

diese Stadt, mit dem festlichen Einzug in das kurz zuvor ein-
genommene Tournay. [16]

War nun auch durch diesen Ausgang Frankreich gerettet,
so erhob sich doch sofort wieder eine neue Gefahr wider seine
Ruhe und Integrität: Am 16. October schlossen Heinrich und
Maximilian zu Ryssel einen Vertrag, welcher einen neuen An-
griffskrieg gegen Frankreich auf den nächsten Juni von Spanien, England und Burgund aus festsetzte, wofür Maximilian
den Winter über 4000 Reiter und 6000 Mann Infanterie in
Sold behielt, Heinrich ihm 200,000 Kronen bezahlte und welchen auch Ferdinand der ihn angeregt zu haben scheint durch
seinen Gesandten unterzeichnen ließ. Hier ward auch vereinbart,
daß die durch den Vertrag von Calais stipulirte Vermählung
zwischen Karl von Burgund und der englischen Maria am
15. Mai 1514 zu Calais gefeiert werden sollte und Heinrich,
der darauf am 17. October Ryssel verließ und nach England
zurückkehrte, versprach, für den Fall daß er ohne männliche
Erben sterbe, die Krone durch das Parlament Karl zusichern
zu lassen. [17]

Eine größere und nähere Gefahr aber drohte Frankreich
neuerdings von Seite der Eidgenossen. In der Schweiz hatten
sich nach dem Abschluß des Friedens von Dijon und als die
erste Hälfte der durch denselben bedungenen Summen, welche
wegen der Unmöglichkeit dieselben sofort aufzutreiben, statt auf
den 27. September auf den 4. October festgesetzt worden war
nicht eintraf und zugleich das Gerücht sich verbreitete, der König wolle ihn nicht halten, die unruhigen Auftritte vom Sommer erneuert und die Tagsatzung über diese Treulosigkeit erbittert und zugleich durch seine Rüstungen in Burgund mißtrauisch gemacht, beschloß am 22. November einen Auszug von
16,000 Mann bereit zu halten, um Frankreich von Neuem mit
Krieg zu überziehen. [18]

Ludwig aber war es, so sehr er auch über sie erzürnt
war, vor Allem darum zu thun sich mit den Eidgenossen zu
versöhnen, wofern sie nur mildere Bedingungen aufstellten, als

die vom 13. September, auf die er nicht konnte eingehen noch wollte; er hoffte dies vor Allem durch eine Aussöhnung mit dem Papste bewirken zu können: zu diesem Zwecke hatte er schon durch eine Acte vom 6. October alle Schritte, welche er zu Gunsten des Concils von Pisa gethan hatte, revocirt und dasjenige vom Lateran anerkannt; und jetzt bemühte er sich noch mehr um eine Aussöhnung mit dem Papste: in der achten Sitzung des Concils zu Ausgang des Jahrs erhielt er die Absolution. [19]

Der Angriff der Liga von Mecheln auf Ludwig XII. war indessen im Zusammenhange der europäischen Begebenheiten kein vereinzeltes Factum: zu gleicher Zeit als jener am schwersten gefährdet war wurde auch derjenige auf seinen Alliirten Venedig mit erneuter Kraft geführt. Zwar hatte die Belagerung Padua's, welche Carbona am 1. August, also gerade an dem Tage begann, wo die schweizerische Tagsatzung den Heerzug wider Frankreich beschloß, keinen Erfolg: aber die mailändischen Truppen gewannen Pontevico und Bergamo wieder und der Vicekönig rückte plündernd und verheerend bis vor Venedig vor und schlug den Angriff Alviano's bei Vincenza am 7. October durch einen glänzenden Sieg zurück, so daß die Signoria gedemüthigt sich jetzt nach Frieden sehnte. [20]

Beides, die siegreiche Bekämpfung Ludwigs durch die Schweizer und die Demüthigung Venedigs, waren die Grundlagen für die Verhältnisse des folgenden Jahrs.

Fünftes Kapitel.

Im Jahre 1513 standen die Eidgenossen im Vordergrunde der europäischen Politik: die Diplomatie zwar nahm auf sie weniger Rücksicht und versuchte Vieles ohne ihre Mitwirkung, zum Theil aus Antipathie gegen sie; aber sie war ohne bedeutende Erfolge. Der Gang der Politik bestimmte sich nach den Erfolgen der militärischen Action, welche größtentheils durch die Eidgenossen geführt wurde. Das Jahr 1514 ist arm an kriegerischen Ereignissen: es verfloß fast ganz in diplomatischen Verhandlungen, in denen diese zwar keineswegs die Leitung führten, aber der Mittelpunkt für die Werbungen der übrigen Mächte bildeten und in der Weise und in dem Umfang auf den Gang der europäischen Politik einwirkten, als ihre Stellung als die erste kriegerische Macht Europa's es bedingte und militärische Tüchtigkeit und Kraft überhaupt der Diplomatie überlegen ist.

Die Leitung dieser lag vielmehr in den Händen des Papstes, der mehr als einmal die stolzen Pläne des habsburgisch-spanischen Hauses vernichtete, welches sich auch zu Ausgang des Jahres vor ihm beugen mußte und dessen politischen Fähigkeiten gegenüber selbst die Erfolge Ferdinand's des Katholischen in diesem Jahre klein erscheinen.

Mit bewunderungswürdigem Scharfsinn und Umsicht wußte Leo X. die christliche, die europäische und die italienische Frage zugleich zu behandeln, aus einer für die andere Gewinn zu ziehen und alle für seine dynastischen Pläne auszubeuten; die Erfolge Selim's II., welcher im April 1512 seinen Vater

Bajazeth vom Throne gestoßen, seine Angehörigen vertilgt, seinen Bruder Achmed, der in Persien Hülfe suchte, im April 1513 geschlagen und getödtet hatte und sich jetzt gegen Europa gewandt hätte, wäre er nicht durch den Sophi von Persien abgehalten worden,[1] bestimmten ihn für eine Versöhnung unter den christlichen Fürsten und einen allgemeinen Frieden thätig zu sein, welcher seinem Herzen am meisten entsprach, wenn er nur in der Form zu Stande kam, die seinen ehrgeizigen Absichten auf die Förderung seiner Familie am günstigsten war.[2] Die Schwächung der Macht Frankreichs im vorigen Jahre, die riesenhaften Pläne des Kaisers für Gründung einer Universalmonarchie auf dynastischem Wege und die Uebermacht Ferdinands veranlaßten ihn das richtige Verhältniß unter den europäischen Mächten wiederherzustellen und der Gefährdung des europäischen Gleichgewichts vorzubeugen; die Hegemonie Ferdinands in Italien, dessen Herrschaft er mit den Schweizern theilte, während Ludwig alle Bedeutung in demselben verloren hatte und die Demüthigung Venedigs erweckten in ihm den Wunsch der Herrschaft der Fremden in Italien überhaupt ein Ende zu machen, die nationalen Kräfte des Landes zu einigen und seiner Familie in demselben das Uebergewicht zu verschaffen: mit Ludwigs Hilfe gedachte er Ferdinand aus Neapel zu vertreiben und dieses seinem Bruder Giuliano zu übertragen und für seinen Neffen Lorenzo einen Staat in Mittelitalien zu gründen. Zum Schein wollte er dafür Ludwigs Ansprüche auf Mailand unterstützen, aber die Schweizer sollten ihn von Mailand fern halten. Venedig gedachte er ebensowohl von der französischen Allianz abzuziehen als es auch von einer Verbindung mit dem Kaiser fern zu halten. Ein Bund mit den Eidgenossen sollte ihm die Durchführung seiner dynastischen Absichten ermöglichen und ihn die Errungenschaften derselben zu behaupten in Stand setzen.

Von Ludwig brauchte er jetzt nichts mehr zu fürchten; er war in den Schooß der Kirche zurückgekehrt und konnte ihm nicht gefährlich werden, so lange er die Schweizer und die übrigen Mächte zu Gegnern hatte. Um so gefährlicher aber war für ihn die Macht Ferdinands und des Kaisers, als dessen natürlichsten Bundesgenossen und eine Einigung derselben mit Ludwig.

So lag es denn in seinem eigenen Interesse, und darin traf er mit Ludwig's Wünschen zusammen, eine Aussöhnung zwischen diesem und den Eidgenossen zu bewirken, welche jetzt um so leichter schien, als durch dessen Beitritt zum Lateran=concil und durch die Uebergabe der Schlösser zu Mailand und Cremona, deren Besatzungen sich aus Mangel an Lebensmitteln nicht mehr zu halten vermochten, in die Hände Sforza's am 20. November[3], die erste und theilweise auch die dritte Bedingung des Dijonerfriedens erfüllt waren, während auf der andern Seite ein Separatbündniß mit den Schweizern den Status quo in Mailand garantiren und auch eine Aussöhnung Venedig's mit dem Kaiser ein Gegengewicht gegen allfällige Pläne Lud=wigs wider Mailand bilden sollte. Zur Förderung beider Zwecke sandte er zu Ende October Goro Gheri, später Bischof von Fano, als außerordentlichen Botschafter zu den Eidgenossen und rieth auch Ludwig zur Aussöhnung mit diesen.[4]

Seine Rathschläge hatten bei Beiden Erfolg: die Schweizer erklärten sich zu Friedensverhandlungen mit Ludwig bereit, wofür sie aber als Bedingungen Beginn derselben binnen Monatsfrist und Anerkennung des Friedens von Dijon verlangten. Ludwig ließ Bourbon bei ihnen um Geleit werben, welcher zu diesem Zwecke Ritter Johann von Baißet=Grüe nach Zürich sandte, nachdem schon am 9. October der Präsident von Burgund Humbert de Villeneuve in Erwartung desselben nach Genf ge=kommen war und war geneigt, die zu Dijon stipulirten Summen und selbst noch mehr zu bezahlen und wegen Mailands einen zwei= oder dreijährigen Waffenstillstand zu schließen, nicht aber auf dasselbe Verzicht zu leisten. Allein die Eidgenossen hielten hartnäckig an ihrer Forderung fest und Grüe reiste zum König mit dem Versprechen, auf einen Tag zu Zürich am 13. December dessen Antwort und eventuell die 400,000 Kronen zu überbringen.

Aber die Flucht des Herrn von Rochefort, eines der Dijoner Geißeln, wobei man nicht ohne Grund Bestechung von Seite der Franzosen im Spiel glaubte, nährte die Abneigung gegen Frankreich und die Anwesenheit Villeneuves in Genf bot einen geeigneten Anlaß zur Rache dar. Man erzwang von Savoien dessen Auslieferung. Zugleich sandte, um den französischen Werbungen entgegenzuwirken der Kaiser, der so erzürnt er auch wegen des einseitigen Friedensschlusses über sie war, doch ihrer bedurfte, Dr. Wilhelm von Reichenbach als seinen Gesandten auf die anberaumte Tagsatzung, auf welcher auch die Abgeord= neten des Papsts, Margarethens von Oesterreich und Sforzas sich einfanden.

Reichenbach forderte im Namen des Kaisers zum Beitritt zu einem allgemeinen Bunde auf, um Ludwig im nächsten Früh= ling gemeinsam anzugreifen und zu einem ehrenhaften Frieden zu zwingen und bat, entweder dem Kaiser 10,000 Söldner zu bewilligen oder mit 20,000 Kriegern selbst einen Einfall in Burgund zu unternehmen. Er dementirte das Gerücht, als ob jener mit Ludwig über den Frieden verhandle und warnte vor einem Separatbündnisse mit dem Papste, da er sich sonst mit Heinrich und Ferdinand wider sie verbünden würde. Die Eid= genossen lehnten den Beitritt zu einem allgemeinen Bunde, weil mit dem Papste und dem Kaiser schon besonders verbündet und eine Unternehmung wider Burgund, weil sie für sich selbst mit Ludwig in Krieg zu gerathen fürchteten, ab. Der päpstliche Gesandte dagegen ermahnte zum Verdrusse des Kaisers die Tagherren zum Frieden mit Frankreich und schlug ihnen ein Separatbündniß mit dem Papste, Mailand, Genua und Florenz vor, der mailändische verlangte Aufschub der auf Weihnachten schuldigen Zahlung und Verminderung der zur Besatzung der Schlösser zu Mailand und Cremona bestimmten Truppen. Die niederländischen Gesandten endlich dankten für die Aufnahme der Grafschaft Burgund in den Vertrag von Dijon und baten um stäte Wahrung der Neutralität derselben. Trotz seines Versprechens erschien dagegen der Herr von Grüe, welcher, da er eine abschlägige Antwort zu überbringen hatte, ein ähnliches Schicksal wie Villeneuve befürchten mochte nicht, sondern es traf nur eine Botschaft La Tremouille's ein, welcher um Anberaumung eines andern Tags und um Bewilligung von Geleit für eine Gesandtschaft bat. Diese Enttäuschung und die Nachricht von der Plünderung schweizerischer Kaufleute, welche von Lyon her kamen, erbitterten die Stimmung vollends und machten jede Aussöhnung mit Frankreich unmöglich.[5]

Nicht glücklicher war der Papst mit seinen Vermittlungsversuchen zwischen dem Kaiser und Venedig, welches er von der französischen Allianz abbringen und zu einem Bunde mit den Nationalen und den Schweizern bestimmen wollte. Zwar waren beide zu einer Versöhnung geneigt: allein ihre Forderungen waren zu widersprechend und Ferdinand, der sein Heer nur durch Plünderung im venetianischen Gebiete erhalten konnte, war einem Frieden abgeneigt.[6] Der Krieg dauerte während des Winters, doch mit verschiedenem Erfolg fort, indem zwar die kaiserlichen Truppen unter Frangipani fast das ganze Friaul eroberten und behaupteten, während Renzo de' Ceri sich nicht nur in Crema behauptete, sondern auch den mailändischen Truppen unter Ferramusca bei Calcinaia, Quinzane und Trevi beträchtlichen Schaden beibrachte.[7]

Wider sein Wissen und Willen dagegen kam auf einer andern Seite eine Einigung zu Stande, welche für ihn selbst gefährlich war.

Schon längst hatte Ferdinand mit dem französischen Hofe insgeheim über eine Vermählung zwischen dem jüngern Ferdinand und Renée de France verhandelt. Der glückliche Erfolg des zweiten schweizerischen Feldzugs in Novarra brachte, wie dies Machiavelli richtig voraussah[8], Ferdinand, der in Italien allein gebieten wollte und wegen der nahen Verbindung der Schweizer mit dem Papste stets für Neapel fürchtete, Ludwig noch näher, mit dessen Beitritt zum Lateranconcil für ihn ein Hauptmotiv zur Feindschaft wider diesen beseitigt war. Vielleicht auch daß eine Universalmonarchie wie sie im Sinne des

Kaisers lag ihm gefährlich schien, so daß es in seinem Interesse
lag, durch Contrahirung einer andern Heirath für einen seiner
Enkel, da der andere für die ungarische aufgespart werden
mußte, das englische Heirathsproject zu vereiteln.⁹ Am 1. December schloßen sie zu Blois den Heirathsvertrag, durch welchen
Ludwig seine Ansprüche auf Mailand und Genua an Renée,
der er sie schon durch eine Urkunde vom 16. November übertragen hatte und denjenigen Enkel Ferdinands, welchen sie und
dieser wählen würden, diejenigen auf Neapel Ferdinand abtrat
und sich zur Eroberung und Behauptung des Herzogthums
verpflichtete, welches Ferdinand bis zur Vermählung in seinen
Händen behalten, im Falle des Todes eines der Verlobten vor
der Vermählung Ludwig zurückerstatten sollte, der ihm als Beweis für seine aufrichtige Gesinnung schon jetzt die Lanterna
von Genua abzutreten versprach.¹⁰ Der Tod seiner Gemahlin
Anna (9. Januar 1514) welche diesem Projecte besonders geneigt war, machte die eingeleitete Verbindung nicht nur nicht
rückgängig, sondern förderte dieselbe noch, indem er zum Project einer Wiedervermählung Ludwig's mit Eleonora, einer
Enkelin Ferdinands führte, „an welche sich ein erblicher Bund
des burgundisch-habsburgischen Hauses mit den Königshäusern
von Spanien und Frankreich nebst Ausgleichung der Familien-
Interessen knüpfte" (Lanz). Zu weiterer Berathung wurde
mit deutlich ausgesprochener Zustimmung des Kaisers, welcher
durch jene Doppelheirath geködert die Gefahr eines Bruches
mit dem treuen England übersah, am 11. März 1514 zu
Orléans der Waffenstillstand von Orthes auf die nämlichen
Bedingungen jedoch mit Einschluß Mailands, wobei indeß weder
Asti noch Genua ausdrücklich namhaft gemacht wurden, erneuert
und dem Kaiser, Heinrich und Karl der Beitritt binnen zwei
Monaten offen gelassen.¹¹

Beide Verträge, von deren Zustandekommen man in Rom
schon früh Ahnung hatte, ängstigten Leo X. außerordentlich.
Ebensowenig als eine Universalmonarchie im Sinne des Kaisers
konnte ein Bund der beiden erbfeindlichen Häuser in seinem

Sinne sein: er erkannte die Gefahr, welche durch dieselben nicht nur Mailand sondern ganz Italien bedrohte und es war ihm jetzt vor Allem darum zu thun, dieselbe zu vernichten. Er wußte, daß Ludwig nur weil eine Ausgleichung mit den Schweizern unmöglich gewesen, auf Ferdinands Vorschläge eingegangen war und es auch mit dem Vertrage vom 1. December, der ihm keinen andern Vortheil als den eines kurzen Friedens bot, dagegen für immer seine Aussichten auf Mailand und Neapel vernichtete, nicht ernst gemeint hatte, wie er ihm auch jetzt von seiner Abneigung gegen die Verbindung mit dem spanisch-österreichischen Hause sprach. Ludwig war vor Allem an einem Frieden mit den Schweizern und einem Bunde mit dem Papste gelegen und zu diesem Zwecke machte er jetzt diesem, der eifriger als je an die Machtvergrößerung seiner Dynastie durch die Erwerbung Neapels für Giuliano und die Gründung eines Staates in Mittelitalien für Lorenzo dachte, aber den Plan einer verwandtschaftlichen Verbindung mit dem spanisch-habsburgischen Hause durch die Vermählung Giuliano's mit einer Tochter Johann Galeazzo Sforza's und Massimiliano's mit einer Base wegen der Abneigung der Sforzen aufgeben mußte, Anerbietungen in diesem Sinne.[12]

Leo ging, sowohl um die spanisch-französische Allianz zu vernichten, als um durch Gefälligkeit gegen Ludwig diesen für seine ehrgeizigen Absichten noch günstiger zu stimmen, auf seine Vorschläge ein und suchte ihn jetzt neuerdings mit den Schweizern, bei denen seine Gesandten die Unterhandlungen über ein Separatbündniß fortführten und auch mit Heinrich zu versöhnen und verzögerte zugleich unter dem Scheine ernstlicher Bemühung die Aussöhnung zwischen Venedig und dem Kaiser.

Bei den Eidgenossen, welche kürzlich durch die Aufnahme Appenzells sich zum Bunde der XIII Orte erweitert hatten (13. December 1513) hatte inzwischen die Erbitterung fortgedauert. Der Präsident von Burgund war trotz eines päpstlichen Breve, welches seine Freilassung verlangte und zum Frieden mit Frankreich aufforderte und dafür die Anerkennung des Friedens von Dijon verhieß, nicht freigegeben worden: die Geißeln wurden strenger bewacht, jedoch Rochefort, der im kaiserlichen Gebiete wieder gefangen worden war, mit Zustimmung der Schweizer freigelassen. Der franzosenfeindlichen Partei kam zu Statten, daß neuerdings in verschiedenen Gegenden Ruhestörungen stattfanden, welche aus Haß gegen die erneuten französischen Bestechungsversuche und die „Kronenfresser" hervorgingen. Villeneuve wurde zu Bern zweimal gefoltert, um von ihm das Geständniß der Intriguen eidgenössischer Führer und die Angabe ihrer Namen zu erzwingen und gegen dieselben mit Strafen eingeschritten, doch nicht in dem rechten Maaße, da die Behörden entweder selbst bestochen oder mit den Compromittirten verwandt waren. Allein da den Eidgenossen die spanisch-französische Allianz verdächtig schien, da sie Mißtrauen in den Kaiser setzten und Intriguen zwischen ihm und Ludwig ahnten, die wie sie glaubten, durch Margarethe geführt wurden, so näherten sie sich auch vor der erneuten Mahnung des Papstes von selbst Ludwig, welcher selbst hinwiederum, weil er eine Verbindung der Schweizer mit Heinrich fürchtete, die Unterhandlungen mit Ferdinand fortsetzte, schickten zu diesem Zwecke Abgeordnete an den Herzog von Bourbon nach Burgund und es ward, besonders auch auf die Verwendung Savoiens, jenem Geleit für eine Gesandtschaft, die aus den savoiischen Adeligen Gingins de Châtelard, La Bastie und Bonvillars bestand, auf einen Tag nach Bern am 24. April bewilligt. Sie brachten in Ludwigs Namen vor, daß er zur Bezahlung der bei Dijon stipulirten 400,000 Kronen, aller Ansprachen und der früher entrichteten Jahrgelder und zur Unterhaltung einer bestimmten Zahl schweizerischer Söldner geneigt sei und gegen den Papst, den Kaiser, Savoien und Mailand ohne Wissen der Eidgenossen keinen Krieg beginnen wolle, aber Asti und Genua zurückzuerhalten wünsche, damit dieses nicht zu ihrem und Mailands Schaden in spanische Hände komme und Bewilligung von Söldnern für einen Vertheidigungskrieg, Freigebung der Gefangenen und allgemeine Amnestie verlange. Viele einflußreiche Männer,

selbst Schinner, wenn das Zeugniß des Guicciarbini Glauben
verdient, welche die Gefahr erkannten, die für die Schweiz in
der spanisch-französischen Allianz lag, riethen bringend zur An=
nahme dieser Vorschläge. Allein die Menge gab hier den Aus=
schlag. Stolz auf so viele glorreiche Thaten und immer noch
gegen Frankreich erbittert, fühlten sie sich stark den Kampf mit
allen Fürsten zugleich aufzunehmen und das Mißtrauen, die
welche zum Frieden riethen möchten bestochen sein, reizte sie
noch mehr. Obschon ihnen viele Drohungen und Warnungen
zukamen und Ludwig mächtig rüstete, verweigerten sie die An=
nahme jener Vorschläge und beharrten bei dem Frieden von
Dijon; die muthwillige Jugend wollte im August selbst einen
Heerzug gegen Burgund unternehmen, der jedoch durch die Vor=
sicht der Obrigkeit vereitelt wurde. Doch wurden im Septem=
ber die Geißeln und der Präsident von Burgund gegen ein
Lösegeld jene von 13,000, dieser von 2000 Kronen freigegeben.[13]
        Auf der andern Seite aber bemühte sich der Papst scheinbar
mehr als je um die Aussöhnung des Kaisers mit Venedig,
allein seine Präliminarbedingungen, Deposition Vincenza's und
der spanischen Eroberungen im Gebiet von Padua und Treviso
von Seite des Kaisers, Crema's von Seite Venedigs in seine
Hände, im Uebrigen Beibehaltung des Status quo und im Falle
der Annahme Bezahlung von 50,000 Ducaten durch Venedig
an den Kaiser waren derart, daß sie dieselben nicht annehmen
konnten und nun forderten die Venetianer, der steten aber er=
folglosen Vermittlungsversuche müde und da Carbona den Krieg
fortsetzte und ihr Gebiet verheerte, den Papst zum Beitritt zu
ihrem Bunde mit Ludwig auf und boten ihm, da sie wußten,
daß er auch mit dem Kaiser und Ferdinand über die Gründung
eines Staates in Mittelitalien verhandle, ihre Unterstützung
für Neapel an.[14]
        Um Ludwig mit Heinrich zu versöhnen saubte der Papst
Ludovico Canossa Bischof von Tricarica zu diesem und wirkte
zugleich auch durch Carbinal Bambridge in diesem Sinne auf
ihn. Zwei Umstände kamen ihm dabei zu Statten: der Tod

Anna's, wodurch Gelegenheit geboten war, durch eine verwandt=
schaftliche Verbindung eine politische anzuknüpfen, da Ludwig
nur durch die Verhältnisse gezwungen sich mit Ferdinand ein=
gelassen hatte, dann die spanisch=französische Allianz, wodurch
die Verabredungen von Ryssel hinsichtlich eines neuen Invasions=
krieges gegen Frankreich und der Vermählung Karls und Ma=
ria's annullirt wurden, während doch Margarethe ihm auf's
Bestimmteste zugesagt hatte, daß der Kaiser ohne seine Zustim=
mung keinen Vertrag mit Ferdinand schließen werde und in
ähnlichem Sinne sich auch für Ferdinand verbürgt hatte. Schon
früh hatte Heinrich Verdacht geschöpft und die unsichern und
ausweichenden Antworten des Kaisers, besonders aber das
Verlangen um Verschiebung der Vermählung, auf welches er
nicht einging, erhöhten sein Mißtrauen. Umsonst hatte die
weitsichtigere Margaretha den Kaiser aufgefordert die Heirath
zu beschleunigen und sich durch die Lockungen Ferdinands nicht
von dem treuesten Verbündeten abziehen zu lassen. Er war
ohne ihr Wissen der französisch=spanischen Allianz beigetreten
und schickte jetzt eine Gesandtschaft an Heinrich um auch ihn
zum Beitritt zu bewegen. Doch konnte Heinrich der Heiraths=
tractat und der Waffenstillstand nicht lange unbekannt bleiben.
Ludwig selbst auch machte ihm Eröffnungen darüber. Die Treu=
losigkeit Beider empörte ihn auf's Bitterste; er war geneigt
den Krieg gegen diesen auch allein fortzusetzen und dafür baute
er vor Allem auf die Unterstützung der Schweizer.[15]

Schon am 4. April, also zu einer Zeit wo die Eidgenossen
bereits wenigstens soweit von der französisch=spanischen Allianz
unterrichtet waren, daß sie für sich selbst fürchteten, hatte die
Tagsatzung zu Zürich beschlossen mit Heinrich in Verbindung
zu treten und eine Gesandtschaft, Johann Stolz, des Raths
von Basel und Moritz Hürns von Stein, Kt. Zürich an ihn
abgeordnet, welche von ihm auf's Beste aufgenommen wurde.
Mit zwei englischen Gesandten William Rings und Richard
Pace kehrte sie am 10. Juni zurück und erschien mit einem
Dankschreiben Heinrichs vom 10. Mai am 20. Juni auf der

Tagsatzung zu Zürich. Jene sprachen von Heinrichs Geneigtheit zu einem Einfall in die Picardie mit 40,000 Mann, für
welchen er aber wegen der Unbeständigkeit seiner Bundesgenossen
die Zeit noch nicht angeben könne und trugen ihnen einen
Bund mit ihm an, in welchen auch der Papst und Sforza
aufgenommen werden sollten, während weder Maximilians noch
Ferdinands Erwähnung geschah. Durch die Mitwirkung Schinners, welcher im Juli als päpstlicher Legat nach Bern kam,
kam am 31. Juli zu Bern der Entwurf eines zehnjährigen
Bundes zu Stande, welcher die gemeinsame Bekämpfung Frankreichs zum Zwecke hatte, wofür Heinrich außer Jahrgeldern
den Eidgenossen während der Dauer des Kriegs monatlich
40,000 Rh. fl. bezahlen, sie auf seinen Ruf jederzeit Ludwig
angreifen und bis auf gemeinsamen Abzug im Felde verharren
sollten.[16] Allein während der Berathungen seiner Gesandten
mit den Eidgenossen trat in Heinrichs Stellung zu Frankreich
ein Umschwung ein, welcher den Abschluß des projectirten Bundes
hinderte, den auch die französische Partei auf jede Weise zu
hintertreiben gesucht hatte.

Der bei Guinegate gefangene Herzog von Longueville för-
derte die durch den Papst begonnenen Unterhandlungen mit
Heinrich weiter und Ludwig selbst schickte Jean de Selva und
Thomas Bohier, zwei hohe Beamte aus der Normandie zu
weitern Berathungen an den englischen Hof, an denen auch
Wolsey und Canossa einen bedeutenden Antheil hatten. Und als
Ludwig Heinrichs Schwester Maria zur Gemahlin verlangte,
war er entschieden; einige streitige Punkte wurden theils in's
Reine gebracht, theils zur Weiterberathung zurückgelegt. Umsonst suchten Maximilian und Ferdinand in Paris zuvorzukommen, umsonst machte Ferdinand weitgehende Versprechungen
hinsichtlich Mailands. Auch Margaretha's Versuche die Heirath
zu hintertreiben, waren vergeblich. Am 7. August wurden zu
London zwischen Ludwig und Heinrich zwei Verträge abgeschlossen, von denen der eine ein Schutz- und Trutzbündniß
enthielt, in welchem Ferdinand und Maximilian nicht, dagegen

von beiden Theilen der hl. Stuhl und das Reich sowie Venedig, von Ludwig Schottland und Navarra, von Heinrich die
Schweizer und die Niederlande vorbehalten, jedoch die Rechte
Ludwigs auf Mailand, Genua und Asti ausdrücklich anerkannt
wurden, der zweite die Vermählung Ludwigs und Maria's,
deren Verlöbniß mit Karl durch Acte vom 30. Juli aufgehoben
wurde, bestimmte, welchem am 13. August die Verlobung, am
11. October zu Abbeville die Vermählung folgte. [17] Die Beschwerden Margarethens wies Heinrich durch Hinweis auf die
Treulosigkeit seiner Alliirten zurück. Maximilian trat am
1. October dem Bunde für Karl bei. [18] Wolseys Dienste
wurden, nachdem Cardinal Bambridge am 14. Juli gestorben
war, mit dem Erzbisthum York belohnt.

Mochte auch die französisch-englische Allianz, weil sie die
französisch-spanische vernichtete, dem Papste angenehm sein,
jedenfalls waren es die Bedingungen nicht; er hatte dieselben
für Ludwig schwerer, vielleicht auch eine Clausel zum Schutze
Mailands erwartet. Entschieden unzufrieden aber waren Maximilian und Ferdinand; doch trösteten sie sich damit, daß jetzt
Karl, weil mit Heinrich verfeindet ganz ihrer Politik folgen
müsse und die Thronfolge Franz' von Angoulème, von welchem
Ferdinand Unterstützung der d'Albrets fürchtete, unsicher war.
Die Eidgenossen dagegen, sagt Guicciardini, erfreute dieses
Bündniß, weil es die Möglichkeit eines Angriffs Ludwigs wider
Mailand näher rückte und so ihrem Muthe neue Gelegenheit
bot, sich auszuzeichnen. [19] So groß auch die Bedeutung war,
welche sie bei den diplomatischen Verhandlungen dieses Jahres
hatten, indem ihre Freundschaft auch jetzt nicht nur der Mittelpunkt für die Werbungen aller Mächte mit Ausnahme Spaniens, sondern auch der Ausgangspunkt für die Erfolge der
Diplomatie und für das Zustandekommen der großen politischen
Combinationen war, da ihre Erfolge in Italien zum großen
Theile Ferdinand, ihre Ungeneigtheit sich mit ihm zu versöhnen, Ludwig zu einer Verbindung unter sich führten und diese
selbst verbunden mit der erneuten Abweisung der französischen

Forderungen Ludwig Heinrich näherte, so gefahrvoll war doch die Situation, in welche die französisch-spanische Allianz, die durch das Project der Zurückeroberung Mailands gerade gegen sie gerichtet war und jetzt auch die französisch-englische sie versetzte, die Mailand ausdrücklich vom Vorbehalt ausschloß. Wie sie aber nicht ohne eine Ahnung der Gefahr waren, welche sie von jener Seite her bedrohte, so hatten sie auch schon früh ihre Vorsichtsmaaßregeln dagegen getroffen: schon im Januar hatten sie die Zahl der im November 1513 für eine neue Unternehmung wider Burgund ausgezogenen Krieger, auf 20,000 erhöht und diese bereit zu halten im Juni neuerdings gemahnt.[20]

Allgemein glaubte man jetzt, Ludwig werde sofort einen Kriegszug wider Mailand unternehmen, wozu ihn schon die Venetianer, die jetzt von einer Aussöhnung mit dem Kaiser nichts mehr wissen wollten, aufforderte. Aber noch schien er keine Vorbereitungen dafür zu treffen. Jetzt richtete der Papst selbst die directe Aufforderung dazu an ihn, indem er ihn auf die Leichtigkeit dieses Unternehmens aufmerksam machte, da das spanische Heer in Italien reducirt war und die Schweizer keine Aussicht hätten für die Vertheidigung des Herzogthums von irgend einer Macht Subsidien zu erhalten und trat durch den Cardinal von San Severino auch in Unterhandlung wegen eines Bündnisses mit ihm, womit das Project einer Vermählung Giuliano's, der auch mit dem spanischen Hofe über eine Verbindung mit Donna Teresa da Cardona, einer nahen Anverwandten Ferdinand's verhandelt hatte, mit Philiberta von Savoien, der Tante des französischen Thronfolgers und bestimmte Forderungen hinsichtlich Neapels verbunden gewesen zu sein schienen.[21] Allein da Ludwig zögerte, sei es daß er doch nicht so geradezu seine Unterstützung für Ferrara und Neapel, auf welches er selbst Rechte hatte, zusagen mochte, sei es daß die Erwerbung Modena's vom Kaiser (im September) ihn mißtrauisch gegen Leo machte, schloß dieser, um sich nach allen Seiten zu decken mit Maximilian und Ferdinand einen Vertrag auf ein Jahr, welcher indeß da Ferdinand von den Absichten

Leo's auf Neapel und von der Unterſtützung derſelben durch
Venedig unterrichtet war, nur eine Garantie des Status quo
enthielt; bald aber auch, doch nur präliminariſch denjenigen mit
Ludwig. [22]

Allein Leo war keineswegs geſinnt, Mailand Ludwig zu
überlaſſen: er gedachte ſich ſeiner nur zur Förderung ſeiner
dynaſtiſchen Pläne zu bedienen, aber er wollte auch ſeiner nationalen Politik treu bleiben. Dazu und zum Schutze Mailands
ſollte ihm ſein längſt projectirtes Separatbündniß mit den
Eidgenoſſen dienen, deſſen Entwurf endlich durch die Mitwirkung Schinners, der wohl zu dieſem Zwecke nach Bern gekommen war, am 1. Auguſt zu Stande kam. Daſſelbe hatte den
doppelten Zweck des Schutzes Mailands, welchem der Papſt
Parma und Piacenza zurückzuerſtatten verſprach, wozu er 800
Reiter geben und 8000 ſchweizeriſche Knechte beſolden ſollte
und der Vertheidigung der Kirche und der Städte Florenz,
Genua, Siena und Lucca, wofür die Eidgenoſſen 12000 Knechte
in des Papſtes Solde zu ſtellen hatten; während ſich dieſer zu
einer jährlichen Penſion von 40,000 Ducaten während der
Dauer des Bundes, welche auf fünf Jahre feſtgeſetzt ward und
zu einer monatlichen Subſidie von 10,000 Ducaten, wenn die
Eidgenoſſen wegen deſſelben in Krieg geriethen, verpflichtete.
Allein da der erſte Zweck im Widerſpruch mit Leo's Verſprechungen gegenüber Ludwig ſtand und daher leicht die Ausſicht
auf die Förderung ſeiner dynaſtiſchen Abſichten durch dieſen
vernichten konnte und es dem Papſte vor Allem um den Schutz
ſeiner Familie zu thun war, ſo wurde dieſer Entwurf in der
Folge dahin abgeändert, daß Mailand im Bundesbrief nicht
genannt, aber daneben beſonders verſichert werden und
der Bund auf Lebzeiten des Papſtes geſchloſſen werden ſollte,
der ſich jetzt, da auch die Städte Siena und Lucca nicht in
denſelben aufgenommen wurden, nur zu einer Penſion von
2000 Rh. Fl. an jeden Ort, ohne die heimliche, und zu einer
Hilfe von 500 Reitern verpflichtete, ihren Feinden in ſeinen
Staaten bis zum Po keinen Aufenthalt zu bewilligen verſprach

und den Monatsold für die ihm zu schickenden Hilfstruppen auf 4½ Rh. Fl. festsetzte. Dadurch enthielt also der Bund nichts, was Leo vor Ludwig compromittiren konnte, während zugleich die besondere Versicherung Mailand's den Status quo garantirte und Leo's nationale Politik unterstützte und in dieser Form wurde er auch, nachdem anfänglich nur die VIII Orte Bern, Uri, Unterwalden, Zug, Freiburg, Solothurn, Schaff= hausen, Appenzell sich für denselben ausgesprochen hatten, allein um Uneinigkeit zu verhüten ohne ihn zu unterzeichnen, am 9. December von allen Orten angenommen, allein auch jetzt von einigen nur zögernd ratificirt. [23]

Allein jetzt wandten sich auch Ferdinand und Maximilian, die durch die französisch=englische Allianz, durch welche ihre den Schweizern gegenüber so treulose Politik zu Schanden geworden war, isolirt und durch das Separatbündniß des Papstes mit jenen, vor welchem sie der Kaiser im April neuerdings gewarnt hatte, weil Leo wegen Neapels mit Ludwig verhandle, besorgt waren, wieder an die Eidgenossen. Am 7. November baten ihre Gesandten mit Schinner zu Zürich wiederholt um Beitritt zu einem gemeinen Bunde zwischen dem Papste, Maximilian Ferdinand Mailand und den wälschen Herrschaften und Städten und um eine Unternehmung gegen Frankreich zur Erzwingung des Tractats von Dijon, für welche der Kaiser eine monatliche Subsidie von 20,000 Ducaten und Unterstützung mit 3000 Reitern und Geschütz zusagte und für den Fall des Mißlingens derselben sich für die Bezahlung der 400,000 Kronen durch die Glieder des Bunds zu bemühen versprach. Doch ließen sich die Eidgenossen durch diese und andere glänzende Verspre= chungen nicht verlocken; da sie auf einen Angriff Ludwigs auf Mailand gefaßt sein mußten, lehnten sie einen Heereszug gegen Frankreich ab, versprachen aber ohne des Kaisers Wissen und Willen keinen andern Frieden mit Ludwig als den von Dijon annehmen zu wollen und sagten ihm Unterstützung für den Fall von Feindseligkeiten Ludwigs wider die kaiserlichen Erb= lande zu. [24]

Inzwischen rüstete sich Ludwig ernstlich zur Wiedergewinnung Mailands. Zwar hatte sich am 24. August die Lanterna
in Genua, welche sich einzig noch in seinem Besitze befand,
aus Mangel an Lebensmitteln Fregoso ergeben und war gebrochen worden, allein dieser Verlust reizte ihn nur noch mehr
und die Verhältnisse in Italien selbst schienen, da Sforza allgemein verhaßt war und der Papst die Unternehmung zu fördern schien, günstig.

Sforza war seiner Stellung überhaupt nicht gewachsen
und am wenigsten jetzt, wo sich gegen die Fortdauer seiner
Herrschaft von allen Seiten Gefahren aufthürmten, welche ihm
dieselbe zu rauben drohten, wenn nicht die Schweizer fest zu
ihm hielten: allein diese, die er seine Väter, sich ihren Sohn
nannte, ließen ihn ihre übergeordnete Stellung nur zu oft und
zu sehr fühlen und machten ihm Zumuthungen, auf die er nicht
eingehen konnte, ohne den letzten Rest von Ansehen bei seinen
Unterthanen zu verlieren. So lag es denn nahe, daß er, um
das lästige Joch abzuschütteln, sich an andere Mächte anzuschließen suchte. Der dritte Artikel des Dijoner Friedens, nach
welchem die Eidgenossen das Herzogthum zu ihren Handen
haben wollten, machte ihn mißtrauisch; zwar sandten sie zur
Rechtfertigung im October eine Gesandtschaft an ihn und verordneten daß zur Berathung der Staatsangelegenheit jeder Zeit
zwei schweizerische Rathsboten beim Herzog verbleiben sollten.
Allein die Besetzung der Schlösser zu Mailand und Cremona
und die feste Organisation ihrer Eroberungen in der Lombardei,
welche in diesem Jahre in sechs Vogteien constituirt wurden:
Lugano, Locarno, Domo, Mendrisio und Balerna, Mainthal und
Eschenthal, erhöhten sein Mißtrauen. Auch durch das Einverständniß des Papstes und Ludwigs sah er sich gefährdet und war,
um seinem Staate Ruhe zu verschaffen, zu einem Stillstande mit
Frankreich und Spanien geneigt, was aber die Schweizer nicht
bewilligten; darauf trat er in heimliche Beziehungen zu Ludwig,
um wie Anshelm sagt, das Herzogthum aus dessen Händen als
Gouverneur zu erhalten.[25] Auf der andern Seite riefen jene

scheinbar annexionistischen Tendenzen der Eidgenossen auch den
Verdacht Ferdinands wach, der am liebsten Mailand auch ohne
die französisch-spanische Heirath in seine Hände bringen wollte
und sich dafür besonders gern von Genua aus einen Stützpunkt
verschaffen wollte, mit dem er daher auch im März 1514 einen
Bund schloß²⁶ und dessen Schloß ihm der Heirathsvertrag vom
1. December 1513 als Eigenthum garantirte. Ein geheimer
spanischer Agent suchte Sforza zu Anfang des Jahrs gegen die
Schweizer Mißtrauen einzuflößen und ihn vom Bunde mit
ihnen abzuziehen.²⁷ Zwar warf die Kunde von der französisch-
spanischen Allianz Sforza ganz in die Arme der Schweizer,²⁸
allein damit verbesserte sich das Verhältniß zu ihnen keineswegs.
Die steten Geldforderungen und Zänkereien der Schloßbesatzung
zu Mailand und die Forderung der Tagsatzung, das Schloß
ganz zu ihren Handen zu stellen und die Besatzung zu ver-
mehren, machten ihn neuerdings unwillig und mißtrauisch. Die
Ablehnung dieser Forderung, welche er mit dem Mißtrauen der
fremden Mächte motivirte, die steten aber meistens unbegrün-
deten Klagen der Schloßbesatzung, die läßige Bezahlung der
fälligen und der rückständigen Gelder, die Kunde von geheimen
ihren politischen Interessen widersprechenden Verbindungen mit
fremden Fürsten, welche er freilich in Abrede stellte, der ver-
traute Verkehr mit dem kaiserlichen Commissär, Andrea de Burgo,
welchem sie mißtrauten, endlich die Unwürdigkeit seines Be-
tragens erregten den lauten Unwillen der Eidgenossen und am
18. September, also zu einer Zeit, wo durch die französisch-
englische Allianz der Bestand des sforzischen Regiments neuerdings in Frage gestellt war, kam auf der Tagsatzung zu Zürich
der Antrag zur Berathung, vom Herzog die Bundesbriefe zu-
rückzufordern, die Besatzung zurückzurufen, sich für die noch
schuldigen Summen mit Land zu entschädigen und sich überhaupt der bisherigen mailändischen Politik zu begeben; doch
drang er nicht durch; man begnügte sich an die Stelle der
bisherigen Rathsboten Fleckle von Schwyz und Falck von
Freiburg, an denen theilweise die Schuld an dem schlechten

Einverständnisse liegen mochte, zwei andere, Albrecht von Stein von Bern und Heinrich Erb von Uri abzuordnen. [28]

Während all dieser diplomatischen Verhandlungen hatte der Krieg in Oberitalien fortgedauert. Die Venetianer lagen mit wechselndem Glücke in Friaul mit den Kaiserlichen im Kampfe, während Cardona ruhig in Verona lag. In Crema, welches Prosper Colonna, der Ende 1513 aus spanischem in mailändische Dienste getreten war, mit mailändischen und schweizerischen Truppen belagerte, behauptete sich Renzo de Ceri und schlug die Belagerer im August in einem nächtlichen Ausfall zurück; in der Folge drang er bis an die Abda vor und nahm selbst Bergamo, das er freilich bald wieder an Cardona verlor, während zu gleicher Zeit ein venetianisches Truppencorps unter Niccolò Scoto von den Schweizern geschlagen wurde. [30]

Hatte der Papst bisher scheinbar die Unternehmung, welche Ludwig gegen Mailand vorbereitete, begünstigt, so that er jetzt einen Schritt, welcher zum offenen Bruche mit ihm führen mußte. Er ordnete zu Ende November seinen Secretär den Cardinal Bembo nach Venedig ab, um die Signoria von der französischen Allianz abzuziehen und zum Frieden mit dem Kaiser zu bestimmen, womit die Drohung verbunden war, im Weigerungsfalle sich selbst gegen sie zu wenden, während er zugleich auch Wolsey auf Ludwig, der seine Unternehmung schon auf den kommenden März festsetzte und sich durch große Anerbietungen auch der Hilfe Heinrichs für dieselbe versichern wollte, in diesem Sinne einwirken ließ. Die Furcht vor einer Unternehmung Selims II., welcher am 26. August den Sophi von Persien Ismaël in der Ebene von Calderon besiegt hatte, [31] gegen Europa, vor welcher der Kaiser und Venedig, wenn sie einig waren, am wirksamsten schützen konnten, dann die Aussichtslosigkeit seine dynastischen Pläne jetzt schon durchführen zu können, da er Ludwigs nahen Tod voraussah und dieser selbst keine Garantieen wegen Neapels gab, vielleicht auch Versprechungen Ferdinands für die Förderung der Dynastie mochten ihn zu diesem Versuche bestimmen, der freilich keinen Erfolg

hatte, da die Signoria durch den Bund Ludwigs mit Heinrich
in ihren Aussichten auf Wiedergewinnung ihres Territoriums
gefördert treu an ihrer Allianz mit Ludwig festhielt und ihn
jetzt vielmehr aufforderte, seine Unternehmung zu beschleunigen,[32]
welche er freilich nicht mehr beginnen konnte.

Am 1. Januar 1515 ereilte ihn der Tod,[33] welcher nach
dem einstimmigen Zeugniß der Zeitgenossen die Folge seiner
Wiedervermählung war. Unter den französischen Herrschern
nimmt Ludwig XII. eine hervorragende Stelle ein: Nicht nur
hob er den Einfluß Frankreichs außerordentlich, so daß er auch
nach allen seinen Niederlagen immer noch ein gefährlicher Gegner
war, sondern er förderte auch durch viele wohlthätige Reformen
die innere Wohlfahrt seines Volkes, das ihm in Liebe und
Verehrung den Namen des Gerechten und des Vaters gab.
Glänzende und blendende Eigenschaften fehlten ihm zwar, seine
karge Sparsamkeit stand auch in einem gar zu grellen Gegen-
satze zu dem verschwenderischen Glanze seines Nachfolgers, aber
er besaß dafür die soliden, welche das Glück eines Volkes
sichern, das er noch in höherm Maaße gefördert hätte, wenn
er nicht dessen Ruhe zu oft seinem Ehrgeize geopfert hätte. Er
hatte mannigfache Wendungen des Schicksals durchgemacht:
kaum konnte er in seiner Jugend je hoffen, den Thron zu be-
steigen. Ludwig XI. hatte ihn zu einer Ehe gezwungen, die
Alexander VI. wieder löste; unter Karl VIII., besonders in
dessen ersten Regierungsjahren, war er abhängig und einflußlos.
Das Glück öffnete ihm den Weg auf den Thron. Seine
ersten Unternehmungen waren von Ruhm und Erfolg begleitet.
Mit dem Abfall der Eidgenossen begann sein Unstern und begleitete ihn fast bis an sein Ende. Kaum hatte sich seine
Lage wieder gebessert als der Tod allen seinen ehrgeizigen
Plänen abschnitt und in der europäischen Politik eine Verän-
derung herbeiführte, mit welcher auch bald der Antheil der
Schweizer an derselben sich anders gestaltete.

Zweiter Abschnitt.

Der Antheil der Schweizer an der europäischen Politik
von der Thronbesteigung Franz' I. bis zum ewigen Frieden
mit Frankreich (1515—1516).

Erstes Kapitel.

Diplomatische und militärische Vorgänge bis zum Einrücken Franz' I. in Italien.

[1] In Frankreich folgte auf Ludwig XII. nach dem salischen
Gesetze sein Vetter und Eidam Franz von Angoulème (geb.
12. Sept. 1494), dessen Thronbesteigung von den schönsten
Hoffnungen seines Volkes begleitet wurde. Sein jugendliches
Alter, seine Schönheit, Freigebigkeit und Leutseligkeit, vor allem
aber sein ritterlicher Sinn und sein Interesse für Künste und
Wissenschaften gewannen ihm Aller Herzen. Der Ruhm Ga-
stons und die kriegerischen Thaten seines Vorgängers ließen
ihn nicht ruhen. Seine geniale und ehrgeizige Natur, der
Anreiz so vieler junger edler Männer und vielfache Aufforderungen aus Italien selbst trieben ihn zur Wiedereroberung
Mailands. Sogleich bei seiner Thronbesteigung legte er sich
den Titel eines Herzogs von Mailand bei und ließ sich auch
bei der Krönung am 25. Januar zu Rheims als solchen aus-
rufen. Seine Rechte beruhten auf den alten Erbansprüchen
der Orléans, kraft derer auch Ludwig vom Kaiser belehnt
worden war und auf der Urkunde vom 14. Juni 1509 von
Trient, durch welche Ludwig die Investitur für sich und seine
männlichen Nachkommen und in Ermanglung solcher für seine

Tochter Claudia und deren künftigem Gemahl erhalten hatte,
wozu in der Folge noch eine Acte vom 28. Juni kam, durch
die Claudia ihm ihre Ansprüche auf Mailand übertrug.[2]

Zwar hielt Franz I. für's Erste seine Absichten noch geheim, bis er die Bündnisse seines Vorgängers mit den auswärtigen Mächten erneuert und sich dadurch für eine Unternehmung gegen Italien gekräftigt hätte. Allein Ferdinand, der
schon längst von dem neuen Herrscher feindliche Absichten wider
Navarra vorgesehen hatte und auch für Neapel und Mailand
fürchtete, ließ sich nicht täuschen; er traf Vorsichtsmaßregeln.
Am 3. Februar schloß er zu Rom mit dem Kaiser und dem
Papste einen Bund, in welchen auch Sforza, Genua und die
Schweizer als Hauptpaciscenten aufgenommen wurden und
welcher, gegen die Türken gerichtet, zugleich den Status quo in
Italien garantirte, zu dessen Vertheidigung ein Bundesheer
unter dem Commando Raymon's da Cardona bereit gehalten
wurde, das zu zwei Dritttheilen aus Schweizern bestehen sollte
und zu dessen Erhaltung sich alle Contrahenten mit Ausnahme
der Schweizer zur Bezahlung einer monatlichen Subsidie verpflichteten, welche für den Papst 20,000 Ducaten, für den Kaiser
6000 und für die Uebrigen je 10,000 betrug und je nach Bedürfniß im nämlichen Verhältniß erhöht werden konnte. Parma
und Piacenza, Modena und Reggio wurden mit Vorbehalt der
Rechte des Reichs und der Kirche dem Papste zugesprochen und
die Investitur für ihn oder für den, welchen er dafür bestimme,
(Giuliano oder Lorenzo de' Medici) zugesagt, während Sforza
durch Bergamo, Crema und Asti oder von dem Kaiser und
Ferdinand auf eine andere ihm und den Schweizern genehme
Art entschädigt werden sollte. Die Contrahenten verpflichteten
sich zudem zur Unterstützung des Kaisers und der Schweizer,
auch wenn sie außerhalb Italien's angegriffen würden und übernahmen die Protection der beiden Medici und ihrer Nachkommen
auch nach dem Tode des Papstes mit allen jetzigen und künftigen Gütern und Staaten.[3] Doch trat dieser Bund, der zwar
binnen 40 Tagen ratificirt werden sollte, nicht sobald und nicht

in seinem vollen Umfange in Kraft, da der Papst mit Franz
in Unterhandlungen trat, der Doge von Genua seine Unab=
hängigkeit mit der Stellung eines französischen Gouverneurs
vertauschte, Sforza zwar in die Abtretung Parma's und Pia=
cenza's willigte, die Schweizer aber lange Zeit nur unter der
Bedingung, daß bis Crema zurückerobert sei, Brescia, das der
Kaiser besaß, dem Herzogthum einverleibt würde, was dieser
nicht zugeben wollte.[4]

Zur nämlichen Zeit aber kam unabhängig von diesem und
wohl ohne Kunde von demselben am 7. Februar zu Zürich ein
ähnlicher Bund zwischen dem Kaiser und Ferdinand, die bereits
zwei Jahre dafür bei ihnen geworben hatten und den Schwei=
zern, welche so sehr sie sich bisher auch dagegen gesträubt hatten,
doch jetzt in Berücksichtigung der Gefahr, auf das Ansuchen
Sforzas und die Verwendung Berns mit Ausnahme Schwyz'
und Zug's für einen solchen geneigt waren, und Sforza zu
Stande, in welchen auch der Papst, welchem, nach Guicciardini
der Beitritt bis Lätare (19. März) offen gelassen wurde, und
Genua aufgenommen wurden.[5] Er unterscheidet sich von dem=
jenigen vom 3. Februar theils durch eine engere Fassung, indem
er nur ein Forum für Europa enthält und vom Türkenkriege
ganz absieht theils durch eine Erweiterung, indem er nicht nur
ein Schutz= und Trutzbündniß im weitesten Umfange, doch ohne
Berücksichtigung der Medici, einschließt, sondern auch eine Un=
ternehmung wider Frankreich selbst vorsieht, welche entweder
von den Schweizern mit Unterstützung des Kaisers und Ferdi=
nands durch Reisige und Geschütz und eine monatliche Subsidie
von 30,000 Ducaten, oder von diesen mit Unterstützung durch
10—12,000 schweizerische Söldner ausgehen sollte. Andrer=
seits ist er ihm aber dadurch ähnlich, daß er den Status quo
in Italien garantirt, insbesondere alle Contrahenten zum Schutze
Mailands verpflichtet. Hienach war die Stellung der Schweizer
in beiden Bündnissen eine wesentlich verschiedene; wie sie im
ersten zurücktreten und nur als Söldner in Betracht kommen,
so stehen sie im zweiten, das ihnen auch Pensionen sichert, im

Vordergrunde und dies mochte wohl auch der Grund sein, warum sie jenem beizutreten zögerten und dies erst dann thaten, als es durch verschiedene Modificationen ihnen eine selbstständige Stellung sicherte, während sie sich zugleich eifrig darum bemühten, den Papst zum Beitritt zu ihrem Bunde zu bewegen.[6]

In Kraft des zweiten Bundes mahnte die Tagsatzung die Stände, einstweilen in Stille eine Unternehmung wider Frankreich, welche besonders Bern in großartigem Sinne ausführen wollte vorzubereiten, wenn etwa der König von Frankreich feindselige Absichten gegen die Schweiz kund gebe, entschied sich für eine selbstständige Unternehmung, für welche auch das von den Geißeln von Dijon erhaltene Geld verwendet werden sollte und bot am 20. März dem Kaiser einen Einfall in Burgund mit 10—12,000 Mann an. Doch schien ihm diese Heeresmacht zu gering und das Project scheiterte daran, daß die Eidgenossen einen größern Zug zu unternehmen sich weigerten und einen vom Kaiser auf den 29. April nach Biberach ausgeschriebenen Tag, auf welchem er sich mit den Gesandten der Liguisten darüber berathen wollte, nicht beschickten. Zwar wurde es in der Folge wieder aufgenommen und am 12. Juni dahin modificirt, daß im Falle eines Angriffs Franzens auf die Eidgenossen, den Kaiser oder Mailand auch Ferdinand mit Heeresmacht in Frankreich einfallen sollte; im Falle eines solchen auf Ferdinand, den Kaiser oder Mailand die Eidgenossen einen Heereszug wider Frankreich unternehmen sollten, wofür ihnen eine monatliche Subsidie von 30,000 Ducaten und Unterstützung mit 1000—1200 Reitern und Geschütz durch den Kaiser zugesagt wurden. Doch kam dasselbe theils wegen der Kriegsereignisse in Mailand, theils wegen der Abwesenheit des Kaisers in Wien nicht zur Ausführung und damit trat der Vertrag vom 7. Februar, dessen auf Mailand bezüglichen Bestimmungen durch die allseitige Annahme desjenigen vom 3. entbehrlich wurden, überhaupt nicht in Kraft.[7]

Während so die Liguisten wider ihn beriethen, hatte auch Franz Verbindungen geknüpft.

Sogleich bei seiner Thronbesteigung hatte Karl von Burgund, welcher seit dem 5. Januar die Regierung über die Niederlande selbstständig führte, eine Gesandtschaft an Franz zur Huldigung für die von ihm besessenen französischen Kronlehen abgeordnet und zugleich durch dieselbe mit ihm Unterhandlungen über eine Vermählung mit Renée de France angeknüpft, als deren Mitgift er u. A. Mailand und Asti, dazu aber auch Beistand für dessen Eroberung verlangte,[8] während zu gleicher Zeit Ferdinand um die Hand Renées für seinen zweiten Enkel angehalten zu haben scheint und mit dem Kaiser um die Königin Wittwe für den frühern Verlobten Karl warb.[9] Und wirklich kam, während diese mit Karl Brandon Herzog von Suffolk sich vermählte, nach langen Berathungen und öftern Unterbrechungen, am 24. März der Heirathsvertrag mit einem Schutz= und Trutzbündniß zu Stande, durch welchen freilich Renée auf Mailand sowie Bretagne verzichten und sich mit dem Herzogthum Berry u. A. als Mitgift begnügen mußte. Durch eine Nachtragsacte vom 31. März versprachen Beide Ferdinand zur Restitution Navarras oder zur Anerkennung eines Schiedsgerichts aufzufordern, widrigenfalls er vom Bunde ausgeschlossen würde.[10] Die Schweizer wurden in demselben von Karl vorbehalten.

Mit Heinrich VIII. erneuerte Franz den Bund seines Vorgängers am 5. April auf die nämlichen Bedingungen also mit Anerkennung der Rechte auf Mailand und mit Ausschluß des Kaisers und Ferdinands.[11] Doch trat Heinrich zugleich mit Karl über ein Bündniß in Unterhandlung und auch Ferdinand näherte sich jenem wieder.[12]

Mit d'Albret ratificirte Franz ein noch mit Ludwig XII. berathenes Schutz= und Trutzbündniß;[13] mit Venedig erneuerte er nach einigem Zögern am 27. Juni den Bund Ludwigs und gab den Gesandten der Republik die Versicherung, sie würden einander binnen vier Monaten an der Abda wiedersehen.[14]

Zugleich stand er auch mit dem Papste in Unterhandlungen: durch den Vertrag vom 3. Februar, der ihm nur mäßigen Gewinn brachte und das Uebergewicht des spanisch-österreichischen Hauses in Italien förderte, nicht befriedigt suchte ihn dieser im April durch Canossa für die Erwerbung Neapels für Giuliano, welcher jetzt mit Franzens Tante sich vermählte, zu gewinnen, wofür er scheinbar Mailand zu opfern geneigt war, dessen Vertheidigung durch die Schweizer er heimlich mit Geld fördern konnte und mußte. Allein Franz hatte selbst Absichten auf Neapel, dessen Eroberung er durch den Bund mit d'Alibret erleichtert hatte und ging daher auf die Forderungen des Papstes, dessen Hoffnungen er einige Zeit genährt hatte nicht ein; doch bot er ihm seine Freundschaft und Mitwirkung für einen Türkenkrieg und für Lorenzo eine Verbindung mit seinem Hause durch Vermählung mit der Wittwe Cesare Borgias an, [15] während jetzt Leo bei dem Fehlschlagen seiner Hoffnungen auf Neapel an die Erwerbung Mailands, dessen schwacher Herrscher leicht zu verdrängen schien, für Giuliano dachte. [16]

Auch mit Ferdinand wollte Franz den Waffenstillstand Ludwigs erneuern; doch gelang dies nicht, da jener um nicht die Schweizer mißtrauisch zu machen und den Papst zu einer Verbindung mit jenem zu drängen, den erneuten Einschluß Mailands in denselben forderte. [17]

Am meisten war aber Franz wohl an einer Aussöhnung mit den Eidgenossen gelegen. Sofort nach seiner Thronbesteigung sandte er ihnen durch einen Boten, welcher am 11. Januar nach Bern kam, ein vom 2. Januar datirtes Schreiben, in welchem er ihnen seine Succession anzeigte und sie um Geleit für eine Gesandtschaft zu Friedenswerbungen bat. Zwar ertheilten ihm die Tagherren über die Frechheit des Boten, der ohne Geleit erschienen war, erzürnt, zum Verdruß der französisch Gesinnten die barsche Antwort, der Friede sei zu Dijon geschlossen worden; wolle er ihn nicht halten, so sollten seine Boten es nicht mehr wagen, in die Schweiz zu kommen. Doch ward auf den Wunsch des Herzogs von Savoien, welcher

schon früher stets zu vermitteln gesucht hatte und jetzt als
Oheim des französischen Königs noch eifriger sich für eine Aus=
söhnung bemühte, am 1. März für eine savoische Gesandtschaft
Geleit auf einen Tag zu Bern am 26. März bewilligt, jedoch
mit der bestimmten Erklärung, daß mit Frankreich nur auf
Grundlage des Dijoner Friedens Verhandlungen stattfinden
dürften. Zwar gaben die Bevollmächtigten, Foresta, Abt von
Peterlingen und Nantua, ein Herr von Menthon und ein Se=
cretär Lamberti auf demselben keine bestimmten Erklärungen,
sondern sprachen nur von den 400,000 Kronen des Dijoner
Friedens und unter diesem Eindrucke mochte wohl die Tag=
satzung auf diesem Tage dem Kaiser die Unternehmung gegen
Burgund anbieten. Doch ward ein neuer Tag auf den 30. April
nach Bern angesetzt, auf welchem bloß Lamberti erschien, der
im Namen des Königs meldete, er sei zur Bezahlung jener
Summe und aller Ansprachen, sowie zur Unterhaltung von
4000 schweizerischen Söldnern, zur Entrichtung der frühern
und selbst größerer Pensionen und zur Unterstützung der Eid=
genossen im Falle eines eigenen Kriegs bereit, auf Mailand
aber wolle er nicht verzichten, doch Sforza durch ein Fürsten=
thum in Frankreich entschädigen und sie durch die Nachricht von
der Aussöhnung des Königs mit allen übrigen europäischen
Mächten, mit dem Kaiser durch Vermählung desselben mit
seiner Mutter, welche dieser freilich bald dementirte, einzuschüch=
tern suchte. Er ward mit Unwillen heimgewiesen und ihm als
er am 23. Mai neuerdings auf einem Tage zu Luzern er=
schien, das fernere Betreten der eidgenössischen Grenzen strenge
verboten und auch der Mutter des Königs, welche sich durch
die Vermittlung der Fürstin von Oranien am 12. Juni an
die Eidgenossen wandte, die Bitte um Geleit abgeschlagen. [18]
    Nach all diesem läßt sich wohl nicht mit einigen Schrift=
stellern [19] annehmen, Franz habe sich blos des Anstands wegen
an die Schweizer gewandt. Wohl aber gab ihm diese trotzige
Abweisung seiner Anerbietungen einen geeigneten Vorwand, für
seine Rüstungen und die Bereithaltung eines Auszugs von

20,000 Mann zu stündlichem Aufbruch, sowie die Beförderung aller übrigen Kriegsanstalten, welche schon im März beschlossen wurde, sowie der Vertrag vom 7. Februar und ihre Berathungen mit dem Kaiser mochten ihn wirklich einen Einfall in Burgund fürchten lassen.[20] In Deutschland warb er durch Richard von Suffolk, durch den Herzog von Geldern, welchem er den Ober= befehl über dieselben ertheilte, durch Robert de la Mark und dessen Sohn Fleuranges deutsche Landsknechte. Pedro Navarra, welcher seit der Schlacht bei Ravenna französischer Gefangener, kürzlich ausgelöst und freigegeben worden war und da Ferdi= nand nichts für ihn thun wollte, jetzt in französische Dienste trat, ließ er an der französisch=spanischen Grenze 10,000 Knechte sammeln. Er erhöhte die Zahl der Lanzen von 2500 auf 4000, vermehrte das Geschütz und concentrirte einen Theil seiner Truppen unter Lautrec an den spanischen Grenzen, da Ferdi= nand schon im Januar Truppen nach Navarra geschickt hatte, einen andern unter La Tremouille in der Nähe der Schweiz, ein drittes Corps unter Trivulzio in der Provence: trotz dieser großartigen Rüstungen glaubte man, da die drohende Stellung der Schweizer für sie ein genügender Grund schien, in Italien nicht an eine Unternehmung wider Mailand schon in diesem Jahre.[21]

Ungefähr um diese Zeit trat zwischen die diplomatischen Verhandlungen ein Ereigniß, mit welchem eigentlich der Krieg begann und welches die Eidgenossen wieder in die Lombardei führte.

In Genua schloß der Doge Ottavio Fregoso, weil er eine baldige Unternehmung Franzens fürchtete, gegen die er sich zum Voraus sichern wollte, und weil er stets durch die feindliche bisher französisch gesinnte Partei der Adurni und Fieschi, welche unmittelbar nach der Schlacht von Novarra mit Sforza und den Schweizern in Verbindung getreten war und mit den mai= ländischen und den in der Lombardei liegenden schweizerischen Truppen im Herbst 1513 und im December 1514 zwei freilich erfolglose Anschläge wider Genua unternommen hatten,[22] bedrängt

wurde, mit Franz einen Vertrag, durch welchen er ihm Stadt
und Schloß von Genua übergab und die Würde eines Dogen
der Republik mit derjenigen eines königlichen Statthalters vertauschte. Doch hielt er dies einstweilen, da er sich vor dem
Papste scheute, dem er erst später in einem Manifeste seine
Gründe auseinandersetzte, geheim, und mochte dieser auch durch
Gerüchte davon in Kenntniß gesetzt worden sein, er glaubte
ihnen entweder nicht oder verzieh Fregoso diesen Schritt; um
so mißtrauischer war dagegen Sforza. [23]

Zu derselben Zeit als die savoiische Friedensvermittlung
in der Schweiz im besten Gange war, erschien am 25. April
auf einem Tage zu Luzern Albrecht von Stein, welchen der
Herzog und Schinner abgeordnet hatten und welcher die Vorfälle in Genua meldete und 4000 Mann forderte, um den
Franzosen in der Besetzung der Stadt zuvorzukommen. Die
Tagsatzung beschloß sofort die verlangte Hilfe nach Novarra
zu schicken, doch hinderten die Abmahnungen Schinners und
der päpstlichen Gesandten, welche nach dem Willen des Papstes
den Lärm nur für ein Spiel Sforza's ausgaben um sich Genua's, Parma's und Piacenza's zu bemächtigen, lange den
Auszug, welchen indeß das Treiben Steins und neue Aufforderungen aus Mailand zu Stande brachten. Am 9. Mai zogen
die 4000 Mann, denen sich noch 2—3000 Freiwillige anschlossen unter dem Commando Uri's und Luzern's aus und
kamen am 20. nach Novarra, wo der Herzog 1500 Reiter
unter Prosper Colonna und Galeazzo Visconti mit Geschütz
zu ihnen stoßen ließ. Allein statt schnell gegen Genua vorzurücken beschlossen sie hier die Bezahlung ihres Soldes abzuwarten; diese Verzögerung erleichterte die Befestigung der französischen Herrschaft in Genua. Erst am 31. Mai verließen
sie 9000 Mann stark Novarra und zogen nach Alessandria, wo
sie aber auf Veranlassung des Papstes, der sich für die Treue
des Dogen verbürgte und bereits päpstliche und florentinische
Truppen zu dessen Schutze rüstete, von dem päpstlichen und
dem spanischen Gesandten, von Schinner und Colonna durch

Verſprechungen und Verſicherungen, von Fregoſo ſelbſt durch
eine große Summe Geldes zurückgehalten wurden. Doch
waren ſie in ihren Berathungen ſehr uneinig, indem während
Einige an dem Plane gegen Genua feſthielten, Andere in Aleſ=
ſandria bleiben und Verſtärkungen erwarten, Dritte endlich nach
Mailand zurückkehren wollten und Letzteres war ſchon entſchie=
den, als Schinner und der ſpaniſche Geſandte durch das Ver=
ſprechen von Geld und Hilfstruppen, wenn der Bund vom
3. Februar unterzeichnet würde, das Bleiben erlangten. Und
nun ward beſchloſſen, ſich mit Schinner ſofort zur Beſetzung
der Päſſe nach Suſa und Saluzzo zu wenden und von der
Tagſatzung noch 15,000 neue Eidgenoſſen zu verlangen.[24]

Als Sforza ſo die Unternehmung gegen Genua verzögert
und durch die franzöſiſche Occupation deſſelben ſeine eigene
Stellung gefährdet ſah, ſchickte er um die Mitte Mai ſeinen
Schatzmeiſter Jean Colla und Dr. Philipp Sack in die Schweiz,
welche auf einem Tage zu Luzern am 23. Mai um baldigen
Beitritt zur Ligue, um Verſtärkung der Truppen, um eine
Unternehmung wider Frankreich, Savoien und Montferrat und
um Mitwirkung bei der Erhebung einer Steuer von 300,000
Ducaten baten und entweder die Beſetzung der piemonteſiſchen
Päſſe oder die Occupation einiger Staaten in Mittelitalien,
um ſie zur Unterſtützung zu zwingen und ſich dort für ihre
Koſten bezahlt zu machen, vorſchlugen.[25] Zwar dauerte der
Unwillen der Eidgenoſſen gegen Sforza fort und war jüngſt
durch verſchiedene Vorfälle noch genährt worden. Am 8. Ja=
nuar ward auf einem Tage zu Luzern vorgebracht, daß Sforza
nicht nur die Bundesbriefe noch nicht beſiegelt, ſondern auch
ihre Geſandten ſchimpflich behandelt und das zu Novarra er=
oberte Geſchütz nach Spanien geſchickt hätte. Die Kunde von
dem Anſchlag der mailändiſchen Truppen wider Genua im De=
cember, wobei Einige der Ihrigen getödtet wurden, wegen
deſſen ſie ſich bei Fregoſo weil ohne ihr Wiſſen und Willen
geſchehen rechtfertigten, die Bezahlung der ſchuldigen Summen
in ſchlechter Münze und der Umſtand, daß der Biſchof von

Lodi wider ihren Willen in seinem Amte belassen wurde, reizte
die Schweizer noch mehr und gerade zur Zeit, als Ferdinand
und der Kaiser mit ihnen einen Bund zur Vertheidigung Mai=
lands schlossen, erscholl die Kunde Sforza stehe mit Franz wegen
der Uebergabe seines Staates in Unterhandlung. [26] Doch recht=
fertigte sich der Herzog vor einer eidg. Gesandtschaft über diese
Vorwürfe; er besiegelte die Bundesbriefe, entließ Andrea de
Burgo, welcher schon längst das Mißtrauen der Schweizer er=
regt hatte, bot an selbst als Geißel zu ihnen zu kommen oder
seinen Bruder zu schicken, bezahlte rückständige Gelder und ver=
pflichtete sich zur Bezahlung einer Pension von 500 Ducaten
an Appenzell und zur Wiedereinlösung verschenkter 90,000 Gulden
jährlicher Gülten und auch seine Gesandten verantworteten und
verwandten sich für ihn. [27] Indessen wurde der Bischof von
Lodi, weil er Schinner, ohne es beweisen zu können der Ver=
untreuung anklagte und bestimmte Indicien von Verrätherei
gegen ihn vorlagen, am 25. Mai gefangen genommen, gefoltert
und am 6. Juni nach Baden in die Schweiz geschickt, wo er
erst im August auf Aufforderung des Papstes und auf die Bitte
der Bischöfe von Constanz und Veroli freigegeben wurde. [28]

Die Tagsatzung lehnte am 12. Juni besonders auch auf
das Drängen des Papstes eine Waffenthat gegen Genua, Mont=
ferrat und Savoien ab und auch der Heerzug gegen Frankreich
kam nicht zu Stande; sie bewilligte dem Herzog die Erhebung
der Steuer, ermahnte ihn aber zur Schonung und Sparsamkeit
und entschied sich für die Besetzung der Pässe. Zugleich sandte
sie mit Colla eine Gesandtschaft nach Mailand. Durch die
Kunde von den Vorfällen in Genua und die großen Rüstungen
Franzens aufgerüttelt traf sie auch Vorsichtsmaßregeln für einen
Krieg in Italien und gegen einen Angriff von Seiten des
französischen Königs im eigenen Lande: zur Verstärkung des
Heers gebot sie 14,000 Mann bereit zu halten, mahnte den
Kaiser laut der Erbeinigung in Hochburgund treues Aufsehen
zu haben, verlangte das Gleiche auch von Herzog Ulrich in
Hinsicht Mümpelgard's und beauftragte die drei westlichen

Städte, weil verlautete Franz wolle über Burgund in die
Schweiz einfallen mit der Besetzung der Schlösser zu Neuen=
burg, Granson und Iverdon. Auf die Bitte der Truppen in
Alessandria gebot sie am 14. Juni, um damit bald zu Ende
des Kriegs zu kommen und in Hoffnung alle Kriegsrüstungen
von Seiten der übrigen Liguisten bereit zu finden, daß das
zweite Corps um den 24. zur Besetzung der Pässe ausziehen
sollte. Zur raschern Beförderung der Beschlüsse und Verhand=
lungen wurde Luzern, weil in der Mitte der Schweiz gelegen,
am 4. Juli die Vollmacht ertheilt, nach Gutfinden Tagsatzungen
auszuschreiben und die dorthin kommenden Schreiben zu öffnen,
zur ernstlichern Führung des Kriegs am 6. der Kaiser um
1000 Reiter gemahnt, welche er jedoch nicht bewilligte, da er
seine Grenzen nicht entblößen dürfe.[29]
      Inzwischen war das Heer von Alessandria an die Pässe
vorgerückt. Zwar waren nicht Alle über die Besetzung der=
selben einverstanden, weil Sforza nur sehr lässig zahlte und
bereits Mangel an Lebensmitteln sich fühlbar machte, sondern
eher sich nach Vercelli zurückzuziehen. Allein auf das Treiben
Albrechts von Stein, welcher ebensosehr die Ehre der vaterlän=
dischen Waffen, als das Interesse des Heers, um nicht Mai=
land zum Abfall und die Liguisten zur Nichterfüllung ihrer
Verpflichtungen zu bestimmen, geltend machte, zogen sie, wäh=
rend Einige unzufrieden sich nach Vercelli zurückwandten, mit
Prosper Colonna am 22. Juni nach Asti und von da am 27.
nach Chieri in Piemont, da sie bestimmte Kunde von dem
Heranrücken der Franzosen hatten. Von Chieri rückten sie nach
Moncalier vor, wo Schwyz und Glarus stehen blieben, wäh=
rend die Hauptmacht nach Pinerolo und die freien Knechte nach
Saluzzo zogen.[30] Allein die anfängliche Unentschlossenheit ver=
fehlte nicht in Mailand eine Rückwirkung zu veranlassen. Schon
am 8. Juni hatte dort Sforza die Steuer ausgeschrieben, von
der die eine Hälfte binnen drei Tagen, die andere binnen einem
Monat bezahlt werden sollte, was bei der Bürgerschaft die
lauteste Mißstimmung hervorrief. Als ihre Vorstellungen beim

Herzog, bei Schinner und den eidgenössischen Boten erfolglos
waren, begann unter dem Eindruck der Unentschiedenheit des
Heeres am 17. Juni ein Tumult, welcher erst am 4. Juli ein
Ende nahm, als der Herzog sich mit der Anerbietung von
50,000 Ducaten, wofür er der Bürgerschaft zudem die Besetzung
von drei Aemtern bewilligen mußte, begnügte, welche am näm=
lichen Tage auch von der Tagsatzung angenommen wurde.³¹
Um dieselbe Zeit rückte das zweite eidgenössische Corps von
15,000 Mann über den St. Bernhard und über den Gotthard
in Italien ein. Die drei westlichen Städte zogen sofort über
Jvrea und Rivoli zur Hauptmacht des ersten Corps nach Pi=
nerolo. Die über den Gotthard gezogenen Waldstätte, Glarus
Zug, Appenzell und einige Zugewandte dagegen, welche am
4. Juli nach Vercelli kamen, blieben hier stehen, weil sie sich
nicht zu weit vom Vaterlande entfernen und auf den Aufruhr
in Mailand sehen wollten und mahnten von hier aus, auch die
Heerhaufen von Zürich, Basel und Schaffhausen, welche über
den Bernhard vorrückten und am 6. nach Jvrea kamen, sie
möchten inne halten, bis man den Ausgang der in Italien
ausgebrochenen Unruhen kenne, welche schuld daran seien, daß
das Heer noch keine Subsidien erhalten habe und es ihm an
Lebensmitteln fehle. Doch hatten ihre Mahnungen keinen Er=
folg und sie selbst rückten auf die Aufforderung der päpstlichen,
spanischen und mailändischen Gesandten, welche Hilfstruppen
und Gelder versprachen, sobald die Ligue von den Eidgenossen
besiegelt sei nach Chieri vor, so daß jetzt alle Eidgenossen in
der Nähe der Pässe vereinigt waren.³²

War schon durch die Uneinigkeit der Truppen hinsichtlich
des Operationsplans der Grund zur Unzufriedenheit gelegt, so
kam dazu noch die Mißstimmung über die schlechte Verpflegung.
Da die Eidgenossen bisher die Ligue noch nicht ratificirt hatten,
so hatten auch die übrigen Liguisten, wie sie dazu auch nicht
verpflichtet waren, ihre durch dieselben übernommenen Verbind=
lichkeiten nicht erfüllt und Sforza war natürlich nicht im Stande,
die Lasten allein zu tragen. Die Truppen erhielten keinen

Sold und das geringe Reisgeld war bald verzehrt, so daß sie, wenn sie nicht hungern wollten, in dem neutralen Piemont und in den umliegenden Staaten plündern mußten, worüber diese schon auf einem Tage zu Chivasso am 12. Juli Klage führten und damit auch die Disciplin sich lockerte.[33] Die feindliche Stimmung der Länder, welche lieber in der Nähe des reichen und der Heimath nahen Mailand den Feind erwarten wollten, gegen die Städte, welche es für vortheilhafter hielten, den ihnen überlegenen Feind im Gebirge zu bekämpfen, insonderheit gegen Stein, welcher die Seele dieses Plans, zugleich aber der Bestechung durch die Franzosen verdächtig war, kam auf einem Tage zu Moncalier am 24. Juli, wo die Hauptleute der verschiedenen Corps als dem Mittelpunkte gewöhnlich ihre Besprechungen hatten zum Ausbruch. Die Schwyzer und Glarner überfielen den Berner Hauptmann in seiner Wohnung, beschuldigten ihn der Säumniß und der Verbindung mit den Feinden und hätten ihn ihrer Wuth geopfert, wenn nicht Schinner und Andere ihm zu Hilfe gekommen und die tobende Menge beruhigt hätten. Dieser Sturm war so sehr die Sache des gemeinen Mannes, daß wider die beiden Häupter desselben nicht der mindeste Beweis geleistet werden konnte und auch bei den folgenden darüber gehaltenen Berathungen, welche Bern, das sich verletzt glaubte, verlangte, nichts zu Stande kam, vielmehr die Thatsache der unwürdigen Verbindung Stein's mit den Feinden erhärtet wurde.[34]

Der allseitige Beitritt zur Ligue schien indessen die Lage des eidgenössischen Heers zu verbessern. Leo, der sich nach der Ablehnung seiner Forderungen durch Franz zuwartend und zögernd verhalten hatte, und dessen erneutes Begehren bei einer französischen Gesandtschaft ebenfalls erfolglos war, ratificirte dieselbe mehr durch die Verhältnisse gezwungen als aus innerer Neigung zu Anfang Juli. Während ihn die Aussicht die Lasten eines Krieges wider Franz allein tragen zu müssen, seine verwandtschaftliche Verbindung und vor Allem seine verwandte Natur zu Franz hinzogen, machten ihn die Kenntniß, daß dieser

nicht nur Parma und Piacenza ihm nehmen, sondern auch wie
Karl VIII. Neapel erobern wollte und die Rücksicht auf die
Ruhe von Florenz ihm abwendig; den Ausschlag gab in seinen
Erwägungen, daß seine Neutralität von den Liguisten als fran=
zösische Gesinnung aufgefaßt werden möchte und die Schweizer,
welche schon wegen Genua ihm mißtrauten und, wie Vettori
sagt, durch Schinner, der sich von ihm für seine Dienste nicht
hinlänglich belohnt hielt, noch gegen ihn aufgereizt wurden, sich
gegen ihn selbst wenden und Parma und Piacenza dem Her=
zogthum einverleiben würden. Zwar sandte er nun sofort den
Bischof von Veroli zu den Eidgenossen, ließ sich bei ihnen
entschuldigen, mahnte zum Beitritt zur Ligue und bezahlte ihnen
schuldige Pensionen; er ließ Giuliano, den er zum General=
capitän der Kirche ernannt hatte, seine Truppen bei Piacenza
sammeln, nahm die Orsini's, Colonna's, Savello und Urbino
in Sold und schickte M. A. Colonna mit einem Theil seiner
Truppen zum Vicekönig nach Verona; allein er hielt seinen
Beitritt zur Ligue geheim, rechtfertigte seine Truppensammlung
vor Franz mit dem Schutze Parma's und Piacenza's, welche
er schon durch eine Bulle vom 25. Mai gegen allfällige An=
griffe von irgend einer Seite gesichert hatte, so daß jener ihm
glaubte und da Leo seinen Gesandten Wilhelm Budäus und
M. A. Pallavicini den Wunsch auf den fortdauernden Besitz
der beiden Städte ausdrückte, ihm denselben bewilligte, bis er
ihn sonst entschädigen könnte. [35]

Auch die Eidgenossen weigerten sich jetzt nach langem Wi=
derstreben, besonders von Seite Zugs auf die Bitten des Heers
und im Bewußtsein der Nothwendigkeit dieses Schrittes, wenn
anders der Krieg einen glücklichen Ausgang nehmen solle, nicht
länger der Ligue beizutreten; am 17. Juli ward dieselbe von
allen Orten mit Ausnahme Schwyz', Nidwalden's und Glarus,
angenommen und von Luzern im Namen der Städte, von Uri
im Namen der Länder besiegelt, doch mit einigen Abänderungen,
indem sie sich vorbehielten, den Bund nicht zu beschwören und
ihre Truppen, welche nach Inhalt der mailändischen Capitulation

besoldet werden sollten, nur wenn sie nicht selbst im Krieg und nicht weiter als nach Italien, Burgund und Frankreich ziehen zu lassen und sich das Recht bedingten, für sich allein Frieden jedoch mit Vorbehalt der Bundesgenossen zu schließen.[36]

Auf diese Kunde theilte Colla dem Heere am 27. Juli im Namen der Liguisten mit, daß diese nunmehr zur Erfüllung ihrer Verbindlichkeiten bereit und die päpstlichen und florentinischen Truppen im Anzug begriffen seien, worauf die Freiwilligen zu Saluzzo zu treuem Aushalten ermahnt und allen Knechten bei Verlust ihrer Sölde der Wegzug streng untersagt wurde. Auf einem andern Tage zu Moncalier am 4. August drückten Schinner und Visconti neuerdings die Freude des Papstes über die Ratification der Ligue aus und stellten baldige Unterstützung in Aussicht. Hier wurden, nachdem inzwischen theils durch Kundschafter theils durch den Grafen von Genf und den Herzog von Savoien, theils durch Ammann-Imhof von Uri sichere Kunde vom Heranrücken des französischen Heers eingetroffen war, in Hoffnung auf die thatkräftige Hilfe der Liguisten mit neuem Eifer Berathungen gehalten und zur bessern Bewachung der Pässe folgende Aufstellung des Heers beschlossen: 8200 Mann mit den 2000 Bernern, die schon dort lagen, zu Rivoli und Avegliana, 6000 zu Pinerolo, die Waldstätte, Zug und Glarus zu Vigone, 2500 zu Susa und 1000 zu Bricherasco. Die Freiknechte, die zwei Städte, unter ihnen eine französische eingenommen hatten, wurden neuerdings zu treuem Aushalten ermahnt und zugleich Colonna auch die Bewachung der Pässe durch Landleute anbefohlen.[37]

Alles schien sich zu vereinen, Franz den Uebergang über die Pässe unmöglich zu machen und dadurch die Fortdauer des Status quo in Italien zu sichern.

Zweites Kapitel.

Der Kampf der Eidgenossen mit Franz I. um die Herrschaft über Mailand und die Entscheidung zu Marignano.

Während die Schweizer die piemontesischen Pässe besetzt hielten, um ihm das Eindringen in Mailand zu verwehren, hatte Franz I. seine großartigen Rüstungen vollendet und in der Gegend um Lyon ein Heer gesammelt, wie noch nie eines aus Frankreich über die Alpen nach Italien gezogen war. Es zählte 2500 Hommes d'armes außer den Edelleuten seines Hauses und denjenigen, welche freiwillig mitzogen, 22,000 deutsche Landsknechte, welche Karl von Egmont Herzog von Geldern ihm zuführte, unter dem Commando La Mark's, Fleuranges' und berühmter deutscher Führer wie Brandeck, Wolf, Tavannes u. A., darunter vor Allen ausgezeichnet und gefürchtet, die schwarzen Banden, sechstausend auserwählte ganz in Eisen gekleidete Fußknechte in schwarzer Rüstung mit schwarzen Waffen und Fahnen und großen Schlachtschwertern, fast wie Ritter, 10,000 Navarresen, Bascen und Gascoguer, welche Pedro Navarra befehligte, 8000 französische Knechte und 3000 Gräber, Zimmerleute u. s. w.[1] Das Heer begleitete eine ausgezeichnete Artillerie von 72 Geschützen und ein ungeheurer Troß unter Genouille, genannt Galiot, Seneschell von Armagnac und Heerführer wie Karl von Bourbon, den der König bald nach seiner Thronbesteigung zum Connétable ernannt hatte, La Tremouille, den sein junger Sohn der Prinz von Talmont begleitete, Trivulzio, Aubigny, La Palice und Lautrec, die vier Marschälle von Frankreich, Pedro Navarra, der Bastard von

Savoien, des Königs Oheim, u. A., mit ihnen jüngere mili-
tärische Talente wie Montmorency, Bonnivet, Lescun, d'Estissac;
Herren vom höchsten Abel: die Herzöge von Geldern und
Lothringen und des Letztern Bruder, der Graf Claude von
Guise, Charles d'Alençon, des Königs Schwager und präsump-
tiver Thronfolger, Franz von Bourbon Herzog von Chatelleraud,
der Herzog von Vendôme und sein Bruder der Graf von
St. Paul, Loys de Bourbon de la Roche für Yon; endlich
berühmte Streiter wie Bayard, Robert de la Mark und seine
Söhne Fleuranges und Jamets, Büssy d'Amboise, Sancerre,
Ymbercourt, d'Orval, Teligny, Loys d'Ars u. A. dienten in
demselben, alle von heißem Kampfesmuth beseelt. Der König
selbst, welcher am 11. Juli in Lyon seinen Einzug und große
Heerschau hielt, glaubte nicht, daß die Schweizer ihm gewachsen
seien und baute fest auf den Sieg; am 30. Juli nahm er von
seiner Mutter und seiner Schwester, die ihn bis dorthin begleitet hatten und deren ersterer er die Regierung übertrug,
Abschied und rückte, ohne sich an die Abmahnung Heinrichs VIII.
zu kehren, welcher durch die Zuflüsterungen Ferdinands und
durch seine Einigung mit Karl gegen Franz erbittert und mit
Neid auf einen viel jüngern Fürsten blickend, der sich mit so
hohen Plänen trug, ihm, wie Guicciardini sagt, einen Boten
sandte mit der Aufforderung den Papst nicht zu bekriegen, wie
denn auch bald von einem Einfall desselben in Frankreich verlautete, nach Grenoble vor.[2]

Von Frankreich führen außer einigen andern, welche aber
für große Heereshaufen nicht zu passiren schienen und daher
auch von den Schweizern bei der Aufstellung ihres Heeres nicht
berücksichtigt wurden, vornehmlich zwei Straßen nach Italien,
die eine durch Savoien über St. Jean de Maurienne und den
Mont Cenis nach Susa, kürzer und mehr frequentirt, die andere über Grenoble nach Cesanne gegen den Montgenèvre,
wo sie sich in zwei Zweige theilt, deren einer durch das Thal
Houlx zur Vereinigung mit der Straße vom Mont Cenis nach
Susa, der andere südöstlich nach Pinerolo führt, diese länger

als jene, aber für die Artillerie leichter zu paſſiren und bisher stets von den Franzoſen benützt. Die franzöſiſchen Führer wußten, daß die beiden Hauptpäſſe von den Eidgenoſſen beſetzt waren und hielten es für Tollkühnheit, ſie dort anzugreifen. Doch waren ſie nicht einig, welcher Weg einzuſchlagen ſei. Die Meiſten riethen, das Heer einſchiffen und bei Savona landen zu laſſen und von dort über den Col de Tende nach Mont= ferrat zu führen, was aber nicht nur ſehr langwierig und theil= weiſe unſicher, ſondern auch ein Zeichen von Furcht zu ſein ſchien. Aus dieſer Verlegenheit rettete den König Trivulzio, welcher durch einen langen Aufenthalt in Embrün nach der Schlacht von Novarra mit den ſüdlichen Alpen genau bekannt ſich anerbot, das Heer auf bisher unbekannten Wegen zwiſchen den cottiſchen und Meeralpen hindurch über den Col d'Argen= tiere durch das Thal der Stura zu führen und der König nahm dieſen Vorſchlag, der durch ſeine Kühnheit und Großartigkeit ganz ſeinem Sinne entſprach und von Lautrec, Navarra u. A. welche die Gegend unterſuchten, für ausführbar befunden wurde, an. So wurde denn beſtimmt, daß das Hauptheer dieſen Weg einſchlagen, Aimar de Prie, Chef der Armbruſtſchützen, mit 400 Lanzen und 5000 Mann Infanterie längs der Meerſtraße von Provence aus nach Genua ziehen und von dort aus durch genueſiſche Truppen verſtärkt auf dem rechten Ufer des Po gegen die Schweizer nach Aleſſandria vorrücken, Renzo de Ceri mit einem venetianiſchen Truppencorps ihm von Crema aus die Hand reichen und zugleich Alfonſo von Ferrara und Gon= zaga von Mantua gegen die päpſtlichen und ſpaniſchen Truppen Diverſionen machen ſollten, während das ſchwere Geſchütz auf dem einzig brauchbaren Wege über den Montgenèvre nach Suſa geſchafft werden ſollte und einige kleinere Corps unter La Pa= lice, Aubigny u. A. um die Feinde zu täuſchen auf den von dieſen beſetzten Päſſen vorgeſchoben wurden. [3]

Am 8. Auguſt brach die Vorhut, vom Connétable befeh= ligt, von Embrün auf, überſchritt die Dürance und gelangte unter unglaublichen Schwierigkeiten nach einem fünftägigen

Marsche über Guillestre, St. Paul, das Thal von Barcellonette, den Col d'Argentiere, das Thal der Stura, über Pie di Porco und Demonte in die Gegend von Coni in der Markgrafschaft Saluzzo, wo sie ausruhte um die Ankunft des übrigen Heers abzuwarten.[4]

Der Uebergang war so schnell und sein Ort den Schweizern so unwahrscheinlich, daß sie die Ankunft des feindlichen Heeres, das die List gebraucht hatte, durch jene kleinern Abtheilungen.Demonstrationen gegen die Pässe von Susa und Pinerolo zu machen und. dabei der thätigen Unterstützung der Alpenbewohner sich erfreute, welche ohnehin französisch gesinnt es jetzt noch mehr waren, da ihr Herrscher für Frankreich geneigt war und das sie zugleich durch einen an den Herzog von Savoien gerichteten, aber von ihnen aufgefangenen Brief, welcher fälschlich vom Uebergang über den Mont-Cenis nach Susa sprach, absichtlich täuschte, erst erfuhren, als dasselbe schon im Gebirge war und sich der italienischen Grenze näherte. Doch war auch jetzt ein entscheidender Schritt noch nicht zu spät und sie trafen dafür die Vorbereitungen. Zwar beschlossen die Waldstätte, Glarus, Zug und Appenzell auf einem besondern Tage zu Chieri am 7. August die Pässe zu verlassen und auf ihrem Erdreich die Feinde zu erwarten. Allein Bern, welches das Thörichte dieses Entschlusses einsah, weil 4000 Mann im Gebirge gegen den Feind mehr ausrichteten als 10,000 in der Ebene und bereit war, mit den Städten auch nach dem Abzug jener im Gebirge zu bleiben, gewann in einer besondern Versammlung zu Moncalier am 9. August durch seine Vorstellungen und durch die Drohung im Weigerungsfalle sofort über den St. Bernhard nach Hause zurückzukehren, die Städte für sich, auf deren Mahnung nun auch das Corps, das jenseits des Po lag, Chieri verließ und sich mit ihnen vereinigte. Am 11. wurde, da inzwischen durch Colonna und Visconti und den auf Recognoscirung ausgeschickten Ludwig von Erlach sichere Kunde vom Heranrücken des französischen Heers eingetroffen war und auch die Freiwilligen meldeten, daß 8000 Mann

Infanterie mit Reisigen und Geschütz 8 Meilen hinter Saluzzo
lägen und um Hilfe baten, zu Pinerolo auf das Drängen Colonna's und Visconti's gegen die Ansicht der schweizerischen
Hauptleute, welche die Stellung bei Pinerolo aufgeben und sogleich 10,000 Mann den Feinden entgegen nach Saluzzo schicken,
zugleich aber immer noch an dem Gedanken eines Uebergangs
bei Susa festhaltend die übrige Heeresmacht hier concentriren
wollten, beschlossen, die Gesammtmacht des Heers mit Ausnahme der freien Knechte, welche sich in die Stadt Saluzzo
zusammenziehen sollten, bei Susa und Pinerolo zu concentriren,
so zwar daß Bern, Freiburg, Solothurn, Basel, Schaffhausen,
Rottweil, Wallis und Graubünden nebst einer Abtheilung Freier
die Stellung bei Susa, den Ländern und Zürich die bei Pinerolo angewiesen wurde, während zugleich um dem Wunsche
der Freiwilligen zu entsprechen, welche die Vorausgezogenen
anzugreifen wünschten, bevor sie sich stärkten, die Zugewandten
und Unterthanen mit den mailändischen Reitern unter Prosper
Colonna nach Saluzzo beordert wurden. Die Disposition war
so getroffen, daß die drei Abtheilungen gegenseitig einander an
einem Tage zu Hilfe kommen konnten.[5] Um diesem Befehl
zu entsprechen und sich zu Pinerolo mit den Schweizern zu
vereinigen zog Colonna am 12. August mit etwa 1000 Reitern
von Carmagnola nach dem sieben Meilen von Saluzzo ent-
fernten Villafranca. Allein kurz vorher waren Bayard, Aubigny,
Ymbercourt, Montmorency, Büssy d'Amboise unter Anführung
La Palice' mit ihren Compagnieen, welche bisher durch ihre
Demonstrationen die Aufmerksamkeit der Schweizer beschäftigt
hatten, unbemerkt nach Savignano hinübergedrungen; sie erhielten von der französisch-gesinnten Bürgerschaft von Villafranca Nachricht von dem Aufenthalt Colonna's daselbst, setzten
über den Po, drangen am 12. in die Stadt und nahmen nach
einem hitzigen Gefechte Colonna, der sich schon rühmte Bayard
zu fangen, mit vielen seiner Reisigen gefangen, worauf sie sich
in Erwartung des übrigen Heers mit 800 erbeuteten Pferden
nach Savignano und Fossano zurückzogen. Durch zwei Albanesen

erhielten die Eidgenossen, welche zur Vereinigung mit Prosper gegen Pinerolo heranrückten von dem Unfalle Kunde; sofort brachen sie auf, um ihn wo möglich zu befreien. Doch die Franzosen hatten die Stadt schon verlassen, die Bürger waren vor der Rache der Feinde geflohen und hatten nur ihre Kinder zurückgelassen, deren Elend die Stadt vor der schon beschlossenen Einäscherung, aber nicht vor der Plünderung bewahrte.[6] Allein jetzt zogen sie nicht gegen Saluzzo, weil sie Gegenbefehl erhielten und von den ausgesandten Boten, weil sie alle in feindliche Hände gerathen waren, keine Nachricht einlief, sondern blieben bei den Eidgenossen des 2. Corps in Pinerolo; hier traf auch das 1. Corps, das die Pässe zu Susa besetzt gehalten hatte, ein und jetzt erhielten auch die Freiwilligen, welche neuerdings dringend um Verstärkung gebeten hatten, weil sie angreifen wollten und eben jetzt eines glücklichen Erfolgs sicher waren, Befehl zum Rückzug. Unwillig brachen sie auf, zogen das Geschütz, welches man sie zu vernichten geheißen hatte, in Ermanglung von Pferden selbst und vereinigten sich mit dem übrigen Heere bei Rivoli, das jetzt, obschon es von Hause den bestimmten Befehl hatte an den Pässen zu verharren und eine Verstärkung von 10,000 Mann, um welche es schon früher nachgesucht hatte, zu erwarten, beschloß sich aus Piemont nach Mailand zurückzuziehen, dort des neuen Zuzugs zu erwarten und auf freiem Felde mit den Feinden den Kampf aufzunehmen. Sie hätten diesen Entschluß nicht fassen sollen, so lange noch die feindliche Hauptmacht in der engen Gebirgsgegend war, wo sie leicht bekämpft werden konnte. Mangel an Geld und Lebensmitteln, indem die Schweizer des ersten Auszugs für die vier Monate, die sie bereits im Felde standen, noch nicht zwei Sölde, die des zweiten erst einen Gulden erhalten hatten, Mißtrauen gegen den Papst und Ferdinand, von denen sie auf eine so treulose Art im Stiche gelassen wurden, der Verlust der mailändischen Reiterei, den sie indeß zu hoch anschlugen und wie durch den Proceß Bächli's erwiesen wurde, auch Bestechung einiger Führer durch die Franzosen[7] bestimmten das Heer anders zu handeln. Zur selben Zeit traf in Rivoli im Auftrag des Herzogs von Savoien und auf Begehr des französischen Königs ein savoiischer Gesandter der Herr von Langicomba ein, welcher um Geleite für eine französische Gesandtschaft bat und im Namen des Königs anbot, derselbe wolle die 400,000 Kronen des Dijonerfriedens, außerdem 300,000 Ducaten für diesen Feldzug, welche auf Mailand gelegt werden sollten, dazu die frühern Pensionen und eine solche von 40,000 Ducaten für Mailand ausrichten, Sforza mit einem Staate in Frankreich versehen, stets 4000 schweizerische Söldner in seinem Dienste halten und einen ewigen Bund mit ihnen schließen und ihnen gegen alle Feinde beistehen, wofür sie von Mailand lassen und ihm Frankreich, Mailand und Genua schützen sollten.⁸ Seine Versprechungen fanden bei Vielen offene Ohren. Uri und Glarus wollten nichts von einem Frieden wissen. Aber die Mehrzahl der Orte bewilligte das verlangte Geleit und sandte zugleich Ludwig von Erlach zur Berichterstattung zum Herzog nach Turin, wo er in der Folge von einer französischen Schaar unter Fleuranges fast gefangen genommen worden wäre und am 18. August verließ das eidgenössische Heer 24,000 Mann stark Rivoli und zog in zwei Colonnen bei Turin vorbei über Septima und Chivasso, die weil einige Eidgenossen dort getödtet, andere hier geplündert worden waren, furchtbar mitgenommen wurden, und Masino, von französischen Reisigen beunruhigt, nach Ivrea, wo eine Besatzung von 12,000 Bauern aus Furcht vor einem ähnlichen Schicksal abzog, während jetzt das französische Heer bequem in die Ebene herniedersteigen konnte und der König, der am 13. Embrün verließ, zur nämlichen Zeit nach Coni, Carmagnola, wo er vom Herzog von Savoien empfangen wurde, Moncalier und am 20. nach Turin vorrückte. In Ivrea traf ein päpstlicher Gesandter, Jakob de Gambarris ein, welcher 40,000 Ducaten und drei Breven vom 16. August überbrachte, durch die der Papst Schinner, den er zum päpstlichen Legaten mit gleicher Gewalt mit seinem Vetter, dem schon früher dazu

ernannten Cardinal Giulio de Medici ernannte, aufforderte
bis zur Vereinigung des spanischen und des päpstlichen Heers
eine Schlacht zu vermeiden und das Heer, von dessen Rückzug
er noch keine Kunde hatte, während er bereits von dem Ueber=
gang des französischen Heeres unterrichtet war, zu treuem Aus=
harren ermahnte und neuerdings baldige Unterstützung und
Vereinigung seiner Truppen in Aussicht stellte. Nach einem
dreitägigen Aufenthalt verließen die Eidgenossen am 22. August
Ivrea und zogen nicht ohne Verlust durch französische Reisige
unter dem Bastard von Savoien nach Vercelli, wohin sie der
französischen Gesandtschaft Geleit bewilligt hatten.[9]

Alle diese Ereignisse brachten in Italien eine große Auf=
regung hervor. Niemand hatte den Uebergang des französischen
Heeres über die Gebirge, deren Hauptpässe von einem so gro=
ßen schweizerischen Heere besetzt gehalten wurden, für möglich
gehalten. Der Papst hatte zwar seinen Neffen Lorenzo, der
an der Stelle seines friedliebenden Oheims, welcher an einem
Fieber erkrankt war, den Oberbefehl über das päpstliche Heer
übernahm, um die Mitte August, doch wohl nicht in einer Franz
feindlichen Absicht nach Modena vorrücken lassen. Allein der
Unfall Colonna's und der Rückzug der Eidgenossen machten
ihn stutzig und erschrocken, da er dadurch die Ruhe Italiens
gefährdet und die französische Occupation, welche er weit ent=
fernt, sie befördern zu wollen, vielmehr, jedoch heimlich und
ohne sich vor Franz zu compromittiren, hintertreiben wollte,
erleichtert sah. Bibbiena rieth ihm sogar, Bologna den Ben=
tivogli, Modena Alfonso zurückzuerstatten und er schien in der
That, da noch ein Aufruhr in Florenz gegen die Medici die
Lage gefährdete, im ersten Schreck dazu geneigt. Doch brachte
ihn der ritterliche Giulio davon ab und in noch höherem Maaße
als früher war von jetzt an seine Politik darauf gerichtet, eine
zuwartende Stellung einzunehmen, alle seine weitern Maaß=
regeln vom fernern Verlauf der Dinge abhängig zu machen
und keinen entscheidenden Schritt zu Gunsten des einen oder
des andern Theils zu thun, bis derselbe einen bedeutenden

Erfolg errungen hätte. Seinem Neffen ertheilte er daher den
Befehl nur langsam vorzurücken, welcher darauf sich mehrere
Tage, um Parma und Piacenza und die übrigen päpstlichen
Besitzungen zu schützen, im Gebiete von Modena und Reggio
aufhielt und sich mit der Belagerung des Schlosses von Rub-
biera beschäftigte, während zu gleicher Zeit Giulio, der als
päpstlicher Legat eben deswegen eine außerordentlich wichtige
und schwierige Stellung hatte, den Gouverneurs jener beiden
Städte die Weisung ertheilte, im Fall des Vorrückens des französischen Heers und der Aufforderung zur Uebergabe dieser
Folge zu leisten und bei den Schweizern sich für Vorbehalt des
Papsts mit Florenz, Parma und Piacenza bei einem allfälligen
Friedensschluß sich verwandte. Zugleich ermahnte er aber Florenz eine Gesandtschaft an Franz zu schicken, ordnete selbst an
diesen, welchen der Bischof von Tricarica stets noch begleitete,
Cinthio von Tivoli ab, welchen jener freundlich aufnahm und
begann auch durch den Herzog von Savoien sich ihm zu nähern,
während zur selben Zeit sein Gesandter beim schweizerischen
Heere diesem versicherte, er habe den Bann wider ihn ausgesprochen und Canossa abberufen! Allein weil er doch das Vorrücken des französischen Heeres hindern wollte und weil er den
Verlust Colonnas nicht hoch anschlug, wenn nur die Schweizer
treu aushielten, so faßte er jetzt nachdem das erste Project, die
Besetzung der Pässe mißlungen war, den Plan die liguistischen
Heereskräfte, doch ohne die seinen, zu Pavia zu vereinigen, um
den Po und den Tessin zu behaupten und dort den Feinden
zu begegnen, während 5000 Schweizer in Novarra zurückbleiben
sollten, um das Gebirge zu schirmen. Zu diesem Zwecke und
um den Eidgenossen Muth zu machen, ließ Giulio 200 Schwerbewaffnete über den Po vorrücken, jedoch mit der Weisung sich
nicht aus dem Gebiet von Piacenza am linken Poufer zu entfernen, wenn jene nicht nach Pavia vorrückten; und in diesem
Sinne schrieb Leo sowohl an den Vicekönig, welcher sogleich
bei der ersten Kunde vom Anrücken des feindlichen Heers gegen
Vincenza vorgerückt war, sich aber dann aus Mangel an Geld

und in Erwartung von kaiserlichen Hilfstruppen eilig wieder nach Verona zurückgezogen hatte, wo er jetzt ruhig der weitern Entwickelung der Dinge zusah, als durch seinen Nuntius den Bischof von Veroli der Tagsatzung und den einzelnen Orten, welche er durch größere Versprechungen von Hilfe und Geld zu gewinnen suchte, ohne indeß etwas erreichen zu können, da sein Schreiben erst am 13. September verabschiedet und wohl weil die Tagsatzung selbst inzwischen von sich aus Maaßregeln getroffen hatte, dem Heere nicht mitgetheilt wurde.[10]

Und auch die Bewegungen des eidgenössischen Heeres selbst waren derart, daß sie dieses zweite Project unmöglich machten. Denn auch in Vercelli hielt es nicht Stand und begann sich hier zu trennen: die Urkantone, Luzern, Glarus und Zug zogen nach Sesto am untern Ende des Lago Maggiore; der Gewalt= haufe blieb zwar noch in Vercelli, doch da dies einigen Fran= zosenfreunden, welche den Ort für die Friedensverhandlungen lieber in feindlichen als eidgenössischen Händen sehen mochten, nicht recht war, verließ auch er Vercelli und zog nach Novarra, wo neuerdings eine Trennung stattfand. Zürich, Basel, Schaff= hausen, Appenzell, Graubünden, Wallis und Rottweil zogen zu ihren Bundesbrüdern nach Sesto, Bern, Freiburg, Solothurn und Biel dagegen mit Albrecht von Stein am 27. August nach Arona,[11] während Schinner mit etwa 3000 Mann nach Pavia vorrückte, dasselbe besetzte und dann nach Piacenza eilte, um den Anmarsch des spanischen und des päpstlichen Heeres zu beschleunigen und dadurch die Lage wieder zum Bessern zu wenden.[12]

Es schien als ob die Eidgenossen es darauf abgesehen hätten, dem französischen Heere das Vorrücken zu erleichtern. Von Turin, wo er mit großer Pracht empfangen worden war, folgte Franz den Eidgenossen über Cepte, Chivasso, Sillano und Germano nach Mantuera bei Vercelli, wo er einige Tage ver= weilte, um die weitere Entwickelung der Dinge abzuwarten und von wo er Tribulzio und Navarra mit einer Heeresabtheilung zur Belagerung Novarras, den Herzog von Savoien, den Bastard und Lautrec zur Berathung des Friedens nach Vercelli sandte. Hier erst vernahm er den Beitritt des Papstes zur Ligue. Inzwischen war auch Aimar de Prie mit seinem Corps, welches durch 4000 Mann genuesischer Truppen verstärkt worden war in die Lombardei vorgedrungen und hatte ohne Widerstand zu finden Asti, Alessandria, Castellaccio und Tortona eingenommen, während zu gleicher Zeit Renzo de Ceri von Crema aus nach Lodi vorrückte, welches er plünderte, doch weil er die Dienste der Venetianer verließ, keine weitern Bewegungen nach vorwärts mehr machte, worauf Lodi von den Truppen Schinners besetzt wurde. Auch Pavia, von wo die schweizerische Besatzung abzog, ergab sich jetzt den Feinden; ihm folgten Mortara, Trecas, Vigevano, die Stadt Novarra und nach kurzer Beschießung am 30. August auch das Schloß, dessen Besatzung capitulirte und wo Franz, der jetzt über Vercelli nach Novarra vorrückte, das von den Eidgenossen vor zwei Jahren gewonnene Geschütz, das sie von den Pässen mit unbeschreiblicher Mühe dorthin gezogen, aber bei der Trennung zurückgelassen hatten, obschon sie es so leicht in das nahe Como oder Bellenz hätten retten können, wieder erhielt. Dadurch befand sich schon der ganze westliche Theil des Herzogthums in seinen Händen. Doch verbot er Aimar de Prie das weitere Vorrücken auf dem rechten Poufer, weil er Parma und Piacenza einstweilen nicht beunruhigen und den Papst schonen wollte.[13]

Während das eidgenössische Heer sich aus Piemont in's Herzogthum zurückzog, hatte die Tagsatzung am 20. August zu Zürich einen neuen Auszug von 7000 Mann aus den Zugewandten mit der Aufforderung an die Orte nach Ehre und Vermögen auszuziehen beschlossen und davon auch dem Kaiser Mittheilung gemacht; Bern und einige andere Orte gedachten damit mit Hilfe des Kaisers gleichzeitig einen Heereszug nach Frankreich zu unternehmen, um dadurch den französischen König zur Rückkehr zu zwingen, welcher indessen nicht zu Stande kam. Marx Röust, Bürgermeister von Zürich, ein edler vaterländisch gesinnter Mann, welcher verdienter Weise große Achtung genoß

und durch seinen moralischen Einfluß vielfach die unnationalen
Pläne der französisch Gesinnten vernichtete, erhielt den Ober=
befehl über dieses dritte Corps, welches nachdem noch einige
Zeit über den Weg den dasselbe nehmen sollte, da Bern durch=
aus über Chambery ziehen wollte, gestritten worden war und
nachdem noch Franz Sforza Herzog von Bar, Massimiliano's
Bruder, von Ort zu Ort um schleunige Hilfe angehalten hatte,
gegen Ende August über den Gries, den Gotthard und den
Bernhardin in Italien einrückte. Bern, Freiburg und Solo=
thurn, welche über die Grimsel und den Gries gezogen waren,
trafen am 29. August in Domo ein, wo sie auf Befehl ihrer
Contingente der beiden ersten Corps stehen blieben und wo
schon am folgenden Tage auch die übrigen Truppen der drei
Städte, die bisher in Arona gestanden, sich mit ihnen ver=
einigten. Die Uebrigen kamen am 1. September nach Varese,
wo auch ein Theil der beiden ersten Corps der übrigen Orte
stand, deren Hauptmacht indeß kurz zuvor Sesto verlassen hatte
und nach Monza gezogen war, so daß jetzt die ganze Heeres=
macht der Eidgenossen in drei ziemlich weit von einander ent=
fernten Haufen getrennt war. [14]

Inzwischen hatten am 28. August, als Franz noch in
Mantuena war in Vercelli, wohin jetzt dieser, da es in seinen
Händen war, den schweizerischen Abgeordneten Geleit ertheilte,
zwischen den französischen Bevollmächtigten und diesen trotz der
Abmahnungen Massimiliano's die Friedensverhandlungen be=
gonnen, von welchen indeß Schwyz und Glarus sich fern hielten.
Die eidgenössischen Boten verlangten eine ehrenvolle und an=
ständige Entschädigung für Sforza, Rückgabe des Bundesbriefs
mit diesem, Bezahlung der 400,000 Kronen des Dijoner Frie=
dens, von 600,000 Kronen für die erlittenen Unkosten dieses
Feldzugs und Ersatz für die in ihrem Besitze befindlichen Ge=
biete des Herzogthums und erklärten sich im Falle der Bewil=
ligung dieser Forderungen auch zur Berathung eines Bündnisses
bereit. Die französischen Bevollmächtigten bewilligten die erste
Forderung der Eidgenossen und gingen auch auf diejenige um die

zu Dijon stipulirte Summe ein; dagegen boten sie als Ent=
schädigung für diesen Krieg nur 200,000 Kronen und als Er=
satz für die mailändischen Besitzungen der Eidgenossen, jedoch
ohne Bellenz, 300,000 Kronen an, doch all dies, keineswegs
aus Schuldigkeit, sondern nur aus besonderer Gnade des Kö=
nigs. Außerdem schlugen sie ihnen einen ewigen Bund zum
Schutze Frankreichs, Mailands, Genua's und Asti's vor, wofür
die Eidgenossen eine jährliche Summe von 40,000 Ducaten
und im Falle eines Kriegs Hilfe erhalten sollten und verlangten
bis zum 1. September Antwort, welche die Eidgenössischen
Boten auf einen Tag nach Gallerate zusagten.[15]

Während der Friedensverhandlungen machten die drei
eidgenössischen Haufen Versuche sich zu einigen. Röust mahnte
die drei Städte zu Domo nach Varese zu ziehen und dies war
schon beschlossen, als die Boten derselben zu Vercelli durch die
Aufforderung stehen zu bleiben, da der Friede zu Stande
kommen werde, die Vereinigung verhinderten, welche auch auf
erneute Mahnung unter dem eiteln Vorwande der Unkenntniß
der Wege trotz des Zuredens des Schultheißen von Wattenwyl,
des Hauptmanns des dritten bernischen Auszugs und obschon
Hans von Diesbach das Heer sicher zu führen sich anbot, durch
den Einfluß der französisch Gesinnten nicht zu Stande kam.
Schon sprachen die Berner davon ihre Miteidgenossen allein
mit den Feinden kämpfen zu lassen. Täglich zogen bei den=
selben einzelne Schaaren, außer den Einflüsterungen der Fran=
zosenfreunde auch noch durch den gänzlichen Mangel an Geld
bestimmt ab, so daß von den 7000 Mann kaum 1000 beisam=
men blieben. Dagegen kam zwischen den übrigen Eidgenossen
eine Vereinigung zu Stande, indem diejenigen zu Varese am
4. September über Appiano und Cantù nach Monza zogen,
wo sie am 7. mit den Uebrigen zusammentrafen und wo sie
mit diesen auf die Aufforderung ihrer Boten zu Gallerate und
trotz einer Mittheilung Schinners, daß der Vicekönig zwischen
Piacenza und Lodi Halt machen werde, um je nach den Um=
ständen eine Entscheidung zu treffen, verblieben.[16]

Am 8. September kam endlich zu Gallerate der Friede zu Stande, durch welchen der König Sforza mit dem Herzogthum Nemours, einer jährlichen Pension von 12,000 Franken und 50 Lanzen zu entschädigen und mit einem Weib von seinem Stamme zu vermählen, den Eidgenossen die Bundesbriefe zurückzuerstatten und ihnen für die Kosten des Feldzugs 300,000 Kronen, die Hälfte sofort, als Ersatz für ihre und der Graubündner Besitzungen im Herzogthum, jedoch ohne Bellenz, 300,000 und außerdem die 400,000 Kronen des Dijonerfriedens zu bezahlen sich verpflichtete, den Herzog von Lothringen als Bürgen stellte und jene Besitzungen bis zur Bezahlung der ganzen Summe als Pfand zu behalten gestattete, beide Theile Amnestie und gegenseitige Auslieferung der Gefangenen sich zusagten. [17] Dem Frieden schloß sich ein Bundesvertrag an, durch welchen die Eidgenossen dem König zum Schutze Frankreichs und Mailands außer im Falle eines eigenen Kriegs nach vorgängiger Anfrage bei der Obrigkeit eine beliebige Zahl Söldner zu werben gestatteten, der König jedem Ort eine jährliche Pension von 2000 Franken während der Dauer des Bündnisses, die auf seine Lebzeiten und zehn Jahre darnach festgesetzt ward und im Falle eines Kriegs außer bei einem eigenen eine Hilfe von 500 Glänen und 1000 Bogenschützen und Geschütz in seinen Kosten versprach und ihnen ihre alten Freiheiten in Mailand nach Inhalt der Capitulation mit Ludovico Sforza garantirte; die Eidgenossen behielten in demselben den hl. Stuhl, das Reich, das Haus Oesterreich, Savoien, Württemberg, Montferrat, die Medici und alle ihre frühern Verbündeten, Spanien dagegen nicht vor. [18] Am 9. September wurden beide Verträge von den beiderseitigen Bevollmächtigten besiegelt.

Mögen auch ohne Zweifel viele unlautere Einflüsse, welche freilich Anshelm zu sehr in den Vordergrund stellt, die Eidgenossen zu einem Frieden mit Frankreich bestimmt und mag auch Bestechung durch französisches Geld die schweizerischen Bevollmächtigten gerade für diese Bedingungen entschieden haben, welche doch von den Anbietungen Langicomba's und ihren frühern

Forderungen erheblich verschieden waren, so genügen doch diese
Motive durchaus nicht zur Erklärung: die Entrüstung über die
Treulosigkeit des Papstes, welcher nicht nur seine durch die
Ligue übernommenen Verpflichtungen nicht erfüllte, sondern zur
selben Zeit, wo ein Volk, das mit einer in jenen Tagen sel=
tenen Treue stets sein Wort gehalten und seine Pflichten er=
füllt hatte und mit ihm noch besonders verbündet war, bereit
war, das Leben so vieler seiner Söhne für die gemeinsame
Sache zu opfern, mit einer in der That unverantwortlichen
Leichtfertigkeit zur Förderung ehrgeiziger dynastischer Pläne mit
dem gemeinsamen Feinde in Verbindung trat; die Erbitterung
gegen den Kaiser und Ferdinand, welche nicht nur die durch
den Vertrag vom 3. Februar stipulirten Geldzahlungen nicht
leisteten, sondern auch den Kampf und die Entscheidung über
das Leben so vieler Tausender den Schweizern allein anheim=
stellten und ihre Truppen ruhig zusehen ließen; der Unwille
über einen Herzog von Mailand, welcher größtentheils durch
seine Schuld das ursprünglich so schöne väterliche Verhältniß
mit ihnen zerstört hatte, und ihnen stets neuen Grund zu
Klagen und Mißtrauen gab, endlich vor Allem die materielle
Noth, der Mangel an Geld und Lebensmitteln, in welche sie
durch die Treulosigkeit jener versetzt waren, sind ohne Zweifel
Motive, welche nicht nur einen wirksamern, sondern auch einen
allgemeinern Einfluß ausübten als jene. Allein es war die
Stimmung eines Augenblicks, eine Erbitterung, die ruhiger
Ueberlegung nicht mehr fähig war und nur hieraus läßt sich
die Unüberlegtheit eines politischen Acts erklären, durch welchen
ein Volk das bisher für unbesiegbar gegolten hatte und gegen
die Franzosen in Italien stets Sieger gewesen war und eben
jetzt eine Heeresmacht von gegen vierzig tausend Streitern
dem Feinde entgegenstellte, nicht nur nach einem viermo=
natlichen Widerstandsversuch sich gegen so geringen Lohn die
Entscheidung durch die Schlacht und damit die Aussicht auf
größere Macht und Gewinn abschnitt, sondern auch mit einem
Schlage auf seine bisherige Politik und seine bisherigen

Errungenschaften verzichtete und seine Großmachtsstellung ver=
ließ, um in die unselbstständige Stellung von Söldnern zurück=
zukehren.

Das Resultat der Verhandlungen zu Gallerate brachte
einen verschiedenen Eindruck hervor. Der König war entschieden
froh, so leichten Kaufs in den Besitz Mailands gekommen zu
sein, wenn vielleicht auch seiner genialen Natur und seinen
Rittern die Entscheidung durch eine Schlacht besser entsprochen
hätte und ließ sofort durch ein Anleihen bei seinem Heere die
Summe von 150,000 Kronen, welche gemäß des Vertrags
sofort zu leisten waren, erheben. [19] Sforza dagegen war ebenso
entschieden unzufrieden und lehnte die Anerkennung des Vertrags
ab, wie er auch auf frühere Anerbietungen des Königs nicht
eingegangen war. [20] Bei den Eidgenossen war die Stimmung
getheilt: Am 8. Sept. schickten die schweizerischen Bevollmäch=
tigten den Hauptleuten zu Monza die Friedensartikel mit der
Meldung, daß die III Städte nicht mehr kämpfen wollten: sie
lasen dieselben in offener Gemeinde vor. Während viele den
Frieden annehmen wollten, weil sie wegen der unglückseligen
Trennung jeden Vergleich einer Schlacht vorzogen, weshalb sie
auch die Aufforderung der Schloßbesatzung von Mailand zum
Angriff ablehnten, waren die andern, insonderheit diejenigen
von Uri, Schwyz und Glarus über den Frieden ungehalten,
weil sie durch denselben die ennetbürgischen Besitzungen ver=
loren und um geringen Lohn überhaupt alle ihre bisherigen
Errungenschaften aufgeben mußten. Endlich entschieden sie sich
dafür die Bevollmächtigten abzuberufen und nach Mailand zu
ziehen, um dort einen bessern Frieden zu erwarten und mahnten
zugleich ihre Eidgenossen zu Domo, ihnen nach Mailand zu
folgen, um dort gemeinsam sich berathen zu können. Allein
diese waren des Friedens froh, nahmen ihn an und zogen zur
Stunde mit Wallis, Albrecht von Stein an der Spitze, jedoch
ohne die freien Knechte und die Aargauer über 10,000 Mann
stark von Domo ab, wo sie sich begnügten, eine schwache Be=
satzung unter Ludwig von Diesbach zurückzulassen. [21]

Während der Friedensverhandlungen in Gallerate hatte der französische König Novarra verlassen und war nach Buffalora vorgerückt, wohin der Rath der XXIV der Hauptstadt, welche der Eidgenossen müde war, aber sie doch fürchtete, eine Gesandtschaft an ihn schickte, um ihm dieselbe zu übergeben mit der Bedingung, daß er noch acht Tage warten wolle. Er ging darauf ein und schickte einstweilen Trivulzio und Navarra mit 200 Lanzen und 4000 Mann Infanterie zur Belagerung des Schlosses vor die Stadt. Allein bald trat durch die feurigen Ermahnungen Girolamo Morone's, durch die Bitten des Herzogs, welcher dem niedern Volke schmeichelte und durch die Furcht vor den Schweizern, deren Zahl sich durch die Ankunft des dritten Corps gemehrt hatte und die der Stadt jetzt näher waren, ein Umschwung in der Stimmung der Bürgerschaft ein. Der bisherige Rath der XXIV wurde verjagt und ein neuer gewählt und der Haß des Volkes gegen den Adel machte sich neuerdings Luft. Am 3. September machte die Bevölkerung angeführt von Linus Airoldi mit der schweizerischen Besatzung einen Ausfall auf Trivulzio, der bei San Cristoforo lagerte. Aus Anhänglichkeit an seine Vaterstadt schritt er indeß nicht mit Waffengewalt ein, sondern zog sich zurück.²² Von Buffalora rückte das französische Heer nach Turbico und Rebecco und am 7. nach Binasco vor.

In Gemäßheit des päpstlichen Projects das liguistische Heer in Pavia zu versammeln, hatte endlich Carbona inzwischen Verona, wo er M. A. Colonna mit einem Theil der päpstlichen Truppen zurückließ, welcher das Gebiet der Republik verwüstete, verlassen, Brescia besetzt, war darauf nach Cremona vorgerückt und gedachte am 4. September mit seinem Heere, welches 400 Hommes d'armes, 600 leichte Reiter und 4000 Mann Infanterie zählte, die Abda zu überschreiten, um sich mit den Schweizern in Lodi, da Pavia inzwischen schon von den Franzosen occupirt worden war, zu vereinigen, wozu ihn hauptsächlich die Mahnungen Schinner's bestimmten. Allein da er Kunde von den Friedensverhandlungen erhielt, so überschritt er

den Po und lagerte sich, um den weitern Verlauf der Dinge
abzuwarten, bei Piacenza eine Meile von der Stelle, wo Goro
Gheri, jetzt Gouverneur dieser Stadt, den Po hatte überbrücken
lassen. Dorthin rückte nun, um den Vicekönig nicht mißtrauisch
zu machen, auch Lorenzo, der kürzlich Schinner, doch nur ungern
auf dessen Verlangen 400 Reisige und 400 leichte Reiter gegeben hatte, mit seinem Heere, welches aus 800 Lanzen und
8000 Mann Infanterie bestand, aus dem Gebiet von Modena
vor.[23] Sobald Alviano Cardona's Abzug von Verona erfuhr,
verließ er die Polesine di Rovigo, eilte ihm mit einer staunenswerthen Schnelligkeit nach und lagerte sich dann mit 900
Lanzen, 1400 leichten Reitern und 9000 Mann Infanterie im
Gebiet von Cremona in der Nähe des Po.[24]

So concentrirte sich also das Operationsterrain der fünf
Heere, welche vier Nationalitäten repräsentirten, in der Gegend,
welche vom Po, dem Tessin und der Abba begrenzt ist: die
Schweizer standen bei Monza, Franz bei Binasco, Alviano
auf dem linken Poufer bei Cremona, Cardona und Lorenzo
auf dem rechten bei Piacenza: in ihrer Mitte lag Lodi, welches
noch im Besitze Sforza's eine kleine schweizerische Besatzung
hatte, welche Schinner dorthin gelegt. In wenig Tagen änderten
Alle ihre Stellung.

Bald nachdem Cardona und Lorenzo an den Po vorgerückt
waren, traten sie mit einander in Verhandlungen über eine
Vereinigung mit den Schweizern, welche freilich da zu beiden
Seiten feindliche Heere in der Nähe waren, sehr schwer, aber
auch von Keinem ernstlich gemeint war, da jeder dem andern
mißtraute. Lorenzo kannte die Politik Ferdinands zur Genüge,
um sich nicht auf seinen Vicekönig verlassen zu wollen und
auch daß er nicht sofort auf Schinner's Mahnung zu den
Schweizern gezogen war, machte ihn mißtrauisch. Ihm selbst
riethen viele, so die Orsini zum König offen überzutreten, wovon der den Eidgenossen treu gesinnte Gheri dringend abmahnte.
Cardona dagegen wußte, daß der Bischof von Tricarica stets
beim König war, daß Lorenzo selbst mit diesem im Einver-

ständnisse stand; kürzlich hatten seine Truppen Leo's Abgeordneten Cinthio aufgefangen, dessen Credenzschreiben ihm die
Treulosigkeit des Papstes offenbarten. Gleichwohl wurde im
Kriegsrath beschlossen nach Lodi vorzurücken. Schon überschritt
etwa am 9. Carbona den Po, Lorenzo gedachte am Tage darauf
zu folgen. Allein bald kehrte jener wieder zurück, weil Lodi
bereits von den französischen Vorposten unter La Clayette besetzt worden war und Alviano herannahte.[25]

Um dieselbe Zeit verließ der König Binasco und lagerte
sich zur leichtern Verbindung mit Alviano, der jetzt Lodi occu-
pirte, am 10. September auf dem rechten Ufer des Lambro
zu San Giuliano und San Donato, zwei Dörfern zwischen
Mailand und Marignano in einer Entfernung von sieben italienischen Meilen von jenem.[26]

Auch das eidgenössische Heer rückte jetzt vor: am 9. September war Schinner auf die Kunde vom Friedensschluß mit
einem Theile der von Lorenzo gegebenen Reiterei, deren anderer
ihm nicht über Lodi hinaus hatte folgen wollen, bei demselben
eingetroffen: durch reiche Geldspenden, durch die Kunde von
dem Heranrücken des Vicekönigs, vor Allem aber durch seine
feurige Beredsamkeit wußte er viele zum Frieden geneigte Gemüther wieder abwendig zu machen. Zugleich kam auch eine
mailändische Botschaft dorthin, welche das Heer aufforderte,
nach Mailand zu kommen. So zog es denn am 10. in die
Hauptstadt, wo es vom Herzog und der gesammten Bürgerschaft mit außerordentlicher Freude aufgenommen wurde.[27] Die
Situation war jetzt diese:

Der König glaubte fest an den Frieden, um so mehr als
die eidgenössischen Bevollmächtigten, nachdem sie auf Befehl
der Hauptleute zu Monza Gallerate verlassen, dort zwei Reiter
zur Empfangnahme des Geldes zurückgelassen hatten, welches
er jetzt durch Lautrec und den Bastard von Savoien dorthin
schaffen ließ, so daß auch der Herzog von Geldern in dieser
Ansicht und weil Unruhen in seinem Lande ausgebrochen waren, am 10. das Heer verließ.[28] Auch dem Vorrücken des

schweizerischen Heeres nach Mailand maaß er keine feindliche
Bedeutung bei und war entschlossen, sich Mailand zu nähern,
so daß er La Tremouille und Arthus Gouffier de Boissy beauftragte, zwischen San Brigide und Mailand eine geeignete
Lagerstätte aufzusuchen. Leo sah sich in seiner Hoffnung, Mailand gegen die Franzosen behaupten zu können, getäuscht und
um Franz zur Rückkehr zu zwingen, bat er jetzt Heinrich VIII.
um Hilfe und forderte ihn zu einem Einfalle in Frankreich auf,
wofür er am 10. September Wolsey den Purpur verlieh. [29]
Massimiliano, der sich von den spanischen und den päpstlichen
Truppen im Stiche gelassen sah, richtete seine ganze Hoffnung
auf die Schweizer, die er durch neue Versprechungen an sich zu
fesseln suchte. [30]

Allein diese selbst waren nicht einig: Mehrere Orte, welche
Gesandte nach Gallerate geschickt hatten, waren zur Heimkehr
geneigt, da sie sich durch den Frieden für gebunden erachteten.
Die Truppen von Zürich und Zug hatten Befehl erhalten, sich
einem ehrenhaften Frieden nicht zu widersetzen und waren zur
Abreise bereit. Mannhaft dagegen verharrten die Urkantone
und Glarus bei ihrem einmal gefaßten Entschluß, den Frieden
nicht anzunehmen. Im Kriegsrath kam der Vorschlag einer
Verbindung mit den Liguisten in Lodi zur Sprache; aber er
brang nicht durch. Um einen schimpflichen Abzug zu verhüten,
nahm jetzt Schinner, welcher wußte daß die Eidgenossen einander
in der Stunde der Gefahr nicht verlassen würden, zur List und
zur Bestechung seine Zuflucht. Er verabredete mit Arnold
von Winkelried, dem Hauptmann der herzoglichen Leibwache
und mit einigen Hauptleute der Orte, welche am meisten dem
Frieden abgeneigt waren, sie sollten sich unversehens mit den
französischen Reisigen, welche stets vor der Stadt plänkelten in
ein Gefecht einlassen, um dadurch die wegfertigen Eidgenossen
abzumahnen und gab auch den italienischen Reisigen Befehl zu
scharmützeln und dann Hilfe zu begehren. [31]

Am folgenden Tage, es war am 13. September, hielten
die Führer Kriegsrath; sie waren noch bei der Berathung, die

Krieger beim Mittagsmahl, Zürich und Zug bereit abzuziehen, Andere schon auf dem Wege, nur Uri, Schwyz und Glarus standhaft, als plötzlich von der Porta Romana her ein Lärm erscholl, die Garde sei im Gefecht, das feindliche Heer nähere sich den Thoren der Stadt. Es war nichts als ein Schar= mützel, wie sie täglich vorfielen. La Tremouille und Boissy, Fleuranges und Sancerre hatten mit ihren Hommes d'armes vor der Stadt geplänkelt: Mucius Colonna mit den päpstlichen Reitern war mit ihnen in's Gefecht gekommen und Erni Winkel= ried folgte ihnen mit der Leibwache des Herzogs. Allein der Ruf vergrößerte die Gefahr: Jetzt ergriffen alle die Waffen. Die Glocken ertönten und auch die Bürgerschaft trat in Reih' und Glied. Der Cardinal selbst stieg im purpurnen Gewande zu Pferde und ermunterte die Truppen,[32] bei ihm Galeazzo Visconti, Gambarris, Diego d'Aquila u. A. und zog mit der Reiterei ihnen voran. Voll Kampfesmuth zogen zuerst die Waldstätte und Glarus durch die Porta Romana den Feind zu suchen, ordnungslos, aber ruhig ohne Trommeln und Pfeifen nur mit ihren dumpftönenden Schlachthörnern, um ihn zu über= raschen. Noch waren die Uebrigen unentschlossen und beriethen sich unter Röust in offener Gemeinde, was zu thun, als neue Boten kamen, die Gefahr vorstellten, sie an die beschwornen Bünde mahnten und einer Röust des Hauptmanns Rahn Sie= gelring überbrachte. Da bedachten auch sie sich nicht länger. Sie folgten den Uebrigen, auch die freien Knechte, wiewohl zögernd und die Schloßbesatzung. Allein ruhig lagerten jene auf üppigen Wiesen unter dem Schatten der Bäume in ziem= licher Entfernung vom Feinde. So sahen sie sich überlistet: aber ihre Ehre ließ es nicht zu aus der Nähe des Feindes zu weichen. Doch waren nicht Alle über einen Angriff schon diesen Abend einig. Schon hatte Colonna eine passende Stelle ge= sucht, um ein Lager zu schlagen und die Nacht ruhig zuzubringen. Umsonst wurden alte Vorurtheile, weil es ein Donnerstag sei, zu Hilfe gerufen. Trotz der Abmahnung Schiuner's und Vis= conti's, welche das Heer für die Nacht mit Lebensmitteln zu verfehen verfprachen, feßten die zuerft ausgezogenen Eidgenoffen es durch, daß fchon an diefem Tage angegriffen werde.

Die Franzofen erwarteten den Angriff nicht; forglos ruhten fie in ihrem Lager, weil fie glaubten der Friede werde gehalten werden. Ihr Lager befand fich in einer unermeßlichen Ebene, welche fich bis an den Teffin ausdehnt, an einer Stelle, wo fie rings herum von niedrigen Hügeln umgeben, mit Land=häufern, Wäldchen und Bäumen bedeckt und von durch die Bauern angelegten Bewäfferungsgräben, die Navarra noch durch künftliche vermehrt hatte, durchzogen war und war rings herum von einem großen Graben umfchloffen, hinter welchem durch Pallifaden gedeckt die Bogenfchüßen ftanden, während 74 Stücke Gefchüß die Zugänge beftrichen; im Rücken war es durch ein ftark verfchanztes Dorf San Brigide gedeckt. Das franzöfifche Heer war in drei Schlachthaufen aufgeftellt, welche einander im Falle der Noth leicht beiftehen konnten. Das Vordertreffen, vom Connétable von Bourbon befehligt, bei welchem Trivulzio und Navarra waren, ftand bei der Kirche von San Donato, das Centrum, das der König felbft be=fehligte, zu San Giuliano, das Hintertreffen endlich, an deffen Spiße Alençon ftand, welchem La Palice, Aubigny, Aimar de Prie beigegeben waren, lagerte zwifchen San Giuliano und dem Schloß von Marignano. Eben war der König mit Al=viano im Gefpräch und wollte mit demfelben das Abendmahl genießen, als er durch den Connétable und durch Fleuranges Kunde vom Vorrücken der Schweizer erhielt, worauf er Alviano den Befehl ertheilte, ihm mit möglichfter Eile fein Heer zuzu=führen und nun felbft auch feine Vorbereitungen traf.

Die Eidgenoffen hatten unterdeffen ihren Schlachtplan beftimmt; fie theilten ihr Heer in drei Haufen: das Centrum von den Ländern gebildet ftand unter den Landammännern Imhof und Püntiner von Uri, Käßi von Schwyz, Würfch von Unterwalden, Tfchudi von Glarus, Schwarzmurer von Zug, der linke Flügel aus den Contingenten von Luzern und Bafel gebildet unter Schultheiß von Hertenftein und Bürgermeifter

von Offenburg; den rechten leitete Röust mit den Ostschwei-
zern. Ihnen ordneten sie eine Vorhut unter Amman Werner
Steiner von Zug und eine Bedeckung für ihr Geschütz von
10 Stücken unter Hauptmann Pontely von Freiburg bei. Die
Hauptleute stärkten ihre Krieger mit tröstlichen Worten: dann
warfen sie sich Alle zur Erde und beteten mit kreuzweise aus-
gespannten Armen nach alter Gewohnheit. Werner Steiner
ließ sich eine Scholle reichen, warf sie über die Köpfe der
Krieger hin und rief: „Im Namen Gottes, des Vaters, des
Sohnes und des heiligen Geistes! Hier soll unser Kirchhof
sein, fromme treue liebe Eidgenossen. Seid männlich und un-
verzagt, vergesset die Heimath und denket auf Leben und Ehre,
die wir heute mit Gottes Hilfe erkämpfen wollen." Dann
drangen die drei Haufen, welche zusammen etwa 24,000 Mann
zählen mochten,[33] auf drei verschiedenen Wegen gegen die feindliche Vorhut nach San Donato vor, wobei sie Fleuranges,
der trotz des sehr ungünstigen Terrains mit 200 Reisigen auf
der Straße nach Mailand vorrückte und sie angriff, mit großem Verluste zurücktrieben, während ihr Geschütz auf der Straße
blieb. Inzwischen hatten Bourbon und Trivulzio ihre Landsknechte aufgestellt und zum Kampfe ermuntert und ihre Artillerie passend gerichtet und suchten das Vorrücken der Feinde
durch das Anzünden eines Hauses zu hemmen. Navarra befehligte eine Batterie von sieben Geschützen, welche durch die
dicht gedrängten Schaaren baskischer und gascognischer Knechte
gedeckt war.

Obschon ein Frontalangriff auf diese Werke unmöglich
schien, rückten doch die Schweizer unaufhaltsam und mit solcher
Freude, daß sie nicht in den Kampf, sondern zum Siege zu
gehen schienen, in den Bereich der feindlichen Artillerie vor,
welche ihre Reihen furchtbar lichtete,[34] die aber stets durch
neu eintretende Glieder wieder vervollständigt wurden. Sie
drängten die feindlichen Landsknechte mit solcher Gewalt zurück,
daß diese erschrocken sich zur Flucht wandten, weil sie glaubten
der Friede sei geschlossen und der König habe sie absichtlich der

Rache ihrer Gegner preisgeben wollen und warfen eine Ab=
theilung derselben, welche den Versuch machte über den Graben
zu setzen und die Eidgenossen selbst anzugreifen, nachdem schon
sieben oder acht Reihen derselben vorgedrungen waren, mit
solcher Kraft über den Graben zurück, daß Alle vernichtet wor=
den wären, wenn nicht Bourbon, Guise, Bayard und Andere
mit ihren Gens d'armes die schweizerischen Reihen durchrannt
und getrennt hätten. Allein diese sammelten sich wieder und
drangen unaufhaltsam vor; einer Schaar verwegener Freiwil=
liger, die Verlornen genannt, Jünglinge vom blühendsten Alter,
alle durch Tapferkeit ausgezeichnet und durch weiße von ihren
Häuptern auf den Rücken wallende Federn kenntlich, gelang es
den Graben zu überschreiten: sie schlugen die Landsknechte und
die Navarresen zurück und bemächtigten sich der ersten Batterie
von sieben Geschützen. Die Uebrigen rückten ihnen nach und
brachten das ganze Vordertreffen in Unordnung. Umsonst
suchte die Reiterei sie zu werfen. Sie war schon durch das
Terrain und durch die Gräben zur Seite der Straße sehr ge=
hindert. Zwar gelang es ihr dort, wo die Schaaren der
Schweizer durch das feindliche Geschütz gelockert waren, sie zu
umringen und dann erhob sich ein harter Kampf. Allein wo
sie in dichten Reihen standen, da wurden sie von einem starken
Lanzenwall empfangen, der ihnen das Vorrücken unmöglich
machte. Hier fanden Franz von Bourbon, Ymbercourt, San=
cerre den Tod. Allein jetzt ließ der König das Centrum, an
dessen Spitze er selbst stand, mit seiner unermeßlichen Reiterei
und den schwarzen Banden vorrücken, ließ sein Geschütz auf
die immer vordringenden Eidgenossen richten und griff sie von
mehreren Seiten zugleich an; zugleich gab er auch Alençon
Befehl ihm zu folgen. Hier blieb der Kampf unentschieden.
Schon ging die Sonne unter. Der Mond beleuchtete den
weiten Plan. Mit gleicher Erbitterung dauerte der Streit
fort; die Landsknechte faßten und sammelten sich wieder, als
sie den König selbst heranrücken sahen. Das Geschütz donnerte
fort, richtete aber mehr Schrecken als Schaden an. Bald lösten

sich die Schlachthaufen auf: die Führer konnten das Ganze
der Schlacht nicht mehr übersehen. Ohne auf die Befehle der
Hauptleute zu achten, ohne seine Zeichen zu erkennen kämpfte
Jeder wohin ihn der Zufall brachte. Wenn der Mond von
den Wolken verdeckt wurde, fiel man blindlings auf einander.
Kaum erkannten sich die Gegner mehr: Beide Theile führten
weiße Kreuze, die Schweizer noch einen Schlüssel von weißem
Tuche auf der Schulter oder der Brust; auch die Sprache der
Landsknechte und der Schweizer war dieselbe. Theodor Trivulzio, des Marschalls Vetter gab sich gefangen. Bayard, den
sein Pferd in die feindlichen Schaaren gerissen hatte, entkam
der Gefahr durch Flucht und ließ Helm und Beinschienen zurück. Auch J. J. Trivulzio und Schinner standen in Lebensgefahr: jenen rettete Tapferkeit, diesen Verstellung der Sprache.
Plötzlich trat pechschwarze Nacht an die Stelle des bisherigen
Mondscheins. Dies und die beiderseitige Müdigkeit machte
dem Kampfe ein Ende. Es mochte etwa eilf Uhr sein. Sechs
bis sieben Stunden hatte der Kampf gedauert. Anfangs herrschte
eine furchtbare Verwirrung. Der Stier von Uri rief die zer-
streuten Eidgenossen zur Sammlung. Der König die Größe
der Gefahr erkennend zog sich in den hintern Theil des Lagers
zurück und hätte sich noch weiter zurückgezogen, wenn die Schweizer nicht selbst zuvor eine Brücke über den Lambro abgeworfen
hätten, um das feindliche Heer ganz vernichten und all seine
Habe erbeuten zu können. Doch dauerte an einzelnen Stellen
der Kampf die ganze Nacht fort: viele brachten den Ort nicht
kennend die Nacht bei den feindlichen Truppen zu. Die Schweizer konnten sich als die Sieger betrachten,[35] da sie die Feinde
aus ihrer Stellung verdrängt hatten und im Vordertheil des
feindlichen Lagers zu San Donato sich lagerten; sie hatten
etliche landsknechtische Fahnen und zwölf Stück Geschütz erobert und sogleich verbreitete sich die Kunde von ihrem Sieg
in Italien und kam in dreißig Stunden auch in das Vaterland.
Der König, welcher nicht nur mit außerordentlichem Muthe
gekämpft hatte, so daß er oft in Lebensgefahr stand, sondern

auch mit ebenso viel Geschick und Talent die Bewegungen seines
Heeres und den Rückzug geleitet hatte, sammelte seine Truppen
allmählig um sich und brachte die Nacht bei dem Geschütze zu,
auf dessen Ueberlegenheit seine Hoffnung beruhte. Alviano
schickte er Boten über Boten um seine Ankunft zu beschleunigen.
Auch Lautrec und den Bastard von Savoien, welche mit 300
Lanzen zu Gallerate waren, mahnte er zu kommen. Louis
d'Ars, der bei Pavia lag, gab er Befehl eine Brücke über den
Po bereit zu halten. Die Eidgenossen, welche weil sie ihre
Verwundeten nicht wohl nach Mailand schaffen konnten und
dem Feinde nicht weichen wollten, die Nacht auf der Wahlstatt
zubrachten, waren nicht einig, was zu thun. Viele stimmten
der Ansicht des Cardinals bei, welcher es für das Beste hielt,
sich nach Mailand zurückzuziehen, weil dies allein ihnen die
Früchte des Siegs erhalten könne, und einige Fähnlein zogen
wirklich ab: auch ertönten vielfach Klagen über den großen
Verlust und die Verbindung mit fremden Herren, welche daran
Schuld sei und Zeichen am Himmel ließen Viele einen un=
glücklichen Ausgang ahnen. Doch entschied man sich endlich
dafür auszuharren und am folgenden Tage den Kampf zu er=
neuern. Während der Nacht hatten sie wenig Ruhe und litten,
obwohl Schinner, welcher überhaupt den Eidgenossen getreulich
beigestanden war und alle Gefahren der Schlacht mit ihnen
getheilt hatte, aus Mailand Speise und Trank herschaffen ließ,
Hunger und Durst, besonders aber, da Viele durch den Kampf
in den Gräben durchnäßt waren, an Frost.

Frühmorgens, es war Freitags den 14. September am
heiligen Kreuztage, noch ehe der Tag recht angebrochen war,
standen die Eidgenossen schon zum Kampf bereit in Schlacht=
ordnung: Sie standen wieder in drei Haufen, deren größter
sich dem feindlichen Centrum gegenüberstellte, der zweite die
Bestimmung hatte, Alençon, dessen Befestigungen weniger fest
waren, mittlerweile in die Seite zu fallen und dann von der
linken Seite her auf das Centrum einzudringen, der dritte aus
den Truppen der minder zuverlässigen Orte bestehend, dem

rechten feindlichen Flügel gegenüber aufgestellt war, während eine kleine Vorhut vorausziehen sollte, die Haltung des Feindes zu prüfen. Eine Stunde vor Tagesanbruch geweckt musterte der französische König seine Truppen, gab Galiot die nöthigen Befehle zur Aufstellung des Geschützes, Bourbon und Alençon hinsichtlich der Ordnung ihrer Schlachthaufen, die er übrigens wie am vorigen Tage aufstellte und feuerte das Heer zur Tapferkeit an.

Wieder begannen die Eidgenossen den Angriff: zuerst drang die Vorhut vor; aber die Macht des feindlichen Geschützes trieb sie zurück. Dann rückte das Centrum nach, mitten auf das feindliche Centrum und das Geschütz zu. Hier wiederholten sich die Scenen des vorigen Tags. Mochte auch die Artillerie die schweizerischen Reihen furchtbar lichten, mit unvergleichlichem Heldenmuthe schritten sie, wie wenn die Mühseligkeiten der vorigen Nacht ihre Kraft noch vermehrt hätten vorwärts: sie überschritten freilich mit großem Verluste, da die gascognischen Bogenschützen, welche höher standen, einen wahren Regen von Pfeilen auf sie ergossen, den Graben, der sie von den Lands=knechten trennte und warfen die schwarzen Banden über hun=dert Fuß weit zurück; ein gewaltiger Berner drang durch alle feindlichen Reihen hindurch zum Geschütz vor und eben berührte seine Hand eine Kanone, als er auch seinen Muth mit dem Leben bezahlte. Wäre die Reiterei nicht gewesen, so hätten die Schweizer hier gesiegt: aber vom König angefeuert drang jetzt diese auf sie ein und durchbrach ihre Reihen. Hier entspann sich ein mörderisches Gefecht, in dem die Schweizer Wunder der Tapferkeit verrichteten; es blieb unentschieden. Dreimal schaarten sich die Eidgenossen zusammen und unternahmen einen Gesammtangriff auf die französische Schlachtordnung: dreimal wurden sie zurückgeworfen. Hier fielen Charles de Talmont, La Tremouille's Sohn, Büssy d'Amboise, des Cardinal's Neffe, Rohe, Fleuranges' Bruder. Der Herzog von Vendôme und der Graf von Guise wurden verwundet, auf schweizerischer Seite fielen Püntiner und Imhof von Uri, Kätzi von Schwyz,

Johann Travers, Paribell von Marmels, Gugelberg von Moos aus Graubünden. Inzwischen war auch der rechte schweizerische Flügel in einem Bogen an den linken feindlichen unter Alençon vorgedrungen. Sein Angriff war so hart, daß er ihn zurückdrängte und ein großer Theil der Reiterei sich wandte und ordnungslos auf der Straße nach Lodi hin floh, so daß jetzt neuerdings in Italien die Kunde von einem Siege der Eidgenossen sich verbreitete. Allein Aimar de Prie und Aubigny brachten die Fliehenden zum Stillstand und erneuerten das Treffen. Der linke Flügel hatte Bourbon und Trivulzio angegriffen: von der Artillerie furchtbar mitgenommen, wich er einige Schritte zurück; allein er erneuerte den Angriff und brachte die Feinde zum Wanken. Es mochte etwa 9 Uhr sein: noch war der Kampf unentschieden und schien sich eher auf die Seite der Eidgenossen zu neigen. In dieser bangen Stunde, wo Jeder den Tod vor sich blickte, seines eigenen Lebens vergaß nur bemüht den althergebrachten Ruhm zu retten, entschied den Sieg, daß Alviano, mit einer Schaar venetianischer Reiter unter dem Rufe: Marco, Marco! heranrückte. Seine Ankunft schreckte die Eidgenossen, welche glaubten, das ganze venetianische Heer nehme am Kampfe Theil.[36] Schon wich der linke schweizerische Flügel; durch Alviano, welcher dem schwer bedrängten Alençon zu Hilfe kam, ward auch der rechte zurückgetrieben. Der Gewalthaufe war ganz erschöpft und doch kamen immer neue Schaaren von Landsknechten in die Schlacht. Die Hauptleute erfüllten ihre Pflicht musterhaft; allein als Trivulzio an mehrern Stellen die Dämme des Lambro durchbrechen ließ, deffen Gewässer jetzt auf sie zuströmten, erkannten die Eidgenossen, daß alle Anstrengungen vergeblich seien. So nahmen sie denn — es war gegen Mittag — ihre Verwundeten auf die Schultern, das Geschütz — das am vorigen Tage gewonnene ließen sie zurück — in ihre Mitte und zogen dicht an einander gedrängt mehr zermalmt als besiegt mit großer Beschwerde wegen der vollen Wassergräben zu beiden Seiten derselben auf der Straße nach Mailand hin. Ihr Rückzug hatte nichts einer

Flucht ähnliches an sich; auch wurden sie nicht verfolgt, sei es daß die Feinde selbst, welche dreißig Stunden lang in den Waffen gestanden, zu ermüdet waren und das Terrain selbst eine Verfolgung erschwerte, sei es daß der König aus Bewunderung vor einem solchen Feinde und um ihn nicht zu reizen, weil er ihm in Zukunft große Dienste leisten sollte, dieselbe verbot. Jetzt langte auch das Heer der Venetianer 9—10,000 Mann stark auf dem Schlachtfelde an.

Auch nach dem Abzug der Eidgenossen dauerte, da viele zurückgeblieben waren, welche das Schlachtfeld nicht lebend verlassen wollten, der Kampf an einzelnen Stellen fort: vierhundert Züricher, welche wahrscheinlich durch einen Sturmritt der Reiterei vom Gewalthaufen abgetrennt worden waren, starben in dem Landhause, in welchem Tags zuvor Bourbon sein Quartier gehabt hatte, in den Flammen, Andere tödteten einstürzende Mauern. Eine Schaar wurde beim Rückzuge in einem Wäldchen von den Venetianern niedergemacht. Die Landsknechte, welche zum ersten Male die Schweizer sich unterlegen sahen, machten ihrer Rache auf die grausamste Weise Luft. Zwölftausend Erschlagene, die Mehrzahl Eidgenossen[37] bedeckten die Wahlstatt. Franz blieb einige Zeit auf dem Schlachtfeld, durch Bayard ließ er sich zum Ritter schlagen, eine Auszeichnung, deren er sich durch seine heldenmüthige Tapferkeit in hohem Grade würdig gemacht hatte und ertheilte dann auch Andern diese Ehre; die Verwundeten ließ er sammeln, besorgen und am folgenden Tage in die Spitäler legen, für die Seelen der Gefallenen Messen lesen und in der Folge zum Andenken an die Schlacht von Marignano[38] auf demselben eine Capelle erbauen.[39]

Alle Schriftsteller stimmen darüber überein, daß die Schlacht von Marignano die blutigste und schrecklichste gewesen sei, die seit vielen Jahren in Italien geschlagen worden. Alle erkennen den Heldenmuth der Eidgenossen an, welche ein Heer von 60,000 Mann, das ihnen nicht nur an Zahl mehr als doppelt, sondern ebensosehr noch durch seine Artillerie und Cavallerie überlegen war, anzugreifen wagten und wie Löwen fochten: der alte im Donner der Schlachten ergraute Trivulzio versicherte, es sei nicht ein Kampf von Menschen sondern von Riesen gewesen, gegen den alle achtzehn Schlachten, an denen er Theil genommen, nur Kinderspiel seien. [40]

Die Eidgenossen wurden in der Hauptstadt freundlich aufgenommen und gut verpflegt und die Verwundeten in den Spitälern gut behandelt. Schon am Tage der Schlacht zogen einige Schaaren ab. Die Hauptmacht blieb in Mailand und versammelte sich am folgenden Morgen zur Berathung. Noch schienen sie den Fremden so zahlreich, als hätte gar keine Schlacht stattgefunden, während sie den Umfang ihres Verlustes nur zu wohl kannten. Die Stimmung war verschieden. Der Herzog, der Cardinal und die Bürgerschaft baten sie dringend zu bleiben, neue Hilfe zu erwarten und den Schaden zu rächen, wie ihre Altvordern gethan. Die Urkantone besonders waren dazu geneigt. Andere dagegen sahen die Unmöglichkeit ein, bei dem gänzlichen Geldmangel länger im Kriege zu verharren und wollten Alles auf einen neuen Heereszug ankommen lassen. Endlich entschlossen sie sich zum Bleiben, wenn der Herzog ihnen ihre rückständigen Sölde bezahle. Allein dieser war selbst hilflos und so zogen sie denn am nämlichen Tage, trotz der Abmahnungen Schinners, nachdem sie das Schloß mit 1500 Knechten besetzt und auch die Besatzung zu Cremona zu treuem Ausharren ermahnt hatten, mit den eroberten Fahnen, über denen sie den Verlust des Stiers von Uri und der übrigen alten Schlachthörner nicht verschmerzen konnten, von den französischen Reisigen nur leicht, heftiger von den venetianischen Stradioten verfolgt, und unter sich selbst uneinig und mißmuthig nach Como, von wo sie über den Gotthard und über den Splügen in die Heimath zurückkehrten. Galeazzo Visconti zog mit ihnen, während zur nämlichen Zeit Schinner und Franz Sforza zum Kaiser reisten, mit der Versicherung, bald mit einem Heere zurückzukehren. Der Herzog zog sich mit seinem

Kanzler Morone, mit dem spanischen und dem päpstlichen Ge=
sandten, mit Gonzaga und Andern in die Rocca zurück.⁴¹

An demselben Tage schickte die Bürgerschaft neuerdings
eine Gesandtschaft an den König um ihm die Stadt zu über=
geben. Er nahm die Uebergabe an, jedoch wie er sich aus=
drückte mehr aus Gnade als um des Verdienstes der Mai=
länder willen und legte ihr eine Contribution von 300,000
Ducaten auf; doch verschmähte er es jetzt schon seinen Einzug
in die Hauptstadt zu halten, so lange deren Schloß noch von
den Feinden besetzt sei. Am 17. September kam Navarra mit
seinen Gascognern und der Artillerie zur Belagerung desselben,
welches er binnen einem Monat einzunehmen sich verpflichtete.
Bourbon übernahm die militärische Verwaltung des Herzog=
thums, Aubigny diejenige der Stadt, Duprat als Canzler die=
jenige der Justiz; Jean de Selva wurde Vicecanzler und Prä=
sident des Parlaments. Der König selbst begab sich nach
Pavia, wo sich bald die italienischen Fürsten um ihn versam=
melten. Den Venetianern schickte er, doch nur ungern, weil
er wegen eines Türkenkrieges mit dem Kaiser Frieden haben
wollte und den Senat auf friedlichem Wege durch eine Geld=
zahlung an diesen Brescia und Verona erhalten zu sehen
wünschte, 600 Lanzen und 6000 Mann Infanterie unter dem
Bastard von Savoien zur Unterstützung, welcher indessen zögerte
und zuvor das Schloß zu Cremona belagerte.⁴²

Leo X., welcher unmittelbar vor der Schlacht neuerdings
einen Unterhändler zum König geschickt und die erste Kunde
vom Siege der Eidgenossen mit ebenso unverkennbarer Freude,
wie die zweite mit Schmerz, aber doch mit Mäßigung aufge=
nommen hatte⁴³ sandte jetzt neuerdings den Bischof von Tri=
carica zu ihm, dessen Gewandtheit und Geist es gelang, daß
Franz trotz der Aufforderung Alviano's und der italienischen
Fürsten, nachdem Lautrec bereits mit 700 Lanzen zur Occu=
pation Parma's und Piacenza's an den Po vorgedrungen war,
seinen Sieg nicht weiter verfolgte, so daß sowohl Lorenzo als
der Vicekönig, welcher auf die Kunde vom glücklichen Ausgange

der Schlacht am ersten Tage bereits über den Po vorgerückt
war,"⁴⁴ um auch jetzt wie 1513 an den Errungenschaften eines
Sieges zu participiren, an dessen Gefahren er keinen Antheil
genommen hatte, sich retten konnten. Lorenzo trat jetzt offen
zu Franz über. Cardona zog sich in's Gebiet von Modena,
wo er noch einige Zeit stehen blieb und dann nach Neapel
zurück. Durch Vermittlung des Herzogs von Savoien und
Canossa's kam am 20. September zwischen dem Papst und
dem König im Lager bei Marignano ein Vertrag zu Stande,
durch welchen dieser den Schutz des Papstes und seiner Familie
übernahm und seine Beihilfe zur Eroberung aller, dem Kirchen-
staate rechtlich zustehenden Gebiete zusagte, dieser Parma und
Piacenza ihm abtrat und zum Schutze Mailands sich verpflich-
tete.⁴⁵ Doch zögerte Leo denselben zu ratificiren, weil er vor
Allem auf einen neuen Aufbruch der Schweizer hoffte und dadurch Parma und Piacenza, welche er sehr ungern fallen ließ,
retten zu können hoffte.

In der Schweiz, wo gerade am ersten Tage der Schlacht
die Tagsatzung neue Schritte gegen den König von Frankreich
berathen und die erste Kunde von derselben außerordentliche
Freude, die zweite, spät eingetroffene größeres Leid verursacht
hatte, war das Nationalgefühl durch den unglücklichen Ausgang derselben, wodurch nicht nur alle Errungenschaften der
frühern Siege in Italien, sondern auch der althergebrachte
Ruhm verloren schienen, in hohem Maaße erregt; am 24. September wurde auf einer Tagsatzung zu Luzern, auf welcher
eine kaiserliche Gesandtschaft, Franz Sforza, Galeazzo Visconti
und der päpstliche Nuntius Bischof von Veroli sich einfanden,
mit Einmüthigkeit beschlossen, alle französischen Friedensvorschläge unbedingt abzuweisen, einen Heereszug von 24,000 Mann
in die Lombardei zu thun und an den Kaiser eine Gesandtschaft
nach Landeck abgeordnet, welche ihn um Unterstützung für denselben bitten sollte. Die Schloßbesatzungen zu Bellenz, Lawis,
Luggarus und Domo wurden verstärkt, diejenigen zu Mailand
und Cremona zu treuem Ausharren ermahnt. Sofort rüsteten

sich die Urkantone und rückten in der Hoffnung auch die Uebrigen würden nachziehen, gegen Bellenz vor. Allein bald regten sich die französisch Gesinnten wieder. Während die Nationalen, an ihrer Spitze Schwyz, das nicht ohne Grund darauf hinwies, daß der Krieg gegen Frankreich um zwei Boten zu rächen begonnen worden sei, auf die Hilfe des Papstes, welcher durch ein Schreiben des Cardinals Bibbiena vom 20. September zu einem neuen Feldzuge aufforderte, wozu er Unterstützung mit Geld und Truppen verhieß und des Kaisers, welcher 20,000 Kronen zu steuern und 12,000 Eidgenossen zu besolden versprach und ihnen eine gemeinsame Theilung und Behauptung des Herzogthums anbot und selbst mitzuziehen bereit war, hinwiesen, fanden jene insbesondere die drei Städte Bern, Freiburg und Solothurn, eben in der Treulosigkeit der Liguisten und in der Nichterfüllung ihrer Verpflichtungen ein Motiv ihren jetzigen Versprechungen nicht zu vertrauen und in der Aussichtslosigkeit das Herzogthum wieder erobern zu können, weil der französische König völlig Herr über dasselbe, der Vicekönig abgezogen und Heinrich mit jenem im Bunde sei und nicht nur Domo sich schon ergeben habe, sondern jetzt auch die Schlösser zu Lugano und Locarno belagert würden, ein Motiv, sich der bisherigen Politik überhaupt zu begeben und mit Franz einen Frieden entweder auf Grundlage des zu Gallerate geschlossenen oder auf neue durch Vermittlung des Herzogs von Savoien festzustellende Bedingungen zu schließen. Wie Jene am 24. September, so drangen diese am 6. October auf einem Tage zu Luzern durch, auf welchem beschlossen wurde, den Herzog um seine Vermittlung anzusuchen, wozu eine Tagsatzung nach Genf auf den 28. October festgesetzt wurde. [46]

Und die weitere Entwickelung der Dinge in Mailand mochte die Friedenspartei in ihrer Politik bestärken.

Am 8. October schloß der Herzog, obschon die Belagerung noch nicht weit fortgeschritten war, obschon das Schloß, welches Franz Sforza erbaut hatte, für unüberwindlich galt und mit

Lebensmitteln auf's Reichlichste versehen war, obschon die Be=
lagerten sich mit unerschütterlicher Tapferkeit vertheidigten und
alle Eidgenossen bis auf den letzten Mann auszuharren schwo=
ren, endlich trotz der Abmahnungen des päpstlichen und des
spanischen Gesandten durch Vermittlung Bourbons mit dem
Könige einen Vertrag, durch welchen er ihm alle seine Ansprüche
auf das Herzogthum, sowie die Schlösser zu Mailand und
Cremona abtrat, wofür ihm jener eine tägliche Rente von
100 Thalern bewilligte oder ihm einen Cardinalshut mit gleichen
Einkünften zu verschaffen versprach, die Bezahlung seiner Pri=
vatschulden übernahm und die den schweizerischen Truppen in
Cremona und Mailand schuldigen Sölde in runder Summe
von 6000 Thalern bezahlte. [47] Am nämlichen Tage ging er
nach Pavia zum König, der ihn von dort nach Frankreich ge=
leiten ließ, wo er am 10. Juni 1530 in der Dunkelheit starb,
während die eidg. Besatzungen nicht ohne Neckereien von Seiten
der Franzosen abzogen.

Die öffentliche Meinung Italien's klagte Girolamo Mo=
rone, des Herzogs Canzler an, durch seinen Einfluß Sforza
zu diesem Schritte bestimmt zu haben, was auch seine Ernen=
nung zum französischen Senator und Maitre des Requestes
zu bestätigen schien. Sforza's eigene Natur, welcher ein sorgen=
freies gemächliches Dasein über Alles galt, der Zustand körper=
licher und geistiger Aufregung, in welchen ihn die Belagerung
versetzte, endlich die schimpfliche Abhängigkeit von dem Willen
fremder Mächte und die stete Furcht vor der treulosen Politik
des Papstes, des Kaisers und Ferdinands, deren Absichten auf
den eigenen Besitz seines Staates er zur Genüge kannte, sind
indeß ohne Zweifel Gründe, welche einen Entschluß besser er=
klären, der in der That vom Standpunkte Sforza's, wenn auch
nicht vom nationalen und vom schweizerischen aus, nicht tadelns=
werth erscheint und welchen vielleicht auch Morone für den
besten halten mochte, ohne daß ihn deßwegen der Vorwurf des
Verraths treffen darf. [48]

Der Beschluß der schweizerischen Tagsatzung, welcher seine

Hoffnung vereitelte, durch einen neuen Feldzug Parma und Piacenza retten zu können, war es wohl hauptsächlich, was jetzt den Papst bestimmte, durch die Ratification des Vertrags vom 20. Sept. am 13. October zu Viterbo sich von der Ligue loszusagen und zu Franz überzutreten, der ihm jetzt den Vorschlag zu jener berühmten Zusammenkunft zu Bologna machte, auf welchen er einging.[49] Am 11. October hielt Franz I. seinen feierlichen Einzug in Mailand; dann führte er sein Heer nach Vigevano, wo jetzt neuerdings die Gesandten der italienischen Fürsten sowie der Venetianer an seinem Hofe zusammentrafen, welche letztern ihn um Beschleunigung der Hilfeleistung baten, worauf Tribulzio, welcher nach dem Tode Alviano's (7. October) den Oberbefehl über das venetianische Heer übernommen hatte, mit diesem und dem französischen Truppencorps unter dem Bastard von Savoien die Belagerung Brescia's begann, welches freilich, da es entsetzt wurde, weder er in Verbindung mit Navarra noch seine Nachfolger Lautrec und Theodor Tribulzio einzunehmen vermochten.[50]

Am 12. December trafen der Papst und der König in Bologna zusammen und vereinigten sich dort zu folgenden Verabredungen: Franz verschob seine Expedition gegen Neapel bis nach Ferdinand's Tode und der Papst versprach ihm dafür jegliche Unterstützung. Dieser verpflichtete sich auch Modena und Reggio Alfonso von Ferrara gegen Erlegung des Pfandschillings zurückzuerstatten, während jener seine anfängliche Forderung, den Herzog von Urbino nicht zu beunruhigen, welcher im verflossenen Kriege dem Papst, obwohl er in seinem Solde stand, seine Truppen nicht zuführte, fallen ließ. Ebenso wichtig war die Aufhebung der pragmatischen Sanction und der Abschluß des Concordats, wodurch die seit Karl VI. übliche Wahlform der Klöster aufgehoben wurden, dem König die Besetzung aller geistlichen Stellen seines Landes zufiel, die Wahlrechte der Stifter und Klöster aufhörten und die Annaten von jetzt an nicht mehr nach einer alten unrichtigen Abschätzung, sondern nach ihrem wahren Werthe bezahlt werden sollten.

Endlich kamen hier auch noch Friedensverhandlungen zur Sprache. Allein der Versuch des Papstes zwischen dem Kaiser und Venedig eine Aussöhnung anzubahnen, wofür er eine allgemeine Unternehmung gegen die Ungläubigen vorschlug, scheiterten an der Forderung des Königs, daß Venedig Brescia und Verona erhalten sollte.[51] Am 15. December verließ Franz, welchem der Papst noch einen Zehnten auf den Clerus bewilligte, befriedigt Bologna, ließ in Mailand den Connétable als Gouverneur und kehrte am 6. Januar 1516 ruhmgekrönt nach Frankreich zurück.

Drittes Kapitel.

Allmähliger Verzicht auf die bisherige selbstständige Politik und Abschluß des ewigen Friedens mit Frankreich.

Mit dem unglücklichen Ausgange der Schlacht zu Marignano war die Macht der Schweizer keineswegs gebrochen,
da sie nicht auf dem Besitze Mailand's, sondern auf einem
dauerndem Eigenthum, der kriegerischen Kraft und Tüchtigkeit
der Nation beruhte, welche zwar durch jenen verdunkelt worden,
allein weil sie nur der Uebermacht erlegen war, ihr Ansehen
und ihren Einfluß nicht verlor, sondern jetzt vielmehr den
Sieger wie die Mitbesiegten zu neuen Versuchen reizte, sie für
sich zu gewinnen.

Die Eroberung Mailand's durch Franz I. rief in gleicher
Weise die Besorgnisse der übrigen europäischen Großmächte
wach und führte nicht nur zu einer Aussöhnung unter denselben
sondern auch zu einer Einigung zum Zwecke, jenen aus Italien
wieder zu vertreiben.

Schon im Mai hatte Ferdinand Bernard de Meza Bischof
von Trinopoli mit Vollmachten zur Negociirung eines Bündnisses zu Heinrich geschickt, welcher zwar lange unbeachtet blieb,
aber nach der Schlacht von Marignano, welche Ferdinand im
Besitze Neapel's um so mehr gefährdete, als Franz zur Eroberung desselben sich der Unterstützung des Papstes zu erfreuen
schien, seinen Zweck erreichte, indem am 19. October zu London
ein Schutz- und Trutzbündniß zwischen Beiden zu Stande kam,
welches den Besitzstand eines Jeden auch für die Erben garantirte,[1] aber ebendeßhalb über die Absichten des Papstes

hinausging, der seine Pläne auf Neapel noch nicht aufgegeben hatte, und ihn zum nähern Anschluß an Franz I. drängte.

Auch Maximilian war schon im Juni mit Heinrich neuerdings in Verbindung getreten und hatte mit ihm über gemeinsame Schritte wider Frankreich berathen; die Eroberung Mailands, durch welche er sich nicht nur in seiner Stellung als Oberlehensherr gekränkt fühlte, daher er auch sofort nach dem Einzuge Franz I. in die Hauptstadt einen Boten mit der Anfrage an ihn schickte, ob er in seinem Namen Mailand beherrsche, welche jener bejahte, weil er es erobert, [2] sondern auch seine Hoffnung das Herzogthum für Karl zu erwerben weiter hinausgerückt sah, mußte ihn, weil er allein von ihm thatkräftige Unterstützung hoffen konnte, noch näher mit Heinrich verbinden und Schinner, der sich an seinem Hofe befand, unterließ nichts um ihn für eine Unternehmung gegen Mailand zu bestimmen.

Heinrich VIII. selbst, welcher ohnehin auf Franz neidisch schon durch die Wiederherstellung Terouennes gegen ihn aufgebracht war, wurde es noch mehr, als jener seinem Versprechen zuwider John Stuart, Herzog von Albany, Jakob's IV. Vetter nach Schottland gehen ließ, wo er am 18. Mai die ihm nach der Wiedervermählung der Königin = Wittwe Margarethe der Schwester Heinrichs mit Archibald Douglas Grafen von Angus im Juli 1514 vom Volke übertragene Regentschaft übernahm und jene vertrieb und die Aufreizungen Wolsey's, welcher durch den Cardinalshut, den er wahrscheinlich Franz I. selbst zu verdanken hatte, nicht befriedigt gegen diesen erzürnt war, weil er das Bisthum Tournay nicht erhalten hatte, bestärkten ihn in diesen Gefühlen. [3]   Wolsey machte dem Kaiser die ersten Anerbietungen über eine Unterstützung wider Frankreich, auf welche dieser begierig einging und zur Berathung weiterer Schritte Anchises Visconti als Gesandten an den englischen Hof schickte. Im November entschied sich Heinrich, weil er zwar seinen Bund mit Franz I. nicht offen brechen, aber doch zugleich den Kaiser

wider ihn in Italien unterstützen wollte, nach längern Berathungen zur Bezahlung von Hilfsgeldern au Maximilian.
Und die drei Mächte vereinigten sich nun zu einem Bunde,
welcher, obwohl über ihn keine öffentliche Urkunde exiſtirt, den
deutlich ausgeſprochenen Zweck der Vertreibung der Franzoſen
aus Mailand und der Einſetzung Franz Sforza's Herzogs von
Bar hatte, der ſich dafür zu einem jährlichen Tribut und ſelbſt
zu einer jährlichen Penſion an Wolſey verpflichtete. [4]

Ferdinand, welcher wegen Neapel's durch die Erfolge
Franz' I. am meiſten gefährdet war, war ohne Zweifel das
leitende Haupt in dieſen Berathungen, Heinrich, ohne deſſen
Mitwirkung die Ausführung des Projects nicht möglich war,
ſollte mit Geld unterſtützen, Maximilian ſein Talent der Kriegs-
führung geltend machen. Vor Allem aber baute man auf die
Schweizer, zu welchen jetzt Heinrich ſeinen Geſandten bei dem
Kaiſer Richard Pace abordnete. In Innsbruck traf er mit
Schinner zuſammen, welcher bei den folgenden Verhandlungen
neuerdings für den höchſten Wunſch ſeines Lebens, die Schwächung der Macht Frankreichs ſeine außerordentlichen Talente
bethätigte und der eifrige Vermittler zwiſchen den fremden
Mächten und einem Theile der ſchweizeriſchen Kantone wurde,
aber eben durch dies politiſche Treiben ſehr große Schuld an
der Zwietracht und. der Uneinigkeit der Eidgenoſſen in dieſem
Jahre trug. [5]

In der Schweiz war inzwiſchen der Tagſatzungsbeſchluß
vom 6. October zur Ausführung gekommen: am 3. November
war in Genf, nachdem Franz ſchon zuvor einen beſondern
Agenten André le Roy als Friedenswerber nach Bern, Freiburg und Solothurn abgeordnet hatte, der Herzog von Savoien, den auch der franzöſiſche König zu ſeinem Friedensver-
mittler ernannt hatte und der ſich dieſer Aufgabe mit um ſo
größerm Eifer unterzog, als im Fall des Nichtgelingens derſelben wegen ſeines zweideutigen und unentſchiedenen Benehmens
während des letzten Feldzugs durch die Abneigung einiger ſchwei-
zeriſcher Orte gegen ihn der Fortbeſtand ſeiner eigenen Herr-

schaft in Frage gestellt schien⁶ und mit ihm als französische Abgeordnete der Herr von Guiche, Baillif von Mascon und der Herr von Fresne mit den Bevollmächtigten der eidgenössischen Orte zusammen getroffen und am 7. November daselbst zumal auf das Treiben der drei Städte, da Franz keinen ohne den andern wollte, der Entwurf eines Friedens und eines Bundes zu Stande gekommen, welcher fast alle Bestimmungen desjenigen von Gallerate enthielt. Alle Orte waren mit dem Frieden einverstanden, einige dagegen dem Bunde abgeneigt. Zur weitern Berathung und zur Auswechslung der Urkunden wurde ein Tag auf den 25. November in Zürich festgesetzt. Am 24. traf Pace in Zürich ein; er überzeugte sich bald, daß viele Schwierigkeiten dem Projecte der drei Mächte entgegenstanden. Ferdinand und der Papst waren bei den Eidgenossen auf's Tiefste verhaßt und dadurch auch Schinner in Mißcredit gekommen, welcher es nicht wagte selbst in der Schweiz zu erscheinen, sondern sich in der Nähe derselben aufhielt und von hier mit den Gesandten der Liguisten und den Häuptern der anti-französischen Partei verhandelte. Dagegen hatte das gemeine Volk lebhafte Sympathieen für Heinrich, welcher allein jedoch nur durch Geldspenden im Stande war, einen Theil der Eidgenossen für die Pläne der Coalition zu gewinnen.⁷ Mit Mühe erlangte Pace, da ihn die Franzosenfreunde für einen Spanier ausgaben, Zutritt zur Tagsatzung, auf welcher jetzt sein und des kaiserlichen Gesandten persönlicher Einfluß und ihre Versprechungen einen Umschwung hervorriefen. Auf derselben wurden zuerst die frühern Verbote gegen die Jahrgelder und die Geschenke fremder Herren erneuert. Dann traten die beiden Gesandten auf und erklärten die Bereitwilligkeit ihrer Herrscher zur Unterstützung bei einem Kriege wider Frankreich. Der kaiserliche speciell trug ihnen einen Bund mit dem Kaiser, Ferdinand und Heinrich zur gegenseitigen Garantirung ihrer Besitzungen an und mahnte sie, mit Frankreich wenigstens keinen Bund zu schließen und im Frieden das Reich und das Haus Oesterreich vorzubehalten; seine Forderung unterstützte er

mit der Aussicht auf eine Kornsperre, welche der Kaiser im
Falle einer Beleidigung vielleicht anordnen würde. Ihre Worte
machten einen solchen Eindruck, daß mehrere Orte jetzt vom
Genfer Frieden zurücktraten und nur noch Bern, Luzern, Ob-
walden, Freiburg und Solothurn fest bei dem Friedens- und
Bundesproject verharrten, die Uebrigen theils nur von einem
Frieden etwas wissen theils noch zuwarten und sich dem Beschlusse der Mehrheit fügen wollten.[8] Die Uneinigkeit dauerte
fort und wurde durch die fremden Gesandten noch genährt,
welche die Stimmung des gemeinen Volkes, welches Frankreich
abgeneigt war und den Verlust so vieler tapferer Männer in
der Schlacht bei Marignano nicht so leicht verschmerzen konnte,
durch Nachrichten von Bestechung im letzten Kriege noch reizten.
Im Kanton Zürich gedieh der Unwille im December zum Ausbruch, als Kaspar Bächli von Wädenschwyl vom Verrath in
den Pässen erzählte, an welchem er selbst Theil genommen und
angesehene Hauptleute aus den Kantonen Zürich, Bern, Schwyz,
Basel und Appenzell als Mitschuldige, als Rädelsführer insbesondere Albrecht von Stein, Ludwig von Erlach und Ludwig
von Diesbach nannte, wofür er sofort mit dem Tode büßen
mußte, während gegen die Compromittirten keine ernstliche
Untersuchung eingeleitet wurde und konnte nur durch die freilich
lässige Bestrafung einiger von diesen beruhigt werden.[9] Auch
auf den Tagen zu Luzern am 12. und 24. December kam
nichts zu Stande. Im Januar wurde die Stimmung für eine
Versöhnung mit Frankreich unter dem Eindruck verschiedener
Umstände wieder günstiger. Der Papst forderte, weil er mit
Franz verbunden sei, am 28. December Graubünden, am
7. Januar die Eidgenossen zum Frieden mit Franz auf.[10] Dieser
selbst aber bot jetzt auf den Rath seiner Mutter denjenigen
Orten, welche den Vertrag mit ihm besiegeln würden an, ihren
Antheil an den durch denselben stipulirten Summen auszube-
zahlen. So beschlossen denn die VIII Orte Bern, Luzern, Unterwalden, Zug, Glarus, Freiburg, Solothurn und Appenzell und
mit ihnen Wallis am 14. Januar zu Bern beim Genfer Frieden

zu verharren, baten aber zugleich die V andern Orte im In=
teresse der Einigkeit und weil die Liguisten im letzten Kriege
nichts für sie geleistet hätten, sich ihnen als der Majorität an=
zuschließen, besonders da der französische König geneigt sei, das
Bündniß nur auf ein Jahr nach seinem Tode auszudehnen und
er verspreche, im Falle daß die drei Mächte deßhalb gegen sie
Feindseligkeiten unternehmen würden, ihnen Hilfe zu leisten,
widrigenfalls sie an den Genferverträgen in ihrem ganzen
Umfange festhalten würden. Da indeß die V Orte auf einem
besondern Tage zu Schwyz nicht darauf eingingen, so wurde
am 28. Januar zu Bern die erste Zahlung geleistet, welche
nach der Zahl der verordneten Truppen beim Dijonerzuge und
bei den drei letzten Auszügen nach Italien mit Anweisung einer
bestimmten Summe für die Freiwilligen vertheilt wurde. Bern
quittirte für sämmtliche VIII Orte, während die französischen
Gesandten das Betreffniß für die übrigen Orte, für St. Gallen
und Graubünden zurückbehielten. [11]

Mittlerweile hatten auch zwischen den drei Mächten die
Verhandlungen fortgedauert. Zwar hatten Karl, welcher schon
sofort nach der Schlacht Franz seine Vermittlung mit dem Kaiser
angeboten hatte, und der Papst versucht, die Beiden zu ver=
söhnen, allein da Franz einen Frieden, Maximilian nur einen
Waffenstillstand wollte und dieser zugleich wegen der Unter=
stützung der Venetianer durch Franz bei der Belagerung Bres=
cia's aufgebracht war, ohne Erfolg. Es wurde jetzt eine Unter=
nehmung gegen Mailand vorbereitet, für welche Heinrich 100,000
Thaler nach Anvers bereit legte, Ferdinand Truppen nach Mai=
land zu schicken, der Kaiser selbst die Leitung zu übernehmen
versprach. Auch der Papst wurde zum Anschluß an die Coalition
aufgefordert, doch er lehnte ab. [12] Zwar schien durch den Tod
Ferdinands des Katholischen am 23. Januar 1516, [13] welcher
mit Aenderung einer frühern Bestimmung Karl von Burgund
zu seinem alleinigen Erben eingesetzt hatte, dieselbe nicht nur
in Frage gestellt, sondern auch erschwert, und die Lage über=
haupt noch gefährdet, indem jetzt Franz in der Hoffnung vom

Papste unterstützt und von Karl nicht gehindert zu werden, Bourbon schon seine Rüstungen zur Eroberung Neapels treffen ließ. Allein der Kaiser und Heinrich hielten an dem Plane fest, welchen auch eine Subsidie Ferdinands von 120,000 Ducaten noch erleichterte und zugleich führte jetzt Karl, welcher schon am 24. Januar mit Heinrich sich besonders verbündete, für's Erste die Politik Ferdinand's fort und schloß in Berücksichtigung der von Franz für Neapel drohenden Gefahr am 19. April 1516 mit Heinrich VIII. einen neuen Bund, welcher ihm die ganze Erbschaft garantirte. [14]

Auch bei den Eidgenossen waren zur nämlichen Zeit die Gesandten der drei Mächte thätig; da durch die Annahme des Genfer Friedens die Möglichkeit abgeschnitten war, die Eidgenossen zu einer gemeinsamen Unternehmung wider Mailand zu bestimmen, so verhandelten jetzt Pace, Schinner und der Bischof von Veroli, der überhaupt eine derjenigen des Papstes, welcher am 15. März die VIII Orte zu neuen Versuchen die übrigen zu sich hinüberzuziehen aufforderte und auch Schinner sein Mißfallen über seine Umtriebe aussprach, entgegengesetzte Politik verfolgte, [15] mit den V Orten, welche gesondert tagten. Maximilian selbst hatte versprochen zur Berathung nach Constanz zu kommen, wo Pace und sechs schweizerische Hauptleute sich einfanden, während Jener durch sein Nichterscheinen jetzt die lauteste Mißstimmung erregte. Doch bewilligten die V Orte ihm, da seine frühere Mahnung an alle Eidgenossen, den Franzosen keine Knechte zulaufen zu lassen, ihm selbst aber auf guten Sold und gemeinen Gewinn 12,000 Mann zu bewilligen durch die Ratification des Genfer Friedens keine Folge haben konnte, Zuzug und er begann im Februar mit englischem Gelde schweizerische Truppen zu sammeln und brachte über 15,000 Mann besonders aus den V Orten, auch aus Thurgau und Graubünden und viele Nationalgesinnte aus den andern Kantonen auf, welchen er Befehl gab sich zu Riva am obern Ende des Gardasees zu versammeln. Sie wurden zu Chur gemustert und bezahlt und eilten unter Stapfer und Gölbli von Zürich,

Dietägen von Salis aus Graubünden und Andern dann über
Trient fortwährend bis auf 20,000 Mann sich vermehrend mit
Schinner, dem Herzog von Bar, Galeazzo Visconti nach Verona, wo der Kaiser, welcher um das von dem vereinigten fran-
zösisch-venetianischen Heer belagerte Brescia zu entsetzen, den
Aufbruch beschleunigte, mit einer trefflichen Artillerie und vielen
eigenen Truppen, bei denen der Markgraf von Brandenburg
stand, sich mit ihnen vereinigte. [16]

Hier wurde Kriegsrath gehalten. Während Schinner, Colonna, Visconti und besonders Stapfer sofort nach Mailand
ziehen wollten, wo die Bürgerschaft für den Kaiser günstig gesinnt war, wollten der Kaiser und Roggendorf erst Asola, einen
in der Nähe des Oglio an der Chiese gelegenen festen Platz
der Venetianer erobern, damit die Feinde nicht die Zufuhr von
Verona her abschneiden könnten. Diese Ansicht drang durch.
Am 7. März brach das Heer, gegen 30,000 Mann stark, auf.
Lautrec und Theodor Trivulzio besetzten Padua und Vincenza
und zogen von Brescia dem feindlichen Heere nach Peschiera
entgegen, um ihm den Uebergang über den Mincio zu verwehren. Allein sie hatten, obwohl sie ihm durch die bessere
Disciplin ihrer Truppen gewachsen waren, nicht den Muth ihn
zu erwarten, sondern zogen sich über den Oglio nach Cremona
zurück, wo sie sich zu halten und sich mit dem Connétable zu
vereinigen gedachten, während jetzt das kaiserliche Heer nach
Asola vorrückte, welches es indessen nach mehrtägiger Belagerung nicht einzunehmen vermochte und darauf den Oglio bei
Orcinuovi überschritt. Allein auch in Cremona hielten die Franzosen nicht aus; sie ließen eine Besatzung daselbst und zogen
sich über die Abda zurück, so daß jetzt bereits das ganze Land
zwischen dem Po und der Abda mit Ausnahme Cremona's und
Crema's, das immer noch in den Händen der Venetianer, sich
im Besitze des Kaisers befand. Das feindliche Heer stand bei
Cresciono jenseits der Abda, das kaiserliche überschritt dieselbe
am 23. bei Rivolta; doch hielt jenes nicht Stand und zog sich
am nämlichen Tage nach Mailand zurück. Jetzt ergab sich

dem Kaiser auch Lodi und er richtete nun an die Hauptstadt, der er sich näherte durch einen Herold die Aufforderung, sich binnen zwei Tagen zu ergeben, widrigenfalls er sie härter strafen werde als selbst Barbarossa. Zugleich hoffte er auf eine bereits vorbereitete Erhebung der Bürgerschaft, welche schon wieder der französischen Herrschaft müde war und welche er durch den Einfluß Galeazzo Visconti's und durch die Aussicht auf staatliche Selbstständigkeit unter einem eigenen Herrscher für sich zu gewinnen hoffte. Keines von Beiden hatte Erfolg: Bourbon wies die Aufforderung zur Uebergabe mit der Antwort zurück, daß Mailand dem französischen König Treue geschworen habe und sein rechtmäßiges Eigenthum sei, das er erobert und das ihm sowohl nach Gründen des Erbrechts als durch die Investitur Ludwig's XII. gehöre. Und auch die Bürgerschaft that theils aus Furcht vor den Franzosen theils aus Mißtrauen gegen den Kaiser, dessen ehrgeizige Absichten auf das Herzogthum sie kannte, nichts für ihn. [17]

Die Franzosen in Mailand befanden sich in einer außerordentlichen Verlegenheit. Ihre einzige Hoffnung beruhte auf den Schweizern.

Sofort nach der Besiegelung des Bundes hatte der französische König von den VIII Orten 6000 Mann verlangt, welche sie ihm bewilligten, unter der Bedingung, daß sie nicht gegen ihre Eidgenossen, gegen den Kaiser und ihre übrigen Vorbehaltenen gebraucht würden, was jener zusagte. Sie sammelten sich unter Albrecht von Stein und Ludwig von Dießbach von Bern, Rudolf Nahn von Zürich und Werner von Meggen von Luzern, welche die Absicht sie gegen die Eidgenossen des Kaisers zu stellen kannten, in Lausanne. Zwar beschlossen die VIII Orte auf die Ermahnung des Kaisers und der übrigen Stände, auf dieselben ein gutes Aufsehen zu haben, sie nicht ausziehen zu lassen. Allein jene gaben am 1. März die trotzige Antwort sie seien mit Frankreich verbündet und wollten zwischen den beiden Herren Frieden stiften und zogen sofort über den

Bernhard, was bei allen Eidgenossen die lautesten Besorgnisse
erregte. Auf den Tagen zu Zürich, Zug, Luzern wurde ernst=
lichst über die zu ergreifenden Maaßregeln berathen. Während
die eine Partei die Truppen beider Theile zurückrufen und über=
haupt aller Verbindungen mit fremden Mächten, Pensionen 2c.
sich begeben wollte, machten Andere geltend, daß die Verpflich=
tungen des Bundes mit Frankreich gehalten werden müßten
und schlugen Rückberufung der beiden Corps vor. Dritte end=
lich hoben hervor, daß der Kaiser immer noch ihr Bundesgenosse
sei und zum Theil auch ihretwegen diesen Krieg führe und daß
die V Orte den Uebrigen näher verbunden seien, als diese dem
König, welcher zudem seine Söldner wider die gegebene Zusage
habe aufwiegeln lassen. Diese Ansicht drang durch und die
Mehrheit beschloß, dem Kaiser kein Hinderniß entgegenzusetzen
und die Ihrigen ihm treu dienen zu lassen, die Andern dagegen
vom Könige abzumahnen. Den Ausgezogenen wurden nun
zwar strengere Boten und Briefe nachgeschickt, aber sie gaben
zur Antwort, es müsse in Novarra eine Musterung stattfinden,
um Sold zu erhalten und der Kaiser werde wohl nicht Stand
halten, da des Königs Heeresmacht zu zahlreich sei. Die Fran=
zosen in Mailand hatten vom Anzug der Schweizer Kunde.
Allein Viele waren geneigt, die Stadt aufzugeben, weil sie sich
auch mit jenen nicht im Stande glaubten dieselbe zu behaupten
und zudem fürchteten, die Tagsatzung möchte sie zurückrufen.
Andere dagegen wollten dieselbe auf's Aeußerste vertheidigen,
weil sie auf den Entsatz hofften und wußten, daß die Schweizer
in der Belagerung unerfahren und im kaiserlichen Heere bereits
Geldmangel fühlbar war. Sie setzten die Stadt in Belagerungs=
zustand, verbrannten die Vorstädte und Trivulzio ermunterte
die Bürgerschaft. Auf die Schweizer in Novarra hatten indeß
doch die Vorstellungen der Obrigkeit Eindruck gemacht und
viele waren zur Rückkehr bereit, als Bourbon zur Bestechung
griff und durch Boten ihre Ankunft beschleunigte. Am 24. März
am Tage nach der Rückkehr des französischen Heers rückten sie

über 10,000 Mann stark, vornehmlich Berner und Walliser in
Mailand ein. [18]

Am folgenden Tage, es war am Osterdienstag, zog der
Kaiser vor die Stadt und bot Bourbon die Schlacht an, welche
dieser ablehnte. Dadurch sah er seinen Anschlag, da er nicht
hoffen konnte, daß Schweizer gegen Schweizer kämpfen würden
und es auch nicht darauf ankommen lassen wollte und da noch
nicht alle Subsidien Heinrich's eingetroffen waren, mißlungen,
blieb den Tag über vor der Stadt, ließ Abends drei Schüsse
gegen dieselbe abfeuern und zog dann in Erwartung neuer
Gelder, während die Schweizer vor der Stadt blieben und ebenfalls sich zu entfernen drohten, wenn sie nicht binnen vier Tagen
Zahlung erhielten mit seiner Reiterei über die Abda nach Bergamo. [19] Allein da die versprochenen Gelder, welche durch die
Besatzung von Brescia zurückgehalten worden waren, nicht eintrafen und zugleich auch Lebensmittelmangel sich bei ihnen
fühlbar machte, so zogen auch sie ab und rückten nach Lodi
vor, drohten aber dabei zugleich zurückzukehren, was die Franzosen in Mailand außerordentlich ängstigte, da die Schweizer,
die bei ihnen waren, sich weigerten gegen ihre Brüder zu
kämpfen. Bourbon machte den Versuch, die Schweizer zu Lodi
von ihrem Vorhaben abzubringen und sandte zu diesem Zwecke
Hauptleute an sie: allein sie gingen nicht darauf ein und traten
vielmehr mit jenen in Verbindung, mahnten sie nicht gegen den
Kaiser zu Felde zu ziehen, warnten sie vor ihren Aufwieglern
und theilten ihnen ihren festen Entschluß mit, für Marignano
an den Franzosen Rache zu nehmen (4. April). Ihre Aufforderungen und die Gebote der Obrigkeit blieben nicht ohne Erfolg. Das Ehrgefühl trug über die Lockungen Steins und der
übrigen Hauptleute den Sieg davon. Täglich zogen schweizerische Schaaren von Mailand ab. Umsonst bot ihnen Bourbon Vermehrung des Soldes an und daß sie nicht gegen ihre
Eidgenossen zu kämpfen brauchten; er mußte, nachdem schon
über 2000 ihn verlassen hatten, fürchten daß auch die Uebrigen
sich entfernen würden. [20]

Zwar hatten die Schweizer in Lodi sich Anfangs dort durch Plünderung erhalten können, allein weil vom Kaiser keine Unterstützung eintraf und der Unterhalt täglich schwerer wurde, verließen sie um die Mitte April Lodi und zogen über San Angelo und Pandino plündernd und verheerend nach Bergamo, während der Kaiser, welcher von Bergamo eine Brandschatzung von 16,000 Ducaten erhoben hatte, ungefähr zur selben Zeit mit Wissen und Willen der Eidgenossen nach Verona und von dort nach Trient eilte, um Verstärkungen zu holen und zugleich mit der Tagsatzung um Abberufung der Schweizer in Mailand und einen neuen Auszug für ihn zu verhandeln. [21]

Hier schien sich die Sache der Eidgenossen und des Kaisers noch einmal günstiger zu gestalten. Die kaiserlichen Truppen unter dem Markgrafen von Brandenburg und die Schweizer vereinigten sich zu Romano und nunmehr wurde beschlossen, wieder über die Adda zurückzukehren. Schinner brachte englische Hilfsgelder. Allein das Project scheiterte daran, daß des Geldes zu wenig war und daß Bourbon, der mit seinem Heere, das jetzt fast ganz von Schweizern verlassen war, am 28. April Mailand verlassen hatte, das ganze rechte Addaufer von Lecco bis Cassano besetzt hielt, um ihnen den Uebergang streitig zu machen und nun begann das Heer sich aufzulösen. Viele zogen in die Heimath zurück, Andere zu den kaiserlichen Truppen nach Verona, Viele gingen auch mit einem großen Theil der Deutschen zu den Franzosen über. Das ganze Land, das der Kaiser so rasch erobert hatte, kehrte jetzt wieder unter die französische Herrschaft zurück und am 23. Mai gewann Lautrec, welcher in der Folge an der Stelle des freiwillig zurücktretenden Bourbon Gouverneur in Mailand wurde, selbst Brescia, welches er den Venetianern zurückerstattete. [22]

Dies war der Ausgang eines Feldzugs, der mit schönen Aussichten begonnen und schon von großen Erfolgen begleitet zur Vertreibung der Franzosen aus Italien und damit zur Vernichtung der Errungenschaften des letzten Kriegs für dieselben hätte führen können, wenn nicht die Uneinigkeit der

Schweizer hindernd dazwischen getreten wäre und neuerdings
Eidgenossen gegen Eidgenossen in den Krieg geführt hätte. Den
Kaiser trifft an dem Mißerfolg die geringste Schuld. Wohl
der einzige Fehler, den er beging, war, daß er wider Schinners
Rath sich bei der Belagerung einer kleinen Stadt verweilte und
dadurch die Möglichkeit verlor, sich der Hauptstadt zu bemäch=
tigen, bevor der schweizerische Zuzug in derselben eintraf.
Schwerer ist die Schuld der Schweizer, die bei ihm dienten,
selbst, deren meuterischer Geist die eigentliche Ursache war,
welche jenen vom Heere entfernte und nach Deutschland führte
und zugleich auch zur Zeit als durch Schinner's Bemühungen
und den Abzug fast aller Eidgenossen aus Mailand die Aus=
sichten für einen glücklichen Ausgang wieder günstiger wurden,
die Benutzung dieser Vortheile unmöglich machte. Doch war
dieser unglückliche Erfolg für die Schweiz selbst ein Glück:
denn es läßt sich in der That nicht absehen, was anders als
eine noch größere Uneinigkeit die Folge hätte sein müssen, wenn
ein Theil bei der bisherigen selbstständigen Politik und bei der
Protection Mailands gegen Frankreich hätte beharren wollen,
was doch nur durch nähere Anlehnung an Oesterreich möglich
gewesen wäre, während der andere an dem Bunde mit Frank=
reich, der zum Schutze des Herzogthums verpflichtete, festhalten
wollte. Der Mißerfolg selbst war, indem er zur Ueberlegung
über die realen Verhältnisse und zur Erkenntniß der Unmög=
lichkeit führte, länger eine Großmachtsstellung behaupten zu
können, wie denn dieser Feldzug auch selbst keine selbstständige,
sondern eine Söldnerunternehmung war, eine Ursache, welche
später die Einigung erleichterte. [23]
Maximilian I. gab die Hoffnung nicht auf, Mailand wieder
zu gewinnen. Zwar war er jetzt isolirt: der Papst war mit
Franz verbündet; auf Karl konnte er nicht bauen, weil dieser
wegen der Succession in Spanien und weil hier bereits un=
ruhige Bewegungen sich kund gaben, sich jenen nicht zum Feinde
machen durfte und Heinrich schien durch diesen traurigen Aus=
gang einer Unternehmung, für welche er so viele Opfer ge=

bracht hatte, fürderhin nicht mehr zur Hilfeleistung geneigt.
Diesen wieder zu gewinnen mußte vor Allem seine Sorge sein
und zu diesem Zwecke machte er ihm jetzt neuerdings jenes
famose Anerbieten, ihm die Investitur für Mailand zu ertheilen, ihn als seinen Sohn zu adoptiren und zu seinen Gunsten
auf die Kaiserkrone zu verzichten, wenn er Frankreich selbst
angreife und zugleich eine Unternehmung in Italien unterstütze,
welches zugleich auch eine Drohung für Karl sein sollte, der
bereits damals mit Franz in Unterhandlungen stand, deren
Resultat der Vertrag von Noyon war.²⁴ Zwar ging Heinrich
darauf nicht ein, allein er war doch, nachdem genauere Mittheilungen die ihm von Franz selbst zugekommene Nachricht vom
Abzug des Kaisers, welche dieser als Flucht darzustellen gesucht
hatte, dementirt hatten, zur fernern Bekämpfung Frankreichs
bereit und jetzt bildete sich das Project eines Angriffs auf
Frankreich selbst, indem zwischen dem Kaiser, Heinrich und
Karl, dessen Einigung mit Franz schwer schien, über eine Allianz
berathen wurde, welche da auch Ungarn und Dänemark beitreten sollten und England und Polen versprachen Venedig
hinüberzuziehen und auch der Papst, der eben damals eine
Kreuzzugsbulle wider die Türken erließ ihr beitreten zu müssen
schien, zu einer Universalliga erweitert werden sollte. Schon
machte Heinrich Anerbietungen für einen Einfall in Frankreich
und für eine Unternehmung wider Mailand, für welche jetzt
neuerdings die Schweizer gewonnen werden sollten, welche eine
kaiserliche Gesandtschaft am 3. Juni zu Baden zum Beitritt zu
jenem Bunde aufforderte und welchen Pace am 6. Juli zu
jenem Zwecke außer Hilfe und Kosten eine jährliche Pension
von 20,000 Nobles anbot. Allein bei ihnen war die Stimmung für die Pläne des Kaisers und Heinrich's nicht mehr
günstig. Sie fühlten das Bedürfniß der Ruhe und der Einigung und baten diese mit ihren Werbungen zuzuwarten, bis sie
sich selbst wieder vereinigt hätten,²⁵ wozu jetzt dadurch der erste
Schritt geschehen war, daß alle Kantone wieder gemeinsame
Berathungen hielten. Man wollte, wie der Abschied vom 7. Juli

schön sagt, aufhören kaiserlich und französisch, sondern wieder Eidgenossen sein. Zwar hielten die V Orte hartnäckig an ihrer Weigerung die Genferverträge anzunehmen fest, theils weil sie nicht ohne den Kaiser mit Frankreich Frieden schließen wollten, theils weil der Bund mit dem bisherigen Feinde und die Ueberlassung ihrer Besitzungen in der Lombardei mit ihrer Ehre unvereinbar schienen, und mahnten ihre Eidgenossen dringend von jenen abzustehen (Juni) und selbst die Anerbietungen des Königs Locarno und Lugano ihnen zu lassen, wenn sie nicht die Geldzahlung vorzögen, den V Orten den Beitritt zum Bund zu erlassen und ihnen doch wie den Uebrigen Pensionen zu zahlen, wenn sie nur den Frieden annehmen und diese beim Bunde verharren wollten und sein Versprechen, mit dem Kaiser den Bund Ludwig's zu erneuern (1. Juli) sowie die Aufforderungen Sforza's vermochten nicht die V Orte umzustimmen, welche jetzt selbst Luzern, Unterwalden und Glarus in Kraft ihrer besondern Bündnisse abmahnten. Sie forderten die Uebrigen auf vor ihnen zu erscheinen und ordneten, da sie nicht kamen, Rathsboten, sie abzumahnen, worauf diese heftig antworteten (August). Allein die Anerbietung der VIII Orte, vom Bunde zu lassen, aber nicht vom Frieden, ein deutlicher Beweis ihrer Geneigtheit zur Versöhnung, stimmte jetzt jene um und alle vereinbarten sich am 12. September zu Zürich zu einem Friedensentwurf, welcher am 27. von beiden Theilen und den französischen Bevollmächtigten angenommen wurde.[26] Auch der Vertrag von Noyon mochte, indem er bei ihnen Befürchtungen für ihre eigene Sicherheit wach rief, auf diesen Umschwung vielleicht Einfluß haben. Am 13. August nämlich hatten Franz, welcher von den feindlichen Plänen Maximilian's und Heinrich's Kunde hatte und vor Allem Neapel für sich gewinnen wollte, wofür er jetzt nicht mehr auf den Papst hoffen konnte und Karl, welcher für Spanien der Ruhe bedurfte und sich für seine Reise dorthin, welche er nach öfterer Ermahnung nicht länger verzögern konnte, und zugleich die spanischen Eroberungen in Afrika sichern wollte, zu Noyon einen Vertrag geschlossen,

durch welchen Neapel als Mitgift für Franz' I. Tochter Louise
(geb. 19. August 1515) welche Karl verlobt wurde, oder im
Fall ihres Todes für eine andere bei Spanien verblieb, Karl
sich zur Restitution Navarra's verpflichtete und zu welchem auch
dem Kaiser der Beitritt binnen zwei Monaten offen gelassen
wurde, wenn er sich gegen eine Summe von 200,000 Thalern
und gegen Erlaß der von Ludwig XII. geborgten 325,000 Thaler zur Auslieferung Verona's an Venedig und zu einem Waffenstillstande von 18 Monaten verpflichtete, wobei ihm Trient
und Roveredo, sowie der Status quo in Friaul garantirt waren. [27] Franz behielt in demselben die verbündeten VIII Orte,
Karl alle Eidgenossen vor.

Die Uebereinkunft aller Eidgenossen zur Annahme eines
Friedens mit Frankreich war von einer tief eingreifenden Wir-
kung auf die europäische Politik: Weil sie sich auf sich selbst
zurückziehen und Friede haben wollten, so war auch ein Angriff
auf Frankreich jetzt nicht mehr möglich und die projectirte öster-
reichisch-englisch-spanische Allianz konnte daher, wenn sie überhaupt zur Ausführung kommen sollte, nur eine defensive Ten-
denz haben und mußte die offensive fallen lassen. Und in dieser
Form wurde denn unter der thätigen Mitwirkung Schinner's,
welchen der Kaiser am 27. September dorthin geschickt hatte,
am 29. October zu London ein erblicher Bund der drei Fürsten
auf ewige Zeiten geschlossen, welcher um der zügellosen Erobe-
rungssucht Anderer zu begegnen, den Weltfrieden zu fördern
und einen Türkenkrieg möglich zu machen, den jetzigen und
künftigen Besitzstand eines Jeden garantirte und zu welchem
der Beitritt allen christlichen Fürsten binnen 8 Monaten offen
gelassen wurde. Auch die Eidgenossen sämmtlicher XIII Orte
wurden in denselben eingeschlossen und die Contrahenten verpflichteten sich Sorge zu tragen, die VIII Kantone von ihrer
Verbindung mit Frankreich abzuziehen und über Pensionen mit
ihnen zu verhandeln. In einem Zusatzartikel vom 7. November
wurde der Antheil der Contrahenten für dieselben bestimmt,
welcher für Karl und Heinrich je 15,000 fl. jährlich betrug,

während der Kaiser nach seinen besondern Verpflichtungen bezahlen sollte und nach Bedürfniß noch um 6000 Gulden für
diesen und Karl vermehrt werden konnte.[28] Sofort traten nun
die Gesandten des Kaisers und Heinrichs mit den Eidgenossen
in Verbindung. Am 17. November machte Pace zu Zürich
größere Versprechungen als je: 40,000 Gulden jährliche Pension im Namen Heinrichs, 80,000 im Namen des Papstes,
des Kaisers und Karls.[29] Allein umsonst: am 29. November
ward zu Freiburg zwischen den Boten der schweizerischen Orte
und den französischen Bevollmächtigten, dem Bastard von Savoien, Louis Fourbins, Herrn von Solieres und Charles du
Plessis der ewige Friede mit Frankreich abgeschlossen, welcher
bis auf die neuere Zeit die Grundlage aller Verträge mit
diesem geblieben ist und von allen Orten und Zugewandten
angenommen: Durch denselben sollte alle Feindschaft aufgehoben
sein, die Gefangenen freigegeben, die Ansprachen nach Inhalt
alter Kapitel bezahlt werden. Auch die seit dem Bunde mit
Ludwig mit den Schweizern in Bund Getretenen innert der
schweizerischen Grenzen sollten der Vortheile des Friedens theil-
haftig sein. Den schweizerischen Kaufleuten wurden ihre alten
Freiheiten in Lyon bestätigt. Der König verpflichtete sich zur
Bezahlung der 400,000 Kronen des Dijoner Friedens und von
300,000 Kronen für den letzten Feldzug, in jährlichen Raten
von 200,000 Kronen in Bern zahlbar. Friedliches Leben beider
Nationen und Beilegung der Streitigkeiten nach Inhalt der
Kapitel ward zugesichert. Kein Theil sollte die Feinde des
andern unterstützen, doch wurde auch keiner dem andern zur
Hilfe verpflichtet. Alle Streitigkeiten sollten unterdrückt, alle
Anlässe dazu verhütet werden, den Angehörigen beider Nationen
ward volle Verkehrsfreiheit, Sicherheit an Leben und Gütern
ohne Neuerungen hinsichtlich der Zölle u. s. w. zugesagt. Sämmtliche Orte mit Wallis erhielten eine jährliche Pension von je
2000 Franken auf Lichtmeß zahlbar, ebensoviel sämmtliche Zugewandte; mit Graubünden ward der frühere Modus beibehalten. Denen zu Bellenz, Lugano, Locarno und Mainthal

mit allen ihren Zugehörigen wurden ihre frühern Freiheiten in Mailand auch ferner bewilligt. Den Eidgenossen insgesammt und Graubünden sollten die Herrschaften Lugano, Locarno, Mendrisio, Mainthal, Veltlin und Cleven verbleiben, wenn sie nicht binnen Jahresfrist die dafür ausgesetzten 300,000 Kronen an denen auch Graubünden Antheil haben sollte, annehmen wollten. Bellenz verblieb den Waldstätten, Domo und Eschenthal dagegen, welche die Franzosen bald nach der Schlacht von Marignano occupirt hatten, gingen verloren. Die Dauer des Friedens ward auf ewige Zeiten festgesetzt. Beide Theile behielten Papst, Kaiser und Reich, Savoien, die Medici und Florenz, dazu Franz Spanien, England, Schottland, Navarra und Dänemark, Lothringen und Gelbern, Venedig, den Bischof von Lüttich und alle andern Verbündeten, die Eidgenossen das Haus Oesterreich, Württemberg, den Herrn von Bergy und alle ihre Bundesgenossen u. s. w. vor. Zur Vermeidung von Streitigkeiten wurden die frühern Kapitel mit Ludwig XII. beibehalten. Allen Eidgenossen wurden ihre Freiheiten im Herzogthum und Exemption von Zoll, Dazio und Steuern bis an den Stadtgraben von Mailand bestätigt.[30]

Außerdem versprach der König, obwohl nicht mit ihnen verbündet den Eidgenossen im Falle eines Kriegs Hilfe zu leisten, bat um Amnestie für die Söldner, die ihm zugelaufen und erklärte sich auf ihre Bitte auch zur Bezahlung von 100 Franken an jedem Ort für den Unterhalt schweizerischer Studenten in Paris bereit. Zur Besiegelung des Friedens wurden Bürgermeister Falk von Freiburg und Landammann Schwarzmurer von Zug zum Könige abgeordnet.

Zwar traten nach Abschluß dieses Friedens neuerdings der kaiserliche und der englische Gesandte, ersterer am 30. November, dieser am 13. December mit der Bitte um Beitritt zum Bund vom 29. October vor die Eidgenossen. Allein ihre Anerbietungen wurden, nachdem inzwischen durch den Vertrag von Brüssel (7. December 1516), welchem am 15. Januar 1517 die Uebergabe Verona's und am 11. März zur Regelung aller

übrigen Streitpunkte der Vertrag von Cambrah folgten, dem=
jenigen von Rohon auf die in demselben stipulirten Bedingungen
beigetreten war, am 13. Januar 1517 mit Dank abgelehnt,
weil die Eidgenossen mit dem Papste und dem Kaiser und
Burgund besonders verbündet, Spanien und England von Franz
im ewigen Frieden vorbehalten seien.[81]

Schlußkapitel.

In den Jahren 1512—1516 stehen die Schweizer auf dem Höhepunkte ihrer Macht: sie treten heraus aus dem beschränkten Kreise ihrer heimathlichen Verhältnisse auf den Kampfplatz der europäischen Begebenheiten und verlassen die untergeordnete Stellung von Söldnern, um selbstständigen Antheil an der europäischen Politik zu nehmen, wozu sie ihre kriegerische Macht, die ihnen inne wohnende Kraft der militärischen Action befähigte.

Die denkwürdigen Kämpfe mit Karl dem Kühnen, in welchen die Eidgenossen die berühmten burgundischen Ordonnancen, die aus den schönsten Reiterschaaren des Zeitalters bestanden, in Stücke hieben und dadurch die Vorzüglichkeit der Infanterie vor allen andern Waffengattungen bewiesen, welche in den italienischen Kriegen eine ebenso glänzende Anerkennung finden sollte, hatten sie zuerst auf ein größeres Kampffeld geführt und zugleich die Blicke Europa's auf sie gezogen; von nun an begannen sie eine entscheidende Rolle in den europäischen Händeln zu spielen. Im Dienste Frankreichs kämpften sie die italienischen Kriege mit und überschritten jetzt die Grenze ihres Landes, welches sie zum Zwecke eines Angriffs bisher noch nie, der Vertheidigung erst einmal verlassen hatten. Die staunenswerthen Erfolge Karl's VIII., welcher binnen wenig Wochen Italien eroberte, beruhten auf der Kraft seiner schweizerischen Infanterie; sie half ihm auch die Schlacht am Taro gewinnen.

Kaiser Maximilian erkannte ihre ungebrochene Volkskraft und ihre militärische Tüchtigkeit und wollte sich ihrer gegen seine Feinde bedienen: aber indem er verkannte, daß der Soldbienst das einzige Mittel war, sie wieder an's Reich zu fesseln, was zugleich ein Gegengewicht gegen das französische Geld gewesen wäre, erweckte er ihren alten Haß gegen das Haus Habsburg auf's Neue, trieb sie ganz in die Arme Frankreichs und beförderte ihre Lostrennung vom Reiche. Der Ausbruch des Schwabenkriegs entschied über den Erfolg zweier großer feindlicher Coalitionen und sein Fortgang erhöhte die europäische Bedeutung der Eidgenossen. Doch hielten sie noch an ihrer Verbindung mit Frankreich fest: zweimal halfen sie Ludwig XII. Mailand erobern: sie gewannen ihm Genua wieder und entschieden auch den Sieg von Agnadello für ihn.

Nach solchen Erfolgen waren sie wohl würdig und fähig einen selbstständigen Antheil an der europäischen Politik zu nehmen und der Bruch mit Ludwig bereitete den Weg dafür vor. Wie die Schweizer in ihrer Verbindung mit Frankreich nur Söldner sein konnten, so mußten sie in derjenigen mit den übrigen europäischen Staaten, deren Macht für sie nichts Gefährliches hatte und welche nicht wie jenes den Vorzug kriegerischer Macht und großer finanzieller Mittel zugleich hatten, Bundesgenossen sein und zugleich im Kampfe mit jenem selbstständig in den europäischen Händeln mitwirken. Zweimal vertrieben sie jetzt Ludwig XII. aus Italien; zweimal gaben sie einem schwachen Fürsten in Mailand die Herrschaft, welche er unter dem Schutze ihrer Waffen trotz der Abneigung fast aller Großmächte führen sollte. Sie drangen zugleich in Frankreich selbst ein und hielten es in steter Furcht vor einem erneuten Angriff auf Burgund. Als sie zum dritten Mal den Franzosen in Italien entgegentraten, erlagen sie. Auch ihre physische Kraft hatte ihre Grenzen und die Unmöglichkeit eines Sieges über ein Heer, das schon an Zahl ihnen mehr als doppelt überlegen es durch seine Cavallerie und Artillerie, der sie nichts Aehnliches entgegenzusetzen hatten, noch mehr war, lag in der Natur der Sache selbst begründet. Nach der Schlacht von Marignano wurden die Schweizer wieder Söldner, wie sie es früher gewesen und der Frühlingsfeldzug des Jahres 1516 bezeichnet den Uebergang zu dieser Stellung, wie die Unternehmungen der Jahre 1510 und 1512 den Uebergang zu ihrer Großmachtstellung bildeten. ·

Diese kriegerischen Erfolge bewirkten, daß der Wille der Eidgenossen nicht nur in den italienischen, sondern auch in den mit ihnen im Zusammenhang stehenden europäischen Fragen von höchster Bedeutung war, ihre Entscheidung in den wichtigsten politischen Problemen den Ausschlag gab und ihr Beitritt das Schicksal der größten Coalitionen entschied und verschafften ihnen das Uebergewicht in Europa zu einer Zeit, welche der Ausgangspunkt für die spätere Entwickelung des europäischen Staatensystems, insbesondere für die Machtstellung des habsburgisch-spanischen Hauses und die Fremdherrschaft in Italien war.

Die Freundschaft dieser stolzen Republikaner, welche sich selbst die Bändiger der Könige nannten, war der Preis, um welche die mächtigsten Fürsten jener Zeit buhlten, welche ihre Gesandten an die schweizerische Tagsatzung wie an den Hof eines machtvollen Herrschers schickten und in dessen Gewinnung sie sich gegenseitig zu überbieten suchten. Sie waren es, welche Sforza wider den Willen der bedeutendsten europäischen Mächte in Mailand einsetzten; der Bürgermeister eines der kleinsten der damaligen europäischen Staaten übergab ihm die Herrschaft über einen Staat, um dessen Besitz die drei bedeutendsten Fürsten der Zeit warben. Und wie ihnen Italien seine Befreiung von den Franzosen verdankte, so war ihnen auch die freilich viel leichtere Vertreibung der Spanier vorbehalten. Ludwig XII. überwand sich, die Bewilligung von Geleit für eine Gesandtschaft zu ihnen mit der Uebergabe zweier fester Schlösser zu erkaufen und der Verzicht auf Mailand war die conditio sine qua non, welche sie für einen Frieden mit ihm forderte. Sein Gouverneur in Burgund mußte sie bewilligen und zugleich

Ludwig's Aussöhnung mit dem Papste versprechen, damit sie nicht bis nach Paris vordrangen; die Unmöglichkeit sich anders mit ihnen versöhnen zu können trieb ihn zur Anerkennung des Lateranconcils, nachdem er zwei Jahre die Spaltung der Kirche befördert hatte. Er ließ jetzt seine Prätensionen soweit fallen, daß er ohne ihr Wissen Mailand nicht zu bekriegen versprach und einen mehrjährigen Waffenstillstand mit demselben schließen wollte, bloß um Frieden mit ihnen haben zu können. Auf der andern Seite aber trieb ihre Macht und ihre nahe Verbindung mit dem Papste Ferdinand zum Waffenstillstande mit Ludwig, ihre Ablehnung der neuen Anerbietungen Ludwigs und ihr zweiter Sieg in Italien beide zu einer Allianz, diese und die drittmalige Weigerung mit ihm Frieden zu schließen, Ludwig zum Bunde mit Heinrich, welcher eine Wiederannäherung des Kaisers und Ferdinands an sie zur Folge hatte, während eben jene zugleich zu einem Bunde Heinrichs mit ihnen führen sollte und wenigstens theilweise mit der erneuten Absicht des Papstes durch sie die Spanier aus Neapel zu verdrängen, ein Bündniß Leo's X. mit ihnen veranlaßte. Auch nach Ludwig's Tode dauerte diese Machtstellung der Eidgenossen fort: für seinen Nachfolger war wiederum der Verzicht auf Mailand die unerläßliche Forderung für einen Frieden mit ihnen. Sie waren zugleich der Mittelpunkt beider Coalitionen wider ihn und nach ihrer Niederlage schien ihre Freundschaft selbst in noch höherm Maaße als früher der Gegenstand der Werbungen der europäischen Mächte zu sein: zweimal war wieder der Ausgang zweier großartiger Coalitionen von ihrer Mitwirkung abhängig, während zugleich der Sieger um Alles einen Frieden mit ihnen zu erhalten sich bemühte und denselben mit der Ueberlassung ihrer italienischen Besitzungen erkaufte, was auf der andern Seite wieder den Ausgang des Krieges von Cambray entschied.

Dies war der Antheil der Eidgenossen an der europäischen Politik in den Jahren 1512—1516, es war in der That ein großer Unterschied zwischen den Tagen ihrer Jugend, wo sie für ihre Unabhängigkeit kämpften, sich begnügend, sich ihre

Freiheit zu erhalten und diesen Jahren, wo sie über die engen Grenzen ihres Landes hinausgriffen und Angreifer und Eroberer wurden: allein wie diese Stellung selbst nur die natürliche Folge des kriegerischen Charakters der Nation war, welcher sich auf die Dauer nicht mit der Defensive begnügen konnte, so war auch, da sie keine Verkennung thatsächlicher Verhältnisse war, mit ihr an sich nicht nothwendig der Keim zum Verfall verbunden und sie hätte behauptet werden können, wenn nicht Uebel, die freilich durch sie selbst gefördert wurden, sie auf die Dauer unhaltbar gemacht hätten.

Auf diese Jahre lassen sich daher auch die zwei Vorwürfe, die man gewöhnlich den italienischen Kriegen der Schweizer macht, diese hätten nur fremden Zwecken gedient und ihre Dienste und ihr Leben den Meistbietenden verkauft nicht ausdehnen. Denn sie waren die Zeit eines Kampfes, an welchem die ganze Nation Theil nahm und in welchem sie mit Mächten in Verbindung stand, von denen sie nicht so viel Gewinn zogen, als sie früher von ihrem jetzigen Feinde erhalten hatte und eine Zeit, in der sie nicht bloß ein Werkzeug in der Hand fremder Herrscher war, sondern eine selbstständige Stellung einnahm.

Allerdings waren die italienischen Vogteien der einzige dauernde materielle Gewinn, welchen die Schweizer aus diesen Kriegen gezogen haben; allein nur der unglückliche Ausgang der Schlacht zu Marignano hinderte, daß sie ihre Macht nicht weiter über ihre bisherigen Grenzen ausdehnten, wozu in der That die Tendenzen vorhanden waren. Denn es ist kaum glaublich, daß sie, insbesondere Bern, bei dem wiederholten Projecte eines Kriegszugs wider Burgund schon vor dem Dijonerzuge nicht eine Eroberungspolitik beabsichtigt und eine Erweiterung ihrer Grenzen im Westen im Auge gehabt hätten, wie denn auch der Kaiser selbst 1512 ihnen für eine solche Unternehmung die Hälfte Burgund's anbot.

Deutlicher erkennbar und weitergreifend waren die Tendenzen der Eidgenossen zu einer Machtvergrößerung in Italien:

Schon in den beiden Theilungsprojecten des Jahres 1512
waren ihnen Como und Novarra zugedacht und Trivulzio soll
ihnen dasselbe angeboten haben, wenn sie ihm dafür den Rest
des Herzogthums überlassen hätten; im September 1512 schlug
ihnen Venedig eine gemeinsame Behauptung und Beherrschung
Mailand's vor und selbst der Kaiser machte ihnen nach der
Schlacht von Marignano dieses Anerbieten. Der dritte Artikel
des Dijonerfriedens, nach welchem sie das Herzogthum zu ihren
Handen haben wollten und die Berathungen der Tagsatzung
am 18. Sept. 1514, wo die Aufgebung der Protection Sforza's
und für die noch rückständigen Summen die Entschädigung
durch ein größeres Landgebiet in Vorschlag kam, beweisen, daß
auch den Schweizern selbst solche Absichten nicht fremd gewesen
sind. Wir finden doch, daß eine solche Ausdehnung ihres Gebiets bedenklich gewesen wäre: das Mißtrauen und die Eifer-
sucht der europäischen Mächte, welche eine solche Machtvergrößerung nicht zugeben konnten, war dabei noch das Wenigste.
Allein diese selbst hätte in sich nicht die Garantieen für die
Möglichkeit des Fortbestandes gehabt: Als Gleichberechtigte
würden die Schweizer wohl ihre mailändischen Eroberungen
nicht aufgenommen haben, und eine Unterthanenstellung war
nicht haltbar, da die schweizerische Herrschaft in Italien nie
populär und zudem das gesammte namentlich Culturleben der
beiden Nationen zu verschieden war und vielleicht selbst schäd-
lich, da der stete Contact mit einer so verweichlichten und un-
kriegerischen Bevölkerung in der That auch ihre Gefahr für
die kriegerische Kraft der Schweizer hatte. Das einzige halt-
bare Verhältniß wäre die staatliche Selbstständigkeit Mailands
in der Form eines republikanischen Gemeinwesens mit Anlehnung an die militärische Macht der Eidgenossen und mit Tri-
butzahlung gewesen, wie Trivulzio dies vorgeschlagen haben
soll. Allein dem stand wieder der Umstand entgegen, daß
Mailand, weil es seinen Bürgern an Gemeingeist und freiheit-
lichem Sinn fehlte, einer republikanischen Organisation gar
nicht fähig war und selbst in diesem Falle hätte sich doch

schwerlich eine solche Annäherung und Assimilation zwischen den beiden Nationalitäten, von denen die eine sowohl an Zahl als besonders in der Cultur ein so bedeutendes Uebergewicht über die andere besaß, bilden können, daß eine nähere Vereinigung möglich gewesen wäre.

Allein diese stolzen Krieger, welche sich bei einem Gespräche mit Pellegrino Lori zu Pisa mit den Römern verglichen und sich fragten, warum sie nicht einmal werden könnten wie diese, konnten Italien selbst noch gefährlicher werden: Vettori zwar glaubte, es sei ihnen bei ihren Kriegszügen in Italien nicht um eine Machtvergrößerung, sondern nur um Geldgewinn zu thun und ihre geringe staatliche Consolidation, ihre Uneinigkeit und ihre Abneigung vor der Erweiterung ihres Bundes durch die Aufnahme neuer Gleichberechtigter mache ihnen die Aus= dehnung ihrer Herrschaft in Italien unmöglich. Aber Machia= velli, welcher überhaupt eine außerordentliche Achtung für die Eidgenossen hegte, weil ihre militärische Macht als die eines „in den Waffen stehenden Volkes" ihm imponirte und er bei ihnen viele Analogieen mit den Römern fand, allein doch es nicht für möglich hielt, daß sie je zweite Römer werden könnten, wies ihn auf die Lukumonen und Achäer hin, welche trotz einer ebenso geringen staatlichen Consolidation, jene die Herrschaft über Italien, diese eine außerordentliche Macht in Griechenland erlangt hätten, und zeigte ihm, daß aus ihrer bisherigen Ge= nügsamkeit sich kein Schluß auf die Zukunft ziehen lasse, indem theils politische Nothwendigkeit sie zwingen, theils die allfällige Abneigung ihrer Protegirten, des Herzogs von Mailand und des Papstes ihnen länger den schuldigen „Tribut" zu entrichten, ihre Nähe und die Armuth ihres Landes sie reizen könne, weiter vorzudringen und in ganz Italien die Hegemonie zu usurpiren, weil, wie er sich ausdrückte dieser „deutsche Strom" eines Sammelbeckens bedürfe, eine Aeußerung, mit welcher diejenige Landammann Redings zusammentrifft, welcher sagte die Schwei=

zer müßten ein „Loch" haben. Er ging 1514 selbst so weit, seinem Freunde vorauszusagen, daß binnen der nächsten sechs Jahre dieser Umschwung in Italien sich vollziehen dürfte, eine Prophezeihung, welche nun freilich nicht in Erfüllung gegangen ist, welche aber doch so sehr auf thatsächliche Verhältnisse ge= gründet war, daß sie sich hätte realisiren können, wenn nicht innere Uneinigkeit eine solche Machtvergrößerung zur Unmög= lichkeit gemacht hätte.

Allein die Schweizer waren in diesen Jahren nicht nur durch ihre kriegerischen Erfolge und durch ihre militärische Kraft groß: es läßt sich im Verlaufe dieser Zeit, wo sie mit so vielen fremden Herrschern in freundliche und feindliche Beziehungen traten und oft selbst für ihre eigene Sicherheit fürchten mußten, auch in ihren politischen Fähigkeiten ein großer Fortschritt nachweisen. Es war ein schöner Vorzug von ihnen, daß sie auch in den Tagen ihrer höchsten Höhe nie schwindlig wurden und nie der thatsächlichen Verhältnisse vergaßen, wie denn auch ihre Machtstellung in diesen Jahren selbst nichts Unnatürliches, nichts künstlich Hinaufgeschraubtes, welches in sich selbst die Bedingungen zu seinem Falle trug, sondern vielmehr eine ganz natürliche stufenweise fortschreitende Entwickelung war, so daß die Ansicht derer, welche von einer maaßlosen Selbstüberhebung, von einer Hybris sprachen, deren Strafe der Fall gewesen sei, nicht zu billigen scheint. Dies hatte für sie einen doppelten Gewinn zur Folge: einmal verlieh es ihnen eine Standhaftig= keit und eine Ausdauer welche sie nie kleinmüthig werden ließ, so daß sie auch als sie besiegt, im Stande waren ihre Rechte und ihre Errungenschaften zu behaupten; andrerseits aber machte es sie unempfänglich für alle Schmeicheleien. Auch durch die größten Lobeserhebungen der bedeutendsten Fürsten der Zeit ließen sie sich weder blenden noch über deren feindselige Ab= sichten täuschen: sie wußten, daß sie alle ihre Erfolge sich selbst zu verdanken hatten; sie wollten sich ihre selbstständige Macht= stellung wahren und bauten nur auf ihre eigene Kraft, so daß

sie auch stets hartnäckig den Beitritt zu allgemeinen Bündnissen
verweigerten und diesen Schritt erst dann thaten, als er durch
die Verhältnisse unumgänglich nothwendig geworden war. Insbesondere waren sie sich immer der Gefahr bewußt, welche ihrer
republikanischen Selbstständigkeit in Mitte so vieler großartiger,
und streng absolutistischer Fürsten durch eine Coalition derselben
drohte: aber sie bauten dafür auf den patriotischen Sinn aller,
Einzelnen, welcher auch bisher trotz aller Stürme ihnen ihre
Freiheit erhalten hatte. Diese Gefahr bestimmte sie daher
auch, sich unabhängig zwischen die zwei großen erbfeindlichen
Mächte zu stellen und von ihrer Seite alles zu vermeiden, was
die Bedeutung der einen auf Kosten derjenigen der andern vergrößern konnte, obwohl sie gelegentlich z. B. als sie trotz der
Drohungen des Kaisers, sich mit den übrigen Mächten gegen
sie zu verbünden, mit Frankreich über einen Frieden, mit dem
Papste über einen Bund verhandelten, zeigten, daß sie auch
eine Einigung Beider nicht fürchteten. Ein anderer schöner
Vorzug der Schweizer ist in diesen Tagen machiavellistischer
Politik ihre Treue, ihr unwandelbares Festhalten an dem gegebenen Worte, welches sich nur einmal, im Frieden von Gallerate, aber unter Umständen verläugnete, welche es in der That
entschuldigen lassen. Es ist wirklich eine traurige Ironie des
Schicksals, daß sie gerade in den italienischen Kriegen den Ruf der
Treulosigkeit bekommen haben: bei Machiavelli findet er sich
nie, bei den besten zeitgenössischen Historikern wie Guicciardini
und Giovio wird er nicht auf die Nation ausgedehnt, während
Zurita, der Panegyriker des treulosesten Monarchen jener Zeit
und Ariosto, der Höfling eines Frankreich ergebenen kleinen
Fürsten, ihn stets im Munde führen. Der einzige Vorwurf,
welchen jene der Nation machen, ist der der Habgier und der
Verkäuflichkeit um fremdes Geld, einer in der That betrübenden
Ausartung einer nationalen Tugend, und der des Trotzes und
der Anmaßung, einer natürlichen Ausschreitung einer ungebro-
chenen Volkskraft. Alle dagegen stimmen in der Bewunderung

ihrer Tapferkeit, welche sich im Moment der Schlacht nie verläugnete und deren Ruhm nie Feigheit befleckte, eines hohen
militärischen Ehrgefühls und strenger Mannszucht in der
Schlacht, welche freilich, wie denn überhaupt die Zeit und auch
das Benehmen der Eidgenossen in derselben so reich an Gegen-
sätzen war, außer derselben oft in Zuchtlosigkeit umschlug, überein, und daraus erklärt sich das Wohlwollen, von welchem die
Werke eines Machiavelli, Guicciardini, Giovio, Petrus Martyr,
Mocenigo u. A. für sie erfüllt sind.

Diese Zeit des Glanzes und des selbstständigen Antheils
an der europäischen Politik dauerte vier Jahre und endete mit
dem Abschluß des ewigen Friedens. Durch diesen war zweierlei
bedingt: einmal war jetzt, nachdem sich die Schweiz bisher
unabhängig zwischen die zwei großen europäischen Mächte zu
stellen gesucht und der Einfluß beider abwechselnd überwogen
hatte, das Uebergewicht Frankreichs entschieden. Jetzt begann
das Bewußtsein der Zusammengehörigkeit zur deutschen Nation,
welches auch nach der Lostrennung mit dem Baselerfrieden stets
noch wirksam gewesen war, allmählig zu verschwinden; deutsche
Sitte, Gewohnheit und Denkweise traten zurück unter dem Einfluß der französischen; selbst bei vielen Gesetzen läßt sich der
französische Ursprung nachweisen; dann hörten jetzt die Eidgenossen auf, selbstständig in die Welthändel einzugreifen und
einen thätigen Antheil an der europäischen Politik zu nehmen;
es begann das System der Neutralität, welchem die Schweiz
bis jetzt treu geblieben ist; statt Mithandelnder wurden sie jetzt
wieder Söldner wie sie es früher gewesen, behaupteten aber
auch in dieser Stellung noch auf Jahrzehnte hin eine hervorragende Bedeutung in den europäischen Dingen, wie die Kaiser-
wahl und die Kriege zwischen Franz I. und Karl V. beweisen.

Die Gründe, welche die Eidgenossen zu diesem Verzicht
auf eine so großartige Machtstellung bestimmten sind deutlich
erkennbar und in der Natur der Sache begründet. Wir finden
die Ansicht nicht richtig, ihre geringe staatliche Consolidation

habe die Schweizer unfähig gemacht, einen activen Antheil an den Welthändeln zu nehmen, die Unmöglichkeit, eine selbstständige Stellung zwischen beiden Großmächten einzunehmen, sie zur Anlehnung an eine derselben gedrängt: ihre Grundlosigkeit wird durch die Geschichte dieser Jahre bewiesen. Auch daß sie jetzt erkannt hätten, ihre Mission sei nicht eine kriegerische, sondern eine kosmopolitische, die nämlich den Frieden unter die Völker zu bringen, und deshalb sich auf sich selbst zurückgezogen hätten, erscheint uns nicht wahrscheinlich, sondern als eine Anticipation späterer Verhältnisse; die Zeitgenossen dachten ganz anders über die Bestimmung der Eidgenossen. Die Ansicht endlich, der Friede sei durch die Wiedervereinigung zwischen dem Kaiser und Franz I. zu Stande gekommen ist, geradezu eine historische Unrichtigkeit, da es sich vielmehr gerade umgekehrt verhält. Aber nachdem die Uneinigkeit einmal so weit gediehen war, daß ein Theil den andern ohne Noth verließ, daß getrennte Tagsatzungen stattfanden und beide Theile sich an zwei feindliche Mächte anlehnten, daß Schweizer wieder gegen Schweizer in den Krieg zogen, nachdem die Bestechung durch fremdes Geld, welche freilich seit den burgundischen Kriegen nichts Ungewöhnliches mehr war, ein solches Maaß angenommen hatte, daß Einzelne sich bestechen ließen, um dem Vaterlande zu Gunsten eines Fremden den Sieg zu entreißen und der englische Gesandte seinem Herrn schrieb, bei den Schweizern gäben nicht Gründe, sondern Geld den Ausschlag und wer ohne Geld auf ihren Tagen erscheine, finde kein Gehör, da waren sie in der That nicht mehr fähig, ihre Großmachtstellung länger zu behaupten, wofür die ungebrochene Kraft ihrer Jugend erforderlich war und dies mochten sie selbst einsehen! Zugleich mußten die außerordentlichen Kraftanstrengungen der letzten Jahre das Bedürfniß der Ruhe, die bisherige Uneinigkeit und die Erkenntniß der dadurch drohenden Gefahr dasjenige der Einigung wecken, welches letztere durch gegenseitige Annäherung und Verzichtleistung zu befriedigen beide Parteien Patriotismus genug beſaßen und die traurigen Erfahrungen, die ſie in ihrem Kampfe mit Frankreich von der Treuloſigkeit ihrer Bundes- genoſſen gemacht, ſie wieder zu ihrem alten Alliirten, der ihnen nicht nur größere Vortheile bot, ſondern auch ſeine Verpflich- tungen gegen ſie treu erfüllte, hinführen.

Anmerkungen.

Erster Abschnitt.

Erstes Kapitel.

1) Vergl. über die Lage der Verhältnisse in Italien nach der Schlacht bei Ravenna den britten Discurs des Guicciardini: Delle condizioni degli stati italiani e di quelle dei Franzesi e Spagnuoli dopo la battaglia di Ravenna (Opere inedite I, 240—250), in welchem er den Schweizern die muthmaßliche Entscheidung über das Schicksal der hl. Ligue und den Ausgang des Krieges in Italien zuschreibt.

2) Zurita 285, Martyr Ep. 484. Bembus 302. Lettres de Louis XII. III, 217. Romanin S. 267. Mariana XXX, 9. Instrument bei Lünig II, 2003.

3) Romanin 270 ff.

4) Zurita 285. 287. Mariana XXX, 9. Martyr Ep. 486; Jovii vita Gonsalvi 288. Der fünfte und sechste Discurs des Guicciardini besprechen die Frage, ob Gonsalvo das angebotene Commando annehmen solle. (O. J. I, 286—274). Vergl. auch Prescott II, c. 24.

5) Guicciardini I, 1168 ff. (lib. X). Belcar XIII, 36. Mocenigo lib. 4. Porto 315. Vettori 287. Lettres de Louis XII. III, 243. 247.

6) Guicciardini I, 1170 ff. (lib. X). Belc. XIII, 37. Mariana XXX, 9. Jovii vitae II, 47. Petrus Martyr Ep. 484.

7) Guicciardini I, 1172. Dieses Gerücht war freilich grundlos.

8) Guicciardini I, 1172. (lib. X).

9) Guicciardini I, 1172. Belcar XIII, 37. Moc. lib. 4. Bembus 304. Barbaro 963. Raynaldus ad. a. 1512, § 24.

10) Guicc. I, 1175. Belcar XIII, 38. Mariana XXX, 9. Mocenigo lib. 4. Lettres de Louis XII. III, 245. 268. Fleuranges c. 31.

11) Guicciardini I, 1175. Porto 315. Lettres de Louis XII. III, 236. Vettori an Machiavelli 20. August 1513, S. 80. E come vi dico ò suo costume muovere una guerra e con il nimico attaccare pratica di accordo

e di amicizia. Vergl. auch Lanz, Einleitung S. 127. Ueber Maximilian I. schön Ranke Gesch. der rom. und german. Völker S. 90 und Deutsche Gesch. I, 351 ff. Maximilian ist eine ächt deutsche Gestalt; darin liegt vielleicht der Grund, daß er den meisten Ausländern selbst Machiavelli, Guicciardini und Vettori nicht klar verständlich ist, die ihn gewöhnlich zu schlimm beurtheilen.

12) Lettres de Louis XII. III, 236. 243. Louise de Savoie 292.

13) Guicciardini I, 1175. Belcar XIII, 39. Lettres de Louis XII. III, 248. 263. 275. Piero Guicciardini an Francesco v. 25. April 1512, mitgetheilt von Canestrini im Arch. Vol. 15. (1851) S. 317. Piero schließt aus dem Befehl an La Palice, Ludwig habe Aussicht mit den Schweizern sich aussöhnen zu können.

14) Zurita 283ᵃ 286. Bembus 305ᵃ, Guicciardini I, 1177. Roo 459. Rymer XIII, 325. Vollmacht vom 1. April 1512: Lettres de Louis XII. 234. 236. 243. 246. Aus III, 252 (Burgo an Marg. vom 19. Mai) und Negoc. diplom. CLIV ersehen wir, daß Maximilian erst im Mai eigentlich sich von Ludwig lossagte, als er seinen Gesandten plötzlich von Paris abberief. Anna suchte zu vermitteln. Ebendas.

15) Zurita 286ᵇ. Raynaldus ad a. 1512, § 25 Jacopo und Piero Guicciardini an Francesco vom 23. April a. a. O. Acte bei Darü III, 428 ff. Vergl. Roscoe I, 48 Ranke 374.

16) Guicciardini I, 1178. Belcar. XIII, 39. Mariana XXX, 10. Bembus 305ᵃ. Ferronus 93ᵇ. Raynaldus § 28 ff. Aktenstücke bei Roscoe III, 530 ff.

17) Guicciardini I, 1178. Belcar. XIII, 40. Vergl. Mezeray II, 864.

18) Anshelm IV, 225 ff. Fuchs II, 318. Gluz 262.

19) Anfangs boten sie nur 8000 Gulden, weil ihr letzter Feldzug dem König großen Schaden gebracht, welche sie nachher auf 30,000 Fr. und auf die Verwendung Herzog René's von Lothringen auf 50,000 Fr. erhöhten, während die Eidgenossen auf dem Tag zu Zürich am 23. März 200,000 Kronen verlangten, was die Gesandten mit Spott aufnahmen, aber doch dem König zu melden versprachen. Anshelm IV, 226. f. Vergl. auch Le Glay Negoc. diplom. I, CXLVIII—CL (I, 489—494).

20) Ueber die Gesandtschaft besitzen wir einen ausführlichen Gesandt-schaftsbericht Rudolf Nägelis von Bern bei Anshelm IV, 229—236, Stett-ler I, 457, welcher freilich, an Mittheilungen über Aeußerlichkeiten sehr reich, über die Verhandlungen mit der Signoria sehr kurz hinweggeht. Bembus geht wohl zu weit, wenn er 302ᵃ als Zweck der Sendung nennt: ut cum Julio et Ferdinando et Patribus ad bellum contra Gallos se con-jungerent.

21) Ueber den Reichstag Trithemius 674, Fugger 1290, Häberlin IX, 529, Ranke D. Gesch. I, 196 ff.

22) Inftrument bei Anshelm IV, 156 ff. Dumont IV, 1. 135. Neue Schweiz. Muſeum (1794) S. 367 ff.

23) Martyr Ep. 485 vom 4. Mai 1512 nach einer Mittheilung des franiſchen Geſandten in Paris. „Rex Christianissime solebant tui majores tuque illorum vestigia imitando annua Francorum octodecim millium Helvetiis praebere stipendia, quibus ipsi ad sterilitatis patriae levamen partim utebantur, partim viduis orfanisque, quorum genitores et mariti pugnando vestro nomine obierant, pro qualitate personarum succurrebatur. Tu nobis ea stipendia abstulisti. A te omnis Helvetia per nos percunctatur, quid causae insit, cur parto tibi pacatoque nostro sanguine Ducatu Mediolani duplicataque tibi fere cum Helvetiorum fortitudine tua potentia de pane isto exiguo illis tollendo cogitaveris. Beſtätigt von Garnier (4⁰. 1771. Bd. XI p. 440) aus den M. S. S. von Bethüne. Die ſ. Quellen und Ge= ſchichtſchreiber ſchweigen darüber. Ranke S. 351. hält die Geſandtſchaft, deren Aufenthalt in Paris man wohl vor den 19. April zu ſeen hat, nur für eine Abordnung von Seite der franzöſiſchen Partei. Dagegen ſcheint jedoch der Ton ihrer Forderung und daß ſie ſich als Repräſentanten der ganzen Nation darſtellen zu ſprechen. Der Umſtand, daß gleichzeitig eine franzöſiſche Geſandtſchaft in der Schweiz war, beweist nichts gegen die Möglichkeit der Sendung einer ſchweizeriſchen nach Frankreich, da beide verſchiedene Zwecke verfolgten. Ludwig wollte mit den Schweizern 1512 nur Frieden und war nur zur Bezahlung von Anſprachen geneigt. Dieſe dagegen verlangten von jenem Fortdauer ihrer alten Penſionen, wie ſie denn auch ſchon früher eine Geſandtſchaft zum nämlichen Zwecke an ihn geſchickt hatten.

24) Anshelm IV, 228.

25) Kaiſerl. Inſtruction vom 14. April d. d. Trier Ansh. IV. 213 f. Vielfach irrig May IV, 344 ff.

26) Anshelm IV, 241. Fuchs 330 f. Klagen Bullinger's über das ärgerliche Benehmen der Dienerſchaft des Nuntius XIV, c. 7. Auslän= diſche Quellen melden, der Papſt habe ſchon früher, ſofort nach der Er= oberung Brescia's durch das franzöſiſche Heer, von den Eidgenoſſen 6000 Mann Hilfstruppen begehrt, die franzöſiſche Partei aber eine Kriegserklä= rung gegen Frankreich verzögert. Jovii vitae II, 42. Guicciardini I, 1180. Vergl. Sismondi XIV, 289. Havemann 397. 399. 423, beſtätigt durch Romanin 267. Vergl. übrigens Arluni 194. Auch hierüber melden die ſchweizeriſchen Quellen nichts.

27) Anshelm IV, 242. Stettler I, 462. Geſch.forſch. I, 210. Fuchs 332. Mit dieſem Beſchluß traten aber die Schweizer keineswegs der hl. Ligue bei, wie Alt histoire des Helvétiens VI, 516 und May IV, 348 be= haupten.

28) Abschied Trier bei Anshelm IV, 221 ff. In dieser Zeit scheint auch zuerst das Project eines gemeinsamen Einfalls in Burgund besprochen worden zu sein. Margar. an Max. 6. Mai 1512. Corresp. II, p. 3.

29) Guicciardini I, 1180.

30) Zwingli bei Freher III, 142. Faßbind III, 268. Fuchs 330.

31) Fuchs 316. Gluß 264. Anm. 123. Gesch.forsch. I, 199. Anshelm IV, 228.

32) Guicciardini I, 1182. Jovii vitae II, 49. Roo 459. Prato 298. Schreiben Falk's bei Fuchs 336. Anm. 94. Anshelm IV, 222. Nicht mit Unrecht wirft Dübos II, 104 Maximilian hier Vertragsbruch gegenüber den Bestimmungen des Vertrags von Cambray vor und erneuert seine Polemik II, 106 bei Gelegenheit der Ankunft des schweizerischen Heeres in Verona. Vergl. auch Varillas III, 187. 189. Ludwig selbst führte darüber Klage. Lettres de Louis XII. III, 263. Corresp. II, 3. In Negoc. diplom. CLV (I, 505) wird sie zurückgewiesen, doch nicht mit genügenden Gründen. Anders die Graubündner: Ihr Bündniß mit den Eidgenossen vom 21. Juni 1497 (Dumont III, 2. S. 378 f.) war älter als dasjenige mit Ludwig, (theilweise bei Dumont IV, 1. S. 124 und bei Zurlauben, tome 4.) Guicciardini I, 1184. Zudem hatten die Franzosen selbst dasselbe gebrochen. Gesch.forsch. I, 485.

33) Anshelm IV, 242 f. Falk bei Fuchs 333 ff. Hibber S. 18.

34) Anshelm 243. Fuchs 337 f. Schweizer nennt außerdem noch einen Musterherrn und einen Schreiber. Gluß S. 266. Anm. 129. Ueber Hohensax f. May V, 90 ff.

35) Anshelm 243. Schreiben XIX bei Gluß, S. 537. Fuchs 341. Die Zahl des schweizerischen Heers wird von den Meisten zu 20,000 Mann angegeben, so von Schweizer, Bullinger, Stumpff II, 718, Zwingli 143. Schobeler. Mocenigo Lib. 4. Porto 319. Vettori 287. Fugger 1287. Muratori X, 67. Andere nennen 18,000, so Anshelm 243, Bembus 305 und Guicciardini. Anshelm fügt bei: „von aller Welt hoch und sehr verwundert und gemeynt, ein ganz Eydgnoßschaft hätte kein semlichen so mächtigen und hübschen Zug in so wyte fremde Land ze schicken vermögen oder je dorfen uf sölche Wag setzen" u. s. w. Die Zahl der Freiwilligen war sehr groß, besonders aus Zürich, weniger aus Bern, das auch die Ausziehenden schlecht versorgte. Fuchs 382. Anm. 89. Gluß 265. Anm. 124. Gesch.forsch. I, 213. Tillier S. 60 f. Ganz falsch die Daten bei May IV, 348.

36) So Anshelm IV, 245. Fuchs 347. Damit steht im Widerspruch die Nachricht des Jovius in vita Leonis II, 47: Ante omnia quoque Venetias ad Sedunensem Helvetiorum Cardinalem scribit (Julius), ut non amplius sex tantum millia ut antea esset decretum sed quantam possit ejus gentis

multitudinem conducat, welche von Grumello S. 153 unterſtützt wird. Vergl. Note 26 und Siſmondi XIV, 237.

37) Beſchrieben bei Anshelm IV, 249. Fuchs 352. Anm. 114. (von Wyß) S. 4, abgebildet bei Stumpff II, 718.

38) Bern hatte dem Hofmeiſter des Markgrafen von Neuenburg, Antoine de Lameth, auf ſein Vorgeben etwas für die Eidgenoſſen Nützliches anbringen zu wollen, Geleit bewilligt, daſſelbe aber zurückgezogen, als er bloß für eine franzöſiſche Geſandtſchaft Geleit verlangte. Anshelm IV, 246. Stettler 462. Schreiben der zu Brunnen verſammelten Boten der Orte Uri, Schwyz und Nidwalden an Bern vom 15. Mai bei Anshelm IV, 246 f.

39) Mocenigo lib. 4. Bembus 304b. Zurita 288. Porto 319. Giustiniani 237. Fugger 1287. Die Meiſten nennen 12,000 Ducaten. Vergl. Brief der ſchweizeriſchen Heerführer an Venedig bei Fuchs 342 ff. und Mocenigo a. a. O. wonach Gluß Polemik gegen Fuchs, S. 267. A. 134 unbegründet. Nach Lettres de Louis XII. III, 269 erhielten die Schweizer in Verona 80,000 fl. Vergl. übrigens Dubos II, 107 und Havemann 425.

40) Zurita 287a, 288a Caraccioli vita Spinelli bei Ranke S. 374. Der ſpaniſche Geſandte ſuchte das Vorrücken beider Heere zu verzögern, damit mittlerweile Carbona kommen könnte. Y el Conde de Cariati se fue a su campo para detenerlos porque entretanto el Visorey pudiesse llegar con qualquier numero de gente y participasse de la vitoria que estava tan cierta.

41) So Guicciardini I, 1163. Andere Angaben: Porto 319 und mit ihm Buonaccorsi: 500 Lanzen und 5000 Mann Infanterie. Zurita 289 : 600 L., 800 leichte Reiter, 4000 F. Martinengo: 600 L., 800 leichte R. 7000 F. Muratori X, c. 68: 1000 L., 2000 l. R., 6000 F. L. de Louis XII. III, 262: 500 L., 3000 l. R., 3000 F. Schreiben XIX bei Gluß S. 538: 700 L., 1000 l. R., 8—10,000 F. Anshelm IV, 250: 800 Stradioten, 700 Küriſſer, 5000 F. Nach ihm Stettler 461. Schodeler 10,000 Mann. Schweizer 1200 L., 6000 F. Bullinger u. Stumpff zuſammen 18,000 Mann.

42) Zurita 305. Y el Visorey se dava gran prissa en hazer su viage, juntava la mas gente de cavallo que podia con determinacion que ya que no alcancasse solo la gloria de echar a los Franceses de Italia alomenos participasse en ella. Lettres de Louis XII. III, 262. 268. Raynald. § 55.

43) Schr. XX bei Gluß, S. 540. Anshelm 250. Stettler 463. Edlibach 248. Zwingli 143. Guicciardini I, 1183. Bembus 304. Mocenigo lib. 4. Arluni 194. Jovii vitae II, 50. Belcar XIII, 40. Martinengo 347. Zurita 288. Mariana XXX, 10. Von einer Vereinigung mit den Spaniern ſprechen Muraltus XXX, 1. Vettori 287, mit den Päpſtlichen Fuchs 356, Hibber S. 18, ſehr mit Unrecht. Fugger 1287 meldet Maxi=

milian habe die Schweizer nicht gerne im Besitz Verona's gesehen und daher Lichtenstein geschickt, um sie zu entlassen.

44) Guicciardini I, 1175 ff. Belcar. XIII, 38. 40. Zurita 288b. Fleuranges c. 31. L. de Louis XII. III, 245. Jovii vitae I, 289. II, 49.

45) Guicciardini I, 1183. Belcar. XIII, 40. Bembus 304. Grumello 154. L. de Louis XII. III, 267. Romanin 274. Raynald. § 55.

46) Schr. XX bei Glutz 540. Anshelm IV, 251. Stettler 463. Fall bei Fuchs 352. Anm. 159. Guicc. I, 1183. Mocenigo lib. 4. Jovii vitae II, 49. Prato 298. Grumello 155. Zurita 289. Die Stärke des französischen Heers zu Valeggio wird verschieden angegeben: 500 L., 4000 Landsknechte: Anshelm IV, 251. 800 L., 1000 l. R., 9000 F.: Mocenigo 4. 1400 L., 10,000 F.: Lettres de Louis XII. III, 269. Hinsichtlich des Briefes des La Palice, der ein entscheidendes Moment in der Geschichte dieses Feldzugs ist, ist für die Chronologie Schr. XX bei Glutz entscheidend. Damit fällt die Art, wie viele Schriftsteller diese Ereignisse verknüpfen. Vergl. Varillas III, 190. Alt VI, 519. May IV, 352.

47) Guicciardini I, 1185. Sentinati 433. Jovii vitae II, 48. Mocenigo lib. 4. Vettori 287. Ripamonti 677. L. de Louis XII. III, 256. Muratori X, 86. Vergl. Dubos II, 100.

48) Guicciardini I, 1185. Zurita 289. Sentinati 433. Belcar. XIII, 43. Roo 459. Heuterus 100. Muratori X, p. 85. Anshelm IV, 251. Urkunden bei Fuchs 365; ähnlich Muraltus XXX, 1. Stettler 463. Nach Anshelm 253 blieben 1500, nach Bayard, c. 55 nur 7—800 Landsknechte zurück.

49) Schr. XX bei Glutz, S. 540 f. Anshelm IV, 251 f. Stettler 463. Schreiben bei Fuchs 363. Guicciardini I, 1185. Zurita 289. Mocenigo lib. 4. L. de Louis XII. III, 272. Grumello 155 ff. Bembus 305. Barbaro 962. Nach den Meisten fand die Besitznahme im Namen der Ligue statt; nach Guicciardini für Massimiliano Sforza. Vergl. den Huldigungseid bei Daru III, 457; nach Mariana XXX, 10 en nombre del Imperio. Vergl. auch Romanin 274.

50) Guicciardini I, 1185. Bembus 305. Barbaro 963. Giustin. 238. Wohl irrig May IV, 355.

51) Guicciardini I, 1186. Mocenigo 4. Muraltus XXX, 1. 2. Belcar. XIII, 42. Jovii vitae II, 48 ff. Porto 316. Prato 297. Murat. X, p. 86. Raynald. § 59. Der Hergang der Befreiung des Cardinals nicht von Allen gleich beschrieben. Vergl. Roscoe I, 479 ff. Rosmini I, 447.

52) Der Freiheitsbestrebungen des Tribulzio erwähnt nur Arluni 195 ff. Atque ut eam facilius assererent vel ut oblatam potius retinerent Helvetios Reipublicae Mediolanensis in tutelam acciturum pollicetur: daturumque si placeret operam ut annuo aere quod congrueret erogato paratum semper ad Reipublicae vota peditatum exhiberent cett. Prato 301 nicht so ent-

ſchieben, ihm folgt Rosmini I, 450 ff. Merkwürdig Brewer I, p. 369: James Triulci says that he was advised by the Card. of Sion and the Bishop of Lodi to make himself governor of Milan. (Mißverſtändniß?) Vergl. übrigens Fuchs 380 ff. Gluß 274. Hibber 22.

53) Schr. XX bei Gluß 541. Anshelm IV, 252. Zwingli 143. Guicciardini I, 1186. Sehr genau Grumello 158 f.

54) Zwingli 144. Falk bei Fuchs 369 ff. Anshelm IV, 253. Stettler 463. Campbell 239. Bullinger; Schodeler; Stumpff; Guicciardini I, 1188 f. Jovii vitae II, 51. Mocenigo lib. 4. Bembus 306ᵃ. Grumello 161. Muraltus XXX, 2. Prato 300. Davilla 87. Belcar XIII, 43. Raynald. § 65. Bayard c. 55. Fleuranges c. 31. Brewer No. 3269. Vergl. Gluß 271 f. Geſch.forſch. I, 220 ff. Hibber 19. Die Zahl der gefallenen Landsknechte verſchieden angegeben: 400 Anshelm. 500 Falk bei Fuchs. 750 Zwingli. 300 Schodeler. Nach Schr. XX bei Gluß 542 erwarteten die Schweizer vor Pavia Zuzug der Spanier und der Päpſtlichen, ähnlich Muraltus a. a. O. Bembus 306ᵃ nennt als Brandſchaßung 40,000, Muraltus XXX, 2. 50,000 Ducaten.

55) Anshelm IV, 253. Porto 319. Mocenigo lib. 4. Jovii vitae II, 51. Grumello 160 f. Zurita 289. Muratori X, 86. In morem pavitantis cuniculi, cui adlatret canis Iberus: Carpesan 1287.

56) Anshelm IV, 256 f. 267. Stettler 467. Mocenigo lib. 4. Arluni 199. Prato 295. 301 f. Burigozzo 444. Muraltus XXX, 1. Grumello 162. Muratori X, 86. Lettres de Louis XII. III, 268. Brewer p. 389. Martyr Ep. 493. 494: Quid humanitatis a sylvestribus, montanis, barbaris, carbonariis, ferrariis, bubulcis potest emanare?.... Nec matrum gemitus nec infantum ulalatus dura rusticorum corda in hospitiis emolliunt. Vergl. Geſch.forſch. I, 225. Gluß 275. Fuchs 383. 412. Hibber 21.

57) Guicciardini I, 1183. L. de Louis XII. III, 262. 268. Zurita 305ᵇ. Bembus 306ᵃ. Vettori 296. Davilla 87. Belcar XIII, 45. Raynald. § 55. Nach Fuchs 366 leiſteten Parma und Piacenza Schinner die Huldigung. Sie mußten den Schweizern je 20,000 Ducaten bezahlen.

58) Folieta 293. Sentinati 432. Guicciardini I, 1188. Mocenigo 4. Bembus 306ᵃ. Arluni 209. Martyr 493. Raynald. § 67. Muratori X, 69. 70. Anshelm 257.

59) Guicc. lib. XI. (II 1—5). Jovii vitae I, 178. Zurita 306. Martyr Ep. 496. Vettori 296. Bembus 307. Barbaro 963. L. de Louis XII. III, 299. Brewer p. 383. Carpesanus 1286. Raynald. § 71—76.

60) Zwingli 144. Falk bei Fuchs 379. Schreiben v. Erlach's im Geſch.forſch. I, 206 ff. Anshelm 264. Mocenigo lib. 4. Arluni 209.

61) Abſchied Zürich 16. Juni bei Gluß 276. Anm. 184. Faßbind III, S. 263.

62) Anshelm IV, 254 f. Stettler 465. Schr. XXI bei Gluß 542. Guicciardini I, 1188. Belcar. XIII, 44. Moc. lib. 4. Arluni 203. Fugger 1288. Brewer No. 3269; 3325. 1. Juli. Bes. ausführl. Muraltus XXX, 3. f. 7. 8. Vergl. Fuchs 380 f. 393—402. Gluß 290. 293. Hibber 26 f. L. de Louis XII. III, 315: Car ils ont déjà cinq passages et ne leur souffit, mais veullent et demandent encoires Novarre et Cosme, qui sont déjà les principaux passages de laditte Duché. Aehnlich Mocenigo lib. 4.

63) Anshelm IV, 256 f. Gluß 288. Fuchs 289. Brewer 3325. 1. Juli.

64) Guicciardini I, 1188. L. de Louis III, 274. Muraltus XXX, 2. Leider besißt dieser außerordentliche Mann, ohne Zweifel einer der größten Schweizer, noch keine seiner würdige Biographie. Denn was Leu im helv. Lexicon, Meister in Helvet. berühmten Männern II, 25 ff. May (V 114—145) über ihn geschrieben haben, kann heute, wo durch Brewer, Cérésole, Le Glay, Lanz und in den State papers so viele neue Belege für seine politische Thätigkeit beigebracht wurden, nicht mehr genügen. Ueber ihn gut Schr. bei Brewer, p. 382: The legate is entirely Swiss especially, where his own interests are concerned; in other matters he leans to the Emperor and would be against the Venetians, Arragon and the Pope if it served his herse. Vergl. noch Martyr Ep. 486. Jovii elogium (Elogia p. 161). Arluni 200. Simleri Vallesia. Fäfi in Meufels Gesch.forscher I, 241 — 288. Furrer Gesch. des Wallis, Sitten 1850. S. 242 ff. Schön Ranke S. 349. Gluß 208 ff. Vergl. übrigens Gaullieur I, 296 der d. Uebers.

65) Urkunde bei Anshelm IV, 268 ff. Stettler 467. Vergl. Fuchs 403.

66) Anshelm IV, 266. Stumpff 718. L. de Louis XII. III, 283. Guicc. I, 1188. Belcar. XIII, 44. Prato 300. Muraltus XXX, 6. Vergl. Fuchs 415. Hibber 28. Tillier III, 65. Sismondi XIV, 253. Dubos II, 113.

67) Guicc. lib. XI (II, 7. 13.) Mocenigo lib. 4. Porto 320 ff. Prato 300. Bembus 306ª. Brewer No. 3325. 16. Juli. Das Geleit der Florentiner erwähnen Anshelm IV, 255. Zwingli 144. Arluni 209. Der Vorfall ist für Schinner charakteristisch. Guicciardini a. a. O. und Martinengo 343 führen noch andere Beweise seiner Treulosigkeit an. Venedig hatte vom 15. Juni bis zum 23. Juli 1512 nicht weniger als 66,900 Ducaten für die Schweizer verausgabt. Cérésole S. 17. Vergl. auch Schr. des Senats an Julius vom 9. Juni bei Romanin 275. Schinner rechtfertigte sein Benehmen gegen die Provveditoren damit, daß unter jenen Florentinern auch einige Schweizer, die sich auf der Reise nach Rom befanden, gewesen seien und daß die Venetianer heimlich den Bischof von Lodi zum Herzog in Mailand machen wollten, während er selbst für Maffimiliano Sforza gestimmt war. Brewer p. 367: The pope' has comissioned the Cardinal of Sion to surrender to the Venetians all the lands, they had before the treaty of Cambray. Nach p. 381 wurde er umgekehrt beschuldigt, der

Venetianer Freund zu sein. Vergl. noch Anshelm IV, 270 ff. Fuchs 421 f. Anm. 381 f. 386. Brewer p. 382. L. de Louis XII III, 282.

68) Zwingli 143.

69) Anshelm IV, 285 „mit so großem Ruhm, Lob und Ehr, ders glychen by aller Welt und je Zyt ein hoch und wyt vernampte Eydgnoßs schaft in einer Reis vor nie erlangt hatt'." Lächerlich Trithemius 685: Maximilianus Caesar contracto foedere cum regibus Angliae Hispaniae Arragoniae Venetos graviter impugnat, Gallos de Lombardia exterminat, victor gloriose triumphat. Maximilian's Stellung richtiger bezeichnet von Fugger 1288: „M. wollte hierbey weiter nichts thun, als daß er den Buns desverwandten zuließe, die Franzosen zu straffen, von denen er langstbere viel untreu, gewalt und unrecht erlitten."

70) Raynaldus § 63. Bembus 308b. Guicciardini II, 46 (lib. XI).

71) Raynaldus § 68. Ueber ein hier mit in Beziehung stehendes Gemälde Rafaels: Roscoe III, 234. Bullinger erwähnt, Julius habe bei der Kunde von den glücklichen Erfolgen der Schweizer beim Gebet der Litanei in freudiger Erregung statt: Sancte Petre ora pro nobis ausgerufen: Sancte Suizere ora pro nobis „dann er gar ein leichtfertiger Mensch war und wenig auf der Religion hatte, ja ein rauhes Stück Fleisch war."

72) Guicciardini II, 36 (lib. XI). Mocenigo lib. 4. L. de Louis XII. III, 283. Bembus 311a. Tschudi 611. Campbell 239. Simler 78a. Stumpff II, 718. Der Titel war Ecclesiasticae libertatis defensores „der christlichen Kilchen Freyheit Beschirmer" Anshelm. „rechter aber und wahrhafter, nicht pfäffischer Tyrannei und Muthwillens Schirmer" Bullinger. Bembus: Reipublicae Romanae auxiliatores. Nach Martyr Ep. 490 nannten sie sich selbst: Principum domitores et Ecclesiae reparatores. Die Geschenke bes schrieben bei Anshelm IV, 259 ff. Fuchs 408 ff. Faßbind III, 265 bef. aber bei (von Wyß) S. 6 ff. Das eine der Banner war mit der päpsts lichen Tiare und dem Schlüssel und der Inschrift: Julius II Pontifex Maximus Sixti IIII Nepos Patria Saonensis, das andere mit dem Hauswappen des Papstes, dem Eichbaum, umgeben von den päpstlichen Schlüsseln und den Psalmworten: Dominus mihi adjutor non timebo quid faciat mihi homo geschmückt. Der Titel und die Geschenke wurden in einer Bulle vom 5. Juli beurkundet und den Eidgenossen dies durch ein Breve vom 22. Juli kundgethan; beide deutsch bei Anshelm IV, 260 f. und 269 ff. und (von Wyß) S. 9 ff. Aufschrift derselben: Dilectis filiis nostris duodecim Cantonum magnae antiquae ligae superioris Allemanniae Sanctae Romanae Ecclesiae defensoribus confoederatis nostris. Alle diese Geschenke, welche dem kriegerischen Character der Eidgenossen so sehr entsprachen, hat ihr frommer Sinn bis heute aufbewahrt. Vergl. Statist. Gemälde der Schweiz. „Dabei waren aber doch in Bern und Solothurn einige Regimentspersonen

welchen die französischen Sonnenkronen besser gefielen als die seidenen Tücher" Stettler 467.

73) Anshelm 255. 258. Mocenigo lib. 4. Arluni, Prato, Muraltus XXX, 5. Dieser nennt die Städte Casino, Sforcesca, Bigevano, Burgum Castrinovi, Florentiola, Bespoleta, Clavenna. Vergl. Fuchs 385. Furrer Wallis III, 307. Doch Klage Schinners über nicht zureichende Belohnung durch den Papst bei Brewer p. 366.

74) So (v. Wyß) a. a. O. Hibber S. 24. Ariosto singt von diesem Feldzuge Orlando furioso XXXIII, 41: E che Ravenna saccheggiata resta. Si morde il Papa per dolor le labbia; E fa da i monti a guisa di tempesta Scender in fretta una Tedesca rabbia; Ch' ogni Francese senza mai far testa Di qua da l'Alpe perche cacciat' habbia; E che posto un rampollo habbia del Moro Nel giardino, onde svelse i gigli d'oro. Günstiger Placibius Placentinus und Augustus Cocceianus bei Jovii elogium Matthaei Sedunensis p. 161.

Zweites Kapitel.

1) Zurita II, 289—305. Padilla c. 23—31. Mariana XXX, 8. 11. 12. 15. Petrus M. Ep. 488. 491 f. 495 f. 499—503. Brewer passim. Herbert 20 ff. Polydorus 10 ff. Guicciardini II, 44 ff. (lib. XI). Belcar XIV, 8. Ferronus 102 ff. Bellay 228 ff. Vergl. noch Le Glay, Corresp. No. 402. 408. 424. Rymer XIII, 326—335. Granvelle, Papiers d'Etat I, 76—85. Prescott II, c. 23. Rossoeuw St. Hilaire VI, 223 ff. Raynaldus ad a. 1512. § 77.

2) Guicciardini II, 8 (lib. XI). Porto 320. L. de Louis XII. III, 290. 296. 298. Brescia hatte Venedig mit Bergamo 1430 von Philipp Maria Visconti, Crema 1455 von Francesco Sforza erhalten.

3) Guicciardini II, 9. Zurita 307. L. de Louis XII. III, 300.

4) Guicciardini II, 9. Zurita 310b. L. de Louis XII. III, 298 f.

5) Guicciardini II, 10. Zurita 310. L. de Louis XII. III, 297 ff. Petrus M. Ep. 497. 501.

6) Guicciardini II, 8. Vettori 282. Petrus M. Ep. 514.

7) „Wo ein Erb des Fürstenthumbs vorhanden weichet billich der Frömbde." Stettler 468. Die ausländischen Quellen nennen einseitig und übertrieben nur das zweite Motiv, wobei ihnen jedoch zu sehr, das spätere Verhältniß der Schweizer zu Sforza vorschweben mochte. Vergl. Porto 320: Non come duca ma como un segno di duca perciò essi fanno di lui e del ducato quello che' vogliono. Vettori 282: I Suizzeri pensarono avere da detto duca ogni anno pensione in pubblico e in privato e che il detto duca

fusse signor in parole e loro in fatto. Guicciardini II, 8. O. J. I, 255.
Schinner, der Gouverneur über Mailand zu werden hoffte, (Brewer No. 3325.
17. Juli und L. de Louis III, 282) unterließ nichts, die S. für Sforza
günstig zu stimmen, wobei ihm indeß theilweise die Umtriebe Trivulzio's
im Wege standen. Brewer No. 3325. 1. Juli.

8) Vettori 282.

9) Prato 301. Arluni 204. Instruction des Kaisers für Sforza,
Sforza an Marguerite vom 28. Juli, Burgo an Marg. vom 6. August,
Lang an Sforza vom 11. und 12. Aug., Le Bau an Marg. vom 17. Aug.
in L. de Louis XII. III, 277. 274. 284. 285. 288. 301. Brewer p. 368.
Die mailändischen Gesandten waren Ludovico Visconti Borromeo, Jeronimo
da Calce und Pietro Martire Stampa. Der Bischof von Lodi scheint
selbst auch Hoffnung gehabt zu haben, in den Besiß des Herzogthums zu
gelangen. Porto 322. Mariana XXX, 17.

10) Guicciardini II, 8. Petrus M. Ep. 496.

11) Das erste derselben bei Zarita 310b scheint vom Papste ausge=
gangen zu sein; nach ihm hätte Alfonso für Ferrara, das er an Urbino
hätte abtreten müssen, Asti, die Schweizer Novarra, der Markgraf von
Montferrat Alessandria, Venedig Bergamo Brescia und Crema, er selbst
Parma und Piacenza, den Rest wohl Sforza erhalten. Das zweite vom
Kaiser ausgegangen (Paul de Laube an Marg. vom 10. Juli b. Blois in
Le Glay, Negoc. diplom. CLVII (I, 510 ff.), nach welchem der Kaiser
Brescia, Bergamo, Crema und Cremona, die Schweizer Novarra und Como,
der Markgraf Asti und Alessandria, der Papst Parma und Piacenza, das
Uebrige Sforza erhalten hätte, war diesem wohl gegenübergestellt und mit
dem Project eines Separatbündnisses, keineswegs zu Gunsten des Papstes
verbunden. Vergl. Zarita a. a. O.

12) L. de Louis XII. III, 268. 281. 299. 312. 316. Vergl. über
ihn Zarita 314. Vettori 296.

13) Zarita 305. 308. Damit übereinstimmend Brewer p. 381. L. de
Louis III, 301. Guicciardini II, 14. Vergl. Havemann 434. Ueber Gon=
salvo's Entlassung Zarita 315. Mariana XXX, 14. Petrus M. Ep. 498.
Jovii vitae II, 289.

14) Vettori 288 sendovi ancora ambasciadori delle leghe de' Suizzeri;
freilich auch Fugger 129+: „Zu Mantua ward meist mit den Eidgenossen
gehandelt." Waren es vielleicht die Gesandten, welche die Tagsaßung im
August nach Mailand schickte (Fuchs 486)? Oder ging gar die Anregung
für dieselbe von den S. aus (Brewer p. 382)? Uebrigens vergl. Vettori
a. a. O. Jovii vitae II, 52. L. de Louis XII. III, 289. 293.

15) Daß dies wirklich zu Mantua beschlossen worden, bezeugt vor
Allen ausdrücklich Guicciardini II, 14: concedendolo Cesare e il Re d'Ar-

Gisi, Geschichte.

ragona per la volontà constantissima del Pontefice e de' Suizzeri, nach ihm Belcar. XIII, 48. Roo 459. Fugger 1291 u. A. bef. ausführlich, doch mit eigenem Beiwerf, Häberlin IX, 571. Varillas III, 235. Auch die Beglückwünschungsschreiben Carbona's vom 16. Aug. und Julius' vom 19. Aug. an Sforza, noch mehr die nachherigen Verabredungen Carbona's und Lang's scheinen es zu bezeugen. Anders Ranke 391.

16) Mocenigo lib. 4. Roo 460.

17) Jovii vitae II, 51 f. Guicciardini 11, 14. Zurita 309. Petrus M. Ep. 500. L. de Louis XII. III, 289, 293.

18) Guicciardini II, 14. Vettori 292. Jovii vitae II, 52. Zurita 309. Mariana XXX, 13.

19) Lang und Le Vau an Marg. vom 14., 17. und 23. August. L. de Louis XII. III, 289. 293. 311. Brewer p. 389.

20) Guicciardini II, 14—34. Vettori 289 ff. Bembus 307. Mocenigo lib. 4. Jovii vitae II, 52 ff. Grumello 164. Carpesanus 1287. Zurita 309b. Mariana XXX, 14. Petrus M. Ep. 500. Belcar. XIII, 49—51. Raynald. § 61. Vergl. Roscoe II, 489 ff.

21) Zurita 310b. Ob er gleich allein von dieser Verhandlung meldet, so scheint sie mir doch sowohl an sich wahrscheinlich, als auch ihres Gewährsmanns wegen glaubwürdig.

22) Zurita 333. Doch fällt Ferdinand's Schreiben wohl in eine spätere Zeit.

23) Zurita 310b. Le Vau und Sforza an Marg. vom 23. und 28. Aug. L. de Louis XII. III, 311. 817. Als Grund seines längern Aufenthalts in Innsbruck wurde Sforza die Gefahr einer Aufhebung und Gefangennahme durch die f. Truppen in Mailand angegeben, wie denn überhaupt die österreichischen Commissäre vielfach bei ihm gegen die S. intriguirten und ihrem Herrn das Verdienst seiner Einsetzung zuschrieben. Anders freilich Zurita 335b. Welche Stimmung überhaupt in den niederländisch-habsburgischen Kreisen gegen die S. herrschte, zeigt der Beiname Pessimus, den ihnen die österreichischen Agenten in denjenigen ihrer Briefe geben, in denen die wahren Namen durch Pseudonyme ersetzt wurden wie Benignus (Max) Fortis (Julius) Dulcis (Margarethe) Timet (Frankreich) Dubius (Ludwig) Vulpes (Venedig) Spes (Ferdinand) Fortes (Engländer). Vergl. Le Glay, Corresp. No. 416. Négoc. dipl. CLVII.

24) Anshelm IV, 274. Stettler 468. Fuchs 425 ff. Brewer 382. Zwingli 144. Von einer englischen Gesandtschaft spricht, doch wohl ohne Grund, Anshelm, von einer französischen Zwingli, sed haec occultior erat, von der mailändischen, Lucan Crinello und Jehan Francesco Stampa, L. de Louis XII. III, 283. Anshelm 272: ... diß Jahrs, das da wohl einer löblichen, hochgeachteten Eydgnoßenschaft Höhe derselben möchte genämt werden, daß ihro vorher nie und fürohin kum höhere Achtung, Folg und Heimsuchung

begegnet ift, noch kum begegnen mag. Doch vorbehalten unfers allmäch=
tigen Herren Gottes gemifchten Kelch..... deffen Will fland und b'ftat
allein ewig.

25) Anshelm IV, 274. Fuchs 439 ff.

26) Anshelm 286. 288. Stettler 468.

27) Anshelm 286. Fuchs 433. Vergl. L. de Louis XII. III, 268.
275. Negoc. dipl. CLVII. Tillier III, 65. Fuchs 414. Er entfchuldigte
fich auch wegen der Landsknechte und wies Strafmandate vor. Mit der
Occupation Lugano's, Locarno's u. f. w. und der Verlegung der Meffe
von Lyon nach Genf, wie fie der Papft in feiner Bulle, wohl den S. zum
Gefallen, angeordnet hatte, erklärte er fich einverftanden. Fuchs 435.
Vergl. Anshelm IV, 326. Le Glay Corresp. No. 409 (Maxim. an Marg.
vom 13. Sept. 1512): Et pour ce que les Snyches sont en volonté et
deliberé de marcher en France et nous sollicitent fort, que les veuillons
aider et assister de 1500 chevaulx et de nostre artillerie bien equipée, ce
que leur voulons accordé afin que de noustre costé soit incontinent mise
une armée en France, combien que n'en aurons point le nom, ains seulement ung prince subject et à nous et à les Suyches, eine Stelle, welche
mit Anshelm ganz im Widerfpruch ftehend, wohl nur die unmittelbar
darauffolgende Geldforderung des Kaifers motiviren foll. Nach No. 402
(an Marg. vom 20. Aug.) hatte er den Schweizern 27000 fl. „Penfion"
gefchickt. Vergl. noch Nro. 403 und 407.

28) Anshelm 288 ff. Stettler 469. Fuchs 442 ff. Mocenigo lib. 4.
Giustiniani 239. Der Kaifer forderte: Insubres Imperii cameram a nemine
quam ab Imperio Principem accipere oportere. Kernige und kräftige Ant=
wort der S.: Caesarem pollicitum equites missurum verbotenus solvisse;
pondus belli se Papam Venetos tulisse; eum manducare cum nil laborarit
velle. So Zwingli 145. Brewer p. 383: The king Catholic will agree
with the Emperor in regard te the Duchy of Milan for Charles or Ferdinand or the Duke of Milan (!) but if the Duke is to be restored, it must
be by the hands of the Emperor with sufficient security that it be not at
the pleasure of the Swiss to sell the Duke and Duchy a second time and
not make that state one of the Cantons as in effect it would be if Sion
governed it, whose object it is to neutralise the influence of the Pope and
under the pretence of reforming Italy to espel the Germans and Spaniards
after the French.

29) Anshelm 288 f. Stettler 469. Brewer 380: Basle and 3 other
cantons had wished to recover the whole duchy by themselves or with the
Lady Margaret. p. 382. Für die Tagf. felbft the Legate has drawn up
excellent instructions so that the Swiss should take Burgundy, Dauphiné,
was in Frankreich auch befürchtet wurde; ebendaf. u. Nro. 3335. 3340.
3361. Auffallend 3370: Ponynges an Heinrich VIII., 13. Aug: The

French king hath offered the Swiss 200.... thousand crowns for a perpetual league which the Emperor will prevent.

30) Vergl. Glut S. 220, Anm. 291. S. 252. Anm. 45. Anshelm IV, 76. Chmel, Urk. Briefe und Actenstücke z. Gesch. Maximilian's I. Stuttg. 1845. Nro. 234. Anshelm V, 255. Ueber Stella Cérésole p. 18. Ueber die Beziehungen zwischen den Eidgenossen und Venedig überhaupt Paruta I, 20: Ma sopra gli altri mostrarono gli Suizzeri di far gran stima de' Vinitiani per questo nome a loro gratissimo di libertà. Però la nostra Repubblica per honorargli era solita di chiamarli non solamente amici ma parenti etc.

31) Anshelm IV, 290. Stettler 474. Fuchs 447 ff. Hibber 81.

32) Anshelm 300 ff. Stettler 469. Fuchs 437 ff. Faßbind 271. Glut 284. Anm. 221. Guicciardini II, 52. Mocenigo lib. 4. Zurita 336ᵃ. Petrus M. Ep. 516. Mariana XXX, 17. Simler 78ᵇ. Stumpff XIII, c. 37. Bullinger XIV, 8. Die beiden letztern verlegen den Abschluß des Bundes erst in den November. Auch hinsichtlich des Inhalts stimmen nicht alle überein. Die Summe von 150,000 Ducaten als Entschädigung für die Eroberung des Herzogthums, welche Fuchs, Faßbind, Bullinger und die meisten Ausländer nennen, ist wahrscheinlicher als die von 200,000, welche Anshelm, nach ihm Stettler und Glut angeben. Mariana nennt 250,000. Als Zahlungstermin gibt Bullinger 8, Zurita 2 Jahre an. Vergl. noch May IV, 369 ff.

33) Anshelm 324. Luenig I, 738. Fuchs 485. Simler 78. Bullinger. Vergl. Guichenon, histoire généal. de la royale maison de Savoye. Lyon 1660, p. 624.

34) So der patriotische Bullinger XIV, 8. Fuchs 481. Auch Ranke.

35) Mocenigo lib. 4. Guicciardini II, 13. 35. 36. Belcar. XIV, 1. Zurita 355ᵇ. Mariana XXX, 16. Martinengo 347. L. de Louis XII. III, 283. 314. Die Nachricht des Dübos II, 137: Ludwig habe, um die Situation noch mehr zu verwirren, zu dieser Zeit den von ihm gefangen gehaltenen Ludovico Moro freizulassen beabsichtigt, welche zuerst in Généal. histor. stehend auch in das Tableau du règne de Louis XII. (Petitot t. XV, p. 121) und Havemann 444 übergegangen ist, kann nicht richtig sein, da Ludovico schon vorher gestorben war. Vergl. Daru III, 454 und Marsand, I manoscritti italiani della regia biblioteca Parigiana. Parigi. 1835. p. 477, wo Ludovico's Testament, in welchem er seinem Sohne als seinem einstigen Nachfolger Anweisungen über die Regierung des Herzogthums ertheilt.

36) Guicciardini II, 37 ff. Bembus 309 f. Barbaro 964. Roo 460. Belcar. XIV, 13. Zurita 336. Romanin 277, nicht alle über die Entschädigungssumme Venedigs an den Kaiser übereinstimmend. Vincenza brachte jährlich der Signoria über 40,000 Ducaten ein, ebensoviel Friaul, Verona über 80,000, Brescia über 100,000. Zurita. Ueber den Empfang Lang's

in Rom Corresp. No. 462. Negoc. dipl. CLXIX und eine eigene Schrift eines Pierius Valerianus bei Freher, Rer. German. Script. III, 573—585.

37) .... non consentendo perciò Cesare di investirnelo o di dargli nome di Duca o alcuno titolo giuridico. Guicc. II, 39 ähnlich Heuterus 160. Auch Marguerite mochte auf diesen Entschluß des Kaisers Einfluß ausgeübt haben. Le Glay, Corresp. No. 406 (28. August) und 421: ..... et s'il y parvenoit par la main d'aultruy comme du Pape, roy d'Arragon, Véniciens ou Suyches, *qui sont ceulx, que crains le plus*, vous perderés la norriture que auries faicte en luy ensemble tout l'amour et affection qu'il auroit a vous et à ceste maison. Ueber die Motive Ferdinand's Zurita 334ᵃ. 343ᵇ. Doch gedachten sie aus diesem Mißerfolg durch eine Verheirathung Sforza's mit einer Schwester des Herzogs von Savoien zu weitreichenden dynastischen Plänen Gewinn zu ziehen. Später war von einer Verheirathung desselben mit einer Tochter Johann Galeazzo Sforza's, oder mit Margaretha oder einer Enkelin des Kaisers die Rede. Zurita 374. 380. Mariana XXX, 24. Nach Brewer 3463: Gerücht von einem Project des Kaisers und Ferdinand, Mailand unter sich zu theilen.

38) Le Glay, Negoc. dipl. CLVIII (I, 513 ff. Lang an Marg. vom 23. Nov). Vergl. CLIX. (I, 515 f.) Hannart an Marg. vom 23. Nov. Guicc. II, 39 ff. Petrus M. Ep. 514. Mocenigo lib. 4. Arluni 217. Bembus 310. Barbaro 964. Belcar. XIV, 3. Roo 460. Jugger 1292. Giustiniani 238. Raynaldus § 90. Anshelm IV, 278. Brewer No. 3543. Dieser Bund war also weder ein Zusatzartikel zur hl. Ligue, wie Dubos II. 130 sagt, noch war damit der Beitritt des Kaisers zu dieser verbunden wie Guicciardini u. A. behaupten; derselbe wurde ihm vielmehr zu jeder Zeit offen gelassen. Vergl. Lang a. a. O. Hannart: .... par le traittié dessus dit n'est rien fait ou innové contre les François. Ferdinand versprach beizutreten. Lang a. a. O. Daß auch mit Heinrich über den Beitritt verhandelt wurde, Le Glay Corresp. No. 428. Moc. lib. 4. Bembus 310. So ist die Nachricht vom Abschluß eines neuen Bundes zwischen Papst, Kaiser, Ferdinand und Heinrich bei Raynald. § 90 (nach Paris de Grassis) und Anshelm IV, 347. 362. nicht richtig.

39) Anshelm 277 ff. Fuchs 445 ff. Bullinger XIV, 8. Stettler 469. Faßbind 268. Guicciardini II, 36. Namen der Gesandten bei Anshelm und Fuchs, Rede des baselschen Zunftmeisters Dr. Leonhard Grieb an Julius bei Fuchs und Faßbind.

40) Guicciardini II, 42. Bembus 310. Barbaro 964. Roo 460. Acte vom 1. Sept. d. Köln, mit der Erklärung Lang's vor dem Concil bei Dumont IV, 1. 149. Lang erhielt darauf den Purpur. Raynald. § 90. Dagegen Negoc. dipl. CLIX.

41) Hans von Erlach an Bern vom 27. Nov. und Abschied Rom bei Anshelm IV, 279 und 281. Abschied Venedig 293 ff. Stettler 470. Vergl.

Guicciardini II, 43. Bembus 311. Mocenigo lib. 4. Padilla 260. Was Guicc., dem Dubos folgt, II, 128 als Motiv für den Vermittlungsversuch, der Gesandten nennt, nämlich um die 25,000 Ducaten nicht zu verlieren, welche Venedig den Eidgenossen jährlich für deren Schutz schuldete, ist hienach ebenso falsch, als, da der Vertrag vom 16. Nov. 1612 nur 14,000 Rh. fl. jährliche Pension stipulirt, jene Summe übertrieben ist. Irrig daher auch Darü III, 463. Die Signoria weigerte sich, den Gesandten die Antwort schriftlich zu geben, wohl weil sie sich im Fall einer Indiscretion vor Ludwig, mit welchem sie damals schon in Unterhandlungen stand, zu compromittiren fürchtete.

42) Absch. Rom bei Anshelm 281 ff. Stettler 470. Bluntschli Gesch. Zürichs II, 199. „Curtisanen, geistliche und weltliche Personen, welche durch Bestechung oder Gunst vom päpstlichen Hof Befehle zu erschleichen wußten, daß man ihnen Pfründen verleihe. Päpstliche Monate die Gerechtsame, daß der Papst alle in den ungeraden Monaten erledigten Pfründen besetzen konnte." Zellweger, Gesch. Appenzell's II, 351. L. de Louis XII. IV, 33: Oratores Helvetiorum qui fuerunt cum Pontifice discesserunt (ut audio) ab eo male contenti et sicuti relatum est cum multa inhonesta peterent, nihil ab eo obtinuerunt.

43) Absch. Rom bei Anshelm 283. Negoc. dipl. CLIX. Varillas III, 272 meldet, doch ohne Angabe der Quelle, Lang habe dem Papste Vorstellungen über seine Auszeichnung der Eidgenossen gemacht, welche doch vor kaum zwei Jahrhunderten wider das Haus Habsburg sich empört hätten.

44) Anshelm 303. Fuchs 494. Guicciardini II, 42: perchè volevano, che nelle dimostrationi e nelle solennità degl' atti che s'havevano a fare apparisse, quel che era ne gli effetti, i Suizzeri essere quegli, che havevano cacciato i Francesi di quello stato, quegli per la virtù e opera de' quali lo riceveva Massimiliano. Namen der Boten bei Anshelm IV, 310; besser bei Fuchs 495.

45) Fuchs 500 f. Faßbind III, 273. Noch Guicciardini II, 42, welchem Belcar. XIV, 4 und die meisten Neuern, so Varillas III, 281 und leider auch Gluß, dagegen Ranke nicht, folgen und mit welchem allerdings Grumello 167 und Ripamonti 678 übereinstimmen, bestand der Streit zwischen Schinner und Carbona. Doch scheint schon die Stelle: L de Louis XII. III, 203: Et ne vouldroit mon seigneur de Gurce, qu'il y entrait de tout par les mains du Pape et des Suisses, mais par les mains de l'Empereur. (Le Bau an Marg. vom 17. August) und Brewer, p. 383 noch mehr der Umstand, daß sich kein Grund denken läßt, warum der spanische Vicekönig Sforza hätte einsetzen sollen, wie denn auch Zurita dies gar nicht berührt, während der Bischof von Gurk als kaiserlicher Statthalter wenigstens Ansprüche darauf hatte, wenn auch der Kaiser die Investitur noch nicht ertheilte, bes. aber die Worte Hohensaxens für die

Angabe der f. Quellen zu sprechen, welche aber auf's Schönste von Rich. Jerpinghady an Heinrich VIII. v. 3. Jan. b. Mail bei Brewer No. 3658 bestätigt wird: He (Mass.) was accompanied by the Card. of the Swiss, the Bp. of Gurk, . the Viceroy of Spain and the Swiss ambassador. The last had refused, that the keys should be delivered to him in the name of the Pope and the Emperor. After much dispute that honor was reserved for the Swiss. So auch May IV, 374. Die Behauptung Guicciarbini's beweist um so weniger, als sie nicht die einzige Unrichtigkeit in seiner Erzählung dieses Hergangs ist.

46) Schr. XXII bei Glutz 543. Wattenwyl an Bern und Abschied Mailand bei Anshelm IV, 305, 308. Campbell, 240. Bullinger XIV, 8. Stumpff XIII, 37. Stettler 476. Fuchs 500 ff. Guico. II, 42 f. Belcar. XIV, 4. Lang und Le Bau an Marg. vom 9. und 24. Januar, Banissis an Marg. v. 3. Febr. in L. de Louis XII. IV, 15 f. 24 f. 32 f. Petrus M. Ep. 516. Prato 304 ff. Grumello 167. Burigozzo 434. Arluni 204. Muraltus XXX, 9. Ripamonti 678. Das Datum bei Vielen falsch angegeben, so Mocenigo 1. März, Roscoe I, 501 : 15. December, Furrer, Urf. z. Gesch. d. Wallis 307: 31. December. Gegen die Einstimmigkeit der f. Quellen, denen auch Jugger folgt S. .1292, kann hier die Autorität des Guicciardini, welcher berichtet: il Cardinale in nome publico de Suizzeri gli pose in mano le chiave e esercito .... tutti gli atti che dimostrarono Massimiliano ricevere la possessione da loro nichts entscheiden; um so unbegreiflicher daher, daß Glutz 285 den viel gründlicheren Fuchs und jene ignorirend den Dübos, einen Abschreiber des Guicciarbini, citirt und mit ihm auch von einer Investitur spricht!

47) Wattenwyl an Bern und Abschied Mailand bei Anshelm 306. 308. Guicciardini II, 50. Belcar. XIV, 4. 9. Ferronus 102. Prato 304. Petrus M. Ep. 516. Muraltus XXX, 9. Jovii vitae II, 304. Ripamonti 678. L. de Louis XII. IV, 15. 24. 32. 40 f.

48) Anshelm IV, 310 ff. 365 f. Geleit 312 ff. Briefe Schinner's vom 22. Sept. und 6. November 1512. 316 ff. Stettler 480 f. Fuchs 465 ff. L. de Louis IV, 11. Vergl. Tillier III, 72.

49) Breve des Papsts und Antwort Berns vom 22. Febr. 1513 bei Anshelm IV, 344. 347. Schr. Sforza's vom 1. Januar 1513. S. 375. Vergl. L. de Louis XII. IV, 53.

50) Anshelm 365. Stettler 481. Urfunde La Tremouille's vom 15. Febr. bei Anshelm 366. Glutz 301. A. 15. Vergl. Guicciardini II, 52 f.: Con tanta indegnità cercavano i Principi grandi l'amicitia di quella natione. Belcar. XIV, 10. Mocenigo lib. 4. P. Martyr Ep. 517: Dominus de Tramulia .... fuit a foeminis ejectus e templo tamquam excommunicatus .... vix popularem evasisse furorem dicitur. Muraltus XXXI, 1. Bes. aber Banissis vom 3. und 21. Febr. Barangier vom 17. Febr. Gais

tinata vom 29. Febr. an Marg. in L. de Louis XII. IV, 35. 50. 47. 55.
wo auch theilweise andere Geleitsbedingungen, und Briefe Trivulzio's an
Ludwig XII, Sforza's an Stampa bei Rosmini II, 505 ff. Brewer
No. 3752. La Tremouille has offered them for an audience 22,000 crowns,
the castles of Ligan and Lucerne as security for the arrears of their pension and a new pension of 50,000 francs and in a letter to the French
king, which arrived at Blois on Thursday 10. Febr. he stated that he
hoped to get the Swiss to serve against the English and Spaniards, but
some cantons will not fight against the Duke of Milan. L. de Louis IV,
55 : .... le Roy est deliberé de fere tout ce qu'ils vouldront. Trivulzio
an Ludwig v. 13. Febr.: Sire je verroyes voulentier pour votre proffit,
qu'on fit tout pour les gagner; car je vis qu'il est de besoing. Ebendaſ.:
· .... C'est que le Pape mourra de brief et qu'il seroit bien fait que tous
les Princes de Chrestienté fussent d'un accord, de ne donner ni faire
obeissance audit Pape jusques à tant que les dits Souisses fussent con-
traincts tant par armes tant par interdict rendre à tous les Princes et
Seigneurs" tout ce que leur ont osté et pris par force etc. Trivulzio
scheint auch Mailand für sich selbst im Auge gehabt zu haben: Se dice
quà ancora che M. Jo. Jacobo pratica con Sviceri et Grisoni de darli
tutto sin a Como et fare come une cantone loro et poi tore per lui tutto
il resto del stato, che non credo. Paul de Laube an Sforza vom 13. Febr.
bei Rosmini II, 307. Zurita 347[b] und die Briefe der österreichischen
Agenten beweisen, mit welcher Spannung in Europa das Resultat dieser
Verhandlungen erwartet wurde.

51) Guicciardini II, '51. Roo 461. Brewer No. 3752. Vergl. Garnier XXII, 483. Anders Zurita 334.

52) Guicciardini II, 52. 64. Belcar. XIV, 4. 10. Mocenigo lib. 4.
Bembus 311. Martinengo 349. Paruta 8—11. Romanin 278 ff. Zurita
334. 344. 844. Mariana XXX, 17. L. de Louis XII. IV, 24. 30. 33. 45.

53) Le Glay Corresp. No. 418. 434. 437. 439. 444. 448. 450. 453.
455. L. de Louis IV, 6. 23. Brewer 3463. 3647. 3835. Schon im
October sprach Heinrich von einer Subsidie von 100,000 Thalern für die
Schweizer zu einem Heerzuge wider Frankreich und gab selbst 40,000 dem
Kaiser für sie zu diesem Zwecke.

54) Guicciardini II, 59. Vettori 292. Jovii vitae I, 176. II, 59.
Zurita 305. 306. 384 und sonst. Hazia sua cuenta que siendo confe-
derado con Venecianos y teniendo de su parte la nacion de los Suycos
seria poderoso para echar a todos los que dezian Ultramontanos de Italia
unos empos de otros. Weiter ausgeführt, doch mit eigenem Beiwerk und
irrig, da die Schweizer in keinem Bunde mit Spanien standen, Varillas
III, 336. Alt VI, 550.

55) Guicciardini II, 57. Vettori 296. Belcar. XIV, 12. Zurita 348ᵃ.
P. Martyr Ep. 517. Padilla 260. Mariana XXX, 17. Grumello 169.
Burigozzo 423. Muraltus XXXI, 1. Arluni 206. Folieta 293. Jovii vitae
II, 56. L. de Louis IV, 58. Raynald. § 7 ad a. 1513. Anshelm 348.

56) Mocenigo lib. 4. fin. Barbaro 964. Paruta 11. Giustiniani 239.

57) Guicciardini II, 57 ff. Vettori 296. Belcar. XIV, 12. Bullar.
Rom. I, No. 40, p. 625.

58) Schöne Würdigung bei Guicc. und Vettori a. a. O. Budaeus 436.
Bellarmin bei Raynaldus § 12. Vergl. Dúbos II, 208. Sismondi XIV, 314.

. 59) L. de Louis XII. IV, 50. 58. Sforza war ebenfalls in Besorgniß, wie man denn vom Tod des Papstes auch auf die S. einen für
den Kaiser nachtheiligen Einfluß erwartete. Brewer No. 3779.

60) Guicciardini II, 62 f. Vettori 297. Belcar. XV, 13. Grumello 169.
Jovii vitae I, 179. II, 56. Zurita 348ᵇ. Petrus M. Ep. 519. Mariana
XXX, 18. Ueber die Wahlvorgänge: L. de Louis IV, 63—72. Relazion
des Grafen von Carpi vom 11. März ebendas. 72 ff. und bei Brewer
No. 3780. Raynaldus § 20. Ueber die Motive der Wahl: Vettori und
Jovius a. a. O. Roscoe II, 12 ff. Ueber die Krönung: Roscoe IV,
12—44. Characteristik: Budaeus 438. 719. Petrus M. 519. Anshelm
354. Ranke. 356. In der Schweiz hoffte man auch für Schinner, der
seinerseits eifrig für den Medici gesinnt war.

61) Zurita 348. Schr. der Carbinäle bei Anshelm IV, 349. Breve
Leo's 355 ff. Relazion Carpis a. a. O. 77. ebendas. p. 94.

62) Jovii vitae II, 58. Vergl. Prato 310.

63) Guicciardini II, 57. Belcar. XIV, 11.

64) Guicciardini II, 69. Jovii hist. I. 461 (lib. XI). Mocenigo lib. 4.
Barbaro 964. Martinengo 349. Paruta 11. Zurita 350. Petrus M. Ep.
520. Mariana XXX, 18. Belcar. XIV, 16. Arluni 209. Grumello 171.
Polydorus 21. Vergl. Garnier XXII, 442 ff. Romanin 281. Instrument
bei Luenig II, 2005. Dumont IV, 1. 182. Dazu Vettori an Machiavelli
vom 21. April 1514 (No. 16, p. 41 ff).

65) Anshelm 372 ff. Stettler 486. Campbell 240. Bullinger XIV, 9.
Petri Mart. Ep. 519. 521. und die in Note 50 genannten Schreiben;
außerdem Le Vau an Marg. 5. März, Gattinara an Marg. vom 15. und
29. März und vom 2. April in L. de Louis XII. IV, 60. 83. 90. 98.
Die Papstwahl konnte auf die Entscheidung der Eidgenossen nicht von
Einfluß sein. In L. de Louis IV, 90. sind außer der Räumung der
Schlösser und dem Verzicht auf Mailand noch als Bedingungen genannt:
1) jährliche Pension von 50,000 Thalern, 2) fortwährende Unterhaltung
von 15,000 schweizerischen Söldnern, 3) Verzicht auf Asti zu Gunsten
Montferrats. Vergl. auch Garnier XXII, 440 ff. aus den M. S. S. von

Bethüne, der, wohl fälschlich, auch hier als eine Forderung der S. Anerkennung des Lateranconcils nennt.

66) Anshelm 405 ff. Stettler 496.

67) Vergl. Vollmachten Ferdinand's vom 12. Juli 1512, Heinrich's
vom 10. November und 23. December bei Rymer XIII, 336. 341. 344.
L. de Louis XII. IV, 88; dazu die in Note 53 genannten Schreiben.
Instrument bei Dumont IV, 1. 273. Rymer XIII, 354. 358. Brewer
3859. 3915. 4085. Vergl. noch Lanz, Einleitung 132 ff.

68) Bes. Brewer No. 8766. 3807. 4058. Guicciardini II, 64. Jovii
hist. I, 457 (lib. XI) vitae II, 59. Zurita 347 ff. Mariana XXX, 18,
Belcar. XIV, 15. Le Glay, Corresp. No. 486. 494. L. de Louis XII.
IV, 107. 109. Herbert 28. Instrument bei Rymer XIII, 356. Ueber
die Motive f. insbef. Vettori an Machiavelli vom 21. April (Nro. 16,
S. 41 ff.) und die scharfsinnigen Erörterungen Machiavelli's (Nr. 17. 18.
S. 46 ff. 55 ff.) sowie Zurita 347b. Vergl. noch Prescott II, 23. Note
22 und Lanz a. a. O.

69) Guicciardini II, 70 f. Belcar. XIV, 16. L. de Louis XII. IV,
104 f. Brewer No. 3876. Sadoleti Ep. XI.

70) Barbaro 967. Paruta 15. Romanin 282. Bembi Ep. II, 1.

71) Anshelm 358 f. Stettler 482.

72) Anshelm 362 f. Stettler 482. Damit im Widerspruch Le Bau
an Marg. vom 20. Mai. L. de Louis IV, 128. Vergl. auch Brewer 3862.

Drittes Kapitel.

1) Guicciardini II, 68. Belcar. XIV. 16. Vettori 298. Bellay 298.
Ueber seine finanziellen Hilfsmittel f. Garnier XXII, 472. Martin VIII, 526.

2) Guicciardini II, 64. Belcar. XIV. 13. Vettori 298. Zurita 350.
Davilla 87. Prato 309. Porto 319. Muraltus XXXI, 1. Carpesanus 1289.
L. de Louis XII. IV, 64. 80. 85. 90.

3) Prato 303. 309. Arluni 205 f. L. de Louis XII. IV, 16. 24.
104. 109. Rosmini, Trivulzio I, 453 Storia di Milano III, 375. Verri III,
172. 176. Jovii elogia p. 192.

4) So Jovii histor. I, 460 (lib. XI). Fleuranges c. 34. Tremouille
c. 22. Bellay 228. Ferronus 107. Belcar. XIV, 24. Nach Carpesan.
1289. Barbaro 967. Martinengo 350. Anshelm 380. Rosmini II, 313.
No. 1 waren Trivulzio und La Tremouille einander gleichgestellt. Immerhin genoß Trivulzio des größten Ansehens, wenn ihn auch Ludwig, der
die beiden Parteien in Mailand versöhnen wollte, als leidenschaftlichen
Parteimann nicht zu seinem lieutenant général et gouverneur machen konnte.

5) So Garnier XXII, 460. L. de Louis XII. IV, 129 : 1300 l., 5000 lanskenets et certain autre nombre de gens à pied. Fleuranges c. 34 : 1200 L., 6—7000 F. Tremouille c. 22: 500 L., 6000 F. Martinengo 350: 1000 L., 2000 l. R., 10,000 F. Carpesanus 1289: 1500 L., 1500 l. R., 12,000 F. Bellay 228: 7—800 L., 8000 franzöſiſche, 6000 deutſche Knechte. Mocenigo lib. 5. unb Anonym. Padovan. bei Muratori X, 78: 1400 L., 14,000 F., dieſer noch 1000 l. R. Guicciardini II, 70 unb Barbaro 967: 1500 L., 800 l. R., 15,000 Mann Infanterie, darunter 8000 Landsknechte. Dieſe leßtern ſcheinen bie Stärke des Heers mit Einſchluß des zweiten Corps anzugeben, ſo wohl auch der estat de l'armée du Roi bei Gluß, S. 306. A. 32. Die ſchweizeriſchen Quellen geben ſie wohl zu hoch an: Anshelm 381: zu Roß uf 10,000, zu Fuß uf 20,000. Schobeler 30,000. Campbell 241: 2420 L., 1500 l. R., 5000 Landsknechte unb noch andere 15,000. Bullinger XIV, 10 unb Stumpff XIII, 37 faſt übereinſtimmenb: 5020 Pferde (3420 L., 1400 l. R., 200 Strabioten) 14,000 wälſche, 5000 deutſche Knechte.

6) Guicciardini II, 76. Jovii vitae I, 181. Bembi Ep. III, 34, 35. Raynald. ad a. 1513 §. 4.

7) Anshelm 377. Stettler 487. Campbell 240. Eblibach 249. Stumpff XIII, 37. Bullinger. Hubber 41. „mit Beſehl, baß an welchem Tage bie Mannſchaft in Uri verſammelt ſei, jebem Solbaten ein Ducaten auf Rechnung, ber Reſt bes Monatſolbes aber in Bellenz, wenn bie Muſterung gehalten werbe, bezahlt werbe." Zellweger II, 351.

8) Guicciardini II, 73. Zurita 359. Barbaro 975 gibt bie Stärke bes ſpaniſchen Heers an auf: 1400 L., 1100 l. R., 7000 F. Mocenigo lib. 5 : 1000 L., 7000 F. L. de Louis XII. IV, 129 : 1200 L., 1000 l. R., 8000 F. Mariana XXX, 20 : 1400 L., 800 l. R., 7000 F.

9) L. de Louis XII. IV, 112 ff. 116 ff.

10) Jovii hist. I, 457, vitae II, 59. Guicciardini II, 76. Barbaro 962. Nicht Alle übereinſtimmenb.

11) Guicc. II, 74 : Non ricercare questo il Viccrè, per andare a mostrare le spalle : non importare niente a Suizzeri, se haveva timore di combattere co' Francesi: quel medesimo stimare il suo andare il suo stare il fuggirsi: essi bastare soli a difendere il Ducato di Milano.

12) Le Bau an Marg. vom 14. 20 unb 25. Mai. L. de Louis XII. IV, 116 ff. 126 ff. 132 ff. Maximilian an Marg. vom 17. unb 18. Mai. Le Glay Corresp. No. 494. Guicciardini II, 73 ff. Belcar. XIV, 18. Jovii vitae I, 305. Zurita 359b. Fleuranges c. 34. Paruta 18. Anshelm 381. Irrig Gluß' Polemik gegen Le Bau S. 308. A. 28. Ueber bie Vorgänge in Mailanb ſ. Jovii hist. I, 461 ff. Barbaro 972. Jovii vitae II, 62. Prato 312 ff. Burigozzo 423. Grumello 173. Anshelm 381.

13) Guicciardini II, 77 ff. Belcar. XIV. 20. Zurita 360. Mariana

XXX, 20. Mocenigo lib. 5. Barbaro 969. Paruta 15 ff. Martinengo 350ff. Romanin 283 f. Prato 313. Grumello 171. 174. Roo 461. Fugger 1295. L. de Louis XII. IV, 131. 145. 150.

14) Folieta 294 f. Sentinati 435. Guicc. II, 80. Jovii hist. I, 461. Belcar. XIV, 21. Mocenigo lib. 5. Arluni 219. Barbaro 968. Zurita 359. Petrus M. Ep. 522. L. de Louis XII. IV, 132.

15) Campbell 242. Stumpff XIII, 37. Bullinger.

16) L. de Louis XII. IV, 131. 139. 143. 147 vom 23. 28. 30. Mai und 2. Juni. Schr. Trivulzio's an Mailand vom 23. Mai bei Rosmini II, 315 No. 4. Prato 313. Grumello 173. Muraltus XXXI, 4. 5. Guicciardini II, 76. Jovii hist. I, 458 f. Belcar. XIV, 19. Zurita 360. Barbaro 975. Paruta 19. Anshelm 381. Stettler 486. Schr. XXIV bei Gluß 546. Jovii vitae II, 61: Vicerex neque satis conspicuus Gallorum hostis neque sincerus aut utilis Sfortianorum hostis. Mariana XXX, 20: Tomò per resolucion de estarse a la mira y con su presencia dar algun color a la defension de Lombardia. Aehnlich Mezeray II, 867. Von Campbell 242 und Stumpff XIII, 37 fälschlich für Bestechung durch die Franzosen gehalten. May IV, 390 läßt die Schweizer schon am 22. April nach Novarra ziehen und die Belagerung am 27. beginnen!

17) Barbaro 975. Paruta 22. Tremouille c. 22. Fleuranges c. 36. Vergl. noch Petrus M. Ep. 523. Garnier XXII, 461. Rosmini I, 471. Romanin 285.

18) Anshelm 378. Stettler 486. Campbell 241. Bullinger. Stumpff XIII, 37. Schodeler. Vergl. Jovii hist. I, 463. L. de Louis XII. IV, 117. 127. 131. 148. Negoc. diplom. CLXII (I, 523). Brewer 4089. Prato 313 läßt Sforza auf Befehl der Schweizer am 26. Mai von Mailand nach Novarra gehen, ähnlich Tschudi. Ueber den Weg, den die verschiedenen Contingente des 2. Corps genommen, sind nicht Alle einig. Die Meisten nennen nur den Gotthard und den Vogel. Ich folgte Tillier III, 77. Bluntschli II, 205. Allein steht Bellay 235, nach welchem sie durch's Thal von Aosta über Jvrea kamen. Vergl. schon Ranke: Zur Kritik u. s. w. 165.

19) Guicciardini II, 81 ff. Petrus M. Ep. 521. 523. Jovii hist. I, 472. vitae II, 59. Barbaro 977. Muraltus XXXI, 5. Prato 313. Vergl. Rosmini I, 470. Jovius spricht bes. von den Umtrieben eines Vertius (Wirz?) insignis e Glarona capitanus. Prato meldet, die Schweizer hätten auf Trivulzio nur gehört, um ihn zum Besten zu halten. Allein steht Fugger 1295, der auch 3000 Landsknechte unter Andreas von Lichtenstein beim Herzog in Novarra sein läßt.

20) Insbes. Jovii hist. I, 470 ff. Grumello 173. Fleuranges c. 36. Anshelm 382. Stettler 487. Schr. XXIV bei Gluß 546. Brewer 4280. 4196. Vergl. auch Jovii vitae II, 60. Guicciardini II, 82. Barbaro 975.

Petrus M. Ep. 523. Campbell 241. Bullinger. Daß es nicht zum Sturm
kam: Fleuranges c. 36. Bellay 236. Tschudi 613, zu berichtigen Hib=
ber 41 u. A.

. 21) Guicc. II, 82: sperando horamai di ottenere la vittoria più per
i disordini e mancamento degli danari agli inimici che per l'impeto delle
armi. Jovii hist. I, 472. vitae II, 61. Belcar. XIV, 21 f. Bellay 236.
Fleuranges c. 36. Tremouille c. 22. Anshelm 382. Campbell 242. Tschudi
613. Schr. XXIII und XXIV bei Gluß: Ueber die Motive des Abzugs
der Franzosen, sowie über den Zweck des Aufenthalts in Trecate nicht Alle
einig. Vergl. Ranke 400. Sismondi XIV, 236. Rosmini, Tripulzio I,
568. Storia di Milano III, 381. Garnier XXII, 463. Tripulzio gegen die
Vorwürfe der französ. Memoirenschreiber und Ferronus 107, denen Dubos
II, 172. Mezeray II, 818 und bis auf ihn die meisten Neuern folgten,
glücklich gerechtfertigt von Rosmini a. a. O. Die Chronologie wird nicht
von Allen genau beobachtet: La Tremouille zog ab, bevor das schweiz.
Hilfscorps in Novarra eintraf.

22) Anshelm 383. Tschudi 613. Campbell 242. Schodeler. Jovii
hist. I, 474 ff. vitae II, 60. Prato 315. Le Glay, Negoc. dipl. CLXII.
Hibber 41. Jakob Mutti, sonst Jakob von Uri genannt, hat durch Guic=
ciardini und Giovio a. a. O., denen die meisten Neuern so Dubos II, 172.
Varillas III, 372. Mezeray II, 868. Rosmini III, 382 u. A. folgen, eine
Berühmtheit erlangt, die ihm nach dem Schweigen der s. Quellen nicht in
diesem Maaße zu gebühren scheint. Er war weder oberster Feldherr, wozu
ihn jene erheben, noch bekleidete er überhaupt eine Hauptmannschaft, Stett=
ler 493, wie sich auch daraus ergibt, daß die s. Quellen den Herzog aus
der Schlacht fliehen lassen, während er nach Giovio auf Mutti's Befehl
dieselbe verließ. Immerhin aber mag er, was bei der republicanischen
Einrichtung des s. Militärwesens leicht möglich, zu einer raschen Entschei=
dung gerathen haben. Jovius erzählt, die Hunde des französ. Heers seien
am Vorabend der Schlacht zu den s. Wachen gekommen und hätten ihnen
ihre Freude zu erkennen gegeben, worin Mutti eine günstige Vorbedeutung
und ein Motiv zu raschem Angriff erblickt habe. Nach ihm Barbaro 967.
Bullinger. Vergl. Dubos II, 174. Ueber den Entschluß der S. schön
Guicciardini: Non fece mai la natione degli Suizzeri nè la più superba nè
la più feroce deliberatione: pochi contra molti senza cavalli e senz' ar-
tiglierie contra ad un' esercito potentissimo di queste cose, non indotti
da alcun necessità, perchè Novarra era liberata dal pericolo ed aspettavano
il di seguente non piccolo accrescimento di soldati, elessono sponteana-
mente di tentare più tosto quella via nella quale la sicurtà fusse minore,
ma la speranza della gloria maggiore, che quella nella quale dalla sicurtà
maggiore risultasse gloria minore.

23) Belege: 1. Nach L. de Louis XII. IV, 126 befanden sich um den

20. Mai 7000—7500 S. in der Lombardei, wogegen freilich die f. Quellen
nur 4000 Belagerte in Novarra fein laffen, doch ohne auf die freien
Knechte Rückficht zu nehmen. 2. Die Hauptmaffe des 2. Corps, mindeftens
5000 Mann nahmen an der Schlacht Theil. 3. Durch die Ankunft der
Oftfchweizer mehrte fich das Heer auf 16,000 Mann. Hienach bin ich
geneigt, mit Garnier XXII, 464 eher 11,000 anzunehmen. Die Tradition
freilich nennt nur 9000. Gründe eines freilich übel verftandenen Patriotismus können hier nicht in Betracht kommen. A. Angaben: 5000 Bullinger; 7000: Prato 316; 8000: Petrus M. Ep. 523. 9000: Jovii hist.
I, 477. Barbaro 977. Machiavelli Disc. II, 18. Muraltus XXXI, 6.
10,000: Guicc. II, 85. Vettori 296; 10—12000 Mezeray II, 868. Tremouille c. 22 und Zurita 360; gar 20,000: Bambridge an Heinrich VIII.
vom 10. Juni (Archiv XII, 109). Brewer 4196 meldet: 5500 feien in
Novarra belagert worden, 7000 neue zur Schlacht gekommen. Nach Negoc.
dipl. CLXII gab Sforza die Zahl diefer auf 12,000 Mann an. Spi-
nelly an Heinrich VIII. bei Brewer 4380 auf 8000. Nach Ansbelm 385
betrug der „Kern" höchftens 8000 Mann.

24) So Gritti bei Barbaro 979. Belcar. XIV, 21 nach Augenzeugen:
500 Lanzen, 6000 franzöfifche, 4000 deutfche Knechte. Bambridge a. a. O.
1000 L., 500 l. R., 8000 F. Zurita 360: 700 L., 700 l. R., 7000 F.
Mariana XXX 20: 800 L., 8000 franzöfifche, 3000 deutfche Knechte. Prato
316: 1200 L., 20,000 F. Petrus M. Ep. 523: 1300 L., mehr l. R.,
14,000 F. Machiavelli Discorsi II, 18: 10,000 Mann. Schr. XXIV bei
Gluß: 11,000 Mann. Campbell 241: 500 L., 1200 l. R., 16—17,000 F.
Bullinger und Stumpff: 1500 L., 1200 l. R., 19,000 F. Tfchudi (Archiv
XII, 221) 15,000 Landsknechte, auch viel Gascunier und Avantürier und
4000 rofiger Rittern.

25) Die Befchreibungen der Schlacht bei N. find entweder folche,
welche das Ganze derfelben, die einzelnen taktifchen Bewegungen der ver-
fchiedenen Corps darftellen oder folche, welche nur einzelne Scenen hervor-
heben. Zu jenen gehört vor Allen Jovii hist. I, 477 ff., welcher ein in
jeder Hinficht gelungenes Gemälde entworfen hat, das um fo glaubwürdiger
ift, als der Verfaffer fich dabei auf die Mittheilungen Trivulzio's und La
Tremouille's ftützen konnte, und welchen Belcar. XIV, 23. Barbaro 978
fclavifch, Paruta 24 freier folgen, dann Guicciardini II, 85 f. und Anshelm IV, 348 f., welchem Stettler 489 nacherzählt. Zu diefen vor Allen
die franzöf. Memoirenfchreiber, Fleuranges c. 36. Bellay 237 f. und Tremouille c. 22. Grumello 182. Schr. XXVI bei Gluß 549. Einzelne Nachrichten auch bei Prato 316. Carpesanus 1291. Zurita 361. Ferronus 107.
Campbell, Schodeler, Stumpff und Bullinger, Schr. XXIII und XXIV bei
Gluß, bei Ellis I, 211. (Robert Wingfield an Heinrich VIII. vom 13. Juni)

Bambridge a. a. D. und Negoc. dipl. CLXII. Vergl. noch Sismondi 338. Havemann 463 f. Gluß 318 f. Faßbind 281, kurz und schön Ranke 400.

26) So Guicciardini und Zurita. Anshelm 3, Bullinger und Tschudi 5, Sforza in Schr. XXIII bei Gluß (Anshelm 390) 2, in Negoc. diplom. CLXII: 1 Stunde. Jovii hist. I. 484: sesquihorae spatio; vitae I, 306: semihorae momento.

27) So Guicciardini II, 87. Belcar. XIV, 24. Fugger 1296. Scho=deler 1300: Jovii hist. I, 484. 1400: Campbell 242. Simler 78b. Tschudi und Bullinger. 2000: Anshelm 385. Stettler 491. Barbaro 979. Mezeray II, 869. Des Todes Mutti's erwähnen nur die Ausländer; Wein=garten vielleicht von feindlich gesinnten S. getödtet. Anshelm.

28) So Jovii hist. I, 487. Schodeler. Mezeray II, 869 und Negoc. dipl. CLXII nach einem Schr. der S. an den Kaiser. 6000: Muraltus XXXI, 6. Fugger 1296. Campbell 242. Stumpff. 7000: Barbaro 979. Mariana XXX, 20. 10,000: Jovii vitae II, 60. Anshelm, Stettler, Guicciardini; 13,000: Bullinger, 15,000: Tschudi. Schr. XXIV bei Gluß; 8000 Landsknechte. Prato 316 über 10,000 Franzosen. Anon. Padovan. bei Muratori X, 98: Gesammtzahl: 10,000, die Mehrzahl Franzosen. Gradenigo ebendas. 5000 S., 8000 F. Tremouille c. 22: 8000 S., 1200 französ. Knechte und 50 Hommes d'armes. Bouchet de Poitiers: auf je 8000 S. seien 7000 gefallen, von den Franzosen 50 Hommes d'armes und 12—1300 Knechte! Vergl. noch Rosmini I, 475. Ceriolan Trivulzio von Georg von Hohensax getödtet, welcher Ansprüche auf die Grafschaft Musocco geltend machte. Vergl. Negoc. dipl. CLXII. Dagegen Röder und Tscharner, der Kt. Graub. I, 109.

29) Anshelm 387 ff. Stettler 490 f. Tschudi (Archiv XII, 224). Stumpff 719. Schodeler. Guicc. II, 87. Negoc. dipl. CLXII. Sie war so groß, daß die S. nicht genug Pferde und Rinder hatten, um sie fort=zuschaffen. Doch wurde so viel verschleudert und entwendet, daß ein Ge=meiner nur etwas über 16 Baßen erhielt.

30) So Guicciardini II, 87. Andere Urtheile: Petrus M. Ep. 523: Parva saepe manu legisti Romanos hinc, Athenienses illinc maiores hostium copias profligasse. Nil umquam memini me legisse in re bellica maius, quam impraesentiarum inter Gallos accidit et Helvetios. Jovii hist. I, 488: Numquam enim antea acciderat, ut invicti fortunatique antea duces tanto instructo exercitu a paucis peditibus ludente fortuna funderentur. Gritti an den Senat bei Barbaro 979: che avendo si poco numero de' Suizzeri avuto ardire senza cavalleria e artiglieria di assalirli e romperli era stato cosa più presto divina che umana. Zurita 361: Y tambien fue mucho de considerar, que los Suyços, que eran entonces tenidos per villanos y gente muy grossera rompiessen un excecito tan poderoso y de mucho muy infanteria, que lo que ellos trayan con tales capitanos y tanta

gente de armas y cavallos ligeros y que fuessen los contrarios vencidos con tan poca resistencia y de las muy señalidas y famosas que ha avido in Italia. Aehnlich Prato 316. Mezeray II, 868. Anders freilich Muraltus XXXI, 6: *modico* bello facto. Vettori 298: La occasione non fu grande, ma la preda fu grandissima. Ueber die Bedeutung der Schlacht von R. in der Kriegsgeschichte: Machiavelli Disc. II, 17. 18. Dam III, 477. Sie war ein neuer Beweis für die Vorzüglichkeit der Infanterie vor den übrigen Waffengattungen.

31) Ansßelm 383. Stettler 489, insbef. aber Tschudi (Archiv XII, 221 f.) Vergl. Grumello 182. Muraltus XXXI, 6. Ueber Hohensax Jovii hist. I, 486, nach ihm Barbaro 979, mit denen auch Grumello erzählt, er sei später wegen zu späten Eintreffens in der S. angeklagt und jener Vertius (A. 18), der aus der Schlacht nach Oleggio geflohen sei und das Gerücht einer Niederlage verbreitet habe, mit dem Tode bestraft worden.

32) Guicc. II, 87: Tutti si pagavano a Suizzeri a quali della vittoria acquistata co la virtu e col sangue loro si doveva giustamente non meno l'utilità che la gloria. Belcar. XIV, 25. Ansßelm 395. Stettler 492. Bambridge an Heinrich VIII. vom 25. Juni S. 111 und Brewer 4283. Muraltus XXXI, 8. Mailand mußte 50,000 (nach A. 200,000), Pavia 40,000, Lodi 30,000 Ducaten bezahlen, der Herzog selbst gab ihnen 25,000. Prato 320.

33) Guicciard. II, 87. Belcar. XIV, 24. Grumello 182. Martinengo 350. L. de Louis XII. IV, 161. Tschudi 224. Vergl. Dubos II, 176 und Muratori X, 108.

34) Ansßelm 396. Schr. der Berner Hptlte. vom 4. Juli ebendaf. Stettler 493. Schr. XXIV bei Gluß 547. Guicc. II, 87. Belcar. XIV, 25. Prato 317. Zurita 361. Petrus M. Ep. 524. L. de Louis XII. IV, 161 f. 164. 179. Negoc. dipl. CLXII. Brewer 4216. 4330. Fibber 44. A. 1. Bembi Ep. III, 16 (13. Juni), eine Ermahnung Leo's den Markgrafen von Montferrat zu schonen.

35) Folieta 295. Sentinati 436. Guicc. II, 88. 97. Jovii hist. I, 492 f. vitae I, 179. 306. II, 61. Mocenigo lib. 5. Zurita 364. Petrus M. Ep. 525. Padilla 261. Belcar. XIV. 25. 27. L. de Louis XII. IV, 162. Negoc. dipl. CLXII. Bambridge a. a. O. 112. Ansßelm 398. Vergl. Bembi Ep. III, 14 (24. Juni) 18. 19. (28. Juni) IV, 7 (24. Juli), in denen Leo die S. und Sforza ermahnt, die Ruhe Genua's nicht zu stören und auf die Lockungen der Aburni und Fieschi nicht zu hören.

36) Schr. Leo's vom 14. Juli bei Bembi Ep. IV, 1 und Ansßelm 402 f. Vergl. Raynald. § 29. Schr. des Kaisers vom 20. Juli bei Ansßelm 400 f. Ueber das zweideutige Benehmen Leo's f. Schr. der Berner Hptlte. vom 4. Juli bei Ansßelm 399.

37) Guicciardini II, 88 ff. Jovii hist. I, 489 ff. Belcar. XIV, 30. Zurita 361. 365 ff. Petrus M. Ep. 525. Mariana XXX, 20. Mocenigo lib. 5. Barbaro 980 ff. Paruta 26 f. Romanin 286 f. ·Martinengo 353. Roo 462. Fugger 1297. L. de Louis XII. IV, 161. 169. 172. Negoc. diplom. CLXII.

38) Guicc. II, 61. 93. Jovii hist. I, 540 f. Belcar. XIV, 28. Zurita 349. 368. Petrus M. Ep. 525. Mariana XXX, 18. 20. Barbaro 986. Bembi Ep. III, 21. Roscoe IV, No. 85. Raynald. § 44 ff. Brewer 4287 f. 4296. L. de Louis IV, 94. 165. 169.

39) Guicc. II, 95. Jovii vitae II, 61. Belcar. XIV, 30. Zurita 368. Barbaro 985 ff. Paruta 29 ff. Romanin 286 f. Roo 462. L. de Louis IV, 165. 173. 179. Le Glay, Corresp. No. 500. 510.

Viertes Kapitel.

1) Anshelm 413 ff. Stettler 496 ff. Stumpff XIII, 37. Bullinger XIV, 10. Vergl. Gluß 330 ff. Tillier III, 81 ff. Guicciardini II. 121. Jovii hist. I, 539. Mocenigo lib. 5. Brewer 4333. L. de Louis XII. IV, 181. Vettori an Machiavelli v. 20. Aug. Nro. 24, S. 80.

2) Guicciardini II, 114 ff. (lib. XII). Brewer passim. Le Glay. Negoc. dipl. CLXI (I, 520). Corresp. No. 492. 497. 505. L. de Louis IV, 111. 156. Heuterus 160. Fugger 1297. Belcar. XIV, 38. Was Guicciardini hier von erneuten Werbungen Ludwig's bei den Eidgenossen, ihm wenn sie auch von Mailand nicht lassen wollten, doch Söldner zur Vertheidigung seines Landes zu gestatten, erwähnt, finde ich nirgends bestätigt.

3) Anshelm IV, 461 ff. Stettler 506. Vergl. Tillier III, 96. Gluß 344. Jovii histor. I, 497. L. de Louis IV, 182. Brewer 4333. 4349. 4389. Die 16,000 Mann wurden folgendermaaßen vertheilt: Zürich 2100, Bern 2700, Luzern 1300, Uri 500, Schwyz 750, Unterwalden 400, Zug 400, Glarus 600, Basel 600, Freiburg 700, Solothurn 600, Schaffhausen 400, Appenzell 450, Chur und Bünden 1200, Wallis 1400, den Rest die übrigen Zugewandten und Unterthanen. Anshelm 464. Bullinger XIV, 10. Daß die S. mit englischem Gelde bezahlt worden: Guicc. a. a. O., nach ihm Roo 463. Fugger 1300. Heuterus, auch Vettori an Machiavelli a. a. O. bes. aber Corresp. No. 502. 519. Brewer 4059. Dagegen 4086. Daß der Papst abgemahnt, Vettori 299. Unrichtig Trithemius 686: Eodem tempore M. Caesar conductos multa pecunia Helvetios.... pro recuperatione ducatus misit in Burgundiam.

4) Schr. der Berner Hptlte. 3. Sept. bei Anshelm 468. Stettler 506.

17

Schobeler, Stumpff. 16,000 Ausgezogene, ebensoviele freie: Simler 78b.
20,000: Guicciardini II, 122 (lib. XII). Vettori 302. Mocenigo lib. 5.
Vettori an Machiavelli a. a. D. Muraltus XXXI, 8. Negoc. dipl. CLXVII:
Au lieu, qu'il (Max.) n'avoit demandé que seize mille, il en vient bien
VI d'avantaiges sans gaiges. 25,000: Belcar. XIV, 43. 28,000: State
papers No. 6, p. 23. Brewer 4429. Bellay 242: 14—15,000. Fleuranges:
30,000 S., im Ganzen 40,000. Tschudi 613: mehr Freie als Ausgezogene.
Auch Rottweil hatte 200 Mann geschidt. Vergl. noch Heyd, Ulrich Herzog
zu Württemberg, 1. Bd. Tüb. 1841. S. 172 ff.

5) Anshelm 465. Schr. der Berner Hptlle. Stettler 507. Jovii
hist. I, 530. Corresp. No. 552. Bullinger, Schobeler, Gluß 345. Fleuranges c. 38.

6) Tremouille c. 24. Fleuranges c. 38. Anshelm 469. Guicc. II, 122.
Jovii hist. I, 531. Belcar. XIV, 43.

7) Anshelm 469. Stettler 507. Schobeler:.... „gar mit großem Ernst
durch die Muren, daß in dreyen Tagen die Muren an ettlichen orthen wol
7 oder 8 klafter wyt uf dem Boden hinweggeschoßen waren unbt möglich
gewesen war, wo man gestürmpt, man hatte die statt mit einander grunnen
unbt erobert." Ebenso Anshelm unbt Fugger 1300, Tremouille unbt Fleuranges. Um so auffälliger daher Garnier: Heureusement les Suisses
n'etoient pas fort entendus dans l'art d'attaquer les places; ils furent
repoussés.

8) Guicciardini II, 114—121. Jovii histor. I, 510 ff. Bellay 238 f.
Belcar. XIV, 39—42. Fleuranges c. 37. Bayard c. 57. Bayard vie et
gestes II, 21. Vellay 277 f. Zurita 367. Petrus M. Ep. 525 ff. Poly-
dorus 23 f. Herbert 30—39 f. Taylor's diary u. A. bei Brewer 4284 ff.
Roo 463. Fugger 1301 insbef. aber Le Glay, Negoc. dipl. CLXIV—CLXXVII
(I, 526—547). Corresp. No. 532. L. de Louis XII. IV, 189. 195. 196.

9) So Anshelm IV, 470. Stettler 507. Bullinger. Schobeler. Jovii
hist. I, 532 ff. Fleuranges c. 38., nicht ganz übereinstimmend: Tremouille
c. 24. Nach Garnier waren der schlechte Fortgang der Belagerung und
Mangel an Lebensmitteln Motive der Schweizer für den Abschluß
des Vertrags, der nach erfolglosen Verhandlungen erst unter dem Eindruck
einer erneuten aber vergeblichen Beschießung und bei durch Weingenuß er-
hitztem Zustande der s. Führer, den die französ. Agenten absichtlich herbei-
geführt hatten, zu Stande gekommen sein soll. Trithemius 687: ex pug-
natoribus mercatores facti ... O mercatio perfidorum, quos et avaritia cae-
cos et contumacia facit elatos paucis Capitaneis Basiliensium videlicet et
Schaffhusiensium exceptis!

10) Instrument bei Anshelm 471 f., genauer bei Zurlauben, Mém.
sur le traité de D. in Mém. del' Acad. de B. Lettres. Tome 41. Paris
1780, p. 729 ff., welcher auf das Original sich stützend die Version bei

Varillas III, 548 f., welchem Dumont IV, 1. 175 folgt, bef. aber die Dar=
stellung bei Garnier XXII, 491 ff. bekämpft, worauf dieser ebendas. p. 754 ff.
erwiederte. Vergl. noch Guicc. II, 122. Jovii hist. I, 534. Petrus M. Ep.
528. Barbaro 1023. Trithemius 687. Heuterus 160. Roo 463. Fugger
1301. Belcar. XIV, 43. Ferronus 108b. Bullinger, Schobeler, Campbell
244. Simmler 79. May IV, 434 ff. und Traité hist. et polit. des alliances
entre la France et les XIII Cantons depuis Charles VIII. jusqu'à present.
Paris 1733 p. 122 ff., von welchen indeß keiner ganz genau. Interessant
erscheint mir, daß Giovio und Petrus M. demselben die Bestimmung bei=
fügen, ersterer: Eam Burgundiae partem, quam jure consulti statuerent
Carolo Caesaris nepoti restituat, dieser ut veteribus dominis Burgundiae
loca restituant; worin ihnen die meisten habsburgischen Schriftsteller, unter
den S. merkwürdiger Weise auch Bullinger und Campbell folgen, welche
überhaupt dem Giovio viel verdanken. So auch Garnier und selbst noch
Heyd a. a. O. 174. Ueber den Ursprung dieser Nachricht Ferronus 108b:
Palam tamen jactitantes, ut M. Caesari placerent, ea conventione actum de
urbibus Burgundiae restituendis. Allein steht (Planta) The hist. of the
Helv. Confederacy. Vol. II, p. 100 (London 1800.): The duke of Wur-
temberg shall be reinstated in the possession of all the appendages of
the county of Monbilliard.

11) Anshelm 473. Stettler 507. Bellay 242. Garnier XXII, 492.
Vergl. Gluß 350. A. 314. Ueber die Geißeln: Bellay 242. Fleuranges
c. 38. Bayard c. 57. Tremouille c. 24. Belcar. XXIV, 43. Anshelm
473. Stettler 505; kein Märchen: Trithemius 688. Sie wurden zu
Zürich im Gasthof zum rothen Schwert festgehalten. Eblibach 249. Scho=
beler. Grundlos die Behauptung Bellay's 242 die S. seien 5—6 Wochen
vor Dijon gelegen, worin ihm Belcar. XIV, 43. Mezeray II, 871. Rapin
XIII, 75 und selbst Garnier und Sismondi XIV, 360 folgen.

12) Guicc. II, 122. Belcar. XIV, 44. Roo 464. Fugger 1300. Pace
an Wolsey 1. Febr. 1516. State papers No. 20. p. 42 f. sayinge, that
the sayde Emperour hadde oone 100,000 crownys off the kyngis grace in
the tyme off the last warre, for to sett them forwarde into Burgunde and
they hadde nevyr theroff past 40,000 floreyns and that was the chyffe
cause that made them cum to appoyntment wyth the French kynge at that
tyme. Vergl. Ranke 415.

13) Zurlauben a. a. O. 742 ff. aus den M. S. S. von Bethûne.
La Tremouille an Ludwig XII. vom 23. Sept. Vergl. Br. desf. an Jean
Sapin, Receveur général des finances vom 13. Sept. ebendas. 740.

14) Guicc. II, 122. Bellay 242. Belcar. XIV, 44. Bayard c. 57.
Fleuranges c. 38.

15) Zurlauben a. a. O. No. 3 — 6. Vellay 280. Anshelm 476.

Garnier XXII, 500. Jovii hist. I, 533. 538. vitae II, 63. Guicc. II, 123. Tremouille c. 34. Bayard c. 57. Fleuranges c. 38.

16) Vergl. Note 8 sowie Brewer 4441. Negociations diplomat. de la France avec la Toscane publiées par Desjardins. Tome 2.· Paris 1861. p. 589 ff.

17) Rymer XIII, 379. Brewer 4510 f. 4560, dazu Monum. Habsb. II, 1. 1·ff. Herbert 41. Zurita 369ᵃ. Mariana XXX, 20. Fugger 1301. Vergl. Ranke 414 Lanz, Einl. 140.

18) Anshelm 476. Campbell 244. Bullinger. Simler 79. Tschudi 615. Vergl. Tillier III, 100. Jovii hist. I, 539. L. de Louis XII. IV, 205. Brewer 4561. Desjardins II, 590.

19) Urkunde d. Corvey bei Dumont IV, 1. 175. Vergl. Guicc. II, 127. L. de Louis IV, 236. Raynald. § 85 ff.

20) Guicciardini II, 110 ff. Jovil hist. I, 543 ff. (lib. XII). vitae I, 307 ff. II, 64. Zurita 370 f. Mocenigo lib. 5. Barbaro 986 ff. 992 ff. Petrus M. Ep. 527. 529. 534. Grumello 182 ff. Arluni 221 ff. Cuspinian 432 ff.

Fünftes Kapitel.

1) Jovii, de vitis. Imperat. Turcarum. Tom. 2. Vita Bajazethi p.·197. Vita Selymi II, p. 203. Paruta 51—54. Barbaro 1061—1065. Petri M. Ep. 487. 492. 500. 520. 522.

2) Litera Papae Leonis XII. ad pacem hortatoria v. 13. December 1513 bei Rymer XIII, 386 und Roscoe IV, 78 ff. Vergl. State papers No. X, p. 29. Brewer 4563. Bembi Ep. VI, 22. 23. 25 auch IX, 3 und X, 3. Raynald. ad a. 1513 § 110; ad a. 1514 § 38.

3) Guicciardini II, 113. Jovii hist. lib. XII. Zurita 374ᵃ. Prato 321 Muraltus XXXI, 9. Anshelm 458. Sforja an Heinrich VIII. vom 20. Nov. P.(ublic) R.(ecord) O.(ffice), welches ich wie die übrigen citirten Actenstücke aus P. R. O. der gütigen Mittheilung des Herrn Professor Dr. Pauli in. Tübingen verdanke. Die Schweizer verdroß die Uebergabe an Sforja. Vergl. L. de Louis XII. IV, 210. State papers IX, p. 27.

4) Guicciardini II; 129 f. (weit ausgeführt). Belcar. XIV, 48. Anshelm V, 1. Ueber die Sendung Gheri's f. Bembi Ep. VI, 22 und 23. vom 26. October VI, 21. Schr. Leo's X. an Schinner. Nach Barillas u. A. führte Leo die Unterhandlung mit den S. durch Bibbiena, mit Ludwig durch den Grafen von Carpi. Zurita 379: Avia intentado el Papa de hazer liga particular con el Duque Maximiliano: y que entrassen en ella Suyços Florentinos con el estado de Genova para la defension de Italia

excluyendo el Emperador y a todos los otros Principes. Brewer 4789: The pope does noth wish to be comprised in the league (Maxim. u. Ferdinands) with the Swiss. Unter der Hand scheint doch Leo wieder der Aussöhnung der S. mit Ludwig entgegengewirkt zu haben. Ebendas. Desjardins 603 f. Vergl. insbes. M. S. de Bethune 8491 p. 183.

5) Anshelm IV, 476 ff. Stettler 509. Simon de Rye und Antoine de Saline (ihre Ges.) an Marg. vom 21. Dec. 1513. L. de Louis XII. IV, 223 ff. Vergl. Le Glay Corresp. No. 552 Marg. an Max. Nov. 1513: Quant aux Suyches, Monseigneur, il me semble que vous serés merveilleusement bien de mectre peine à les gaignier: *car le cousté duquel ils seront sera toujours le plus fort.* Vergl. Nro. 558. L. de Louis IV, 205. 273. Schr. bei Desjardins 596. Edlibach 249. Der Kaiser ließ durch seinen Gesandten auch die Gefangennehmung des venetianischen Gesandten Stella, der die Schweiz nach dem Dijonerzuge mit Geleit verlassen hatte, zu Como rechtfertigen. Vergl. Anshelm IV, 364. Barbaro 967. Vergl. auch Chronique de Genève par Bonnivard. M. S. S.

6) Luenig II, 2009. Barbaro 1014. L. de Louis IV, 181. 184. 90. State papers IX, p. 27. Bembi Ep. V, 11. 24. 28.

7) Guicciardini II, 111 f. Jovii hist. II, 547 f. (lib. XII). Mocenigo lib. 5. Barbaro 1016 ff. Zurita 380. Petri M. Ep. 533. Fugger 1308 f. Roo 464. Paruta 55 ff.

8) ... e se la prima vittoria de' Svizzeri gli fece far triegua, questa seconda gli farà far pace. Machiavelli an Vettori v. 20. Juni 1513, p. 55—59. Die Correspondenz der beiden Geschichtschreiber und Politiker während der folgenden Monate dreht sich vorzüglich um die Frage, welche Politik der Papst einschlagen sollte. M. räth einen Bund mit Ludwig, Ferdinand und Venedig mit Ausschluß Heinrichs, weil er eine Aussöhnung desselben mit Ludwig für unmöglich hält und der Schweizer, weil er in ihrer Herrschaft über Mailand die größte Gefahr für Italien sieht; ein solcher Bund scheint ihm die größten Garantieen für die Ruhe Europa's, weil der Kaiser, Heinrich und die S. allein nichts gegen Frankreich unternehmen können (der Brief ist vom 10. August) und für die Wohlfahrt Italiens, welche er in der französischen Herrschaft über Mailand sieht, zu bieten, wogegen V. nachdrücklich auf die Macht der S. aufmerksam macht, die im Stande seien Sforza gegen Alle zu vertheidigen und wünscht, der Papst möchte keinen Bund ohne sie schließen. Viele Aeußerungen beweisen seine Achtung für die S., die in noch höherm Maaße, aber zugleich mit Abneigung wegen der durch sie Italien drohenden Gefahr, M. theilt. Im Uebrigen sind beide in ihren Bundesprojecten über den Ausschluß Heinrichs und des Kaisers und darüber einig, daß die S. nie mit diesem in einen Bund treten würden. Bei aller Bewunderung des politischen Genies des M. muß man doch darüber erstaunen, wie sehr ihm die geheimen

Fäden der damaligen Politik, wie sie bef. durch Lanz entwirrt wurden, unbekannt blieben.

9) Lanz, Einl. 142.

10) Guicciard. II, 133. Zurita 381. Petrus M. 537. L. de Louis. Le Bau an Marg. vom 21. und 28. März IV, 283 ff., 292 ff. Le Glay Corresp. No. 566. Brewer 4698. 4605. 4608. 4796. Desjardins 590 ff. Donationsurkunde vom 10. Nov. 1513 bei Dumont IV, 1. 177. Luenig I, 517. Heirathsvertrag bei Dumont IV, 1. 178.

11) Garnier aus den M. S. S. von Bethüne XXII, 508. Brewer 4924. 4952. Desjardins 600 ff. 618. Doch auch schon L. de Louis XII. IV, 333. 354. Zurita 386. Mariana XXX, 21. Instrument bei Dumont 179. Rymer 395. Vergl. noch Ranke 419. Lanz 142.

12) Schr. bei Desjardins 598, 602 f.: Quando possa ancora guadagnare il Papa gli Svizzeri e riavere la mia Ducea con lo ajuto suo, starei dieci anni ch'io non parlo di maritarla. 612 f. Baldas. da Pescia an Lorenzo de' Medici 15. April auch bei Roscoe IV, 131. Zurita 374. 380. Mariana XXX, 21.

13) Anshelm IV, 474. 76. V, 11 f. Stettler 611. Bembi Ep. VI, 37 f. VIII, 9. Gattinara an Marg. 12. Febr. 1514. Sforza an Marg. 7. März. Le Bau an Marg. 28. März. Gattinara an Marg. 21. März. L. de Louis IV, 240 ff. (Négoc. dipl. CLXXXII) 277 f. 295 f. 288 f., bef. auch Actenstücke bei Desjardins 613 ff., welche die hohe Bedeutung dieser Verhandlungen für die europäische Politik zeigen. Vergl. Alt VI, 79. Die Behauptung des Guicc. II, 295 f.: benchè il Re offerisse di pagar di presente 400,000 ducati e poi in varii tempi 800,000, worin ihm Roscoe II, 139 und, mit eigenem Belwerf, May IV, 450 folgen, während Dübos II, 203 und Barillas 490, deren Nationalgefühl dies doch verletzen mochte, ohne andern Grund daraus 500,000 Thaler und 1,200,000 Franken machen, ist hiernach ebenso falsch wie seine Behauptung, daß alle Geißeln nach Deutschland geflohen seien, worin ihm Belcar. XIV, 46 u. A. folgen u. A. Schinner fürchtete von der spanisch-französischen Allianz für die S. und meinte sie könnte bei ihnen eine Gegenwirkung hervorrufen, (an Bambridge 26. März. P. R. O.) Dagegen Machiavelli an Vettori 16. April 1514, No. 81, p. 112: ... di qui nasce, che gli Svizzeri non ostante le pratiche che sentono tenersi, che si abbia a dare quel ducato all' Arciduca stanno duri contre a Francesi e di queste pratiche non mostrano curarsi, per chè gli stimano che altri che Francia non possa tenere quel ducato contro alla loro voglia e però si oppongono a Francesi e degli altri si fanno beffe.

14) Guicciardini II, 134 ff. Petrus M. Ep. 539. L. de Louis XII. IV, 217. 234. 235. 258 f. 273. 288. 290. Le Glay Corresp. No. 552. 557 f. Brewer 4756. 4952. Which is only a pretext for a confederation

between France, the Swiss and the states of Jtaly to obtain from France a renunciation of the claims upon Naples in behalf of Julian; for this propose he is plotting to obtain 10,000 soldiers from the Swiss etc. (31. März). Paruta 72 ff. Barbaro 1032. Vergl. Roscoe II, 166. IV, 144. Zurita 379: En lo⁻secreto se determinava de ayudar a Venecianos: y differia la concordia entre el Emperador y ellos. So auch Lenz.

15) Vergl. über all dies: L. de Louis XII. IV, 245. 254. 270. 277. 289. 292. 296. 313 ff. 335. 344. 346. 353. 356. 369. Le Glay Corresp. No. 554—557, 566 f. 571. 574. 578. Négoc. dipl. CLXXXIII, CLXXXV f. Brewer 4955. 4976. 5029. 5107. 5139. 5155. 5553. Balbaf. be Pescia an Lorenzo bei Roscoe IV, 131. 134. Guicciardini II, 141. Jovii hist. |I, 810 (lib. XIV). Petrus M. Ep. 538—540. Herbert 46. Vergl. Lanz 145.

16) Anshelm V, 15 ff. Stettler 512. Schr. der Tagf. an Heinrich VIII. v. 13. April und Schr. Schinner's 3. Mai an Heinrich VIII. beide P. R. O. Vergl. Kaiserl. Gef. an May. vom 19. Juni. L. de Louis IV, 333. Brewer 4830. 4844. 4970. Am kaiserl. Hofe fürchtete man von dieser Verbindung Englands mit den S. bereits eine Unterstützung Venedigs durch die S. gegen den Kaiser — because they be ancient and immortal ennemies to the said house and have ever searched to ruin and destitution of the same as hath appeared ever sith the begins of the said Swisses and Venetians and principally the Swiss, who do occupy the revenue of the said house contrere to god reason and good equity. Brewer 5319. Von einer Reise Schinner's nach London vor das Parlament 1513 oder 1514 (?!) Daguet (6. éd.) p. 265. Furrer III, 308.

17) Vergl. Brewer 5285 ff. Desjardins 620 ff. L. de Louis XII. IV, 348 ff. Corresp. II, 224. Guicciardini II, 142. Jovii hist. I, 810. Zurita 384 f. Herbert 47 f. Bellay 244. Rymer XIII, 403—450. Lettres des Rois ... de France et d'Angleterre depuis Louis VII. jusqu'à Henri IV. Tome 2. Paris 1847. No. 268—274. Instrumente bei Dumont IV, 1. 183. 194. Rymer XIII, 413. 444.

18) Dumont 196. Rymer 456. L. de Louis XII. IV, 355. Brewer 8362. 8388 f.

19) Guicciardini II, 146.

20) Gluß 366. A. 72.

21) Guicciardini II, 145: Zurita 379: Y par buenos terceros tratava con el Rey de Francia para que no cumpliesse lo capitulado con los Suyços quanto a la paga y que no desistiesse de proseguir el derecho del estado de Milan y del Condado de Asti. Vergl. Brewer 5208. Ueber die Motive f. außer Guicc. noch Roscoe II, 169, bef. aber Lanz 151.

22) Guicciardini II, 145.

23) Anshelm V, 3 f. Stettler 513. Brewer 5436. Instrument vom 9. Dec. 1514 bei Dumont IV, 1. 196 (ital. Text). Damit übereinstimmend

Zellweger III, 8 f. Vergl noch Tillier III, 104 (doch mit einer argen Entstellung: 8000 Gl. statt 800 Gläne). Faßbind III, 297. Ueber das Zustandekommen insbesondere Zellweger a. a. O. und Hottinger, Schweiz. Gesch. VI, 1. S. 21. Bembi Ep. IX, 33. 35., bes. X, 14 vom 27. Januar 1515. Sadoleti Ep. XIX. Vergl. noch May IV, 455. Gluß geht mit Stillschweigen über alle diese für die S. doch so wichtigen Verhandlungen hinweg. Seine Ausfälle gegen Leo X. 354. 362. 365 sind unbegründet, weil auf Unkenntniß beruhend. Was Guicciardini, welchem Varillas p. 523 folgt, II, 157 f. von Anerbietungen der S. an den Papst berichtet, finde ich nirgends bestätigt.

24) Anshelm V, 5 ff. ebendas. Schr. Maximilians 6. Oct. d. Inns= bruck. Stettler 514. Négoc. dipl. CXCIII (I, 592). Du Pape il n'y ha aultre chose que ce que desjà vous ay escript, fort que l'hon attend la resolucion que feront les Suizes a ceste journée a laquelle l'Empereur ha envoyé et *illeques se resouldra ce que debvra estre de ceste ligue.* Vergl. Desjardins 663. 665. L. de Louis XII. IV, 363 ff. 370. Von dieser Ligue spricht wohl Maximilian (an Lang, 30. April 1514) bei Lanz Einl. S. 150. Anm. Brewer 5377 (3. Sept.): The master of the posts heard, that the Swiss were ready to break with the French and have sent Bourbon a sword and a purse the one to fight, the other for their 400,000 crowns : that the Duke of Milan will put himself and his Duchy in their hands and that the Emperor and Arragon will do their best to keep them failh ful. Vergl. 5387. 5436. 5539. 5677.

25) Anshelm V, 14. Auch Prato 321.

26) Zurita 379. Mariana XXX, 22. Ranke 420.

27) Fragment d'une lettre écrite sur les intrigues d'un envoyé secret du Roy d'Arragon vers Sforze. L. de Louis IV, 248. Zurita 379 : Ferd. schickte Diego d'Aquila zu Sforza, que el Duque principalmente attendiesse a conservarse en la confederacion y protecion de la liga *ny tener por amigos los Suycos.*

28) Le Bau an Marg. Febr. 1513. L. de Louis XII. IV, 252: Le duc comme demy desesperé a escript à Messrs. des Ligues une bonne lettre que en cas qu'il auroit nuls contraires à le persecuter, qu'il remet-troit toute sa Seigneurie en leurs mains et ne se partiroit jamais d'avec eulx, car toute sa confiance et esperance estoit en eulx et plus qu'à nulle personne du monde. Vergl. Sforza an Marg. 7. März und Le Bau an Marg. 21. März ebendas. 277. 283.

29) Anshelm V, 21 f. ebendas. Schr. Sforza's vom August 1514. Stettler 519. Vergl. S. Gesch.forsch. V, 347. Gluß 356 ff. Petri M. Ep. 526. 529. 531. 536. Stellung Sforza's gut ausgedrückt: L. de Louis IV, 210 : . . . les choses de ce duc sont asseurées pendantes sur la glace

d'une nuit. State papers No. IX, p. 27: He shalbe compellyd te please
theym or to breke.

30) Guicciardini II, 137 f. 150. Barbaro 1035 ff. 1058 ff. 1069.
Jovii hist. lib. XII, vitae I, 315. Muraltus XXXII, 8. Prato 308. Paruta
76 f. Negoc. dipl. CXCIII, Schr. bei Anshelm V, 84 f. S. Gesch.forsch.
V, 852.

31) Jovii de vitis imperat. Turc. II, 203 f. und Elogium Hysmaëli;
vitae II, 291. hist. lib. XIV. Petri M. Ep. 541. 543 f. Paruta 84.
Guicc. II, 149. Negoc. dipl. CXCIII. Schr. des Fabricio Corretto Groß-
meister von Rhobus an Leo X. in Epistolae Principum etc. Venetiis
1574, p. 120.

32) Guicciardini II, 156. Belcar. XIV, 56. Mocenigo lib. 6. Barbaro
1073 und 1106 ff. Proposta bei Roscoe IV, 154 ff. Risposta bei Romanin 296. Brewer 5464. 5637. Ueber die Motive f. auch Lanz 153.
Als Motiv machte Bembo u. A. geltend, daß Ludwig in Mailand nichts
wider die S. ausrichten könne.

33) Guicciardini II, 159. Vettori 303. Bembus bei Roscoe IV, 174.
Jugger 1321. Anshelm 14. Bayard c. 58. Fleuranges c. 45. Arluni
256. Prato 325. Petri Ep. 541 f. Vergl. über ihn Belcar. XIV, 61.
Mezeray II, 873. Budaeus 283. Garnier XXII, 530 ff. Gaillard I, 56 ff.
Sismondi XIV, 278 ff. Martin 541 ff. Ranke, französ. Gesch. (Stuttg.
1852) I, 95.

Zweiter Abschnitt.

Erstes Kapitel.

1) Vergl. b. 5. Discurs des Guicciardini: Della calata de' Francesi in Italia nel 1515. (O. J. I, 275 ff.) welcher in umsichtiger Erwägung der Verhältnisse den muthmaßlichen Ausgang der Unternehmung Franz' I. vorauszubestimmen sucht.

2) Guicciardini II, 161. Jovii hist. I, 814. (lib. XV). Belcar. XV, 2. Ferronus 111. Budaeus 785. 806 ff. Mezeray II, 897. Urkunde vom 28. Juni 1515 bei Dumont IV, 1. 211. Ueber Franz' finanzielle Hilfsmittel (Aemterverkauf): Ferron. 111. Belcar. XV, 4. Varillas I, 33. Gaillard I, 214.

3) Instrument in Monum. Habsb. II, 1. 544—556, der 4. Artikel deutsch bei Anshelm V, 50 f. und Stettler 535. Vergl. dazu Lanz, Einl. 158 und Registre (s. u.) 29.

4) Muralt a. a. O., 31.

5) Instrument bei Anshelm V, 58 ff. Stettler 526. Vergl. dazu Traité hist. et polit. etc. 127 ff. sowie Guicc. II, 166. Belcar. XV, 4. Folieta 298. Mocenigo lib. 6. Barbaro 1081, von denen inzwischen keiner ganz genau, und Bibbiena an Giuliano vom 16. Febr. 1515 bei Roscoe IV, 190 ff. Gluß nennt den 18. Mai.

6) Anshelm V, 63, dazu S. 48 f. Die Zeitgenossen, denen die Verhandlungen des Papsts mit Franz durch Canossa unbekannt waren, fassen dessen Zögern als Unentschiedenheit auf, Guicc. II, 165. Petri M. Ep. 546. besser Anshelm V, 63.

7) Anshelm 64 f. Stettler 526. Tillier III, 108. Muralt 30 f.

8) Vergl. hiezu Lanz, Correspondenz I, No. 1—24. Le Glay, Négoc. dipl. II, I—XXIV, p. 1—84.

9) Lanz, Corresp. Nro. 7 (10. Februar 1515). S. 13 Bibbiena an Giuliano 16. Febr. bei Roscoe II, 193. IV, 190 ff. Vergl. dazu Lanz, Einl. 160. Le Glay, Négoc. dipl. II, 73.

10) Instrument bei Dumont IV, 1. 199. Nachtragsacte ibid. 203;

im Auszug Monum. Habsb. II, 1. 7. Dazu noch Le Glay, Negoc. dipl.
No. XXVII, p. 93 ff. Vergl. außerdem Guicciardini II, 162. Journal
d'un Bourgeois de Paris sous François I. publié par Lalanne. Paris 1854,
p. 10. Belcar. XV, 2. Mariana XXX, 26. Heuterus 167. Dazu Garnier
XXIII, 27. Lanz, Einl. 161.

11) Dumont IV, 1. 205. Rymer XIII, p. 476. Vergl. dazu Herbert
53. Heuterus 167. Barbaro 1087. Journal 11.

12) Rymer 496. State papers XV, p. 34. Vollmacht Ferdinand's
vom 2. Mai 1515 bei Rymer 494.

13) Dumont 198.

14) Guicciardini II, 164. Mocenigo lib. 6. Martinengo 309. Belcar.
XV, 3. Paruta 150. Registre 23. Dazu Lanz, Einl. S. 166. Barbaro
1079. Dubos II, 228. Nach Barbaro 1085 gab der Senat Alviano Be=
fehl, einen f. Condottiere Castromuro mit f. Söldnern in seinen Dienst
zu nehmen, um sie gegen die Spanier zu stellen.

15) Briefe Canossas in Documenti inediti im Archivio. App. I,
p. 306—317. Relazion des Giorgi. a. a. O. Barbaro 1086. Nach
Lanz Corresp. XVI, p. 28 (28. Februar) stand Lorenzo um diese Zeit mit
Ferdinand in Verhandlungen über eine Vermählung mit einer Nichte des=
selben.

16) Jovii vitae II, 65. Briefe Gheri's vom 26. und 28. Junia. a. O.

17) Guicciardini II, 163. Belcar. XV, 3. Bellay 252. Petri M. Ep.
546. (10. Januar). Franz war durch Venedig schon im Februar vom
Vertrag vom 3. Febr. unterrichtet. Registre 22 spricht auch von einer
kaiserl. Gesandtschaft zum Zwecke von Friedensverhandlungen an Franz.

18) Anshelm V, 72—79. Stettler 523 f. Dazu Muralt 23. Gesch.
forsch. V, 358. Schr. Franz' bei Anshelm 72 ff. (deutsch) theilweise bei
May, IV, 461 und im Gesch.forsch. a. a. O. (französisch), dazu Tschudi
616. Schr. Louisens v. 12. Juli bei Anshelm 78. Vergl. bes. Registre
en forme de Journal fait par un domestique de Monsr. le chancelier Duprat
contenant ce qui s'est passe depuis l'advenement de François I. a la cou-
ronne qui fut le premier Janvier 1514 jusques en l'annee 1521 includ.
(für die f. und die allg. Gesch. dieses Jahres sehr wichtig). M. S. in Collection Dupuy No. 600 der kaiserl. Bibl. p. 22. 31. Guicciardini II, 164.
Lanz, Corresp. No. X, p. 19 (10. Febr.) und Canossa an Giuliano vom
23. April a. a. O. Anshelm erwähnt nichts von Sforza. Petrus M. Ep.
546: Quae illi statuant, facere oportebit. In fortunae Rotae culmine nunc
sedent, clavum figant, ne Rota labatur. Garnier XXIII, 32: Dès son avè-
nement au trône François avoit renouvellé tous les privilèges précedem-
ment accordés aux marchands de cette nation et à tous ceulx, qui vien-
droient s'établir en France. Der Herr von Jametz sei bereits als Ge=
sandter zu den S. bestimmt gewesen.

19) Dubos II, 227. Gaillard I, 201. Le Glay, Einl. ju Négoc. dipl. p. CXXIII.

20) Muralt 23. Canoſſa v. 14. April, p. 311. Hoggi si e pubblicato per la corte et il Cristianissimo a me ha detto, che Sguiceri di nuevo minacciono calare alli danni di Franza per la via del Delphinato: non so se ciò sia vero o se ne fosse levissima la fama per fare adunamento di gente in quella parte sotto tal colore e poi le voltassino alla volta di Italia etc. Daju Schr. vom 23. April.

21) Guicciardini II, 167. Mocenigo lib. 6. Zurita 395ª.- Fleuranges c. 38. Registre 30. Lanz, Correſp. No. XVI, p. 28.

22) Guicciardini II, 170 f. Jovii hist. I, 816 (lib. XV) vitae II, 65. Zurita 388. Folieta 296. Sentinati 445. Belcar. XV, 6. Registre 31. Anshelm V, 99. Stettler 531. Der Vertrag (in M. S. S. von Bethüne Nro. 2961. 2963) iſt vom 21. April. Ueber die beiden frühern Ueberfälle ſ. Guicc. II, 113 und 156. Belcar. XV, 6. Zurita 374. Folieta 297. Sentinati 487. Bembi Ep. VI, 9. 12. L. de Louis XII. IV, 298.

23) Anshelm V, 99 f. Stettler 531. Stumpff p. 720. Tſchudi 616 f. Campbell 245. Guicc. II, 169. Jovii hist. I, 822. (lib. XV). Mocenigo lib. 6. Vettori 305. Prato 331. Folieta 298. Raynaldus § 12 f. Barbaro 1080. Petri M. Ep. 548 f. Bembi Ep. X, 31. 32. 33. Vergl. daju Gluß 381. A. 29. Muralt 31. Zellweger III, 13. Geſch.forſch. V, 360. Roscoe II, 200. Varillas II, 31. Daß Fregoſo im Einverſtändniß mit Leo gehandelt, ſcheint mir unwahrſcheinlich; doch wurde es ſchon damals vielfach angenommen. Vergl. Vettori und Petrus M. a. a. O. und Gheri p. 80. Der Freiwilligen waren nach Anshelm 4000, nach Bullinger 2000.

24) Anshelm 102 ff. Miſſiv Steins an Bern v. 27. Juni d. Aſt ebendaſ. S. 103 f. Stettler 532. Vergl. Geſch.forſch. V, 370 ff. Muralt 39. Briefe Gheris S. 52. 80.

25) Anshelm 85. Schr. Sforza's an Colla ebendaſ. 87. (21. April) Muralt 37.

26) Beſtätigt von Canoſſa a. a. O. 313: Et da ogni banda li sono poste pratiche innanzi si da Genova come dal duca di Milano proprio le quali se ben potrebbono esser fincte et con poco fondamento, pure quà sono tenute per vere.

27) Schr. Steins vom 30. Nov. 1514 im Geſch.forſch. V, 348 ff. Anshelm 81 ff. Vergl. Muralt 34.

28) Anshelm 84 f. Stettler 528. Prato 327. Grumello 195. Gheri 15. Juni p. 90. Verri 183.

29) Anshelm 105 f. Stettler 529. Vergl. Gluß 382. Tillier III, 109 f. Faßbind 300. Geſch.forſch. V, 373. Muralt 33. Prato 328. Anshelm nennt 15,000 Mann. Vergl. indeß S. 225; mit ihm ſtimmt

Schobeler überein. A. 14,000. Stumpff XIII, 38: 13,000. Tschudi 617. Eblibach 250. Campbell 245. Simler 82: 12,000. Bullinger 8000. Auffällig Colonna an Wolfey 1. Febr. 1515 in Lettres des Rois ... de France et d'Angleterre etc. Tome 2. No. 279: ... Itaque hujus rei causa Maximilianus Mediolani Dux cum videat se ob nimias exactiones ab universo Mediolani agro destitutam omnem suam ditionem urbium oppidorum municipiorum in Suesios transtulit, ut in Gallorum impetum non modo sustineant, sed si opus fuerit, reprimant, fugent, opprimant; ähnlich Ferronus 112b: Ipsique Italiae nobilissima parte potirentur. Vergl. seinen Brief in Epistolae Principum a. a. D. p. 132.

30) Anshelm 102 ebendas. Schr. Steins vom 27. Juni d. Ast. Stettler 582.

31) Senser an Bern 24. Juni bei Anshelm V, 86. Prato 328 ff. Burigozzo 425. Muraltus XXXIII, 2. Arluni 259. Vergl. Briefe Gheri's v. 22. 24. 27. 28. Juni, 9. 26. Juli. Verri p. 183. Muralt 37. Gesch. forsch. V, 368 ff.

32) Anshelm V, 106 f. Zellweger III, 15. Gesch.forsch. V, 373.

33) Absch. Chivasso 12. Juli, Berner Hptlte. vom 12. u. 31. Juli bei Anshelm 107. 108. 115. Stettler 534. Klagen lucchesischer Kflte. über Beraubung! Anshelm 108. Journal 19. Glutz. Montferrat mußte 12,000 Ducaten bezahlen und war selbst dann nicht sicher. Briefe Gheris vom 22. Juni und 23. Juli. Die Markgrafschaft Saluzzo wollte man Schinner's Bruder geben. Prato 333. Vergl. Bayard. c. 57. Gaillard I, 212 (ähnlich Guichenon 615): Le Cardinal de Sion étoit Duc de Savoye, son frère etoit marquis de Saluces, Prosper Colonne devoit être Comte de Carmagnole. Schinner suchte auch vornehme Familienverbindungen anzuknüpfen. S. Note zu Gheri S. 22.

34) Anshelm V, 109. ebendas. Berner Hptlte. 9. August 122. Finsternau an Bern 8. Aug. 120. Vergl. Gesch.forsch. V, 380 ff. Muralt 41. Faßbind 303. Hibber 45. Was hier Jovius hist. I, 844 (lib. XV), welchem Belcar. XV, 12. Garnier XXIII, 44. Gaillard I, 230 u. A. folgen und mit welchem freilich auch ein Brief Gheris vom 27. Juli, p. 72 übereinstimmt, von einer Gefangennehmung Steins als französischer Practic verdächtig durch Schinner erwähnt, ist wohl kein von dem im Text erwähnten verschiedenes Factum, sondern nur eine vielleicht von Schinner selbst ausgegangene Entstellung desselben.

35) Guicciardini II, 169 ff. Jovii hist. I, 823 ff. vitae II, 65. Vettori 306 f. Arluni 257. Muraltus XXXIV, 1. Zurita 388b. Paruta 98. Gheri S. 34. 80. Anshelm 53. Sentinati 443. Belcar. XV, 15. Relazion des Giorgi. Vergl. auch Machiavelli discorsi II, 22. Lanz, Einl. 167. A. 40. Bulle bei Luenig II, 802.

36) Anshelm V, 50. Stettler 535. Stumpff XIII, 37. Campbell
246. Vergl. Zellweger III, 12. Gluß 382. Faßbind 300. Muralt 39.
37) Abſch. Moncalier 4. Aug. bei Anshelm 116 ff. Stettler 537.
Schobeler. Mocenigo lib. 6. Vergl. Zellweger III, 17. Ueber eine ſ. Feld-
poſt Tillier III, 114.

Zweites Kapitel.

1) So nach Guicciardini II, 172 und Belcar. XV, 7. Aehnlich Mezeray
II, 899 und Stettler 529. Fleuranges c. 48: 2500 L. 1500 l. R. 26,000
Landsknechte (30,000 nach Bayard c. 60); je 10,000 franzöſiſche und
baskiſche u. ſ. w. Knechte. 2500 Piennierd. Jovii hist. I, 826: 4000
Schwerbewaffnete, jeden zu 3—4 Mann, 8000 Leichtbewaffnete, 40 Cohorten Landsknechte, 20 Cohorten Navarreſen u. ſ. w. Mocenigo lib. 6:
2000 Lanzen, 30,000 Mann Fußvolf, 10,000 Navarreſen u. ſ. w. Martinengo 359: 4000 L. genug l. R., 30,000 Mann Fußvolf. Giustiniani
250: 2700 L., 5000 l. R., 13,000 Landsknechte, 17,000 Gascogner u. ſ. w.
Petrus M. Ep. 554: 3000 L., nicht weniger l. R., 36,000 F. Gheri p.
59: 2000 L., 25,000 Landsknechte, 10,000 Navarreſen u. ſ. w. Muraltus XXXV, 1: 30,000 Pferde, 20,000 Landsknechte, je 10,000 franzöſiſche und baskiſche u. ſ. w. Knechte. Nach Machiavelli Discorsi II, 18
befanden ſich 20,000 Mann zu Pferde und 40,000 zu Fuß in der Schlacht.
Garnier XXIII, 37: 2500 L., 22,000 Landsknechte, 6000 Basken, 8000 Franzoſen, 3000 Gräber. Brief des Herrn von Lußinye bei Anshelm V, 113:
24,000 Landsknechte, 12,000 Fryer (wohl avanturiers français), 6000 Fußknechte, 3500 Reiſige, 600 Gräber. Mittheilung des Herzogs von Savoien ebendaſ. 117: 24,000 Landsknechte, 12,000 Gascogner, 6000 Bog-
ner, 3000 Reiſige. Schobeler: 6000 von den ſchwarzen Banden, der Herzog von Burgund (sic) habe 30,000 Mann zu Roß und zu Fuß gehabt,
endlich noch 22,000 Landsknechte. Bullinger ähnlich wie Jovius. F. Strozzi
an Lorenzo be' Medici d. Florenz in Negociations diplomatiques de la
France avec la Toscane publiées par A. Desjardins. Tome 2. Paris 1861:
p. 708: In somma Francia resta vota, tutti e monti e piani coperti di gente
et le stimono meglio di cento mila bocche. Journal p. 16: über 40,000 zu
Fuß, 2500 zu Pferd. Registre p. 35: 3000 L., 20,000 Landsknechte, 5500
von den ſchwarzen Banden, (welche erſt Mitte Auguſt in die Dauphinée
einrückten. Desjardins 700, 702) 10,000 ſonſt.

2) Guicciardini II, 172 ff. Jovii hist. I, 825. Bellay 258. Belcar.
XV, 8. Registre 30. Journal 17. Desjardins 700.

3) Guicciardini II, 172. Mocenigo lib. 6. Arluni 258. Franz L an

Alfonſo v. 3. Aug. d. Grenoble bei Desjardins 698. Registre 35. Päſſe
gut beſchrieben bei Guicciardini II, 173. Jovii hist. I, 830 ff. Muralt S. 50.
Ueber dieſes Verdienſt des Trivulzio die Meiſten beſ. die Italiener einig,
ſo außer Guicciardini und Jovius a. a. O. und vitae I, 315, II, 66, auch
Grumello 196. Prato 334 und Registre 29. 35. Vergl. Rosmini Trivulzio I,
489, II, 318, storia di Milano III, 396. Bellay ſchreibt es p. 258 dem Herrn
von Solières zu; ihm folgen die Franzoſen: Belcar. XV, 9 f. Varillas
I, 46. Gaillard I, 200. Garnier XXIII, 39. Martin IX, 14.

4) Beſ. (Pasquier le Moine) Le couronnement du Roy Francoys
premier de ce nom voyage et conqueste de la duché de Millan. Paris
1520. Jovii hist. I, 837, vitae II, 66. Guicciardini II, 176. Belcar. XV,
10. Fleuranges c. 49. Petrus M. Ep. 522. Vergl. dazu Sismondi XIV,
393. Muralt a. a. O. Geſch.forſch. V, 392. Am 13. Aug. waren
bereits 1200 L. und 20,000 Mann Inf. diesſeits der Gebirge. La Palice
bei Desjardins 706.

5) Berner Hptlte. d. Rivoli v. 9. Aug. und Abſchied Moncalier 9.
Aug. bei Ansßelm V, 121. 126. Schobeler. Stettler 338 ſowie Strozzi
a. a. O. u. e. aufgefangener Brief Viscontis an Caracciolo v. 11. Aug.
d. Pinerolo (bei Desjardins 703. 704), welcher letztere vor Ansßelm 126,
der hier offenbar nicht ganz genau und richtig, mit dem er indeß doch in
Mehrerm, beſ. d. Schr. der Berner Hptlte. übereinſtimmt, den Vorzug
verdient. — Vergl. dazu Gluß 395. Geſch.forſch. V, 390. Muralt 52,
Zellweger III, 17 (nicht alle gleich).

6) Guicciardini II, 178. Jovii hist. I, 839 ff. Vettori 309. Bayard
c. 59. Bayard gestes III, 1. Tremouille c. 25. Fleuranges c. 49. Bellay 259 f. Gheri 92 f. Ansßelm 127. Schobeler, beſ. aber Pandolfini
und Anonymus an Lorenzo v. 16. Aug. bei Desjardins 700. 706. Mit
Letzterem nennen Ansßelm und Schobeler den 12. Aug. Pasquier d. 13.
Pandolfini, Journal 17, Registre den 14, Guicciardini den 15. Vergl.
Note zu Gheri p. 92.

7) Vergl. Zellweger III, 33. Ansßelm 201.

8) Ansßelm 130. Berner Hptlte. v. 17. Auguſt d. Rivoli. Andreas
Schinner an Veroli 18. Aug. d. Septima. Ebendaſ. Schwyz, Zürich, Baſel
und Graubünden ſeien gegen den Rückzug geweſen. (Muralt) Stimmung des
Heeres gut geſchildert bei Petrus M. Ep. 549. 550. 553 und Jovii hist.
I, 543 ff. Dieſer bietet überhaupt viele Details, über welche die ſ.
Quellen nichts enthalten. Nach ihm trug der ſpaniſche Geſandte Diego
d'Aquila, der müßig mit dem Gelde bei Mailand weilte, Schuld an dem
Geldmangel, er meldet auch von einer Meuterei des Heers, welche Schin-
ner zur Flucht nach Pinerolo gezwungen habe und läßt Schinner das
Heer aus den Päſſen zurückziehen, beſ. weil er durch die franz. Friedens-
werbungen und die Practicen beſ. Steins und Hans von Dießbachs für

die Disciplin und die Gesinnung des Heeres gefürchtet habe. Bourbon habe bei der Kunde von der Uneinigkeit des s. Heers dasselbe angreifen wollen, was aber der König verboten habe (dies auch Pasquier le Moine) u. A. Nach ihm war die Stimmung der Krieger für die franzöf. Friedenswerbungen nicht günstig, nur die Hauptleute hätten dieselben unterstützt. Merkwürdig auch, daß er den König den S.´ Geleit (indutias) nach Vercelli ertheilen läßt. Ihm folgen Belcar. XV, 12. Varillas I, 55. Gaillard I, 232, theilweise auch Dubos und Garnier XXIII, 46. Machiavelli Discorsi I, 23 läßt die S. aus Schrecken über den Uebergang der Feinde, die Pässe verlassen, welche Ansicht Guicciardini in seinen Erörterungen über jenes Werk bekämpft (O. J. I, 37), da er den Grund vielmehr in ihrer Uneinigkeit findet. — Der Rückzug war schon vor Langicombas Eintreffen beschlossen. Anshelm.

9) Anshelm V, 127 ff. Stettler 539. Guicciardini II, 181. Belcar. XV, 12. Jovii histor. I, 845. Pasquier. Bellay 260 f. Bayard c. 60. Tremouille c. 25. Fleuranges c. 49. Grumello 198. Prato 341. Schodeler. Briefe und Abschied Jvrea bei Anshelm V, 137 ff. Schr. Gambarris an den Bischof v. Veroli vom 21. August ebendas. Vergl. noch Bembi Epist. X, 53 und 56 vom 30. und 31. August und Schr. Franz an Alviano v. 19. Aug. d. Carmignola bei Desjardins 712. (Einiges unrichtig.)

10) Jovii hist. I, 842. Guicciardini II, 179 f. Belcar. XV, 9. Vettori 308. Paruta 95. Vergl. Bembi Ep. X, 48 v. 7. August. Päpstl. Breve v. 28. Aug. Päpstl. Befehl an die Eidg. und Schr. Tr. Sacks an die Eidg. v. 31. Aug. bei Anshelm 159 ff. Dazu Bibbiena (nicht Sadolet, Note zu Anshelm V, 48) an Veroli 20. Sept. d. Rom ebendas. 192 ff. Vergl. noch Relazion des Giorgi, insbes. aber Bibbiena an Giulio vom 17. u. 18. August d. Rom, Giulio an Lorenzo vom 25. u. 27. Aug. d. Bologna u. A. bei Desjardins 709—728.

11) Anshelm V, 150. Stettler 541. Jovii histor. I, 847 ff. Guicciardini II, 182, welcher schon hier einem Theil die Absicht unterlegt, nach Hause zurückzukehren, um die Beute in Sicherheit zu bringen, während Arluni 258. Gheri 108, 113. Anshelm passim nur zu sehr von dem Mangel an Lebensmitteln sprechen, wogegen freilich Muraltus XXXIV, 1. Jovius I, 847 und nach ihm Belcar. XV, 13 melden hier neuerdings von einer Meuterei im s. Heer, welche Schinner zur Flucht ins Schloß zu Novarra gezwungen und zu einer Beraubung des päpstl. Gesandten Gambarris geführt habe, welchem indeß das geraubte Geld, da inzwischen Diego d'Aquila eingetroffen, bald zurückerstattet worden sei; bestätigt von Guicciardini II, 182.

12) Guicciardini II, 182. Jovii hist. I, 851. Belcar. XV, 13. Vet-

tori 308. Grumello 199. Prato 335. Gheri 121. Giulio an Lorenzo v.
29. Auguſt d. Bologna bei Desjardins 728.

13) Guicciardini II, 181. Jovii hist. I, 850. Bellay 260 f. Fleuranges c. 50. Tremouille c. 25. Mocenigo lib. 6. Arluni 258. Paruta
105. Berner Hptlte. d. Domo 4. Sept. bei Anshelm V, 165. Panbolfini
an Lorenzo v. 27. Aug. d. Turin bei Desjardins 721.

14) Anshelm V, 157. 90. Schr. Fr. Sforza's v. 27. Aug. d. Zürich
und Anbringen u. ſ. w. Ebendaſ. 92. Berner Hptlte. an die Berner
des 3. Corps d. Arona 27. Aug. Ebendaſ. 151. Bergl. noch Geſch.
forſch. V, 403. Zellweger III, 19. Muralt. Statt 12,000 Mann, wie
Campbell 246, Simler 82 und Bullinger, nennt Tſchudi 617: 20,000.
Bergl. Anshelm 225.

15) Anshelm V, 152 ff. Stettler 542. Insbesondere aber Registre
p. 43 ff.: Durant ce temps les Ambassadeurs des S. qui avoient été a Verseil signifierent a Monsr. de Savoie que leurs superieurs n'avoient trouvé
bon le traicte qu'ils avoient faict a Verseil et qu'ils vouloient capituler
de nouveau et que si le roi vouloit envoyer ses Ambassadeurs à Galleras,
iceux Ambass. des S. se trouveroient avec pouvoir suffisant pour conclure
une bonne paix. Die S. ſchlugen als Bedingungen für einen Bund vor:
Geſtattung von 6000 ſ. Söldnern zur Vertheidigung Frankreichs und
Mailands, außer bei einem eigenen Krieg, in welchem Falle den S. der
König mit 600 Lanzen, 200 leichten Pferden und gehörigem Geſchütz Hilfe
zu leiſten, ſowie vierteljährlich 25,000 Fl. Subſidien zu entrichten hat,
2000 Fl. jährliche Penſion an jeden Ort, Vorbehalt des Papſts, Dauer
auf Lebzeiten des Königs.

16) Anshelm V, 169. Miſſiv an Bern d. Domo 4. Sept. ebendaſ.
164. Stettler 544. Bergl. Jovii hist. I, 853. Prato 839. Muraltus
XXXV, 1. Geſch.forſch. V, 404. Muralt 75. Zellweger III, 20.

17) Registre 55 ff. Anshelm V, 170 ff. Stettler 546. Traite hist.
et polit. 144 ff. Raf. Girolami an Giulio de' Medici v. 9. Sept. d. Vercelli und Sebaſt. Ferrieri an den Biſchof von Bercelli d. Galera vom
8. Sept. bei Desjardins 732. 734. Bergl. Guicc. II, 184. Jovii hist.
I, 852. Belcar. XV, 13. Bellay 202. Fleuranges c. 50. Journal 20.
Mocenigo lib. 6, von benen inzwiſchen keiner genau und Gluß 401. Faßbind 306 (mit einer merkw. Abweichung hinſichtlich Sforza's, an deſſen
Kinder aus dieſer Ehe nach ihm das Herzogthum zurückfallen ſollte). Muralt 71. May IV, 480. Dubos II, 249.

18) Anshelm V, 172. Stettler 547. Registre a. a. O.

19) Registre 62. Bellay. Prato 336: Più me è cara la vita di un di
miei gentilhomini chè non è un millione d'oro. Bergl. dazu Gaillard I,
235, indeſſen Vettori 309.

Giſt, Geſchichte.

20) Petrus M. Ep. 554: se velle mori ducem neque vereri quicquam sub talibus parentibus, quales Helvetii sint. Gheri p. 121. Campbell 246.

21) Anshelm V, 174. Stettler 548. Vergl. Muralt 72 f. Gesch. forsch. V, 411. Zellweger 20. Die Zahl der abgezogenen Schweizer gibt Edlibach 250 auf 15,000, Fleuranges, der sie erst von Mailand aus abziehen läßt c. 50 auf 14,000, Stumpff auf 12,000, Jovius I, 847 die Zahl derer, die von Novarra nach Arona zogen, auf 10,000 an. Polydorus p. 13: Albertus parte bona suorum domum dimissa ad colligendas fruges, quarum maturitas jam apparebat, retro abiit! Irrig May IV, 488. Fälschlich hienach die Behauptung Guicciardini's, der die Schweizer des dritten Corps den Frieden nicht annehmen läßt, weil sie keine Beute gemacht hätten! worin ihm Dubos II, 250 (der Stein stets Altsax nennt,) Rosmini I, 494. Martin IX, p. 16 u. A. folgen.

22) Guicciardini II, 183. Prato 336. Mocenigo lib. 6. Arluni 260. Grumello 199. Burigozzo 426. Muraltus XXXIV, 1. Vettori 309. Petr. Martyr 555. Registre 54. Belcar. XV, 14. Abſch. Zürich, 12. Sept. bei Anshelm 95 f. Girolami an Giulio vom 9. Sept. d. Vercelli bei Desjardins 732. Vergl. Rosmini I, 492. Verri III, 187. Gluß 407. Muralt 75.

23) Guicciardini II, 185. Jovii hist. I, 854 f. vitae 1, 315. Belcar. XV, 14. Vettori 308. Mocenigo lib. 6. Paruta 101. Zurita 395. Mariana XXX, 26. Grumello 199. Giulio an Lorenzo v. 30. Aug. bei Desjardins 729. Für die Chronologie vor Allem entscheidend: Briefe Gheris vom 12. Aug. bis 4. Sept. p. 90—128. Die Stärke der beiden Heere angegeben nach Vettori; Guicciardini gibt die des spanischen auf 600 L., 600 l. R., 6000 Mann Infanterie, des päpstlichen auf 600 L., 800 l. R., 4000 Mann Infanterie an. Vergl. noch Malvicini bei Gheri p. 130.

24) Guicciardini II, 185. Jovii vitae I, 316. Mocenigo lib. 6. Paruta 102. Prato 338.

25) Vettori 309 ff. Jovii hist. I, 858 ff. vitae I, 316. II, 67. Guicciardini II, 190. Bellay 263.

26) Prato 338. Belcar. XV, 15. Zurita 396. P. Martyr 549. 553. Davilla 91. Vergl. Dubos II, 276: Die Bemerkung des Lafuentes, historia general de España Tomo X. Madrid 1853: Recelos y desconfianzas entre el Virrey, los Suizos y los generales de las tropas del Papa entropecieron y frustraron las combinaciones, que hubieron podido dar una victoria segura a los ejercitos de la liga läßt sich nicht auf die S. anwenden.

27) Anshelm 175. Prato 340. Burigozzo 427. Grumello 199. Guicciardini II, 189. Jovii hist. I, 861. Mocenigo lib. 6. Arluni 262. P. Martyr 553. Davilla 91. Muraltus XXXIV, 1. Registre 62. Vergl. noch Bericht der mailänd. Botschaft v. 12. Sept. bei Anshelm 96 und Muralt 75.

28) Bellay 262. Bayard c. 60. Fleuranges c. 50. Registre 63. Faſt
alle fremben Quellen erwähnen hier eines Verſuchs einiger ſ. Schaaren,
welche ſvon Schinner dazu gereizt worden ſeien, das Geld zu rauben,
welcher aber, weil Lautrec durch Spione davon in Kenntniß geſetzt worden,
mißlungen ſei. So Jovii hist. I, 852 (als ganz ſicher) Pasquier. Fleuranges c. 51. Tremouille c. 25. Bellay 263. Vellay 285. Ferronus 112.
Belcar. XV, 11. Petrus M. 553 f. Prato 325. Vergl. Anshelm 183.
Gluß 410. Dagegen nicht: Journal und Registre!

29) State papers XVI, p. 35. Leo an Wolſey 10. Sept. 1515. Bibbiena an ben Biſchof von Veroli 20. Sept. bei Anshelm V, 198, insbeſ.
aber Raynald. ad a. 1515 § 18. Vergl. noch Roscoe II, 231. Lingard
p. 51. Lanz 167. Daß Wolſey den Purpur Franz I. zu verbanken hatte:
Herbert 56. Rapin 106. Roscoe.

30) Prato 340, nach ihm Verri 188, er habe ihnen 800,000 Duc.
verſprochen, wovon er ½, der Papſt und der Vicekönig je ¼ bezahlen
ſollten.

31) Anshelm 176 f. Stettler 549. Schweikhard 228. Bullinger.
Schodeler. Tſchudi 618. Edlibach 250. Jovii histor. I, 862 ff. Vettori
311. Fleuranges c. 50. Registre 63. Grumello 202. Prato 341, welcher
die Truppen von Bern, Solothurn und Baſel abziehen, aber wieber zurückkehren läßt.

32) Guicciardini II, 190 ff. insbeſ. aber auch Jovii hist. I, 864. Registre 63 und Petrus M. Ep. 556. legen bei bieſem Anlaß Schinnern
ſchöne Reden in den Mund. Vergl. dazu Belcar. XV, 16. Dagegen Muratori X, 115, Dubos II, 279.

33) So Fleuranges c. 59. Ferronus 112 und Mocenigo lib. 6.
25,000: Jovii hist. I, 886. 27,000: Machiavelli Discorsi II, 18. Arluni
264. 28,000: Lettré de François I. 30,000: Muraltus XXXV, 2. Prato
341, Journal 22. Muratori X, 116. 32,000: Registre 63. Mezeray 901.
35,000: Burigozzo 427. Guicciardini II, 185. Bellay 266. 36,000: Pasquier. 35—40,000: Belcar. XV, 19. 40,000: Guicciardini II, 191. Roo
468. Paruta 105. Weniger: Sforza in Le Glay, Corresp. No. 602: environ 20,000, Anshelm 183: nicht ob 18,000. Schweikhard 230: 12,000.

34) Kaspar Bächli von Wädenswyl, vermuthlich dazu beſtellt, denn
ſpäter wurde er als Verräther hingerichtet, ſtieg auf ein Dach und wies
die Schweizer gegen die ſtärkſten Geſchütze. Zellweger III, 22.

35) So ganz entſchieden: Zurita 396. Mariana XXX, 26. Petrus M.
Ep. 557. Grumello 202 und alle ſ. Quellen. Anshelm 178 f. Tſchudi
618. Edlibach 251. Schodeler und Bullinger, Bibbiena bei Anshelm 195
und indem ſie die S. im feindl. Lager ruhen laſſen, auch Guicciardini
und Jovius. Vergl. indeß Machiavelli Discorsi III, 18.

36) Ebenſo falſch wie die Nachricht einiger ſ. Quellen: Anshelm 179.

Campbell 247. Stumpff, Bullinger und Schobeler, daß das venetianische Heer schon in der Nacht des 13. Sept. eingetroffen sei und die Angabe einiger s. Geschichtschreiber, welche dasselbe an der Schlacht entscheidenden Antheil nehmen lassen, ist die Behauptung derer, welche Alviano's Ankunft alle Bedeutung für den Sieg absprechen. Ich glaube im Text den wirklichen Sachverhalt richtig dargestellt zu haben und es werden sich gegen das Zeugniß des Contarini u. A. daß Alviano nur mit einer kleinen Zahl Reiter — sie nennen 50 — gekommen sei, nichts Begründetes einwenden lassen. Ich stelle einige Urtheile zusammen: Jovii hist. I, 882: Magno quoque perturbatis subsidio fuit Livianus, qui Venetorum exercitu adducto procurrens cum nobilium cataphractorum ala subsequentibus reliquis supervenit, ähnlich vitae II, 68. Guicciardini II, 197: Nè fu di poco momento la giunta dell' Alviano che sopravenendo in tempo che la battaglia era ancora dubbia dette animo a i Francesi e spavento a i Suizzeri credendo essere con lui tutto l'esercito Venetiano. Zurita 396b: Y a la postera sobreviniendo Bartholomeo de Albiano con algunas companias de cavallo creyendo los Suyços que llegava con todo el exercito de Venecianos desampavaron el campo. Bellay 260: lequel fist telle diligence, qu' environ les 10 heures du matin *arrica au combat* avec la cavallerie estant suivi de loin de ses gens à pied. Mocenigo lib. 6: Gallos a fuga effusa et Helvetios a feroci pugna continuit redintegratumque proelium est. Arluni 266: Paene desparata salus erat cum Livianus lacessitantem et ut multi ajunt jam de fuga cogitantem Gallum velut ex improviso Deus refovit. Martinengo 360: dove giunto trovò che si combatteva crudelissimamente non si potendo ancora conoscere, quale delle due parti fusse superiore. Domenico Contarini an den Senat v. 14. Sept. bei Romanin 304 f.: etiam questa Cristianissima Maestà et tutti questi signori amplamente parlino la vittoria esser causata della valorosità di Sua Eccellenza e della temenza avuta per Svizzeri visto soprazonser le floride gente di V. Serenità. So auch P. Martyr Ep. 556 f. Mariana XXX, 26. Grumello 203. Muraltus XXXV, 2. Davilla 92. Carpesanus 1304. Polydorus 31. Giustiniani 251. Paruta 110. Roo 469. Fugger 1340, selbst Belcar. XV, 19 und auch Pasquier le Moine, Registre 71, Bayard c. 60 und Lettre de François (bei Gaillard IV, 397). Vergl. auch Muratori X, 116. Garnier XXIII, 73. Daru 507. Rosmini I, 497. Leonii vita di B. Alviano. Todi 1858. Dagegen nun freilich ganz bestimmt, doch vereinzelt: Vettori 312: L'Alviano giunse quando già li Francesi avevono avuta la vittoria ancora chè egli come glorioso e cosi li Veneziani attribuiscone questa vittoria in gran parte a loro, ma in fatto non vi ebbono participazione alcuna. Fleuranges c. 51: Et vindrent les Venitiens le matin après que la bataille feust gaignée vers le Roi. Ferronus 118: Et periti rerum Gallicarum mirantur numquam Venetos invectos in hostes fuisse, donec viderent cer-

tam Gallis victoriam, a quibus accisis rebus parum se tutos credidere.
Rumoᵣe tamen Venetorum adventantium et Francis animus accessit et Helvetiis timor injectus est. Bergl. Dubos II, 285. Gaillard I, 253. Martin. IX, p. 19. Journal u. a. franjöf. Quellen fdweigen.

37) Guicciardini II, 197: Il numero de morti se mai fu in certa in
battaglia alcuna come quasi sempre in tutte, fu in questa incertissima
variando assai gli huomini nel parlarne chi per errore chi per passione,
fo aud Muratori X, 117.

Sweizer: 4000 Sweißharb 239. Stettler 551. Vettori 312 (gegen
die gewöhnl. Annahme von 8—12,000); 5000: Bullinger. Stumpff 720.
Campbell 247 nad Vadianus in Melam unb Augenzeugen. Tſdubi 618.
6000: Anshelm 183; 7000: Eblibad; über 7000: Jovii Leo p. 68; 8000:
Martinengo 361; 10,000: Prato 343. Anon. Padov. bei Muratori X, 117.
Grumello 201; 10—12,000: Guicciardini. O. J. I, 284 (comune opinione);
14,000: Mezeray; 14—15,000: Bellay 266 unb Belcar. XV, 19; 15,000:
Muraltus XXXV, 2. Giustiniani 251; 14—16,000: Jean de Poitiers;
15—16,000: Tremouille c. 25; 16,000: Ferronus 118; 20,000: Vellay
285; 22,000: Carbinal San Severino an Leo X. in Relazion bes Giorgi;
25,000: François I, p. 397. Journal 22. So bie Quellen. A. Urtheile
bei Rosmini I, 497. Mocenigo lib. 6: faum ¹/₄. Machiavelli Discorsi II,
18: ¹/₂ habe ſid gerettet. Guicciardini II, 197: 3—14,000. Jovii histor.
886: 5000 nad Angabe der S. 12,000 nad Angabe Anderer.

Franzoſen: 1500 Ferronus; 2000 Vellay: 4000 Martinengo. Mezeray.
François I.; 5000: Anon. Pad.; 5—6000: Journal 22; 7000: Prato;
Anshelm. Mocenigo; 10,000: Bullinger; 12,000: Campbell. Belcar.: 1500
ju Fuß. Guicciardini 3—6000. Paruta 110 mehr S. als Fr. Polydorus
33: plus 17 hominum millia, quorum maior pars Gallorum fuit. Visconti
an Heinrid VIII. 27. December (Archiv XII, 117) 4000 S., 500 Graubündner. Sed maior hostium numerus. Sdobeler: je 7000. Fugger 1340:
je 5000. Le Glay Corresp. No. 602: environ 3000 lansquenets et autant
ou guère plus de Suyches. Registre 72: 16,500 Leidname ſeien in bie
Gräben geworfen worden, davon 12—14,000 S.

38) Andere Ramen: (Melegnano), San Donato, San Giuliano,
Santa Brigibe, Santa Cecilia.

39) Beſdreibungen der Sdladt 1) Jovii hist. I, 863—885 (von
Franz I. unb Bourbon ſelbſt barüber unterridtet). Paruta 105 — 111.
Guicciardini II, 190—196. Belcar. XV, 16—19. 2) Bellay 264—266.
Bayard c. 60. Fleuranges c. 50. Tremouille c. 25. Registre 63 ff. L. de
François I. Journal 21 f. Pasquier. Grumello 202. Prato 343. Mu-
raltus XXXV, 2. Burigozzo 428. Mocenigo lib. 6. Arluni 267. Anshelm
177—181. Sdweißharb 228—241. Sdobeler. Stettler 552. Einzelne
Radridten bei Eblibad 250. Tſdubi 618. Bullinger, Stumpff 720.

Campbell 247. Vettori 311. Jovii vitae II, 68. Carpesanus 1304. Zu‑
rita 396ᵇ. Jn der Literatur wohl die gelungenſte Schlachtbeſchreibung
Muralt 153 ff.

40) So Guicciardini II, 196. Andere Urtheile: Arluni 266: Haere‑
batque Trivultius deflxus adeo quidem ut maiore nunquam discrimine con‑
cursum decertatumque contenderet, mirumque magis fuisse, quod vicerit
quam si victus fuisset; ajebat non fortissimorum hominum audaciam et
vim sed immanium beluarum feritatem et robur admirabatur. Jovii hist.
I, 885: ita tamen victoria potiti, ut egregie pugnando Helvetios magis
vicerint quam eos in posterum ullis viribus omnium opinione vinci posse
docuerint. François I: Et tout bien débattu depuis deux mille ans en cà
n'a point été vue une si fière ni si cruelle bataille, ebenſo Journal 23. Vergl.
noch Herberſtein 84. Franz ließ zum Andenken an die Schlacht eine
Münze prägen mit der Aufſchrift: Franciscus I. Rex Franco. Pri. Do‑
mitor Helvetior. Revers: Nutrisco extinguo. Rosmini I, 499. Die Schlacht
oft Gegenſtand poetiſcher Verſuche: S. Haller, Bibl. der S. Geſch. V,
115 ff. Daʒu Domizio Calciato bei Rosmini a. a. O. Ariosto XXXIII,
43: E con migliore auspitio ecco ritorna; Vedete il Re Francesco inanzi
a tutti, Che cosi rompe a Suizzeri le corna. Che poco resta a non gli
haver distrutti Siche 'l titolo mai più non gli adorna, Ch' usurpato s'hauran
quei villani bruti Che domator de' Principi e difesa Si nomeran de la
Christiana chiesa.

41) Anshelm V, 185. Stettler 532. Schobeler. Guicciardini II, 198.
Jovii hist. I, 886. Belcar. XV, 20. Petrus M. Ep. 557. Grumello 203.
Arluni 267. Bayard c. 60. Muraltus XXXV, 3. Muralt 175 f. Schöne
Worte des patriotiſchen Anshelm 186. Gute Schilderung der aus der
Schlacht kommenden S. bei Prato 343. Burigozzo 428.

42) Guicciardini II, 199 ff. Jovii hist. I, 888. Belcar. XV, 20. Prato
345. Burigozzo 428. Grumello 202. Carpesan 1305. Mocenigo lib. 6.
Arluni 272 ff. Bellay 261. Fleuranges c. 51. Journal 24. Registre
82 ff. 101. Anshelm 184.

43) Vettori 313 Relazion des Giorgi (deutſch bei Reumont, Jtal.
Diplomaten und Verhältniſſe in Beiträge zur Geſchichte Italiens. Berlin
1853. I, 110 ff.) Jovii vitae II, 69.

44) Machiavelli Discorsi III, 18.

45) Guicciardini II, 200 ff. Vettori 314. Pasquier. Journal 25.
Jovii hist. I, 892. Belcar. XV, 21. Paruta 123. Bembi Epist. XI, 1. 2.
Registre 83 f. Roscoe IV, 194. Desjardins 735 f. Daʒu Lanz, Einl. 168.

46) Anshelm 187 ff. u. Schr. Bibbiena's 192. Stettler 553. Mu‑
ralt 183. Gluz 425. Le Glay Corresp. No. 603.

47) Jnſtrument bei Luenig I, 523. Daʒu 527. Nach Molini docu‑
menti distoria italiana. Firenze 1836 I, 679 erhielt er jährlich 70,000

Livres de Tours. Vergl. Guicciardini II, 203. Jovii hist. I, 900. Belcar. XV, 23. Bellay 269. Fleuranges c. 51. Pasquier. Journal 27. Registre 89˙ f. Ferronus 114. Mocenigo lib. 6. Arluni 273. Prato 346. Grumello 205. Burigozzo 428. Petrus M. Ep. 559, dazu 554. Mariana XXX, 26. Sentinati 445. Paruta 112. Url. bei Anöhelm 203. Schobeler. Tschudi 619.

48) Jovius, Guicciardini, Prato, Muraltus XXXV, 4. klagen ihn an, Arluni 273 spricht ihn frei. Petrus M. Ep. 558 und Grumello beschuldigen nicht ihn; wohl auch so Visconti a. a. O. S. 113. Petrus Ep. 559: Forte tantum satius Italiae populis, nam si Helvetiis fortuna favisset oportebat Italiam a rusticis alpestribus leges suscipere, quas dictare illis libuisset. Quam sapidum id esse debeat tu judicato. O durum est di Gallorum imperium fatemur, sed durius arbitror montanum. Tennissent Helvetii ducem sub perpetua paedagogica ferula subjectum sub amati filii nomine etc.

49) Instrument bei Dumont IV, 1214. Luenig I, 1150. Vergl. Pandolsini an Lorenzo, 14. October bei Desjardins 737.

50) Guicciardini II, 203 f. Jovii hist. I, 903. Belcar. XV, 27. Vettori 314. Mocenigo lib. 6. Arluni 275. Prato 346 f. Grumello 207. Bellay 270. Fleuranges c. 52. Registre 101. Pasquier. Journal 28. Verri III, 196. Paruta 115 f. Rosmini I, 505. Datum des Einzugs sehr verschieden angegeben.

51) Guicciardini II, 205. Vettori 315. Belcar. XV, 27 f. Zurita 397. Mariana XXX, 26. P. Martyr 564. Mocenigo lib. 6. Arluni 278. Bellay 271. Journal· 30. Registre 105 ff. Ferronus 116. Vergl. Bembi Epist. XI, 13. 14. Sadoleti Ep. 40. Le Glay, Negoc. dipl. II, No. 27. Corresp. No. 610. 614. Roscoe II, 239 ff. IV, 207 ff. Desjardins 739—750. Raumer Gesch. Europa's seit d. Ende des 15. Jahrh. Leipzig 1832 I, 81. Dumont IV, 1. 214. und Bullarium Rom. No. XXI, p. 659 ff.

Drittes Kapitel.

1) Instrument bei Dumont 214. Rymer 520. Vergl. Zurita 398. Petrus M. Ep. 564.

2) Prato 347, nach ihm Verri 196.

3) Polydorus 34. Herbert 56. Jovii hist. lib. XVI. Guicciardini lib. XII. Belcar. XV, 29. Paruta 123. 128. Vergl. Hume ˙444 Rapin 95 ff. Lingard 49.

4) Polydorus 35. Herbert 59 ff. Acte bei Rymer 525. Petrus M. Ep. 568. Visconti an Heinrich v. 27. Dezember a. a. O. 116. Pace an

Wolſey d. Zürich Ende Nov. P. R. O. Vergl. dazu Jovii hist. lib. XVI. Mocenigo lib. 6. Roo 469. Heuterus 168. Roscoe II, 469.

5) State papers No. XVII, p. 86. Pace an Wolſey d. Innsbruck 12. November 1515. Dom. V. Rev. mihi istinc discedenti dixit se optare potius duabus horis cum Rev. ma D. Sed. colloqui quam habere centum millia aureorum. Prefecto Dom. V. Rev. ma non sine causa illud desideravit, quia nunquam natus fuit vir majori prudentia neque magis expertus in rebus magnis tractandis. Ad hec est magis affectus ut restituat Maj. Regiam in suum regnum Franciae quam ut recuperet illa quae in Ducatu Mediolani amisit ... Ut dicam summatim nibil in hoc. R. ma Dom. Sed. deest quod ad sapientissimum et nobilissimum principem consummandum pertinet. Er gab aus eigenen Mitteln 10,000 Duc. aus, um den franzöſiſchen Practicen entgegenzuwirken.

6) State papers XVIII, p. 89. Pace an Wolſey Kempten 20. Nov. .... bi the vehement labore off the Duke of Sovoie, who doithe nott oonlie procure herein the French his cause butt muche more his owne with the French Kyng his mony, for yſſe the Swisses do not agree with the French King the sayde Duke is lyke to lose hys Dukdome.

7) Inſtrument bei Dumont IV, 1. 218. in MS. von Bethûne No. 2936. Vergl. Anshelm 205 ff. Abſch. Genf 8. Nov. ebendaſ. Inſtruction für Le Roy, Registre 86, für die beiden Geſ. ebendaſ. p. 101. S. noch Journal 29. Zellweger 26. State papers XVIII. Insbeſ. aber Pace an Wolſey Ende Nov. 1515. P. R. O. The common people did openli speke that they had been disseridde bi all princes cristynyde except the Kinges grace and therfore they wole serve noo man but hym alone. And if there Superiors wolde determe the country they wole make insurreccion againste them ... They will taike noo more scutes of France, butt English nobles. Deſtere Bitte Pace's um Geld: His grace (Henry VIII) wold noth that I shuld goo unto Swices with if if condicioually and bare promyse but offre theym redy monye if they wulde serve hym ... and this accustom of taking of monye in this manner is so ingendrid to them that they doo taike hym for a fooll that comyth to treath ony mater with them without suche money; never wisdom nogoode reson is here admyttide without money. Dazu Pace an Wolſey 4. März Trient. State papers XXIII, p. 49: quia talis est eorum barbaries ut pecuniam petitam neganti mortem minentur. Ohne Zweifel gibt Brewer's 2. Bd., der mir leider nicht erhältlich war, hierüber viele neue Aufſchlüſſe.

8) Gluß 432. Pace an Wolſey Ende Nov. d. Zürich. P. R. O.

9) Anshelm V, 201. Gluß 433 f.

10) Anshelm 213. Breve an Graub. in Bembi Ep. XI, 18. Dazu Raynald.ad. a. 1515 § 39.

11) Anshelm 220 ff. Betreffniß ebendaſ. Vettori an Lorenzo v. 29. Jan. 1516 d. Lyon bei Desjardins 762. Derſ. v. 9. Febr. .... e

sera possibile, che in su questa morte di Sua Maestà il Re di Spagna sappiendo loro che il Re di Francia vuole assaltare Napoli e che a questo ha bisogno di essi stieno in sul tirato e voglino più danari. Questa Maestà (Franz I.) non è per omettere cosa alcuna per contentarli e ancora che li abbi vinti mostra tenere più conto che prima u. f. w. Anonymus vom 20. Febr. bei Desjardins p. 771: Il duca (Bourbon) fa intendere che vi sono tre Cantoni che vorebbono fare uno accordo per loro proprii da parte ma non vorrieno essere obbligati andare contro a nessuno ma solo difendere lo stato di Milano da qualunque eccetto che da l'Imperadore e sarà facil cosa che stando fermi in su questo che il re di Francia acconsenta loro questi capitoli. Tanta è la voluntà che ha di stare in pace con essi. Vergl. noch Vettori an Lorenzo d. Lyon 25. Febr. 1516 a. a. O. 766.

12) Vergl. Lanz, Correspondenz No. XXVI f. Le Glay, Correspond. No. 610. 613. 614. 619, Registre 104, Sadoleti Ep. 41. Vettori 317 und an Lorenzo vom 19., 27. und 29. Januar bei Desjardins 759. 760. 763. Petrus M. Ep. 509. Jovii lib. XVI. Mocenigo lib. 6. Anshelm 189. 215. Mocenigo und Vettori sprechen von 120,000 Duc. Heinrichs, Anshelm von 150,000 Kronen nach Constanz. Schr. 609 v. 1. Dec. (Le Glay, Coresp.) von 100,000 Thlrn. nach Anvers, Vettori erwähnt außerdem noch des Gerüchts, Heinrich sei zur Besoldung von 10,000 S. während drei Monaten und zu einer Subsidie von je einer Million Duc. an die S. und den Kaiser bereit, das jedoch wohl nur Schinner ausgestreut habe, um die S. den französ. Werbungen abwendig zu machen.

13) Guicciardini II, 218. Jovii lib. XVI. Zurita. Mariana XXX, 27. Petrus M. Ep. 566. Ueber ihn Machiavelli, Principe c. 21. Prescott II, 24. Rossoew St. Hilaire VI, 235. Lafuentes X, 440. Pace an Wolsey 4. März. State papers No. XXIII: The sayde kynges dethe is sted fast and the Swyces doith nothinge regarde itt, but oonly that theye be gladde therof, because theye lovydde Hym not tamquam perfidum. Merkwürdig: Journal p. 32: Nach Ferd. Tode habe Heinrich Ansprüche auf Spanien geltend machen und Franz Roussillon überlassen wollen und ebenso auffällig: ibid 34: Au dict an environ quinze jours avant la mort dudict roy d'Espagne fut publie au son de trompe en aucunes villes de Flandres l'aliance et confédération entre l'Empereur, le roy d'Espagne et le roy d'Angleterre et l'Archiduc contre tous les malveillans. Vergl. auch Desjardins 771.

14) Monum. Habsburg. II, 1. p. 9. 10. 11. Dazu Lanz, Einl. 173 und Vettori v. 25. Febr. bei Desjardins 776.

15) Bembi Ep. XI, 28. 29. Dazu Raynald. § 75 ff. (ad a. 1516) State papers No. XX. Bischof von Veroli an Schinner d. Zürich 20. Dec. 1515. P. R. O. Dies erregte Franz' Verdacht. Guicciardini II, 226, so daß Leo ihn mahnte, die S. zu verlassen und sich ruhig zu verhalten. Bembi Ep. XI, 34. 29. Febr. 1516.

16) Bischof von Veroli a. a. O. Pace an Wolsey 1. Febr. d. Constanz. State papers No. XX, p. 42 f. Vollmacht Heinrichs VIII. an Robert Wyngfield u. Richard Pace zum Abschluß eines Bundes mit den S. entw. für ihn allein oder auch mit dem Papst, dem Kaiser, Karl, Franz Sforza vom 21. Febr. 1516 bei Rymer XIII, 547. Anshelm V, 216. Missiv der kaiserl. Eidg. d. Lodi 5. April ebendas. 232. Vergl. noch Registre 196. Jovii lib. XVI. Guicciardini II, 219. Belcar. XV, 31. Jovii Leo II, 72. Bullinger, Campbell 248. Zahl des Heers: Guicciardini: 5000 Reiter, 15,000 S., 10,000 Deutsche. Vettori 317: 15,000 S., 15,000 Deutsche. Belcar: 5000 Reiter, 14—15,000 S., 10—11,000 Deutsche. Bellay 273: 16,000 Deutsche, 10,000 S. Registre 197: 30,000 zu Fuß, 3000 zu Pferde. Guespinian 436: 15,000 S. Tschudi 618: 18,000. Die S. erhielten 5 fl. Monatsold, die Landsknechte nur 4 fl. Vergl. noch State papers XXI, XXII: For we have the goodlyest army of Swyces that evyr was seen and most redy to fighte. XXIII: We have nowe in the fielde the best capitans wyth the most valyant men of all the hole 13 Cantons, sowie Visconti an Wolsey v. Zürich 11. Febr. 1516 und Schinner an Wolsey 19. Febr. v. Landeck. P. R. O.

17) Guicciardini II, 220 ff. Jovii lib. XVI, Leo II, 72. Belcar. XV, 31. Mocenigo lib. 6. Arluni 284. Martinengo 362. Paruta 132 f. Prato 351 ff. Burigozzo 430. Anshelm 216, ebendas. Missiv der kaiserl. Eidg. 232. Bullinger XIV, 13.

18) Anshelm 224 ff. Schr. der Knechte d. Lausanne an Bern 1. März ebendas. 227. Schr. der kaiserl. Eidg. 233. Vergl. Tillier 108. (Robt) im Schweiz. Gesch.forsch. VI. Registre 195 ff. Vettori v. 25. Febr. bei Desjardins 776. Guicciardini II, 221. Jovii hist. lib. XVI, vitae II, 72. Belcar. XV, 32. Mocenigo lib. 6. Ferronus 116. Grumello 210. Prato 353. Muraltus XXXVI, 1. Paruta 133. Fugger 1344. Zahl: Anshelm 225: 12,000. Guicciardini: 10,000. Bayard c. 61: 8—10,000. Arluni 286 und Registre 197: 8000. Grumello und Muraltus: 6000. Paruta: 4000. Bellay 273 und Belcar.: 13,000. Jovius: 20 peditum vexilla.

19) Dieselben Quellen a. a. O. und Petrus M. Ep. 571. Martinengo 367. Tschudi 620. Guespinian 487. Der Kaiser wurde darüber von seinen Kriegern „Apfelkönig" und „Strohkönig" gescholten. Die meisten Quellen melden, der meuterische Geist der Mannschaft habe ihn zum Rückzug bewogen. Guicciard. berichtet von drohenden Aeußerungen Stapfers, Jovius (Vergl. Rosmini I, 523. III, 349) von einem ihm durch die List Tribulzios zugekommenen fälschlich an Stapfer gerichteten Brief, welcher so abgefaßt war, daß er daraus ein gegen ihn angezetteltes Complott der S. errathen konnte, was Fugger noch erweitert, selbst von Traumgesichtern Leopolds von Oesterreich und Karl's des Kühnen, welche ihn gewarnt hätten und

von der Furcht vor einem ähnlichen Schicksal wie Ludovico Sforza! was ohne allen Zweifel größtentheils poetische Uebertreibung und übertriebene Verherrlichung Trivulzio's ist, gegen die auch die französ. Schriftsteller protestiren.

20) Guicc. II,224. Belcar. XV, 32. Mocenigo lib. 6. Grumello 211. Prato 353. Arluni 286. Anshelm 232 ff. Schr. der kaiserl. Eidg. an die französ. und Antwort vom 4. und 23. (?) April. Registre 197. Bellay 273: Cependant arriva à Milan Albert de la Pierre avecques treize mille Suisses, qui après avoir touché la paye s'en allèrent en manière que le dit Albert demoura accompagné seulement de deux ou trois cens hommes. Die Eidg. in Mailand beabsichtigten wohl nie gegen diejenigen beim Kaiser zu kämpfen. Schr. bei Anshelm 227. 238, welcher selbst freilich dies ganz verkennt.

21) So Anshelm 217, womit die Erzählungen ausländischer Schrift= steller von einer heimlichen Flucht u. Aehnl. von selbst fallen. Er selbst schrieb an Heinrich VIII. d. Tersilla 16. April und 15. Mai d. Trient (P. R. O.) zu seiner Rechtfertigung darüber: Ignavia inimicorum ea fuit, ut latebras querentes salutem suam muro fossisque tantum credere volue- rint, quo turpi facto suo hoc obtinuerunt, ut exercitus noster stipendio et commeatu laborans multa hostium vi urgente pedem retulerit ex quo deinde secuta sunt ea, quibus non homines sed ne dii quidem opitulari potuissent. Viele nennen als Motiv seines Abzugs auch die Kunde vom Tode König Ladislaus'.

22) Anshelm 217 f. 228. Guicciardini II, 224. Belcar. XV, 22. Mocenigo lib. 6. Arluni 290. Prato 354. Grumello 211 f. Paruta 134. Pace an Heinrich und Wolsey (?) April, 15. April, 12. Mai klagt bitter über den Kaiser: These promysses (Heinrichs) be occasion which as me smythe shuld not oonlie move ane Emperour to sett forwardt, but ane ass. The Emperour haith so dishonorydde hymselfe that a man made care, where he have hym frende or ennemy u. dergl. In Lodi eine Meuterei der Krieger sowohl gegen den Kaiser, welche dieser durch die Bezahlung mit gestempelten rohen Silberplättchen beschwichtigte, als gegen den eng= lischen Gesandten. Die S. beider Theile brachten die Parteinamen Gwelf und Gibel nach Hause. Mitte Juni zogen 4000 neue S. nach Verona, wo Schinner Gouverneur war.

23) Lanz 174 gibt als Hauptgrund des Scheiterns an, daß der Kaiser die S. gegen Venedig habe gebrauchen wollen und ihre Furcht vor einer Einigung des Kaisers mit Franz, doch ganz unwahrscheinlich. Die Nach= richt des Guicciardini II, 224, die VIII Orte hätten den Franzosen heim= lich versichert, der Rückzugsbefehl sei nicht ernst gemeint, wird selber bestä= tigt durch Extracta de rebus Helveticis P. R. O. 7, Henry VIII. (April 1516) woraus hervorgeht, daß die S. in Mailand beim Abzug so vieler

der Ihrigen die Tagſatzung zu Luzern am 27. März ſogar um Verſtärkung baten! — Es läßt ſich in der That ſagen, daß Albrecht von Stein Franz Mailand rettete. Daher er reichlich belohnt wurde. Anshelm 229 f. — Der Papſt verläugnete auch bei dieſen Ereigniſſen ſeine Klugheit nicht; obwohl ihm die Unternehmung des Kaiſers läſtig ſein mußte, ſchickte er ihm doch Bibbiena mit Geld entgegen um ihn zu unterſtützen, wenn dieſelbe gelinge und unterhandelte ſchon mit Wolſey über Parma und Piacenza und verweigerte zugleich die Hilfeleiſtung an die Franzoſen, zu der er durch den Vertrag von Viterbo verpflichtet war; als der Feldzug mißglückte erklärte er ſich zur Hilfe bereit und. Bibbiena verſtändigte ſich mit Bourbon. Guicciardini II, 225 ff. Jovii vitae II, 72. Belcar. XV, 33 ff. Bembi Ep. XII, 1. Raynald. § 80. Lanz 175.

24) Vergl. Herbert 61. Rapin 114. Lingard 53. Hume 446. Garnier XXIII, 123. Häberlin 51. Lanz 176 insbeſ. Pauli, Englands Verhältniß zur Kaiſerwahl des J. 1519 (Forſch. z. d. Geſch. I, 415 f.); daß er ihm indeß das Anerbieten ſchon früher gemacht, beweist Pace an Wolſey (Febr. 1516) d. Conſtanz, P. R. O.

25) Bart. Ticcioni an Marg. 6. Mai und 4. Juni von London bei Le Glay, Negoc. dipl. II, No. XXXII f. Anshelm 240 f. 245. Vergl. Herberſtein 85 Lanz, Einl. 176.

26) Anshelm 253 ff. Gluz 439.. Vergl. noch das intereſſante Stück im Archiv für S. Geſch. XII, 120 f.

27) Inſtrument bei Dumont IV, 1. 224. Auszug in Monum. Habsb. II, 1. 27 Protocoll der Verhandlungen daſelbſt, ebendaſ. 24 ff. Inwiefern derſelbe hinſichtlich der S. und Schinners nicht inne gehalten wurde, was theilweiſe zum Bruche zwiſchen beiden Contrahenten führte, darüber ſ. Précis des Conferences de Calais etc. in Granvello, Papiers d' Etat I, 143 ff. und Le Glay, Negoc. dipl. II, CL, 111. Vergl. noch Guic. lib. XII fin.- Jovii hist. lib. XVIII. Belcar. XV, 37. Mocenigo lib. 6. Arluni 299. Vettori 320. Bellay 277. Journal 42. Registre 174 ff. Ferronus 116. Paruta 146. Fugger 1348.

28) Inſtrument bei Dumont IV, 1. 240. 251 und Rymer XIII, 556. 569. Auszug in Monum Habsb. II, 1. 29. Vergl. dazu Polydorus 36, Herbert 64. Rapin 116. Lingard 35. Roscoe II, 276 f. Lanz, Einl. 181. Marg. an Wolſey Empfehlungsſchreiben für Schinner 8. Oct. d. Brüſſel P. R. O.

29) Vollmacht an Richard Pace zum Abſchluß eines Bundes mit den S. vom 8. Nov. 1516 bei Rymer XIII, 570. Dazu Anshelm 245 ff.

30) Inſtrument bei Dumont IV, 1. 248. Zurlauben IV, 489, Luenig, Teutſches Reichsarchiv Part. Special. Contin. I, 228. N. Schweiz. Muſeum I, 241 ff. Traité hist. et polit. etc. 165 ff. May IV, 527 ff. Bluntſchli, Geſch. des S. Bundesrechts. M. S. von Bethüne 2937. 3033. Bezügl.

Actenstücke in Registre 163 ff. 190 ff. Vergl. Anshelm V, 256 ff. Meier 327 f. Tillier III, 131. Faßbind 329. Zellweger III, 85. Gesch. der Dipl. Verhältn: u. s. w. I, 93. Bluntschli a. a. O. I, 273. Planta II, 114. Gluß 440. Eblibach 251. Campbell 249. Guicciardini lib. XII fin. Belcar. XV, 85. Fugger 1349. Das päpstl. Breve vom 19. Nov. 1516 (Charrière, Negociations de la France dans le Levant I, 16) welches die S. zum Frieden auffordert, wegen des Türkenkriegs, kann hierauf nicht mehr von Einfluß gewesen sein.

31) Conditions proposées par le Roi Francois I. pour faire la paix avec l'Empereur 12. Nov. bei Le Glay, Negoc. dipl. XXXVI. Vergl. Louis Marotons an Marg. 7. Decemb. d. Hagenau. Ebendas. XXXVII: Madame, l'empereur a receu vrayes nouvelles des Suysses comment les 5 cantons quant ils ont entendu la lige defensive estre faicte entre l'Empereur la majesté catholique et le roy d'Angleterre et qu'il y estoint comprins n'ont point voulu accepter l'appoinctement de France et sont deliberés de servir l'empereur et les deux aultres majestés. Vray est que condicionelement le pourroient accepter pour tirer au Noel les 2 mil escuz. S. noch Monum. Habsb. II, 1. 31 Lanz, Einl. 182 f.

Druckfehler und Berichtigungen.

S. 8 Z. 2 v. u. lies: Corbona statt Carbona.

S. 16 Z. 13 v. u. lies: Cerginola statt Carignola.

S. 25 Z. 10 v. o. „ 1509 statt 1510.

S. 28 Z. 9 v. o. „ al senato. Firenze statt al senato. di Firenze.

S. 29 Z. 3 v. u. „ Auton statt Anton.

S. 30 Z. 9 v. o.: Nach Negociations etc. füge bei:

Negociations diplomatiques de la France avec la Toscane. Document recueillis par Guiseppe Canestrini et publiés par Abel Desjardins. Tome 2. Paris 1861. Ebendaf.

Journal d'un bourgeois de Paris sous Francois I. publié pour la societé de l'histoire de France par Ludovic Lalanne. Paris 1854.

S. 155 Z. 15 v. o. lies: an der spanischen Grenze statt an den spanischen Grenzen.

S. 255 Z. 2 v. u. lies: exercito statt excecito.